노벨상 수상자들의 창의성 도구는 딥다이브 퀘스천

노벨상 수상자들의 질문법
15 창의 질문

저자 | 심재우

세계 최초 특허기술로 개발된
4세대 출판 AiBooktutor©
인증서적 1호

Aibooktutor©

ABT001
15 창의 질문(체험판)

시레뉴스

4세대 출판을 이끌고
선도하는 AiBooktutor©

Jinhan M&B

CONTENTS

서문 : 창의성을 깨우는 질문의 힘 ... 2

1부. 창의력과 질문의 기초 ... 12

1장. 질문이 창의력을 일으키는 이유 ... 12

1-1. 창의적 사고와 질문의 관계 : 질문이 두뇌를 자극하는 방식 ... 12

1-2. 성공적인 사람들의 공통된 질문습관 ... 15

1-3. 노벨상 수상자들의 질문법 소개 ... 32

2장. 질문은 어떻게 두뇌를 자극하는가 ... 47

2-1. 뇌과학적으로 본 질문의 효과 ... 47

2-2. 질문과 창의적 사고를 돕는 뇌의 부위들 ... 59

3장. 질문이 창의성의 씨앗이 되는 이유 ... 75

3-1. 질문이 지식과 정보를 어떻게 확장하는가 ... 75

3-2. 질문이 혁신을 이끄는 5가지 방식 ... 85

3-3. 실패를 극복하는 질문의 힘 : 뉴턴, 아인슈타인의 사례 ... 93

2부. 노벨문학상 수상자 한강의 질문력과 글쓰기 ... 104

1장. 2024년 노벨문학상 수상자 한강 작가의 글쓰기 노하우 ... 107

2장. 한강처럼 질문하고 글쓰기 연습하는 법 ... 116

3장. 필자의 질문과 글쓰기 연습법 ... 122

3부. 15가지 창의적 질문법   132

    1장. 창의성을 자극하는 15가지 창의 질문의 힘   132

    2장. 15가지 창의 질문의 유형   137

    3장. 기억 질문(Memory Question)   142

    4장. 확인 질문(Confirm Question)   147

    5장. 개념 질문(Concept Question)   151

    6장. 관찰 질문(Observe Question)   156

    7장. 느낌 질문(Feeling Question)   161

    8장. 논리 질문(Logic Question)   166

    9장. 꼬꼬 질문(Deep-dive Question)   171

    10장. 배움 질문(Learning Question)   176

    11장. 가정 질문(If Question)   181

    12장. 실천 질문(Implement Question)   186

    13장. 판단 질문(Decision Question)   191

    14장. 공감 질문(Sympathy Question)   196

    15장. 상상 질문(Imagine Question)   201

    16장. 관계 질문(Relationship Question)   206

    17장. 관점 질문(Viewpoint Question)   211

    18장. 15가지 창의 질문유형과 활용 가이드   217

    19장. 맘스퀘스천 15가지 질문유형 분석 및 활용 가이드   227

        19-1. 15 창의 질문 통합적으로 활용하기(초급)   233

        19-2. 15 창의 질문 통합적으로 활용하기(고급)   237

        19-3. 15 창의 질문 유사점과 차이점   244

        19-4. 아이디어를 자극하고 성장시키는 9가지 질문   265

        19-5. 9가지 창의적 질문법을 활용한 사례 분석 및 정리   276

CONTENTS

4부. 창의적 질문의 실제적용 — 282

1장. 일상에서의 질문법 적용하기 — 284
- 1-1. 가정과 일터에서 질문을 통한 창의적 문제해결 방법 — 284
- 1-2. 창의적 질문을 일상생활에 통합하는 방법 — 287

2장. 교육현장에서의 질문법 — 292
- 2-1. 교육자와 부모를 위한 창의적 질문법 — 292
- 2-2. 사람들의 창의력을 이끌어내는 질문예와 활용법 — 295

3장. 기업과 혁신에서의 질문법 — 301
- 3-1. 비즈니스 문제해결에 질문법을 적용하는 방법 — 301
- 3-2. 기업혁신을 위한 질문 프레임워크 — 305
- 3-2. 기업혁신을 위한 질문 프레임워크 — 310
- 3-4. 2A4 문제해결 프레임워크를 기업에서 활용하는 방법 — 320

5부. 질문을 통해 창의적 사고 훈련하기 — 326

1장. 질문연습 : 실제로 훈련해보는 방법 — 326
- 1-1. 자신에게 던질 100가지 질문 : 창의성을 훈련하는 연습문제 — 327
- 1-2. 100가지 질문을 효과적으로 활용하는 방법 — 333
- 1-3. 개인 및 팀으로 할 수 있는 창의적 질문연습 방법 — 337
- 1-4. 질문노트 — 341
- 1-5. 맘스퀘스천 질문노트의 활용법 — 343

2장. 창의적 질문을 통해 장기 기억을 강화하기 — 347
- 2-1. 질문이 기억력과 학습에 미치는 효과 — 347
- 2-2. 학습과 문제해결에서 질문의 역할 — 349

3장. 질문을 통한 지속적 성장 — 353
- 3-1. 창의적 질문으로 개인과 조직의 성장을 도모하는 방법 — 353
- 3-2. 질문을 생활화하는 습관 만들기 — 357

6부. 실시간 양방향 대화형 독서와 학습솔루션, AiBooktutor©   364

    1장. AiBooktutor©의 핵심기능과 작동원리   364

    2장. GROWTHS 7단계 모델과 AI의 협력사례   373

    3장. 독서와 교육에서 AiBooktutor©를 활용한 창의력 향상방법   382

    4장. AiBooktutor©의 활용 가이드 : 일상에서부터 조직까지   386

    5장. 미래의 독서와 학습을 맞춤식으로 지원하는 AI와 인간의 협력   391

    6장. 'AiBooktutor©', 'GROWTHS 모델©'을 적용할 저자와 출판사 초대   401

부록   404

    질문을 통한 문제해결 체크리스트   404

서문

창의성을 깨우는
질문의 힘

서문 창의성을 깨우는 질문의 힘

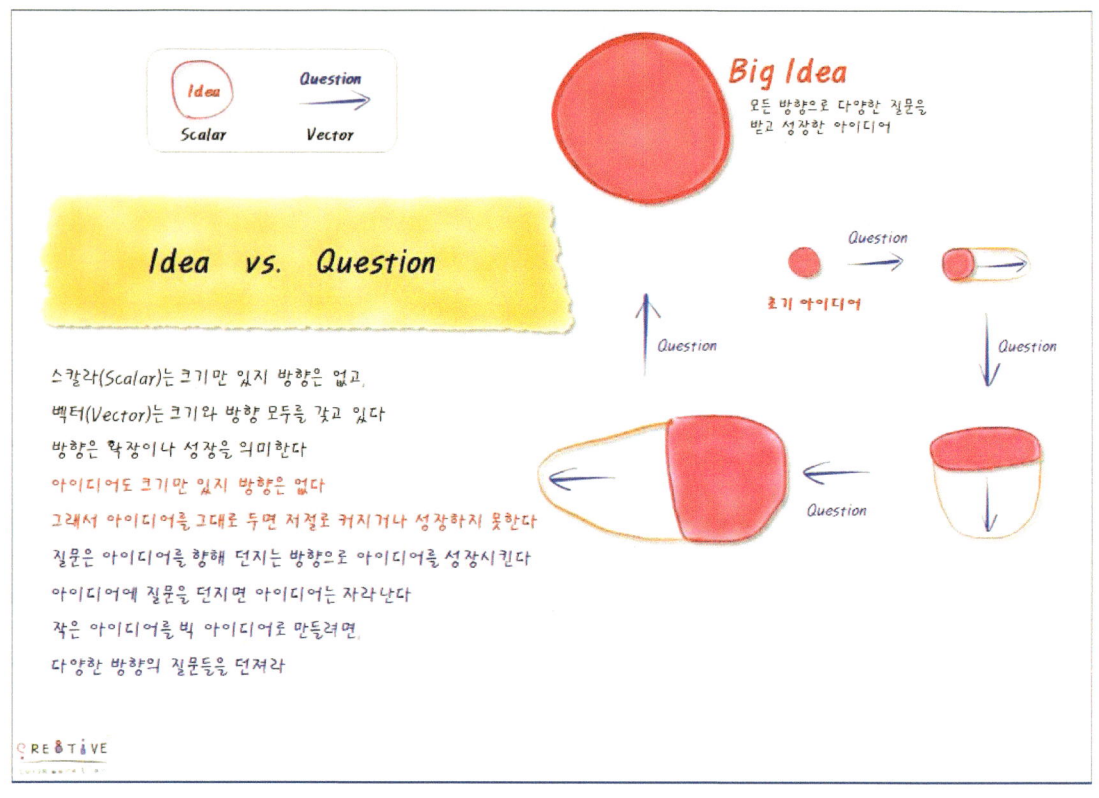

"중요한 것은 답을 찾는 것이 아니라, 올바른 질문을 던지는 것이다" - 알베르트 아인슈타인

창의적 사고와 혁신의 출발점에는 언제나 질문이 존재한다. 호기심과 탐구심에서 비롯된 질문은 단순한 정부탐색을 넘어서, 사고를 확장하고 새로운 가능성을 발견하게 한다. 우리에게 익숙한 모든 위대한 발견과 발명은 '왜?', '어떻게?', '다른 방법은 없을까?'라는 질문에서 시작되었다. 노벨상 수상자들은 이런 질문의 힘을 가장 잘 활용한 사람들로, 그들의 여정은 창의적 질문의 가치를 실증적으로 보여준다. 이 책의 서문에서는 질문과 창의성의 관계를 탐구하고, 질문이 어떻게 문제를 해결하고 세상을 바꾸는 열쇠가 될 수 있는지를 소개한다.

창의적 질문의 본질 : 사고를 깨우는 도구

질문은 우리가 현재의 지식에 도전하고, 새로운 관점과 해결책을 모색하도록 만드는 도구다. 고정된 사고방식에 갇히지 않고 문제를 다각도로 바라보게 하며, 모순을 발견하고 창의적인 대안을 탐구하게 한다. 예를 들어, 아이작 뉴턴은 떨어지는 사과를 보며 "왜 모든 물체는 아래로 떨어지는가?"라는 질문을 던졌고, 이를 통해 중력의 법칙을 발견했다.

또한, 알베르트 아인슈타인 역시 "시간과 공간이 고정된 것이 아닐 수 있을까?"라는 질문을 던짐으로써 상대성 이론을 정립하며 물리학의 판도를 바꾸었다. 이처럼 단순한 질문 하나가 과학의 지형을 뒤바꾸고 인류의 이해를 새롭게 확장시켰다. 창의적인 발견은 대부분 이러한 질문에서 출발하며, 혁신과 발전의 밑바탕이 된다.

노벨상 수상자들의 공통된 질문습관

노벨상 수상자들의 삶을 살펴보면 질문하는 습관이 성공과 깊이 연결되어 있음을 알 수 있다. 그들은 정해진 답을 추구하는 대신, 기존 지식을 끊임없이 의심하고 새로운 문제를 발견해 창의적인 질문을 던지기를 반복했다.

- 리처드 파인만(물리학자)은 "만약 이 공식이 틀렸다면 어떤 상황이 발생할까?"라는 질문을 통해 새로운 실험적 방법론을 개발했다.
- 마리 퀴리(화학자)는 "왜 우라늄에서 방사선이 나오는가?"라는 의문을 탐구하다가 방사성 원소인 라듐과 폴로늄을 발견했다.
- 다니엘 카너먼(노벨 경제학상 수상자)은 "사람들은 왜 비합리적인 선택을 하는가?"라는 질문에서 출발해 행동경제학을 개척했다.

이들의 질문은 단순한 호기심에서 끝나지 않았다. 오히려 기존의 한계를 뛰어넘는 새로운 패러다임을 열며 인류사회에 지대한 영향을 미쳤다. 질문은 그들에게 혁신의 열쇠이자 성장의 도구였다.

노벨문학상 수상자 한강의 질문습관 : 침묵 속에서 발견한 질문

한강은 2016년 맨부커상을 수상하며 세계적인 작가로 인정받았고, 마침내 2024년 한국인 최초로 노벨문학상 수상자가 되었다. 그의 소설은 일상적인 주제 속에서도 깊은 철학적 질문을 담아내며, 독자들에게 강렬한 감동과 생각할 거리를 제공한다.

한강의 글쓰기에서 중요한 것은 질문과 관찰이다. 그는 스스로에게 '말하지 않는 것의 의미는 무엇인가?', '어떤 고통은 왜 표현될 수 없는가?'와 같은 질문을 던지며, 단순한 이야기 너머의 인간 내면과 감정의 본질을 탐구한다.

- 한강의 질문습관은 독특한 방식으로 침묵과 결핍의 언어를 탐구하는 데 있다. 소설 「채식주의자」에서는 "왜 우리는 타인의 고통을 외면할까?"라는 질문을 통해 인간의 본성에 대한 날카로운 통찰을 제시했다.
- 그는 "고통이 단순히 개인의 것일까, 사회와 역사 속에서 만들어진 것일까?"와 같은 질문을 끊임없이 던지며, 작품 속에서 보이지 않는 폭력과 고독의 문제를 다룬다.

한강의 질문은 정답을 요구하지 않는다. 대신 독자들로 하여금 스스로 질문하게 만들고, 그 질문의 여운이 삶과 연결되도록 유도한다. 그의 글쓰기 과정은 창의적 질문의 힘을 잘 보여준다. 말로 다 할 수 없는 감정과 침묵 속에 숨어 있는 진실을 탐구하는 그의 질문은, 독자들이 스스로 각자의 진실을 발견하게 한다.

질문이 창의력의 핵심인 이유

창의성은 기존 지식과 정보에 새로운 연결을 만드는 능력에서 비롯된다. 질문은 그 연결을 찾도록 도와주는 촉매제 역할을 한다. 중요한 것은 '정답'을 찾는 것이 아니라, 새로운 가능성을 여는 질문을 던지는 것이다. 예를 들어, 구글의 창업자들이 "인터넷에서 정보를 더 잘 검색하는 방법은 없을까?"라는 질문을 던지지 않았다면, 오늘날 우리는 구글이라는 도구를 사용할 수 없었을 것이다.

질문은 호기심과 탐구심을 자극해 우리가 단순히 주어진 문제에 안주하지 않도록 만든다. 질문을 던질 때 우리는 새로운 아이디어를 탐색하고, 실수를 통해 배우며, 실패를 개선의 기회로 바꾸는 힘을 갖게 된다. 창의적 질문이야말로 기존의 틀을 깨고 혁신을 일으키는 핵심적인 사고도구다.

질문이 문제해결과 혁신의 출발점이 되는 이유

문제를 해결하기 위해서는 무엇보다도 문제의 본질을 이해하는 질문이 필요하다. 단순히 "어떻게 이 문제를 해결할까?"라는 질문이 아니라, "이 문제의 근본 원인은 무엇인가?", "우리가 놓치고 있는 것은 무엇인가?"와 같은 깊이 있는 질문을 던져야 한다. 문제의 본질을 명확히 정의하지 않으면, 해결책 역시 피상적인 수준에 머물게 된다.

또한, 질문은 협업과 소통을 촉진하는 중요한 도구이기도 하다. 팀원들이 서로 질문을 주고받으며 다양한 관점을 나누면, 집단지성을 활용한 더 나은 해결책이 도출될 수 있다. 조직에서는 "이 문제를 다른 방식으로 해결할 수 있을까?"와 같은 질문을 통해 기존의 방식을 개선하고 지속적인 혁신을 이끌어낼 수 있다.

질문습관의 중요성 : 누구나 질문할 수 있다

질문은 특별한 능력을 가진 사람들만의 전유물이 아니다. 질문하는 습관은 누구나 훈련할 수 있으며, 이를 통해 창의성을 개발하고 문제해결 능력을 향상시킬 수 있다. 중요한 것은 질문을 생활화하는 것이다. 매일 스스로에게 작은 질문을 던지고 답을 찾는 과정이 창의적 사고의 출발점이 된다.

예를 들어, "오늘 내가 배운 것은 무엇인가?"와 같은 질문은 일상에서 새로운 깨달음을 발견하게 한다. 팀 회의에서 "우리가 다른 관점에서 이 문제를 바라본다면 어떻게 될까?"라는 질문은 더 나은 협업을 촉진한다. 이처럼 질문을 습관화하면, 우리는 매 순간 더 나은 선택과 결정을 내릴 수 있으며, 작은 성과들이 쌓여 큰 성장을 이끌어낸다.

질문이 열어주는 새로운 가능성

이 책은 질문을 창의적 사고의 도구로 활용하는 방법을 소개하며, 노벨상 수상자들의 사례를 통해 그 중요성을 입증한다. 우리는 질문을 통해 스스로의 한계를 뛰어넘고, 세상을 새로운 시각으로 바라볼 수 있는 능력을 얻게 된다. 질문이 없다면 성장은 멈추고, 혁신은 불가능하다.

이제 당신에게 남은 것은 올바른 질문을 던지고, 탐구의 여정을 시작하는 것이다. 이 책을 통해 소개되는 15가지 창의적 질문법과 실제 적용사례는 당신이 더 나은 질문을 던지도록 돕고, 일상에서 창의적 문제해결과 성장을 실현할 수 있는 길잡이가 될 것이다. 질문은 작은 출발이지만, 그 끝은 무한한 가능성으로 이어진다.

"오늘 당신은 어떤 질문을 던지겠습니까?"

질문연구와 필자의 동기

필자는 지난 20년간 질문의 힘을 연구하며, 사람들이 질문을 학습하고 훈련할 수 있는 교육 프로그램을 개발했다. 또한 15 창의 질문, 9가지 질문법 등 다양한 질문 모델과 기법을 창안하고, 이를 통해 개인과 조직이 질문을 활용한 성장과 문제해결을 이룰 수 있도록 도왔다. 필자가 교육한 다국적 기업의 셀러들은 SPIN 기법(상황, 문제, 시사, 해결의 4가지 질문)을 통해 세일즈에서 성공을 거두었고, 필자는 18년간 그들에게 질문의 중요성을 교육해왔다.

필자는 단순히 질문을 던지는 데 그치지 않고, 교육생들이 만든 수만 개의 질문을 분석하고 고도화하는 피드백을 제공한 경험이 있다. 이 과정에서 총 10만 개 이상의 창의적 질문을 개발했으며, 그 중 일부는 질문법의 체계적인 모델로 발전했다. 질문의 본질은 단순한 답변이 아니라, 사고를 확장하고 문제를 깊이 이해하는 도구라는 것을 필자는 강조한다.

질문과 독서의 중요성 : 3색줄 독서와 생산적 독서

독서는 질문과 사고의 깊이를 키우는 중요한 과정이다. 필자는 1만 권 이상의 책을 읽으며, 독서를 단순히 텍스트를 소비하는 데 멈추지 않고 글쓰기와 집필로 이어지는 생산적인 독서로 확장하는 것이 중요하다고 강조한다. 이를 위해 필자는 노벨상 수상자들의 독서법을 분석해 '3색줄 독서'를 개발했으며, 2023년 책으로 출간했고, 해당 기법은 특허로 등록되었다.

3색줄 독서는 다양한 색상의 줄을 사용해 텍스트를 여러 관점에서 탐구하는 독서 기법으로, 독자가 단순한 읽기를 넘어 비판적 사고와 창의적 아이디어를 도출하도록 돕는다. 이와 같은 독서법은 필자가 연구한 질문 기반 사고와도 밀접하게 연결된다. 필자는 "독서는 반드시 글쓰기로 이어져야 한다"는 철학을 바탕으로 읽기-질문하기-쓰기의 선순환을 강조한다.

이 책은 총 6부로 구성되며, 창의적 질문의 이론적 기초부터 실질적인 적용법까지 체계적으로 다루고 있다. 각 부는 질문이 창의성을 자극하고 문제해결 능력을 강화하는 데 어떤 역할을 하는지를 설명하며, 일상과 업무에서 활용할 수 있는 구체적인 방법을 제시한다.

1부에서는 창의력과 질문의 기초를 탐구한다. 질문이 어떻게 두뇌를 자극하고 창의적 사고를 촉진하는지를 소개하며, 성공적인 인물들의 질문습관을 조명한다. 또한, 아인슈타인과 뉴턴과 같은 사례를 통해 질문이 실패를 극복하고 혁신을 이끄는 강력한 도구임을 설명한다. 이 부에서는 독자가 질문과 두뇌활동의 관계를 이해하고, 창의적 사고를 촉진하는 기본적인 질문법을 습득할 수 있도록 돕는다.

2부는 노벨문학상과 맨부커상 수상자 한강의 질문력과 글쓰기에 초점을 맞춘다. 한강은 소설 속에서 인간의 고통과 침묵의 본질을 탐구하는 질문을 던지며, 단순한 이야기 너머의 깊은 주제들을 다룬다. 이 부에서는 한강의 창의적 질문습관을 통해 독자가 더 깊이 있는 글쓰기를 연습할 수 있는 방법을 안내한다. 특히 한강의 작업을 통해 질문이 단순한 호기심을 넘어 글과 예술의 창조 과정에 어떻게 기여하는지를 보여준다.

3부에서는 15가지 창의적 질문법을 소개하며, 각 질문유형이 다양한 상황에서 어떻게 활용될 수 있는지를 설명한다. 이 부에서는 기억 질문, 관찰 질문, 논리 질문, 상상 질문, 공감 질문 등 각 질문의 특성과 활용법을 구체적으로 제시하며, 다양한 예를 통해 독자가 창의적인 질문을 습관화할 수 있도록 돕는다. 이 과정에서 각 질문유형이 문제해결과 사고확장에 어떻게 기여하는지를 설명하며, 독자가 자신만의 질문법을 개발할 수 있는 기초를 제공한다.

4부에서는 창의적 질문의 실제 적용방법을 다룬다. 가정과 일터에서의 질문법을 통해 관계를 개선하고 문제를 해결하는 방법을 설명하며, 교육현장에서 교사와 부모가 질문을 통해 사람들의 호기심과 탐구심을 이끌어내는 법을 소개한다. 또한, 기업에서 질문을 활용해 비즈니스 문제를 해결하고 혁신을 도모하는 방법을 제시하며, 2A4 문제해결 프레임워크와 같은 구체적인 도구를 활용한 사례를 통해 조직의 성장과 변화의 가능성을 보여준다.

5부에서는 질문을 통해 창의적 사고를 훈련하는 방법을 구체적으로 설명한다. 자신에게 던질 100가지 질문을 통해 사고의 깊이를 키우고 창의성을 훈련하는 연습법을 소개하며, 개인과 팀이 함께 질문을 통해 성장을 도모할 수 있는 다양한 연습법을 제시한다. 이 부에서는 질문이 장기 기억과 학습효과를 강화하는 메커니즘을 설명하며, 일상에서 질문을 습관화함으로써 창의적 문제해결 능력을 지속적으로 발전시킬 수 있음을 강조한다.

6부는 15창의질문 책에 세계 최초로 적용된 실시간 양방향 대화형 학습 기술 AiBooktutor©의 혁신성을 다룬다. AiBooktutor©는 필자가 저작권을 등록하고 특허를 출원한 독창적인 기술로, 독자와 AI가 실시간으로 대화하며 책의 내용을 탐구하고 심층적으로 이해할 수 있도록 설계된 시스템이다.

이 기술은 창의적 사고를 촉진하는 질문법을 다룬 책 15 창의질문과 결합되면서 독자가 단순히 글을 읽는 데 그치지 않고, AI와 상호작용하며 창의질문을 체화할 수 있게 한다. 독자는 AI에게 질문을 던지고, AI는 이에 대한 답을 제공하는 동시에 독자의 사고를 자극하는 질문을 던지며 능동적 학습을 유도한다.

AiBooktutor©는 실시간 대화를 통해 책의 내용을 탐구할 수 있는 기회를 제공하며, 책의 15가지 창의질문법을 기반으로 독자의 사고를 확장하도록 돕는다. 또한, AI는 독자의 학습 수준과 목표에 맞는 맞춤형 학습경로를 제안하고, 피드백과 퀴즈를 통해 이해도를 높인다. 이와 같은 대화형 학습은 몰입감을 높이며 독서 경험을 능동적이고 효과적인 학습 과정으로 전환한다.

이 기술은 독서와 학습의 지적 효과를 대화형 학습으로 확장한 최초의 사례로, 15창의질문은 AiBooktutor© 기술이 적용된 첫 번째 책이다. 이를 통해 독자는 AI와의 대화를 통해 창의적 질문법을 학습하고, 학습 효과를 극대화하는 새로운 독서 경험을 누릴 수 있다.

AiBooktutor©는 학교, 도서관, 기업 교육 프로그램 등 다양한 분야에 적용될 가능성을 열어주며, 문학, 과학, 역사 등 다양한 주제의 책에도 적용이 가능하다. 또한, 다국어 지원을 통해 글로벌 시장으로 확장할 수 있는 잠재력을 가진 기술로, 독서와 AI의 융합을 통해 독자의 창의성과 학습 잠재력을 최대화하는 새로운 표준을 제시한다.

결론적으로, 15창의질문은 AiBooktutor© 기술이 적용된 세계 최초의 책으로, 독자들에게 창의적 사고를 훈련하고 학습 효과를 높일 수 있는 혁신적인 도구를 제공한다. 이 기술은 독서의 가치를 재정의하며, 지적 성장과 창의적 사고를 촉진하는 새로운 학습 패러다임을 제시한다.

부록에는 15가지 질문 카드와 문제해결 체크리스트가 포함되어 있어, 독자가 질문법을 쉽게 적용하고 실천할 수 있도록 돕는다. 질문 카드는 다양한 질문유형을 간편하게 활용할 수 있는 도구로 구성되어 있으며, 문제해결 체크리스트는 복잡한 문제를 단계적으로 해결하는 데 유용한 지침을 제공한다.

이 책은 이론과 실전사례를 결합해 질문을 통한 창의적 사고와 문제해결 능력의 향상을 돕는 종합적인 가이드 역할을 한다. 독자는 이 책을 통해 질문의 힘을 체계적으로 이해하고, 일상과 업무에 창의적 질문법을 적용함으로써 더 나은 성과와 성장을 이룰 수 있다.

필자는 이 책을 통해 질문이야말로 창의적 사고와 성장의 열쇠임을 독자들에게 전하고자 한다. 질문은 단순한 정보탐색의 수단을 넘어, 사고를 확장하고 문제해결의 출발점이 된다. 따라서 독자들이 정답을 찾는 데 급급하기보다, 스스로 올바른 질문을 던질 수 있는 능력을 키우길 바란다.

질문하는 습관을 생활화하는 것이 무엇보다 중요하다. 작은 질문이라도 매일 던지다보면, 사고의 깊이와 창의성이 자연스럽게 발전하고, 일상 속의 다양한 문제들을 새로운 시각으로 바라볼 수 있게 된다. 독자들이 학교와 가정, 일과 삶에서 더 나은 선택과 해결책을 찾을 수 있도록 질문을 꾸준히 연습하고 훈련할 것을 권하고 싶다.

독자들에게 질문을 통해 성장과 변화의 가능성을 믿으라고 당부한다. 세상을 변화시킨 많은 이들은 기존의 틀에 안주하지 않고 새롭고 다양한 관점의 질문을 던지는 힘으로 한계를 뛰어넘었다는 사실을 기억하길 바란다. 질문은 특별한 사람들만의 전유물이 아니며, 누구나 훈련을 통해 더 나은 질문법을 익히고, 자신의 삶과 일에 적용할 수 있다.

이 책이 독자들의 창의적 사고와 문제해결 능력을 기르는 실질적인 도구가 되길 희망한다. 질문을 던지는 순간부터 변화와 성장이 시작된다고 믿기에 독자들이 이 책을 통해 질문의 힘을 깨닫고, 일상과 업무에서 더 나은 성과와 만족을 경험하길 기대한다.

1부

창의력과
질문의 기초

1부   창의력과 질문의 기초

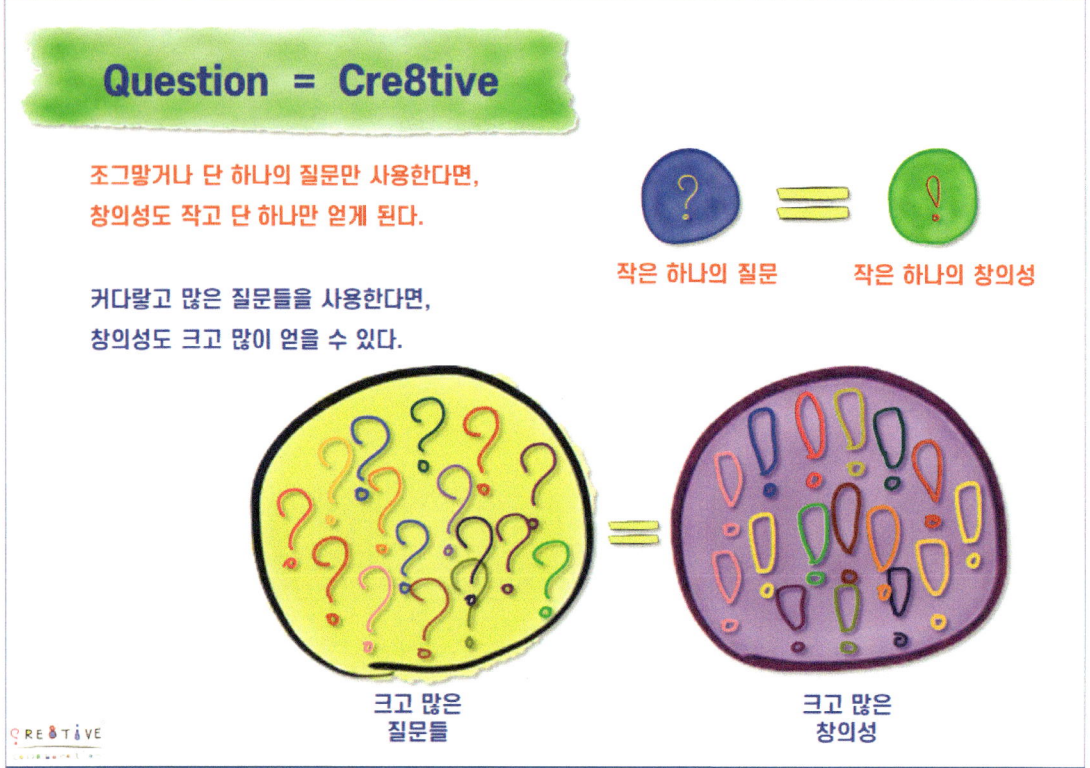

1장. 질문이 창의력을 일으키는 이유

1-1. 창의적 사고와 질문의 관계 : 질문이 두뇌를 자극하는 방식

창의적 사고는 인간이 문제를 해결하거나 새로운 아이디어를 발견하는 데 필수적인 능력이다. 이 창의적 사고의 근본적인 동력은 '질문'에서 비롯된다. 질문을 던지면 두뇌는 기존의 정보나 패턴을 재구성하고, 새로운 시각에서 문제를 바라보게 된다. 창의적 사고의 본질은 바로 두뇌가 질문에 답을 찾기 위해 작동하면서 이루어진다.

1) 두뇌가 질문을 만났을 때

인간의 두뇌는 늘 패턴을 찾고 의미를 구성하는 방식으로 작동한다. 질문을 받으면 두뇌는 즉각적으로 그 질문에 대한 답을 찾기 위해 기존에 알고 있는 정보와 경험을 탐색한다. 이 과정에서 두뇌는 새로운 연결을 만들어내거나 기존의 것들을 재구성한다. 이는 질문이 단순히 정보에 대한 호기심을 충족시키는 행위가 아 니라, 사고의 틀을 재편하고 새로운 아이디어를 발견하는 중요한 촉매제가 된다는 것을 의미한다.

두뇌는 매일 수많은 정보를 받아들이고 처리하는데, 이를 효율적으로 관리하기 위해 특정 패턴을 형성하고 그 패턴을 통해 세상을 해석한다. 그러나 이러한 패턴은 고정관념으로 이어질 수 있다. 질문은 이 고정된 패턴을 흔들어 새로운 방식으로 문제를 접근하게 한다. 예를 들어, "이 문제는 왜 이렇게만 풀어야 할까?"라는 질문을 던지면, 두뇌는 그동안의 해결방법을 다시 살펴보게 되고, 새로운 가능성을 탐구한다.

2) 전두엽과 대뇌피질의 역할

두뇌 과학적 관점에서 볼 때, 질문은 전두엽과 대뇌피질을 자극한다. 전두엽은 인간의 논리적 사고, 문제해결, 계획수립 등 고차원적인 인지기능을 담당하는 두뇌의 중요한 부분이다. 우리가 특정 질문을 던질 때, 전두엽은 질문에 대한 답을 찾기 위해 기존의 정보를 활용하며, 그 과정에서 여러 시나리오를 상상하고, 문제해결을 위한 다양한 경로를 모색하게 된다.

질문이 던져지면 전두엽은 그 질문에 대한 답을 탐구하는 동시에, 그 답을 얻기 위한 다양한 가설을 세우고 검증하는 과정을 거친다. 예를 들어, "우리는 이 문제를 다른 방식으로 해결할 수 있을까?"라는 질문을 받으면, 전두엽은 그동안 적용해온 해결방법을 재검토하고, 새로운 방식을 탐구하게 된다. 이 과정에서 기존에 생각하지 못했던 새로운 접근법이 등장할 수 있다.

대뇌피질은 감각정보와 사고를 연결하고, 이를 통해 복잡한 문제를 해결하는 데 중요한 역할을 한다. 질문은 대뇌피질을 자극하여 그동안 억눌리거나 사용하지 않았던 정보들을 끌어낸다. 두뇌는 이런 질문을 받으면 그 질문과 관련된 정보를 재구성하며, 새로운 시각에서 문제를 바라보게 된다. 이런 방식으로 질문은 기존의 정보처리방식을 변화시키고, 창의적 사고의 폭을 넓히는 역할을 한다.

3) 시냅스의 활성화와 새로운 연결

질문은 두뇌의 시냅스를 활성화하는 역할도 한다. 시냅스는 신경세포들 간의 연결지점으로, 이 연결이 활발해질수록 두뇌는 더 많은 정보를 처리하고 결합할 수 있다. 새로운 질문이 던져지면 두뇌는 이 질문과 관련된 정보를 연결하고, 시냅스 간의 새로운 연결을 형성한다. 이런 과정을 통해 두뇌는 더욱 유연하게 작동하며, 창의적인 해결책을 찾아내는 능력이 강화된다.

특정 질문이 던져졌을 때 두뇌는 그 질문과 관련된 정보를 찾기 위해 기존의 신경망을 활성화하고, 새롭게 들어오는 정보와 결합시킨다. 예를 들어, "왜 이 방식으로 문제를 해결하는 것이 최선인가?"라는 질문을 던지면, 두뇌는 기존의 방법을 다시 분석하고, 더 나은 방법이 있는지 탐구하게 된다. 이 과정에서 새로운 시냅스가 형성되고, 그 결과 두뇌는 이전에 없던 방식으로 문제를 해결할 수 있는 창의적인 해법을 찾아내게 된다.

4] 질문을 통한 새로운 사고의 탄생

창의적 사고는 문제를 해결하는 방식에서 새로운 시각을 찾는 능력으로 정의된다. 질문은 이 능력을 강화하는 중요한 도구다. 창의적인 사람들은 종종 고정관념을 깨고, 기존의 사고 틀을 넘어서기 위해 질문을 던진다. 이들은 기존의 방법이나 틀에 얽매이지 않고, 끊임없이 "왜?", "어떻게?"라는 질문을 통해 문제를 재구성하고, 새로운 답을 모색한다.

예를 들어, "이 문제를 왜 이렇게 해결해야 할까?"라는 질문은 두뇌에 기존의 해결책을 재검토하고, 새로운 가능성을 모색하는 자극을 준다. 질문을 통해 사고의 유연성이 증대되면, 그 문제에 대한 답을 찾는 과정에서 새로운 정보가 더 효과적으로 흡수되고 처리된다. 따라서 질문을 던지지 않으면 창의적인 해법을 찾기 어렵고, 기존의 패턴에 갇히기 쉽다.

창의적인 사고는 단순히 기존 지식과 정보를 결합하는 것이 아니라, 그것을 새로운 방식으로 재구성하는 것이다. 질문은 이 재구성 과정을 촉진하며, 기존에 없던 방식으로 문제를 해결할 수 있게 돕는다. 이는 마치 퍼즐을 맞추는 과정과 유사하다. 질문을 던질 때, 두뇌는 그 질문에 맞는 조각들을 찾고 결합하며, 그 결과 새로운 그림을 완성하게 된다.

5] 두뇌가 질문에 반응하는 방식

두뇌는 질문에 대한 답을 찾으려 할 때 그 과정에서 정보를 더 깊이 있게 처리하고, 새로운 가능성을 열어간다. 두뇌가 정보에 반응할 때 가장 중요한 요소는 그 정보가 얼마나 의미 있는지와 그 정보가 두뇌에 어떤 자극을 주는지에 달려 있다. 질문은 이러한 자극을 제공하여, 두뇌가 정보를 단순히 저장하는 데 그치지 않고, 그 정보를 적극적으로 재구성하고 활용할 수 있도록 만든다.

질문은 두뇌의 여러 영역을 동시에 자극하는 특징을 지닌다. 예를 들어, 특정 질문이 던져지면, 두뇌는 전두엽뿐만 아니라 해마와 같은 기억을 담당하는 부위, 시각적 정보를 처리하는 후두엽, 언어를 담당하는 측두엽 등 다양한 영역을 동원하여 그 질문에 대한 답을 찾는다. 이는 두뇌가 질문을 받으면 단순히 하나의 답을 찾는 것이 아니라, 다각도로 문제를 분석하고 해결책을 모색하는 방식을 취하는 것을 의미한다.

따라서 창의적 사고의 핵심은 올바른 질문을 던지는 것이다. 질문은 두뇌가 기존의 방식에서 벗어나 새로운 사고를 할 수 있도록 유도하며, 그 과정을 통해 창의적인 해답을 얻을 수 있다. 올바른 질문은 문제를 다른 각도에서 바라보게 하고, 기존 지식과 정보를 재구성하게 하며, 새로운 아이디어를 발견할 수 있도록 돕는다. 질문을 던질 때, 두뇌는 기존에 알고 있던 패턴을 뛰어넘어 창의적 사고의 문을 열게 된다.

결국, 질문은 창의적 사고를 자극하는 핵심적인 도구다. 질문은 두뇌의 다양한 영역을 활성화하고, 기존의 사고 패턴을 넘어서 새로운 아이디어를 발견하게 한다. 창의적인 사람들은 질문을 통해 문제를 재정의하고, 기존의 한계를 뛰어넘는 해결책을 모색한다. 따라서 창의적 사고를 키우고 싶다면, 끊임없이 질문을 던지고, 그 질문에 대한 답을 찾는 과정을 반복하는 것이 중요하다.

1-2. 성공적인 사람들의 공통된 질문습관

성공적인 사람들의 삶과 업적을 살펴보면, 그들의 성공 비결 중 하나로 '질문하는 습관'을 꼽을 수 있다. 그들은 단순히 주어진 문제에 답을 찾기보다는, 끊임없이 질문을 던짐으로써 문제를 깊이 파고들고 새로운 관점을 발견한다. 이러한 질문습관은 그들의 창의력과 문제해결 능력을 키워주는 중요한 요소로 작용한다. 이 글에서는 성공적인 사람들이 어떻게 질문을 통해 사고를 확장하고, 혁신적인 아이디어를 도출하는지 살펴보겠다.

1] 질문을 통해 호기심을 유지한다

호기심은 창의적 사고와 혁신을 이끄는 핵심 원동력이다. 성공적인 사람들은 호기심을 통해 세상을 바라보고, 끊임없이 질문을 던지며 새로운 통찰을 얻는다. 그들은 당연하게 여겨지는 것에도 의문을 품고, 이를 통해 기존의 한계를 뛰어넘어 새로운 가능성을 탐구한다. 스티브 잡스와 같은 혁신적인 인물들이 대표적인 예이다. 이 글에서는 호기심과 질문이 어떻게 성공적인 사람들의 창의성을 자극하고, 그들이 더 나은 해결책을 찾아낼 수 있도록 돕는지 살펴보겠다.

1-1. 호기심은 문제해결을 넘어서 새로운 가능성을 탐구한다

성공적인 사람들은 문제를 단순히 해결하는 데 그치지 않는다. 그들은 문제를 해결하는 과정에서 더 나은 방법, 더 혁신적인 접근법을 찾기 위해 끊임없이 질문을 던진다. 이 과정에서 호기심은 그들이 한정된 정보에 안주하지 않고 더 넓은 시각에서 문제를 바라보도록 만든다. 질문은 문제를 새로운 방식으로 접근할 수 있게 도와주며, 그로 인해 더 창의적이고 효율적인 해결책을 찾을 수 있다.

예를 들어, 스티브 잡스는 애플에서 제품을 개발할 때, 단순히 기능적으로 뛰어난 제품을 만드는 것에 만족하지 않았다. 그는 "우리는 왜 이 제품을 이렇게 만들었을까?"라는 질문을 던지며, 제품의 본질을 재검토했다. 이 질문은 단순히 기존의 방식에 얽매이지 않고, 제품의 사용성을 다시 생각하게 만들었다. 잡스는 항상 제품이 사용자에게 어떤 가치를 줄 수 있을지 고민했고, 그 과정에서 소비자의 입장에서 제품을 바라보았다. 이러한 질문을 통해 그는 혁신적인 디자인과 기능을 결합하여, 아이폰, 아이패드, 맥북과 같은 시대를 선도 하는 제품을 만들어낼 수 있었다.

호기심은 단순한 문제해결에서 나아가 새로운 가능성을 탐구하게 만든다. 잡스가 던진 질문들은 기존의 개발방식을 넘어서 제품의 본질적인 기능과 디자인을 재정의하게 했고, 그 결과 애플은 시장에서 소비자들에게 혁신적인 경험을 제공할 수 있었다. 잡스의 질문은 제품을 단순한 기계적 도구가 아니라, 사람들의 일상 속에 깊이 자리잡은 혁신적인 경험으로 탈바꿈시켰다.

1-2. 질문은 사고의 틀을 깨고 창의적 사고를 유도한다

성공적인 사람들은 호기심을 바탕으로 끊임없이 질문을 던지며, 기존의 사고방식을 재검토한다. 이 과정에서 그들은 당연하다고 여겨졌던 것들을 새로운 시각에서 바라보고, 문제를 다각도로 분석하며 더 나은 해결책을 찾아낸다. 질문은 고정관념을 깨고 새로운 사고의 틀을 형성하는 데 중요한 역할을 한다.

스티브 잡스의 사례는 이러한 질문의 힘을 잘 보여준다. 그는 "왜 우리는 기존의 방식대로만 제품을 만들어야 할까?"라는 질문을 던지며, 기존의 제조방식과 제품 디자인에 의문을 제기했다. 기존의 전통적인 방식에서 벗어나, 잡스는 사용자의 경험을 중시하는 새로운 제품철학을 제시했다. 그의 질문은 단순한 기술적 발전이 아닌, 사용자 중심의 혁신을 이끌어냈다. 아이폰과 같은 제품은 단순한 전화기가 아니라, 사용자와 상호작용하는 디지털 생태계를 창출하는 혁신의 상징이 되었다.

질문은 사고의 틀을 깨고, 창의적인 문제해결을 유도한다. 기존의 방식을 그대로 답습하는 것이 아니라, 새로운 방법을 모색하게 한다. 잡스가 던진 질문은 혁신적인 제품개발을 가능하게 했으며, 애플이 시장에서 독보적인 위치를 차지하는 데 중요한 기여를했다. 이러한 질문을 통해 그는 끊임없이 더 나은 제품을 개발할 수 있었고, 이는 애플의 지속적인 성공으로 이어졌다.

1-3. 질문을 통해 더 나은 해결책을 찾는다

호기심에서 비롯된 질문은 문제를 단순히 해결하는 데 그치지 않고, 더 나은 해결책을 찾기 위한 도구가 된다. 성공적인 사람들은 질문을 통해 다양한 가능성을 탐구하며, 그 과정에서 기존의 문제를 해결하는 방법 외에도 더 효율적이고 창의적인 해결책을 발견하게 된다.

일론 머스크 역시 이와 같은 방식으로 호기심을 유지하며 성공을 거두었다. 그는 전기차와 우주여행과 같은 도전적인 목표에 맞닥뜨렸을 때, "왜 전기차의 배터리는 이렇게 비싸고 비효율적인가?"라는 질문을 던졌고, 이는 테슬라의 배터리 기술을 혁신하는 출발점이 되었다. 또 다른 예로, 스페이스X를 통해 우주여행의 비용을 낮추기 위한 방법을 모색하며, "왜 로켓은 한 번만 사용할 수 있는가?"라는 질문을 던졌다. 이 질문은 재 사용 가능한 로켓을 개발하는 데 중요한 계기가 되었으며, 우주산업에서 큰 혁신을 일으켰다.

이처럼 성공적인 사람들은 질문을 통해 문제를 해결하는 것에 그치지 않고, 기존의 해결책보다 더 나은 방법을 찾으려 한다. 질문은 다양한 가능성을 탐구할 수 있는 기회를 제공하며, 이를 통해 우리는 문제를 더욱 창의적이고 효율적으로 해결할 수 있다.

1-4. 질문은 끊임없는 학습과 성장을 유도한다

성공적인 사람들은 호기심과 질문을 통해 끊임없이 성장하고 학습한다. 그들은 자신이 모르는 것을 두려워 하지 않으며, 오히려 모르는 것이 새로운 것을 배울 수 있는 기회라고 여긴다. 이 과정에서 질문은 중요한 역할을 한다. 질문을 던짐으로써 그들은 더 깊이 있는 지식에 도달하게 되고, 그 지식을 바탕으로 지속적인 성장을 이룰 수 있다.

빌 게이츠는 이러한 질문의 힘을 잘 이해하고 있었다. 그는 마이크로소프트를 운영하면서 "우리는 무엇을 더 잘할 수 있을까?"라는 질문을 지속적으로 던지며, 회사가 지속적으로 발전하고 혁신할 수 있도록 이끌었다. 빌 게이츠의 질문은 단순히 문제를 해결하는 데 그치지 않고, 더 나은 방향으로 나아가기 위한 방안을 모색하는 데 중요한 역할을했다.

질문은 학습과 성장을 촉진한다. 질문을 통해 우리는 자신의 한계를 인식하고, 그 한계를 극복하기 위한 지식과 정보를 얻을 수 있다. 또한, 질문은 새로운 도전을 받아들이는 데 필요한 자신감을 제공하며, 더 많은 성과를 이루기 위한 동기부여가 된다. 성공적인 사람들은 질문을 통해 끊임없이 학습하고 성장하며, 이를 통해 더 나은 성과를 이룰 수 있다.

1-5. 질문은 협업과 혁신을 촉진한다

성공적인 사람들은 호기심을 바탕으로 질문을 던지고, 그 질문을 통해 팀원들과 소통하며 협업한다. 그들은 자신이 모든 답을 알고 있지 않다는 사실을 인정하고, 팀원들에게 질문을 던지며 그들의 생각과 아이디어를 이끌어낸다. 이러한 질문은 단순한 소통을 넘어서, 집단지성을 활용해 더 나은 해결책을 찾도록 만든다.

스티브 잡스는 애플의 팀원들과 협업할 때 항상 "어떻게 하면 더 나은 제품을 만들 수 있을까?"라는 질문을 던졌다. 이를 통해 팀원들은 기존의 틀에 얽매이지 않고, 더 창의적인 해결책을 제안할 수 있었고, 이러한 협업을 통해 애플은 시장에서 독보적인 혁신을 이끌어낼 수 있었다.

질문은 협업과 혁신을 촉진하는 중요한 도구다. 질문을 통해 우리는 팀원들의 다양한 의견을 수렴할 수 있으며, 그 과정에서 새로운 아이디어와 혁신적인 해결책이 탄생하게 된다. 성공적인 사람들은 질문을 통해 협업의 장을 열고, 이를 바탕으로 더 나은 성과를 이루어낸다.

질문은 성공적인 사람들의 호기심을 유지하고, 그들이 끊임없이 더 나은 해결책을 찾도록 돕는 중요한 도구다. 스티브 잡스와 같은 혁신가들은 질문을 통해 기존의 사고방식을 깨뜨리고, 새로운 가능성을 탐구하며, 더 창의적이고 혁신적인 결과를 이끌어냈다. 호기심을 바탕으로 던진 질문은 사고의 틀을 넓히고, 문제를 새로운 시각에서 바라보게 하며, 더 나은 해결책을 찾을 수 있는 기회를 제공한다.

성공적인 사람들은 질문을 통해 끊임없이 학습하고 성장하며, 협업을 통해 혁신을 이룬다. 이들은 질문을 통해 자신과 세상을 더 깊이 이해하고, 이를 바탕으로 더 나은 방향으로 나아간다. 질문은 단순한 호기심을 넘어서, 진정한 성공과 혁신을 이끄는 열쇠다.

2] 문제의 본질을 파악하는 질문

성공적인 사람들은 단순한 문제해결에 그치지 않고, 문제의 본질을 깊이 파악하기 위해 끊임없이 질문을 던진다. 그들은 겉으로 드러난 현상에 머물지 않고, 문제의 근본적인 원인을 파악하고, 이를 바탕으로 더 나은 해결책을 탐구한다. 일론 머스크는 이러한 질문습관을 통해 전기차와 배터리 기술에서 혁신적인 돌파구를 마련한 대표적인 사례다. 그의 질문은 기존 기술의 한계를 뛰어넘고, 새로운 기술적 가능성을 모색하는 과정에서 중요한 역할을했다.

2-1. 문제의 본질을 파악하는 질문의 중요성

성공적인 사람들은 문제를 해결할 때 표면적인 해결책에 만족하지 않는다. 그들은 더 나은 해결책을 찾기 위해 문제의 근본적인 원인을 파악하려는 질문을 던지며, 그 질문을 통해 문제를 더 깊이 이해하게 된다. 이러한 질문은 기존의 한계에 도전하고, 문제를 새로운 시각에서 바라보도록 유도한다.

질문은 단순한 의문을 넘어서 문제의 본질을 이해하게 만드는 강력한 도구다. "왜?"라는 질문은 현상이나 결과를 넘어, 그 원인을 탐구하게 한다. 문제의 원인을 제대로 이해하지 못하면, 그 문제는 일시적으로 해결되더라도 근본적인 변화나 혁신을 이끌어내기 어렵다. 그러나 문제의 본질을 파악하기 위해 던진 질문은 새로운 가능성을 탐구하게 만들며, 이를 통해 기존의 방식과는 다른 창의적인 해결책을 발견하게 된다.

2-2. 일론 머스크의 배터리 혁신 : 왜 배터리는 이렇게 비싸고 비효율적인가?

일론 머스크는 문제의 본질을 파악하는 질문을 통해 전기차 산업에서 혁신적인 변화를 일으켰다. 전기차는 오랫동안 환경친화적인 이동 수단으로 여겨졌지만, 기존의 배터리 기술은 여러 한계에 부딪혔다. 특히, 배터리의 가격이 비싸고 효율성이 낮아 전기차의 상용화를 가로막는 큰 장애물로 작용했다. 머스크는 이러한 문제를 해결하기 위해 단순히 배터리의 성능을 개선하려는 접근이 아닌, 근본적인 질문을 던지며 문제의 본질에 접근했다.

머스크는 "왜 배터리는 이렇게 비싸고 비효율적인가?"라는 질문을 던짐으로써, 기존 배터리 기술에 대한 근본적인 의문을 제기했다. 이 질문은 배터리 제조공정에서 발생하는 비효율성, 자재비용, 설계상의 문제를 다시 생각해보게 만들었다. 머스크는 이 질문을 통해 배터리 성능을 높이는 것뿐만 아니라, 생산방식과 자재사용을 재구성함으로써 비용을 획기적으로 절감할 수 있는 새로운 방법을 모색했다.

이러한 질문을 바탕으로 테슬라는 리튬이온 배터리 기술을 개선하고, 대량생산 체계를 혁신적으로 구축했다. 이 과정에서 테슬라는 배터리의 가격을 낮추고 효율을 극대화하며, 전기차 상용화에 크게 기여할 수 있 있다. 머스크의 질문은 단순한 기술적 개선이 아닌, 기존 문제의 본질을 재검토하고 근본적으로 해결책을 모색할 수 있는 계기가 되었다.

2-3. 문제의 본질을 이해함으로써 혁신을 이끌다

머스크의 질문은 단순히 기술적 개선을 넘어서, 문제를 근본적으로 다시 생각해보게 만든다. 그의 질문은 기존의 기술적 한계를 뛰어넘어 새로운 가능성을 탐구하게 했으며, 이를 통해 전기차 시장에서 테슬라가 선도적인 위치에 오를 수 있도록했다. 머스크는 단순히 전기차를 더 좋은 제품으로 만드는 것에 그치지 않고, 전기차가 대중화될 수 있는 근본적인 조건을 마련하기 위해 배터리 기술의 경제성과 효율성을 개선하는 방법을 고민했다.

이러한 접근방식은 단순히 기술적 문제를 해결하는 데 그치지 않고, 전기차 산업 전반에 걸친 시스템적 변화를 가져왔다. 머스크는 기존의 배터리 제조방식에서 발생하는 문제를 지적하고, 새로운 방식으로 접근함으로써 비용절감과 성능향상을 동시에 이룰 수 있는 혁신을 이루어냈다. 이는 테슬라가 전기차 시장에서 성공적으로 자리잡을 수 있었던 중요한 요인 중 하나였다.

2-4. 질문을 통해 새로운 해결책을 모색하다

질문은 기존의 한계를 넘어서 새로운 해결책을 모색하게 한다. 성공적인 사람들은 문제를 해결할 때 단순한 개선을 목표로 하지 않고, 문제의 본질을 파악함으로써 더 나은 해결책을 찾기 위한 길을 모색한다. 이 과정에서 중요한 역할을 하는 것이 바로 질문이다.

예를 들어, 머스크는 "어떻게 하면 전기차를 대중화할 수 있을까?"라는 질문을 던졌을 때, 단순히 차량의 성능을 높이거나 디자인을 개선하는 데 그치지 않았다. 그는 전기차의 핵심요소인 배터리가 대중화를 가로막는 주요 요인임을 인식하고, 배터리 문제를 해결하는 것이 전기차 대중화의 열쇠라고 생각했다. 그 결과, 그는 배터리 기술혁신을 테슬라의 핵심목표로 삼고, 이를 통해 전기차의 가격을 낮추고 효율을 극대화할 수 있었다.

질문은 기존의 문제를 다른 시각에서 바라보게 만든다. 머스크는 배터리 문제를 표면적으로 해결하는 것이 아니라, 그 문제의 근본 원인을 파악하고, 이를 해결하기 위한 새로운 기술과 방법을 탐구했다. 이러한 질문은 기존의 틀에 얽매이지 않고, 더 나은 해결책을 모색할 수 있는 중요한 기회를 제공한다.

2-5. 질문이 창의적 해결책을 이끌어낸다

질문은 창의적인 해결책을 이끌어내는 중요한 도구다. 문제의 본질을 파악하기 위한 질문을 던지면, 우리는 기존의 사고방식에서 벗어나 문제를 새로운 시각에서 바라볼 수 있게 된다. 이는 창의적인 해결책을 발견하는 데 결정적인 역할을 한다.

머스크의 배터리 혁신사례는 질문이 어떻게 창의적인 해결책을 이끌어내는지를 잘 보여준다. 그는 기존의 기술적 한계를 극복하기 위해 단순히 배터리 성능을 높이는 것이 아니라, "어떻게 하면 배터리 비용을 획기적으로 낮출 수 있을까?"라는 근본적인 질문을 던졌다. 이 질문을 바탕으로 그는 배터리 제조공정과 자재 사용방식을 혁신적으로 재구성했으며, 그 결과 더 저렴하면서도 효율적인 배터리 기술을 개발할 수 있었다.

질문은 문제해결의 첫걸음이자 창의적 사고의 출발점이다. 질문을 통해 우리는 문제를 다시 정의하고, 더 나은 방법을 모색할 수 있는 기회를 얻는다. 머스크의 사례에서 알 수 있듯이, 성공적인 사람들은 질문을 통해 기존의 한계를 뛰어넘고, 새로운 해결책을 발견할 수 있다.

2-6. 질문을 통해 한계를 극복하다

머스크는 배터리 문제를 해결하는 과정에서 끊임없이 질문을 던지며 기존의 한계를 극복했다. 그는 배터리의 가격과 효율성 문제를 해결하기 위해 기존의 틀에 갇히지 않고, 새로운 방법을 탐구했다. "왜 우리는 기존 방식에만 의존해야 하는가?"라는 질문을 던짐으로써, 그는 새로운 제조공정과 자재 사용방식을 모색하게 되었고, 이를 통해 배터리 기술의 혁신을 이룰 수 있었다.

성공적인 사람들은 문제를 해결할 때 기존의 방식에 얽매이지 않고, 더 나은 해결책을 찾기 위해 끊임없이 질문을 던진다. 그들은 질문을 통해 기존의 한계를 뛰어넘으며, 이를 바탕으로 창의적인 해결책을 발견하게 된다. 머스크의 배터리 혁신사례는 질문이 한계를 극복하는 데 얼마나 중요한 역할을 하는지를 잘 보여준다.

질문은 문제의 본질을 파악하고, 더 나은 해결책을 모색하는 데 중요한 도구다. 성공적인 사람들은 질문을 통해 문제를 깊이 이해하고, 기존의 방식에서 벗어나 새로운 해결책을 찾는다. 일론 머스크는 배터리 문제를 해결하기 위해 "왜 배터리는 이렇게 비싸고 비효율적인가?"라는 질문을 던졌고, 이를 바탕으로 배터리 기술의 혁신을 이루어냈다. 그의 질문은 단순한 기술적 개선을 넘어서 문제의 본질을 재구성하고, 더 나은 방법을 모색할 수 있는 기회를 제공했다.

질문은 창의적인 해결책을 이끌어내는 출발점이다. 머스크의 사례에서 알 수 있듯이, 성공적인 사람들은 문제의 본질을 파악하기 위해 질문을 던지며, 그 질문을 통해 기존의 한계를 뛰어넘고 새로운 혁신을 이끌어낸다.

3) 모르는 것을 인정하고 배운다.

성공적인 사람들의 중요한 특징 중 하나는 모르는 것을 인정하는 용기다. 그들은 자신이 모든 답을 알고 있지 않다는 사실을 두려워하지 않고, 오히려 모르는 것을 성장과 학습의 기회로 삼는다. 이들은 자신의 부족함을 인식하고, 그 부족함을 메우기 위해 질문을 던지며 더 나은 방향으로 나아간다. 빌 게이츠는 이러한 질문의 힘을 통해 마이크로소프트를 세계적인 기술선도기업으로 발전시킨 대표적인 인물이다. 이 글에서는 빌 게이츠가 질문을 통해 어떻게 지속적인 성장을 이루었는지 그리고 성공적인 사람들에게 질문이 왜 중요한지에 대해 설명하겠다.

3-1. 질문을 통해 모르는 것을 인정하는 용기

성공적인 사람들은 자신이 모든 것을 알고 있다고 생각하지 않는다. 오히려 그들은 자신이 모르는 것들을 인정하고, 이를 기회로 삼는다. 이는 지적 겸손에서 비롯된다. 지적 겸손은 자신이 알고 있는 것보다 모르는 것이 많다는 사실을 받아들이고, 이를 기반으로 더 많은 것을 배우고자 하는 태도다.

빌 게이츠는 이러한 지적 겸손의 태도를 바탕으로 끊임없이 질문을 던졌다. 그는 마이크로소프트를 운영하면서 "우리는 무엇을 더 잘할 수 있을까?"라는 질문을 자주 던졌다. 이 질문은 그가 회사가 부족한 점을 인식하고, 이를 개선할 수 있는 방법을 모색하도록 만들었다. 빌 게이츠는 항상 회사의 성과에 만족하지 않고, 더 나은 결과를 위해 무엇을 더 개선해야 하는지를 고민했다.

질문은 우리가 모르는 것을 탐구하는 출발점이다. 빌 게이츠는 자신의 부족함을 인정하고, 이를 해결하기 위한 질문을 던짐으로써 더 나은 방향으로 나아갔다. 이는 그가 지속적으로 학습하고, 마이크로소프트가 기술혁신의 선두에 설 수 있었던 중요한 이유 중 하나다.

3-2. 질문을 통해 개선을 이끌어내다

성공적인 사람들은 질문을 통해 현재 상태에 안주하지 않고 끊임없이 개선을 모색한다. 빌 게이츠는 마이크로소프트의 발전을 위해 "어떻게 하면 더 잘할 수 있을까?"라는 질문을 끊임없이 던졌다. 이 질문은 그와 마이크로소프트가 시장 변화에 적응하고, 새로운 기술에 대응할 수 있게 하는 중요한 도구였다.

빌 게이츠의 질문은 단순한 호기심에서 비롯된 것이 아니라, 향상 가능성에 대한 탐구였다. 그는 마이크로소프트가 이미 성공적인 기업임에도 불구하고, 더 나아질 수 있는 방법이 항상 존재한다고 믿었다. 이러한 믿음은 그가 끊임없이 질문을 던지도록 이끌었으며, 그 질문은 마이크로소프트가 지속적으로 발전하고 혁신할 수 있는 원동력이 되었다.

빌 게이츠는 질문을 통해 개선점을 발견하고, 이를 실천에 옮겼다. 예를 들어, 그는 마이크로소프트가 초기에는 운영체제 개발에 집중했지만, 시장의 변화를 읽고 소프트웨어 전반에 걸쳐 기술력을 강화하기 위한 질문을 던졌다. 그 결과 마이크로소프트는 워드와 엑셀과 같은 생산성 소프트웨어 분야에서도 선도적인 기업으로 성장할 수 있었다.

3-3. 부족함을 인식하고, 이를 개선하기 위한 질문

성공적인 사람들은 자신의 부족함을 두려워하지 않고, 이를 해결하기 위해 노력한다. 질문은 그들이 부족한 부분을 인식하고, 그 문제를 해결할 수 있는 방법을 찾는 도구다. 빌 게이츠는 자신의 약점과 마이크로소프트의 한계를 인식하고, 이를 개선하기 위한 질문을 끊임없이 던졌다.

빌 게이츠는 기술 개발뿐만 아니라 경영에서도 "우리는 무엇을 더 잘할 수 있을까?"라는 질문을 던지며 회사를 발전시켰다. 그는 회사의 기술력뿐만 아니라 조직관리, 시장대응, 제품전략에서도 더 나은 방법을 찾기 위해 질문을 던졌다. 이를 통해 마이크로소프트는 기술혁신을 넘어 비즈니스 운영 전반에서 지속적인 성장을 이룰 수 있었다.

이러한 질문은 문제를 해결하는 데 그치지 않고, 더 나은 방법을 찾는 데 중요한 역할을했다. 예를 들어, 빌 게이츠는 인터넷 시대의 도래를 예상하고 "우리는 인터넷을 어떻게 활용할 수 있을까?"라는 질문을 던졌다. 이를 통해 마이크로소프트는 인터넷 브라우저와 같은 새로운 기술분야에서 적극적으로 대응할 수 있었고, 경쟁력을 유지할 수 있었다.

3-4. 끊임없는 학습과 성장의 기회로서의 질문

질문은 성공적인 사람들에게 끊임없는 학습과 성장의 기회를 제공한다. 빌 게이츠는 학습을 멈추지 않는 인물로 유명하다. 그는 끊임없이 독서를 하고, 기술과 경영에 관한 최신 정보를 습득하며, 더 나은 전략을 고민했다. 이러한 학습 과정에서 질문은 매우 중요한 역할을했다.

빌 게이츠는 자신이 모르는 분야에 대해서도 질문을 던졌고, 이를 통해 더 깊은 이해를 쌓아갔다. 그는 새로운 기술 트렌드나 사회변화에 대해 끊임없이 질문하며, 이를 바탕으로 회사를 발전시킬 수 있는 기회를 찾았다. 또한, 그는 독서를 통해 다양한 분야에 대한 지식을 쌓았고, 그 지식을 바탕으로 새로운 질문을 던짐으로써 더 나은 결정을 내렸다.

성공적인 사람들은 질문을 통해 학습을 이어가며, 그 과정을 통해 끊임없이 성장한다. 질문은 그들이 더 나은 자신이 되기 위한 중요한 도구다. 빌 게이츠 역시 질문을 통해 자신의 지식을 확장하고, 그 지식을 바탕으로 마이크로소프트를 성장시키는 데 기여했다.

3-5. 질문은 지속적인 혁신을 이끈다

질문은 단순한 학습을 넘어서, 지속적인 혁신을 이끌어낸다. 성공적인 사람들은 질문을 통해 문제를 새로운 시각에서 바라보고, 더 나은 해결책을 찾기 위해 노력한다. 빌 게이츠는 마이크로소프트를 운영하면서 "우리는 무엇을 더 잘할 수 있을까?"라는 질문을 통해 회사가 현재의 성공에 안주하지 않고, 끊임없이 변화하는 시장에 대응할 수 있도록했다.

빌 게이츠는 기술혁신을 추구할 때도 질문을 던졌다. "이 기술이 사용자에게 어떤 가치를 제공할 수 있을까?", "시장의 변화에 맞춰 우리는 어떻게 대응할 수 있을까?" 등의 질문은 그가 끊임없이 새로운 가능성을 모색하게 했다. 이러한 질문을 바탕으로 마이크로소프트는 운영체제뿐만 아니라, 소프트웨어, 하드웨어, 클라우드 컴퓨팅 등 다양한 분야에서 혁신을 이루어낼 수 있었다.

질문은 혁신을 이끄는 중요한 출발점이다. 빌 게이츠는 질문을 통해 기존의 방식을 넘어서 새로운 가능성을 탐구했고, 그 결과 마이크로소프트는 기술선도기업으로 자리잡을 수 있었다. 이러한 질문은 단순한 문제해결이 아닌, 지속적인 성장과 혁신을 가능하게 하는 중요한 요소다.

3-6. 질문을 통한 협업과 소통

성공적인 사람들은 질문을 통해 팀원들과 협업하고, 새로운 아이디어를 모색한다. 빌 게이츠는 마이크로소프트의 팀원들과 끊임없이 소통하며, "우리는 어떻게 더 나아질 수 있을까?"라는 질문을 던졌다. 그는 자신이 모든 답을 알고 있다고 생각하지 않았고, 팀원들의 의견을 경청하며 그들의 아이디어를 이끌어내기 위해 질문을 활용했다.

빌 게이츠의 질문은 단순한 소통을 넘어서, 팀원들이 적극적으로 참여할 수 있는 분위기를 만들었다. 그는 팀원들에게 질문을 던짐으로써 그들이 스스로 문제를 해결하고 더 나은 방안을 제시하도록 독려했다. 이는 마이크로소프트가 기술혁신뿐만 아니라 조직운영에서도 탁월한 성과를 낼 수 있었던 중요한 요인이었다.

질문은 협업을 촉진하고, 팀원들의 창의성을 이끌어내는 중요한 도구다. 성공적인 사람들은 질문을 통해 팀원들의 의견을 수렴하고, 그 의견을 바탕으로 더 나은 방향으로 나아갈 수 있다. 빌 게이츠 역시 질문을 통해 팀원들과의 협력을 강화하고, 이를 바탕으로 마이크로소프트의 성장을 이끌었다.

성공적인 사람들은 자신이 모든 답을 알고 있다고 생각하지 않는다. 그들은 모르는 것을 두려워하지 않으며, 이를 학습과 성장의 기회로 삼는다. 빌 게이츠는 "우리는 무엇을 더 잘할 수 있을까?"라는 질문을 끊임없이 던지며, 마이크로소프트가 지속적으로 성장하고 발전할 수 있도록 이끌었다. 그의 질문은 회사가 현재의 성공에 안주하지 않고, 더 나은 방향으로 나아갈 수 있는 동력이 되었다.

질문은 단순한 의문을 넘어서, 문제를 더 깊이 이해하고 새로운 해결책을 찾게 만드는 강력한 도구다. 성공적인 사람들은 질문을 통해 자신의 부족함을 인식하고, 이를 개선하기 위해 노력한다. 또한, 질문은 학습과 성장을 촉진하고, 지속적인 혁신을 가능하게 한다. 빌 게이츠의 사례는 질문이 성공적인 사람들에게 얼마나 중요한 역할을 하는지를 잘 보여준다.

4] 팀원들과 소통하고 협업하는 질문 : 성공적인 리더들의 비결

성공적인 리더들은 팀원들과의 소통과 협업을 통해 뛰어난 성과를 만들어낸다. 그 과정에서 중요한 역할을 하는 것이 바로 질문이다. 질문은 단순한 정보획득의 도구를 넘어, 팀원들이 적극적으로 참여하고 창의적인 아이디어를 제시하도록 이끄는 중요한 역할을 한다. 질문을 통해 리더는 팀원들의 의견을 듣고, 그들의 지식을 활용하여 더 나은 해결책을 도출해낼 수 있다. 이 글에서는 질문을 통해 팀원들과 소통하고 협업하는 방법과 그 효과를 엘런 존슨 설리프와 같은 리더들의 사례를 통해 살펴보겠다.

4-1. 질문을 통해 소통을 강화하다

리더가 팀원들과 효과적으로 소통하기 위해서는 일방적인 지시가 아닌, 질문을 통한 상호작용이 필수적이다. 질문은 리더가 팀원들과 소통하는 중요한 도구로 작용하며, 이를 통해 팀원들은 자신이 생각하는 바를 자유롭게 표현할 수 있다. 질문을 던짐으로써 리더는 팀원들이 직면한 문제를 이해하고, 그들의 생각을 더 깊이 파악할 수 있다.

엘런 존슨 설리프는 질문을 통해 팀원들과의 소통을 강화한 대표적인 리더다. 라이베리아의 첫 여성 대통령으로서, 그녀는 항상 팀원들에게 "우리는 어떤 새로운 아이디어를 적용할 수 있을까?"라는 질문을 던지며 소통을 이끌었다. 이 질문은 팀원들이 자신의 생각을 표현하고, 새로운 해결책을 제안할 수 있는 기회를 제공했다. 이를 통해 설리프는 단순히 자신의 생각을 강요하는 것이 아니라, 팀원들의 아이디어를 바탕으로 문제를 해결하는 방안을 모색했다.

질문은 단순히 정보전달의 도구가 아닌, 소통을 활성화하는 중요한 역할을 한다. 성공적인 리더는 질문을 통해 팀원들의 의견을 경청하고, 이를 바탕으로 더 나은 결정을 내린다. 이 과정에서 팀원들은 리더와의 소통을 통해 자신이 회사의 중요한 일원이라는 느낌을 받으며, 소속감을 더욱 강하게 느끼게 된다.

4-2. 질문을 통해 협업을 촉진하다

질문은 협업을 촉진하는 데 있어 매우 중요한 역할을 한다. 리더가 팀원들에게 질문을 던지면, 팀원들은 스스로 생각하고 해결책을 제안할 수 있는 기회를 얻게 된다. 이는 팀원들이 수동적으로 지시를 따르는 것이 아니라, 문제해결 과정에 적극적으로 참여하게 만든다. 리더가 던진 질문은 팀원들이 자신의 생각을 표현하고, 창의적인 아이디어를 내놓을 수 있는 장을 열어준다.

성공적인 리더들은 질문을 통해 협업을 촉진한다. 예를 들어, 스티브 잡스는 애플에서 팀원들에게 "우리는 이 제품을 어떻게 더 나은 방식으로 만들 수 있을까?"라는 질문을 자주 던졌다. 이 질문은 단순한 지시가 아닌, 팀원들에게 제품개발 과정에서 중요한 기여를 할 수 있는 기회를 제공했다. 팀원들은 잡스의 질문에 답 하기 위해 서로 의견을 나누고, 더 나은 제품을 만들기 위한 방안을 모색하게 되었다.

질문은 리더가 혼자서 모든 결정을 내리는 것이 아니라, 팀원들과 함께 문제를 해결하는 과정을 가능하게 만든다. 리더는 질문을 통해 팀원들이 문제해결에 적극적으로 참여하도록 독려하고, 그들이 가진 지식과 경험을 최대한 활용할 수 있도록 지원한다. 이러한 협업을 통해 더 창의적이고 혁신적인 결과가 도출된다.

4-3. 질문을 통해 집단지성을 이끌어내다

집단지성은 팀원들이 협력하여 서로의 지식을 결합함으로써 더 나은 해결책을 도출해내는 과정이다. 리더는 질문을 통해 팀원들의 다양한 관점과 아이디어를 수집하고, 이를 바탕으로 집단지성을 이끌어낼 수 있다. 한 사람의 지식이나 경험만으로 해결하기 어려운 복잡한 문제도, 팀원들의 다양한 의견을 모아 해결책을 도출할 수 있다.

엘런 존슨 설리프는 팀원들에게 질문을 던짐으로써 집단지성을 활용했다. 그녀는 팀원들에게 "우리는 어떻게 하면 더 나은 정책을 만들 수 있을까?"라는 질문을 던지며, 그들의 다양한 의견을 경청했다. 이 과정에서 팀원들은 자신이 가진 지식과 경험을 바탕으로 다양한 아이디어를 제시했으며, 설리프는 이 아이디어들을 결합하여 더 나은 정책을 만들어낼 수 있었다.

질문은 집단지성을 활성화하는 중요한 도구다. 성공적인 리더들은 질문을 통해 팀원들이 자유롭게 의견을 나눌 수 있는 환경을 조성하며, 그 과정에서 창의적인 아이디어와 혁신적인 해결책이 나올 수 있도록 이끈다. 팀원들의 다양한 관점이 결합되면, 리더가 혼자서 생각하지 못했던 새로운 가능성을 발견할 수 있으며, 이는 팀 전체의 성과로 이어진다.

4-4. 질문을 통해 창의성을 자극하다

질문은 팀원들의 창의성을 자극하는 데 중요한 역할을 한다. 리더가 던지는 질문은 팀원들이 고정된 사고방식에서 벗어나 더 창의적으로 문제를 해결할 수 있는 기회를 제공한다. 특히 "왜 이렇게 해야만 하는가?", "다른 방식으로 접근할 수는 없을까?"와 같은 질문은 팀원들이 기존의 방식에서 벗어나 새로운 접근법을 모색하게 만든다.

스티브 잡스는 애플에서 창의성을 자극하는 질문을 던지며 팀원들이 혁신적인 제품을 개발할 수 있도록 이끌었다. 그는 "우리는 이 문제를 다르게 해결할 수 있는 방법은 없을까?"라는 질문을 던지며 팀원들이 고정관념을 깨고, 새로운 해결책을 찾아내도록 유도했다. 이러한 질문은 팀원들이 문제를 다양한 각도에서 바라보게 만들었으며, 결과적으로 애플은 시장에서 혁신적인 제품을 계속해서 출시할 수 있었다.

질문은 창의적인 해결책을 발견하는 데 중요한 역할을 한다. 성공적인 리더들은 팀원들이 문제를 창의적으로 해결할 수 있도록 질문을 던지고, 그 질문을 통해 새로운 아이디어가 나올 수 있는 기회를 제공한다. 질문은 단순한 지시를 넘어서, 팀원들이 자신의 사고를 확장하고, 더 나은 해결책을 찾아내는 과정을 가능하게 한다.

4-5. 질문을 통해 팀원들의 참여를 유도하다

질문은 팀원들이 문제해결 과정에 적극적으로 참여하도록 만든다. 성공적인 리더들은 질문을 통해 팀원들의 의견을 수렴하고, 그들이 문제해결의 중요한 일원임을 느끼게 한다. 이는 팀원들에게 동기부여를 제공하며, 그들이 더 열정적으로 일할 수 있도록 만든다.

엘런 존슨 설리프는 팀원들에게 "우리는 어떻게 하면 더 나은 방향으로 나아갈 수 있을까?"라는 질문을 던지며, 그들의 참여를 유도했다. 이 질문을 통해 팀원들은 자신이 조직의 중요한 구성원이라는 느낌을 받았고, 적극적으로 자신의 아이디어를 제안했다. 설리프는 이 과정을 통해 팀원들의 참여를 이끌어냈으며, 결과적으로 더 나은 해결책을 도출할 수 있었다.

질문은 팀원들에게 책임감을 부여하고, 그들이 문제해결 과정에 적극적으로 참여하도록 만든다. 팀원들이 리더의 질문에 답하면서 자신이 조직의 중요한 역할을 하고 있다는 느낌을 받게 되면, 그들은 더 열정적으로 일하게 된다. 이 과정에서 팀원들은 자신의 생각을 자유롭게 표현할 수 있으며, 그 결과 팀의 성과가 향상된다.

4-6. 질문을 통해 피드백을 주고받다

질문은 피드백을 주고받는 데 있어서도 중요한 역할을 한다. 리더는 질문을 통해 팀원들의 생각을 경청하고, 그에 대해 피드백을 제공함으로써 팀원들의 성장을 도울 수 있다. 또한, 리더는 질문을 통해 팀원들로부터 피드백을 받음으로써 자신의 리더십이나 업무방식에 대해 개선할 수 있는 기회를 얻을 수 있다.

성공적인 리더들은 팀원들에게 질문을 던지며 그들의 의견을 묻고, 그에 대해 건설적인 피드백을 제공한다. 예를 들어, "이 방안이 잘 작동하지 않는 이유는 무엇인가?"와 같은 질문은 팀원들에게 솔직하게 자신의 의견을 표현할 수 있는 기회를 제공하며, 리더는 이를 바탕으로 더 나은 결정을 내릴 수 있게 된다. 또한, 리더는 "내가 팀을 더 잘 이끌기 위해 무엇을 개선할 수 있을까?"와 같은 질문을 던져 팀원들로부터 피드백을 받음으로써 자신의 리더십을 발전시킬 수 있다.

질문은 피드백을 주고받는 과정에서 매우 중요한 역할을 한다. 성공적인 리더들은 질문을 통해 팀원들의 의견을 경청하고, 이를 바탕으로 팀의 성과를 개선할 수 있는 방안을 모색한다. 또한, 질문을 통해 팀원들로부터 피드백을 받아 자신의 업무방식을 개선할 수 있는 기회를 얻는다.

질문은 성공적인 리더들이 팀원들과 소통하고 협업하는 데 있어 중요한 도구다. 질문을 통해 리더는 팀원들의 생각과 아이디어를 이끌어내고, 그들의 참여를 유도하며, 집단지성을 활용해 더 나은 해결책을 찾을 수 있다. 엘런 존슨 설리프와 스티브 잡스 같은 리더들은 질문을 통해 팀원들의 창의성을 자극하고, 협업을 촉진하며, 조직의 성과를 극대화했다.

질문은 단순한 정보전달의 도구가 아니라, 팀원들의 사고를 확장하고, 더 나은 방향으로 나아갈 수 있도록 돕는 중요한 도구다. 성공적인 리더들은 질문을 통해 팀원들이 문제해결에 적극적으로 참여하도록 만들며, 협업과정을 통해 더 나은 결과를 만들어낸다.

5] 더 나은 해결책을 위한 끊임없는 질문 : 성공적인 사람들의 질문습관

성공적인 사람들은 현재의 상황에 만족하지 않고, 항상 더 나은 해결책을 찾기 위해 끊임없이 질문을 던진다. 그들은 기존의 방식이나 해결책이 최선이 아닐 수 있다는 열린 마음을 가지고, 이를 개선할 방법을 찾기 위해 노력한다. 질문은 그들이 새로운 관점을 얻고, 더 나은 해결책을 찾아내며, 지속적인 성장을 이루는 데 있어 중요한 도구로 작용한다. 스티브 잡스와 일론 머스크와 같은 혁신가들은 질문을 통해 기존의 한계를 넘어서 새로운 해결책을 찾아냈고, 이를 통해 세계적인 성과를 이룩할 수 있었다.

이 글에서는 성공적인 사람들의 질문습관이 어떻게 그들의 창의적 사고를 이끌어내고, 더 나은 해결책을 도출하는지에 대해 살펴보겠다.

5-1. 더 나은 해결책을 위한 끊임없는 질문

성공적인 사람들은 문제해결을 할 때 단순히 표면적인 답에 만족하지 않는다. 그들은 "더 나은 방법은 없을까?"라는 질문을 끊임없이 던지며, 현재의 해결책이 완벽하지 않을 수 있음을 인식한다. 이러한 질문은 기존의 방식에 의문을 제기하고, 더 나은 방법을 찾기 위한 출발점이 된다.

스티브 잡스는 아이폰을 개발할 때 "왜 우리는 기존의 전화기 디자인을 따라야 하는가?"라는 질문을 던짐으로써 혁신을 이끌어냈다. 그 당시 대부분의 전화기는 물리적 키패드를 가지고 있었고, 디자인도 일정한 패턴을 따르고 있었다. 그러나 잡스는 이 틀을 깨고, 더 나은 사용자 경험을 제공할 수 있는 새로운 방식의 스마트폰을 만들기 위해 고민했다. 그 결과, 아이폰은 물리적 키패드가 없는 터치스크린 방식을 도입하며, 스마트폰 시장의 판도를 완전히 바꾸었다. 잡스의 질문은 기존의 관습을 의심하게 만들었고, 이를 통해 완전히 새로운 제품을 개발할 수 있는 기회를 열었다.

이처럼 성공적인 사람들의 질문은 단순히 문제를 해결하는 것에 그치지 않고, 더 나은 해결책을 찾기 위한 창의적 사고의 도구로 작용한다. 그들은 기존의 방법이 최선이 아닐 수 있음을 인식하고, 이를 개선하기 위한 질문을 던짐으로써 새로운 혁신을 이끌어낸다.

5-2. 창의적 사고를 유도하는 질문

질문은 창의적 사고를 유도하는 중요한 도구다. 문제를 해결하기 위해 던지는 질문은 새로운 시각에서 문제를 바라보게 하며, 그 과정에서 창의적인 해결책이 도출된다. 성공적인 사람들은 질문을 통해 기존의 틀을 깨고, 새로운 가능성을 탐구한다.

일론 머스크는 전기차와 우주사업에서 혁신을 이루어낸 대표적인 인물이다. 그는 테슬라를 통해 전기차 시장을 혁신했고, 스페이스X를 통해 우주산업에 새로운 바람을 불어넣었다. 머스크는 기존의 방식에 의문을 제기하고, "왜 우리는 이렇게 해야만 하는가?"라는 질문을 끊임없이 던지며 새로운 해결책을 찾아냈다.

테슬라의 배터리 문제를 해결하기 위해 머스크는 "왜 배터리는 이렇게 비싸고 비효율적인가?"라는 질문을 던졌다. 이 질문은 기존의 배터리 기술을 다시 생각하게 만들었고, 이를 개선하기 위한 다양한 해결책을 탐구하게 했다. 결과적으로 테슬라는 배터리 비용을 획기적으로 절감하며 전기차의 상용화를 앞당길 수 있었다. 스페이스X에서도 그는 "왜 로켓은 한 번만 사용할 수 있는가?"라는 질문을 던져 재사용 가능한 로켓을 개발했다. 이 질문은 우주여행의 비용을 크게 줄였고, 우주산업의 혁신을 이끌었다.

질문은 기존의 한계를 넘어서게 하며, 문제를 새로운 방식으로 해결할 수 있는 창의적 해결책을 제시하게 만든다. 성공적인 사람들은 질문을 통해 문제를 다각도로 바라보고, 그 과정에서 새로운 아이디어를 떠올리며 이를 구체화하는 과정을 거친다.

5-3. 문제를 다양한 시각에서 바라보기

질문은 문제를 다양한 시각에서 바라보게 만든다. 성공적인 사람들은 한 가지 시각에만 의존하지 않고, 질문을 통해 문제를 다각도로 분석하며 새로운 해결책을 탐구한다. 이러한 질문은 그들이 문제의 본질을 더 깊이 이해할 수 있도록 돕고, 기존의 방식과는 다른 접근방식을 찾을 수 있게 한다.

예를 들어, 스티브 잡스는 아이폰 개발 과정에서 디자인, 기능, 사용자 경험 등 여러 요소를 고려했다. 그는 "이 제품이 사용자에게 어떤 가치를 줄 수 있을까?"라는 질문을 던지며 제품의 사용성을 중심으로 문제를 바라보았다. 이 질문은 아이폰의 간결하고 직관적인 사용자 인터페이스를 개발하는 데 중요한 역할을했다.

질문은 또한 문제를 더 깊이 분석하고, 그에 대한 더 창의적인 해결책을 찾을 수 있게 한다. 일론 머스크는 "우리는 이 문제를 어떻게 다르게 해결할 수 있을까?"라는 질문을 던지며, 기존의 틀에 얽매이지 않고 새로운 방식을 모색했다. 이처럼 질문은 문제를 새로운 각도에서 바라보게 하며, 그 과정에서 혁신적인 아이디어가 탄생하게 된다.

5-4. 질문을 통해 학습하고 성장하기

성공적인 사람들은 질문을 통해 학습하고 성장한다. 그들은 자신이 모든 답을 알고 있지 않다는 사실을 인정하며, 모르는 것을 배우기 위해 질문을 던진다. 질문은 그들이 자신의 한계를 깨닫고, 그 한계를 극복하기 위한 새로운 지식을 습득하는 데 중요한 도구로 작용한다.

빌 게이츠는 마이크로소프트를 운영하면서 "우리는 무엇을 더 잘할 수 있을까?"라는 질문을 지속적으로 던졌다. 이 질문은 그가 회사성과에 만족하지 않고, 항상 더 나은 방법을 찾기 위해 노력하도록 만들었다. 빌 게이츠는 질문을 통해 자신의 부족함을 인식하고, 이를 개선하기 위한 방법을 모색하며, 마이크로소프트가 지속적으로 성장하고 혁신할 수 있는 토대를 마련했다.

질문은 학습의 출발점이다. 성공적인 사람들은 질문을 통해 새로운 지식을 얻고, 그 지식을 바탕으로 더 나은 해결책을 찾아내며 성장한다. 그들은 모르는 것을 두려워하지 않으며, 오히려 그것을 배움의 기회로 삼아 끊임없이 발전한다.

5-5. 질문을 통해 팀원들과 소통하고 협업하기

질문은 개인의 성장을 넘어서, 팀원들과의 소통과 협업을 촉진하는 중요한 도구다. 성공적인 리더들은 질문을 통해 팀원들의 생각과 아이디어를 이끌어내고, 그들과 협력하여 더 나은 해결책을 찾아낸다. 질문은 단순히 정보를 얻는 도구를 넘어서, 집단지성을 활성화하고 협력적인 분위기를 조성하는 데 중요한 역할을 한다.

엘런 존슨 설리프, 라이베리아 최초의 여성 대통령은 팀원들에게 "우리는 어떤 새로운 아이디어를 적용할 수 있을까?"라는 질문을 던지며 협업을 촉진했다. 이 질문을 통해 그녀는 팀원들이 자유롭게 자신의 아이디어를 제안하도록 장려했고, 그 과정에서 팀원들은 더 나은 해결책을 찾기 위한 창의적인 제안을 할 수 있었다. 설리프의 질문은 팀원들과의 소통을 강화하는 동시에, 협력적인 혁신 문화를 형성하는 데 중요한 역할을했다.

질문은 팀원들이 문제해결 과정에 적극적으로 참여하도록 유도하며, 그들이 가진 지식과 경험을 최대한 활용할 수 있도록 돕는다. 성공적인 리더들은 질문을 통해 팀원들과 협력하여 더 나은 결과를 도출하고, 조직 전체의 성과를 향상시킨다.

5-6. 지속적인 성장을 이끄는 질문

질문은 성공적인 사람들의 지속적인 성장을 이끄는 원동력이다. 그들은 질문을 통해 더 나은 해결책을 찾고, 그 과정에서 끊임없이 성장한다. 질문은 그들이 새로운 문제에 도전하고, 기존의 해결책을 개선하며, 더 나은 미래를 만들어가는 데 중요한 역할을 한다.

스티브 잡스와 일론 머스크는 질문을 통해 자신과 조직을 지속적으로 성장시킨 대표적인 인물들이다. 그들은 "우리는 더 나은 방법이 없을까?", "이 문제를 다른 방식으로 해결할 수는 없을까?"라는 질문을 끊임없이 던지며, 자신과 조직이 한계에 도전하도록 만들었다. 이러한 질문은 그들이 새로운 아이디어를 떠올리고, 그 아이디어를 구체화하여 혁신을 이끌어내는 데 중요한 역할을 했다.

질문은 단순한 정보수집의 도구를 넘어, 지속적인 성장을 가능하게 하는 중요한 요소다. 성공적인 사람들은 질문을 통해 더 나은 해결책을 모색하고, 그 과정을 통해 끊임없이 발전한다.

5-7. 결론

질문은 성공적인 사람들의 창의적인 사고와 지속적인 성장을 이끄는 중요한 도구다. 스티브 잡스와 일론 머스크와 같은 리더들은 질문을 통해 기존의 한계를 넘어서 더 나은 해결책을 찾아냈고, 이를 통해 혁신을 이끌어냈다. 질문은 기존의 틀을 깨고, 문제를 새로운 시각에서 바라보게 하며, 창의적인 해결책을 도출하는 데 중요한 역할을 한다.

성공적인 사람들은 질문을 통해 문제를 다양한 각도에서 분석하고, 그 과정에서 더 나은 해결책을 찾아내며 지속적인 성장을 이끌어낸다. 그들은 호기심을 잃지 않고, 문제의 본질을 파악하기 위해 질문을 던지며, 자신이 모르는 것을 배우기 위해 질문을 사용한다. 또한, 팀원들과의 소통과 협업에서 질문을 활용하여 집단지성을 이끌어내고, 더 나은 결과를 도출한다.

질문은 단순히 정보를 얻는 도구가 아닌, 새로운 사고를 자극하고 문제를 새로운 관점에서 바라보게 하는 창의적인 도구다. 성공적인 사람들은 질문을 통해 끊임없이 성장하며, 더 나은 미래를 만들어간다.

1-3. 노벨상 수상자들의 질문법 소개

노벨상 수상자들의 성공을 살펴보면, 그들이 단순히 많은 지식을 축적하거나 열심히 노력한 것만으로는 설명되지 않는다. 그들의 위대한 업적 뒤에는 언제나 질문이라는 강력한 도구가 존재했다. 이들은 기존 지식에 안주하지 않고, 당연하게 여겨졌던 것을 의심하며 끊임없이 질문을 던졌다. 이러한 질문이 그들의 창의적 발견을 이끌어낸 원동력이었다.

알버트 아인슈타인의 사례가 이를 잘 보여준다. 그는 "빛의 속도는 왜 항상 일정할까?"라는 질문을 던짐으로써, 당시의 뉴턴 역학으로 설명할 수 없었던 현상에 대해 의문을 제기했다. 이 질문을 통해 그는 기존의 물리학적 패러다임을 뛰어넘어 특수 상대성 이론을 완성했고, 이 이론은 현대 물리학의 중요한 기틀이 되었다. 아인슈타인의 질문은 단순히 호기심에서 비롯된 것이 아니라, 더 깊이 있는 탐구로 이어져 혁신적인 과학적 발견으로 연결되었다.

마리 퀴리 역시 방사능을 연구하는 과정에서 "왜 어떤 원소는 방사능을 방출하는가?"라는 질문을 던졌다. 당시 방사능은 제대로 이해되지 않았지만, 그녀는 이 질문을 통해 라듐과 폴로늄을 발견하게 되었고, 그 결과 방사능에 대한 과학적 이해를 크게 확장시켰다. 퀴리의 질문은 인류가 의학과 물리학에서 중요한 발전을 이루는 데 기여했으며, 그녀는 이 공로로 두 번의 노벨상을 수상했다.

이들 수상자들의 질문법에서 공통적으로 발견되는 특징은 기존 지식과 권위에 얽매이지 않는 태도다. 그들은 세상을 다른 시각에서 바라보고, 당연하게 여겨지던 것들을 끊임없이 재검토했다. 리처드 파인만도 "입자는 어떻게 상호작용하는가?"라는 질문을 통해 복잡한 양자역학의 문제를 해결했으며, 그 결과 파인만 다이어그램이라는 강력한 도구를 만들어내 물리학자들이 복잡한 현상을 더 쉽게 이해할 수 있게 만들었다.

이처럼, 노벨상 수상자들의 성취는 항상 질문에서 시작되었다. 그들은 기존의 사고방식을 깨고, 문제의 본질을 파악하기 위한 질문을 던졌으며, 이를 통해 창의적인 해결책을 찾아냈다. 그들의 질문법은 단순히 과학적 발견을 넘어서, 인간의 사고방식을 확장시키는 데 큰 기여를 했다.

결국, 노벨상 수상자들의 사례는 창의적 사고에서 질문의 중요성을 강조한다. 이들의 질문은 세상을 다른 방식으로 바라보고, 기존의 틀을 깨뜨리는 데서 시작되었으며, 이를 통해 그들은 인류의 지식과 기술을 크게 발전시켰다. 질문은 단순한 호기심을 넘어서, 새로운 발견과 혁신을 가능하게 만드는 힘이다.

1] 알버트 아인슈타인 : 상대성 이론을 이끈 질문

알버트 아인슈타인의 성공은 단순한 수학적 계산이나 실험에서 비롯된 것이 아니라, 그가 던진 근본적인 질문에서 시작되었다. 20세기 초, 물리학계는 주로 아이작 뉴턴의 고전역학에 기반을 두고 있었다. 이 이론은 수백 년 동안 물리적 현상을 설명하는 데 매우 성공적이었지만, 빛의 속도와 관련된 몇 가지 현상을 제대로 설명하지 못했다. 아인슈타인은 이를 간과하지 않고, 이를 이해하기 위해 근본적인 질문을 던지기 시작했다. 그 중에서도 가장 핵심적인 질문은 바로 "빛의 속도는 왜 관측자의 운동 상태와 관계없이 일정할까?"였다.

이 질문은 당시 물리학에서 매우 혁신적이면서도 도전적인 질문이었다. 뉴턴의 고전역학에 따르면, 물체의 속도는 관측자의 운동 상태에 따라 달라질 수밖에 없었다. 하지만 빛의 속도는 언제나 일정하게 측정되었으며, 이는 뉴턴의 이론으로 설명하기 어려운 부분이었다. 아인슈타인은 이를 해결하기 위해, 기존의 이론에 의문을 제기하고 새로운 가능성을 탐구하기 시작했다.

1-1. 기존 물리학 이론에 대한 의문

아인슈타인의 질문은 단순한 호기심에서 비롯된 것이 아니었다. 그는 당시 물리학자들이 겪고 있던 문제들을 해결하기 위한 열망에서 이 질문을 던졌다. 당시 가장 큰 문제 중 하나는 빛의 속도가 항상 일정하다는 사실이었다. 뉴턴의 고전역학은 물체의 운동 상태에 따라 속도가 달라진다고 설명했지만, 실험적으로 측정된 빛의 속도는 관측자의 운동 상태에 상관없이 언제나 일정했다.

이 현상을 설명하려는 여러 시도가 있었지만, 대부분이 빛이 매질(에테르) 속을 통과한다고 가정하는 것이었다. 하지만 에테르의 존재는 실험적으로 증명되지 않았고, 아인슈타인은 이를 근본적으로 재고하기로 결심했다. 그가 던진 "왜 빛의 속도는 일정할까?"라는 질문은 기존 물리학적 패러다임을 의심하고, 새로운 접근방식을 요구하는 질문이었다.

1-2. 시간과 공간에 대한 새로운 통찰

아인슈타인의 질문은 그를 시간과 공간에 대한 전통적인 이해에서 벗어나게 만들었다. 뉴턴의 고전역학은 시간과 공간을 절대적인 개념으로 여겼다. 즉, 시간은 우주 어디서나 동일하게 흐르고, 공간은 고정된 배경으로 존재한다고 보았다. 하지만 아인슈타인은 빛의 속도가 일정하다는 사실을 바탕으로, 시간과 공간이 절대적이지 않다는 결론에 도달했다.

아인슈타인은 특수 상대성 이론을 통해 시간과 공간이 관측자의 운동 상태에 따라 달라질 수 있음을 제안했다. 즉, 빛의 속도가 일정하게 유지되기 위해서는 시간과 공간이 변할 수밖에 없다는 것이다. 이로 인해 그는 "시간 팽창"과 "길이 수축"이라는 개념을 도입했다. 이는 물체가 빛에 가까운 속도로 움직일 때 시간은 느리게 흐르고, 길이는 짧아진다는 뜻이다. 이러한 아이디어는 당시 물리학자들에게 매우 충격적인 것이었지만, 실험적으로도 그 타당성이 입증되었다.

1-3. 특수 상대성 이론의 발표

1905년, 아인슈타인은 자신의 특수 상대성 이론을 발표했다. 이 이론은 빛의 속도가 모든 관측자에게 일정하다는 사실을 기반으로 하여 시간과 공간이 관측자의 속도에 따라 달라진다는 결론을 내렸다. 그의 이론은 기존의 물리학적 패러다임을 완전히 뒤집는 것이었다. 특히, 시간이 절대적이지 않다는 그의 주장은 기존의 뉴턴 역학을 기반으로 한 물리학에 큰 도전이 되었다.

아인슈타인의 특수 상대성 이론은 물리학계에서 혁신적인 변화를 가져왔다. 이 이론은 $E=mc^2$라는 유명한 공식으로 요약되는데, 이는 질량과 에너지가 동일한 개념의 다른 형태일 수 있다는 것을 의미한다. 이 공식은 물리학뿐만 아니라, 현대기술 발전에도 큰 영향을 미쳤다. 예를 들어, 핵에너지는 이 공식을 통해 설명될 수 있으며, 이는 현대사회의 에너지 문제해결에도 중요한 역할을 했다.

1-4. 아인슈타인의 질문이 이끈 혁신

아인슈타인의 질문은 단순히 물리학의 이론을 발전시키는 데 그치지 않았다. 그의 질문은 과학적 사고방식 자체를 변화시켰다. 그는 단순히 기존의 이론을 수정하거나 보완하는 대신, 근본적인 질문을 던지며 기존의 틀을 완전히 벗어났다. 이는 과학연구에서 매우 중요한 접근방식이 되었으며, 많은 후배 과학자들에게 영감을 주었다.

아인슈타인의 상대성 이론은 그의 질문에서 시작되었다. 그는 "왜 빛의 속도가 일정할까?"라는 질문을 던지며 기존 이론의 한계를 인식했고, 이를 통해 새로운 이론을 제시했다. 그의 질문은 물리학의 패러다임을 바꾸었을 뿐만 아니라, 우리가 시간과 공간을 이해하는 방식을 근본적으로 변화시켰다. 아인슈타인의 발견은 단순한 계산에서 나온 것이 아니라, 기존의 이론을 의심하고 새로운 가능성을 탐구하는 데서 비롯된 것이다.

1-5. 질문이 창의성을 이끄는 힘

아인슈타인의 사례는 질문이 창의성을 이끄는 힘을 잘 보여준다. 그는 물리학계에서 해결되지 않았던 문제를 무시하지 않고, 그 문제를 해결하기 위해 근본적인 질문을 던졌다. 그가 던진 질문은 매우 기본적이었지만, 그 질문은 새로운 가능성을 열어주었고, 기존의 틀을 깨고 새로운 패러다임을 만들어냈다.

아인슈타인은 항상 호기심을 잃지 않았고, 문제를 더 깊이 이해하기 위해 질문을 던졌다. 이는 그가 새로운 이론을 창조하고, 물리학을 근본적으로 변화시킬 수 있었던 비결이었다. 그의 질문은 단순한 의문을 넘어서, 기존 이론의 한계를 뛰어넘는 혁신적인 생각을 가능하게 했다.

1-6. 질문을 통한 지속적인 성장

아인슈타인의 성공은 한 번의 발견에서 그치지 않았다. 그는 일생 동안 끊임없이 질문을 던지며 새로운 가능성을 탐구했다. 그의 질문은 상대성 이론에만 국한되지 않았다. 아인슈타인은 양자역학, 우주론, 중력이론 등 다양한 분야에서 질문을 던졌고, 이를 통해 물리학의 새로운 길을 개척했다.

아인슈타인의 사례는 질문을 통해 끊임없이 성장하는 과학자의 모습을 보여준다. 그는 단순히 기존 지식을 습득하는 데 그치지 않고, 항상 새로운 가능성을 모색했다. 그의 질문은 그가 일생 동안 과학적 탐구를 멈추지 않고, 계속해서 발전할 수 있게 하는 원동력이 되었다.

1-7. 결론

알버트 아인슈타인의 특수 상대성 이론은 그가 던진 근본적인 질문에서 출발했다. "왜 빛의 속도는 관측자의 운동 상태와 관계없이 일정할까?"라는 질문은 당시 물리학계의 한계를 뛰어넘고, 새로운 패러다임을 제시하는 데 중요한 역할을했다. 아인슈타인의 질문은 물리학의 패러다임을 완전히 변화시켰고, 우리가 시간과 공간을 이해하는 방식을 근본적으로 바꾸어 놓았다.

아인슈타인의 사례는 질문이 창의적인 발견을 이끄는 강력한 도구임을 보여준다. 그는 기존의 틀에 얽매이지 않고, 새로운 가능성을 탐구하기 위해 질문을 던졌으며, 이를 통해 과학적 혁신을 이끌어냈다. 그의 질문은 단순한 호기심을 넘어서, 과학의 경계를 확장하고, 인류의 지식과 이해를 한 단계 끌어올리는 중요한 역할을했다.

2) 마리 퀴리 : 방사능 연구의 시작이 된 질문

마리 퀴리는 물리학과 화학의 경계를 넘나들며 방사능 연구의 선구자로서 역사에 길이 남은 인물이다. 그녀의 위대한 성취는 단순한 실험적 발견에서 비롯된 것이 아니라, 근본적인 질문에서 시작되었다. 퀴리는 당시 거의 이해되지 않았던 방사능 현상에 대해 의문을 품고, 그 의문을 해결하기 위해 새로운 과학적 탐구를 시 작했다. 그녀가 던진 중요한 질문, "어떤 원소가 방사능을 발생시키는가?"는 방사능 연구의 기틀을 마련했고, 현대과학에 큰 영향을 미친 발견들을 이끌어냈다.

2-1. 방사능 현상에 대한 첫 번째 질문

마리 퀴리의 연구는 1896년, 프랑스의 물리학자 앙리 베크렐이 우라늄에서 방사능이 방출된다는 사실을 발견한 이후 시작되었다. 당시 방사능은 거의 알려지지 않은 현상으로, 많은 과학자들이 이 현상을 어떻게 설명해야 할지 확신하지 못하고 있었다. 하지만 마리 퀴리는 그 현상에 깊은 흥미를 느꼈고, 그것을 더 깊이 이해하고자 했다. 그녀는 "우라늄 외에 어떤 원소가 방사능을 발생시키는가?"라는 질문을 던짐으로써, 방사능 연구의 새로운 지평을 열었다.

이 질문은 단순한 호기심에서 비롯된 것이 아니었다. 퀴리는 과학이 아직 명확한 답을 내리지 못한 현상에 대해 더 깊이 파고들고, 그 현상의 근본적인 원인을 이해하고자 했다. 방사능의 원인을 밝히기 위한 그녀의 질문은 기존의 화학적, 물리학적 사고방식을 넘어서, 새로운 과학적 탐구로 이어졌다. 이 질문은 방사능의 본질을 이해하기 위한 첫걸음이었으며, 그녀의 연구가 과학적 혁신을 이루는 데 중요한 역할을 했다.

2-2. 질문을 바탕으로 한 방사능 연구

마리 퀴리는 자신의 질문을 바탕으로 우라늄 광석을 분석하기 시작했다. 그녀는 방사능이 단순히 우라늄이라는 한 가지 원소에만 국한된 것이 아니라, 더 많은 원소들이 방사능을 방출할 수 있을 것이라고 믿었다. 그녀는 방사성 원소를 더 잘 이해하기 위해 광석 샘플을 분석하고, 다양한 실험을 통해 방사능이 자연상태에서 어떻게 나타나는지를 연구했다.

퀴리의 연구 과정에서 중요한 역할을 한 것은 방사능을 측정하는 정밀한 실험도구였다. 그녀는 방사능을 측정하는 장치를 설계하여, 방사능의 강도를 정확하게 측정할 수 있었다. 그녀의 남편 피에르 퀴리와 함께 개발한 이러한 장비는 방사능 연구의 진보를 가능하게 했다. 두 사람은 이 장비를 통해 광석에서 방출되는 방사능의 강도를 측정하며, 새로운 원소들을 찾아내기 위한 연구를 지속했다.

마리 퀴리와 피에르 퀴리는 방사능의 특성을 분석하면서, 그 강도가 우라늄만으로 설명되지 않는다는 사실을 발견했다. 이 발견은 방사능을 발생시키는 또 다른 원소가 존재한다는 가능성을 열어주었으며, 퀴리는 이를 확인하기 위한 실험을 이어갔다.

2-3. 폴로늄과 라듐의 발견

퀴리는 방사능에 대한 본질적인 질문을 바탕으로 한 연구를 통해, 새로운 방사성 원소를 발견하는 성과를 거두었다. 1898년, 그녀는 폴로늄을 발견했다. 폴로늄은 우라늄 광석에서 방사능을 방출하는 또 다른 원소였으며, 퀴리는 이를 자신의 고향인 폴란드를 기리기 위해 이름 지었다. 폴로늄의 발견은 방사능 현상이 우라늄에만 국한되지 않는다는 점을 입증한 중요한 발견이었다.

폴로늄에 이어, 퀴리는 같은 해에 라듐을 발견했다. 라듐은 매우 강한 방사능을 방출하는 원소로, 그 방사능은 우라늄이나 폴로늄보다 훨씬 강력했다. 퀴리는 라듐의 발견을 통해 방사능 연구의 새로운 지평을 열었으며, 이는 과학계에서 큰 주목을 받았다. 라듐은 방사능 연구에서 중요한 전환점을 제공했고, 이후 방사능이 의학과 물리학에서 중요한 역할을 하게 되는 기초를 마련했다.

2-4. 질문을 통한 새로운 과학적 영역 개척

마리 퀴리가 던진 "어떤 원소가 방사능을 발생시키는가?"라는 질문은 단순한 연구의 출발점이 아니라, 새로운 과학적 영역을 개척하는 도구가 되었다. 방사능 연구는 그 당시 대부분의 과학자들에게 생소한 분야였으며, 방사능의 본질을 이해하는 것은 매우 어려운 일이었다. 하지만 퀴리는 자신의 질문을 바탕으로 방사능 연구를 개척하며, 새로운 과학적 가능성을 탐구했다.

퀴리의 연구는 물리학과 화학의 경계를 넘나드는 학제 간 연구의 모범이 되었으며, 그녀는 방사능의 특성과 그 본질에 대한 이해를 크게 확장시켰다. 방사능에 대한 그녀의 연구는 물질의 내부구조를 이해하는 데 중요한 역할을했고, 이후 원자핵 물리학과 핵에너지 연구의 기초가 되었다.

2-5. 현대과학과 의학에 미친 영향

마리 퀴리의 방사능 연구는 현대과학과 의학에 엄청난 영향을 미쳤다. 라듐의 발견을 통해 방사선이 암 치 료에 사용될 수 있다는 사실이 밝혀졌고, 이는 현대 의학에서 방사선 치료법의 기초가 되었다. 방사선은 암 세포를 죽이는 데 사용되며, 방사선 치료는 암 치료의 중요한 방법으로 자리잡았다. 퀴리의 발견이 없었다면, 현대 의학에서 방사선 치료는 존재하지 않았을 것이며, 많은 환자들이 적절한 치료를 받지 못했을 것이다.

또한, 퀴리의 연구는 물리학과 화학의 경계를 넓히는 데 기여했다. 그녀의 발견은 물질이 방사능을 방출할 수 있다는 사실을 입증함으로써, 물질의 구조에 대한 새로운 이해를 가능하게 했다. 방사능의 발견은 원자핵 물리학과 핵에너지 연구의 토대가 되었으며, 이로 인해 인류는 에너지 생산의 새로운 방법을 개발할 수 있 었다.

2-6. 질문이 이끄는 창의적 탐구

마리 퀴리의 방사능 연구는 질문이 이끄는 창의적 탐구의 중요성을 보여준다. 그녀는 과학계가 해결하지 못한 문제에 대해 의문을 품고, 그 문제를 해결하기 위해 끊임없이 질문을 던지며 연구를 이어갔다. 그녀가 던진 "어떤 원소가 방사능을 발생시키는가?"라는 질문은 방사능 연구의 기틀을 마련했고, 그녀의 연구는 과학의 새로운 길을 여는 데 중요한 역할을 했다.

퀴리는 자신이 던진 질문을 통해 새로운 과학적 발견을 이끌어냈으며, 그 발견은 단순한 실험적 성과를 넘어 인류의 과학적 이해를 크게 확장시켰다. 그녀의 연구는 물리학과 화학의 경계를 넘어서, 방사능의 본질을 이해하는 데 중요한 기여를 했다.

마리 퀴리의 방사능 연구는 그녀가 던진 근본적인 질문에서 시작되었다. "어떤 원소가 방사능을 발생시키는가?"라는 질문은 방사능 연구의 새로운 지평을 열었으며, 그녀의 연구는 방사성 원소인 폴로늄과 라듐의 발견으로 이어졌다. 이 발견은 방사능에 대한 이해를 크게 확장시켰고, 현대과학과 의학에 큰 영향을 미쳤다.

퀴리의 질문은 단순한 연구의 출발점이 아니라, 새로운 과학적 영역을 개척하는 도구가 되었다. 그녀의 연구는 물리학과 화학의 경계를 넘어서 방사능의 본질을 이해하는 데 중요한 기여를 했으며, 이를 통해 인류의 지식과 이해를 한 단계 끌어올렸다. 마리 퀴리의 성취는 질문이 창의적 발견을 이끄는 강력한 도구임을 보여주며, 과학적 탐구에서 질문이 얼마나 중요한 역할을 하는지 다시금 상기시킨다.

3] 리처드 파인만 : 양자역학을 설명한 질문

리처드 파인만은 20세기 양자 물리학을 이해하는 데 큰 공헌을 한 물리학자다. 특히, 그는 양자역학의 복잡한 상호작용을 설명하기 위해 중요한 질문을 던짐으로써 새로운 이론적 도구를 개발했다. 양자세계에서 입자들이 어떻게 상호작용하는지를 이해하는 것은 과학자들에게 큰 도전이었고, 이는 복잡한 수학적 계산에 의존하는 어려운 작업이었다. 파인만은 이러한 문제를 해결하기 위해 "입자는 어떻게 상호작용하는가?"라는 질문을 던졌고, 그 답을 시각적으로 표현할 수 있는 방법을 고안하기 시작했다. 이 질문은 그가 파인만 다이어그램이라는 혁신적인 도구를 개발하는 출발점이 되었다.

3-1. 양자역학의 복잡성과 파인만의 질문

양자역학은 원자나 입자처럼 매우 작은 세계를 설명하는 이론으로, 그 자체가 매우 복잡하고 난해하다. 특히, 입자 간 상호작용을 설명하는 과정에서 수많은 변수와 가능성이 존재하기 때문에, 이러한 상호작용을 분석하는 것은 어려운 작업이었다. 양자 물리학의 문제는 단순히 입자의 위치나 운동을 이해하는 데 그치지 않고, 입자들 간의 상호작용이 어떻게 일어나는지를 설명해야했다. 이러한 상호작용은 대부분 수학적으로 매우 복잡한 방정식으로 설명되었으며, 물리학자들은 이를 해석하는 데 많은 시간과 노력을 들였다.

파인만은 이러한 문제를 단순화하고, 물리학자들이 보다 직관적으로 양자역학을 이해할 수 있는 방법을 찾기 위해 "입자는 어떻게 상호작용하는가?"라는 질문을 던졌다. 이 질문은 양자역학의 근본적인 문제를 다루는 것이었고, 그가 새로운 해결책을 모색하게 하는 중요한 출발점이 되었다. 파인만은 이 복잡한 문제를 수학적 해석이 아닌, 시각적으로 이해할 수 있는 방식으로 풀어내기 위해 고민했다.

3-2. 파인만 다이어그램의 개발

파인만의 질문은 결국 파인만 다이어그램이라는 혁신적인 도구로 구체화되었다. 파인만 다이어그램은 복잡한 양자역학적 상호작용을 시각적으로 표현하는 방법으로, 물리학자들이 입자 간의 상호작용을 더 쉽게 이해할 수 있게 도왔다. 이 다이어그램은 시간과 공간에서 입자가 어떻게 움직이고 상호작용하는지를 선과 교차점으로 간단하게 나타내는 방식이다.

이 도구의 핵심은 양자세계에서 벌어지는 복잡한 상호작용을 단순한 그림으로 표현한다는 데 있었다. 예를 들어, 전자와 양성자 간의 상호작용, 또는 두 개의 광자가 충돌하는 과정은 이전에는 복잡한 방정식으로만 설명될 수 있었지만, 파인만 다이어그램을 사용하면 이러한 상호작용을 쉽게 시각적으로 나타낼 수 있었다. 각각의 입자는 선으로 표현되고, 상호작용 지점은 선들이 교차하는 점으로 나타난다. 이 시각적 표현 덕분에 과학자들은 수학적 복잡성에 얽매이지 않고, 양자역학적 현상을 직관적으로 분석할 수 있게 되었다.

파인만 다이어그램은 물리학자들이 양자역학의 복잡한 문제를 다루는 방식을 혁신적으로 변화시켰다. 다이어그램을 사용함으로써, 그들은 더 이상 긴 계산과 복잡한 수학적 기호에 얽매이지 않고, 문제를 시각적으로 분석할 수 있게 되었다. 이 도구는 특히 입자 간의 상호작용을 직관적으로 파악하는 데 큰 도움이 되었고, 물리학자들이 복잡한 상호작용을 더 빠르고 쉽게 분석할 수 있는 방법을 제공했다.

3-3. 파인만 다이어그램의 과학적 영향

파인만 다이어그램의 도입은 양자 전기역학(QED)을 포함한 많은 분야에 지대한 영향을 미쳤다. QED는 전자와 빛(광자) 사이의 상호작용을 설명하는 이론으로, 파인만 다이어그램은 이 복잡한 상호작용을 분석하는 데 중요한 역할을했다. 예를 들어, 전자가 전자기장을 통해 다른 입자와 상호작용하는 과정은 매우 복잡하지만, 파인만 다이어그램을 통해 이러한 과정을 한눈에 이해할 수 있었다.

이 도구는 양자 전기역학뿐만 아니라, 양자 색역학(QCD), 입자물리학, 핵물리학 등 다양한 물리학 분야에서 광범위하게 사용되었다. 특히, 입자물리학에서 파인만 다이어그램은 매우 중요한 역할을 하게 되었는데, 이는 물리학자들이 입자 간의 상호작용을 예측하고, 실험적 결과와 이론적 예측을 비교하는 데 큰 도움을 주었기 때문이다.

또한, 파인만 다이어그램은 입자 물리학 실험의 설계와 결과해석에서도 중요한 도구로 사용되었다. 물리학자들은 다이어그램을 통해 실험에서 어떤 입자가 어떤 방식으로 상호작용할지를 시각적으로 예측할 수 있었고, 이를 통해 실험결과를 더 쉽게 해석할 수 있게 되었다. 이 도구는 단순히 수학적 계산을 단순화하는 것을 넘어서, 물리적 현상을 더 직관적으로 이해할 수 있는 길을 열어준 것이다.

3-4. 리처드 파인만의 질문이 이끈 혁신

파인만이 던진 "입자는 어떻게 상호작용하는가?"라는 질문은 물리학의 근본적인 문제를 해결하는 데 있어 큰 전환점이 되었다. 그는 복잡한 양자역학적 상호작용을 단순하게 설명할 수 있는 시각적 도구를 개발함으로써, 물리학자들이 문제를 더 명확하게 이해할 수 있도록 도왔다. 파인만의 질문은 단순한 과학적 호기심을 넘어서, 복잡한 문제를 해결하는 새로운 사고방식을 제시했다.

파인만 다이어그램은 물리학 연구뿐만 아니라 과학적 사고방식 전반에도 영향을 미쳤다. 파인만은 문제를 더 단순하게 바라보고, 복잡한 문제를 풀어내는 데 필요한 혁신적인 접근법을 제안했다. 이는 과학적 사고에서 중요한 교훈을 제공하는데, 과학적 문제는 복잡하게 보일지라도, 그 핵심을 파악하고 이를 단순화하는 과정이 중요하다는 것을 보여준다.

3-5. 파인만의 유산 : 질문이 이끄는 창의적 사고

리처드 파인만의 연구는 단순히 과학적 발견에 그치지 않고, 창의적 사고의 중요성을 보여주었다. 그가 던진 질문은 복잡한 양자역학의 상호작용을 더 쉽게 이해할 수 있는 길을 열었고, 이는 물리학자들이 복잡한 문제를 더 직관적으로 분석할 수 있게 도와주었다. 파인만은 자신이 던진 질문을 통해 기존의 사고방식을 뛰어넘는 혁신적인 도구를 개발했고, 이를 통해 물리학 연구의 방식에 큰 변화를 가져왔다.

파인만의 사례는 과학에서 질문이 얼마나 중요한 역할을 하는지 보여주는 좋은 예다. 그는 단순히 양자역학의 복잡성을 분석하는 데 그치지 않고, 그 복잡한 상호작용을 어떻게 더 쉽게 설명할 수 있을지를 고민했다. 그의 질문은 기존의 과학적 문제를 다시 생각하게 만들었고, 이를 통해 새로운 해결책을 찾아낼 수 있었다.

리처드 파인만의 질문, "입자는 어떻게 상호작용하는가?"는 양자 물리학에서 복잡한 문제를 해결하기 위한 시각적 도구인 파인만 다이어그램의 개발로 이어졌다. 이 다이어그램은 양자역학의 복잡한 상호작용을 시각적으로 표현함으로써, 물리학자들이 문제를 더 쉽게 이해하고 분석할 수 있도록 도왔다. 파인만의 질문은 단순한 과학적 호기심을 넘어서, 과학적 문제해결에 있어 새로운 사고방식을 제시한 혁신적인 접근이었다.

파인만 다이어그램은 물리학 연구에 큰 변화를 가져왔으며, 양자 전기역학, 양자 색역학 등 여러 분야에서 중요한 도구로 사용되고 있다. 그의 질문은 문제를 단순화하고, 더 직관적으로 이해할 수 있는 방식을 제시함으로써 과학적 발견에 기여했으며, 그가 남긴 유산은 과학적 사고에서 질문의 중요성을 다시금 강조하고 있다.

4] 노벨문학상 수상자 한강의 질문법 : 인간존재와 고통을 탐구하는 창의적 여정

한강은 자신의 작품을 통해 인간의 깊은 상처, 폭력, 고통 그리고 회복에 대한 철저한 질문을 던지며 독자들을 끊임없이 사유하게 만드는 작가다. 2024년 노벨문학상 수상자로서 그녀의 문학적 성취는 단순한 스토리텔링에 그치지 않고, 독창적인 질문을 통해 인간의 본질을 탐구하는 데 있다. 한강의 질문법은 인간존재의 연약함, 폭력성, 상실과 회복 그리고 삶의 불가피한 고통에 대한 근본적인 질문을 던짐으로써 시작된다. 그녀는 질문을 통해 이야기의 방향을 설정하고, 독자들에게 깊은 사고와 성찰을 유도한다.

4-1. 근본적인 질문 던지기 : 존재와 고통에 대한 탐구

한강의 작품세계는 늘 근본적인 질문에서 시작된다. 그녀는 작품을 쓰기 전에 인간의 본질과 관련된 질문을 던지며, 이를 바탕으로 이야기를 풀어나간다. 예를 들어, 「채식주의자」에서는 "왜 인간은 자신의 본능을 거부하는가?"라는 질문에서 출발한다. 이 질문은 주인공 영혜가 고기를 먹지 않겠다는 결정을 내리고, 이를 통해 가족과 사회로부터 겪는 갈등과 소외를 중심으로 전개된다. 한강은 인간이 가진 본능과 도덕 그리고 폭력성을 깊이 탐구하며, 그 과정에서 "인간의 본능은 무엇이며, 그 본능을 거부했을 때 우리는 어떤 대가를 치르게 되는가?"라는 더 큰 질문으로 이어간다.

한강은 인간의 폭력성과 그로 인한 상처를 주요 주제로 삼으며, 이러한 주제를 탐구하는 과정에서 "폭력은 어디에서 비롯되며, 왜 우리는 그것을 반복하는가?"라는 질문을 던진다. 이 질문은 그녀의 작품 「소년이 온다」에서 더욱 두드러진다. 이 작품은 광주 민주화 운동을 배경으로 하여, 군부독재 아래에서 자행된 국가폭력과 이에 맞선 사람들의 고통을 그리고 있다. 한강은 여기서 "폭력에 직면한 인간은 어떻게 살아가야 하는가?"라는 질문을 중심에 두며, 폭력에 희생된 이들의 상처를 감당하고 기억하는 방법을 묻는다.

4-2. 등장인물을 통한 질문의 체험

한강의 질문법에서 중요한 요소는 등장인물이다. 그녀는 인물들의 경험과 내면을 통해 독자가 던진 질문에 대한 답을 찾아가는 과정을 그린다. 각 인물은 한강이 던진 질문에 직접적으로 반응하며, 자신의 삶 속에서 그 답을 모색한다. 예를 들어, 「채식주의자」의 주인공 영혜는 자신이 고기를 거부하면서 자신과 주변 사람들이 겪는 갈등과 변화 속에서 "인간 본능과 도덕은 어디에서 충돌하는가?"라는 질문을 체험한다. 영혜는 단순한 식생활 변화가 아닌, 자신의 내면 깊숙한 폭력적 본능을 거부하려는 시도를 통해 스스로의 정체성을 탐구한다.

「소년이 온다」의 인물들은 또 다른 방식으로 질문에 반응한다. 이 작품에서 등장인물들은 모두 폭력적인 사회구조 속에서 상처를 받고, 그 상처를 감당하면서도 계속해서 삶을 이어가야 하는 인간의 조건을 보여준다. 한강은 "폭력에 맞서 인간은 무엇을 할 수 있는가?"라는 질문을 던지며, 폭력과 상처를 극복하려는 인물들의 고통스러운 여정을 통해 그 답을 모색하게 한다. 각 인물은 상처를 받아들여야 하는 현실과 그것을 극복하려는 희망 사이에서 고뇌하며, 한강의 질문은 그들의 행동과 선택을 통해 구체화된다.

4-3. 질문을 통한 상실과 치유의 여정

한강의 질문법에서 특히 중요한 주제는 상실과 치유이다. 그녀는 "상실을 어떻게 극복할 수 있는가?"라는 질문을 중심으로 인간의 고통을 깊이 있게 탐구한다. 한강의 작품에서 상실은 개인적, 사회적 차원에서 일어나며, 그녀는 이러한 상실이 개인과 사회에 미치는 영향을 철저히 분석한다. 「희

랍어 시간」에서는 "언어를 잃었을 때 인간은 어떻게 소통할 수 있는가?"라는 질문을 던진다. 이 작품에서 두 주인공은 말할 수 없거나 듣지 못하는 상태에서 서로의 상실을 극복하기 위해 언어의 한계를 뛰어넘는 새로운 소통방식을 모색한다. 이 과정에서 한강은 상실이 단순한 고통이 아니라, 새로운 소통과 이해의 출발점이 될 수 있음을 보여준다.

또한, 「눈먼 자들의 도시」에서 한강은 사회적 상실을 다룬다. 이 작품에서 인물들은 갑작스러운 실명으로 인해 일상의 모든 것을 잃게 된다. 한강은 "집단적 상실 속에서 인간은 어떻게 함께 살아갈 수 있는가?"라는 질문을 던지며, 상실이 인간의 삶에 미치는 광범위한 영향을 탐구한다. 이 질문은 단순히 개인의 고통을 넘어서, 사회적 연대와 회복의 가능성을 묻는 질문으로 확대된다.

4-4. 열린 결말과 지속되는 질문

한강의 작품들은 열린 결말을 통해 질문을 던지고, 그 답을 독자에게 맡긴다. 그녀는 명확한 결론을 제시하지 않고, 독자들로 하여금 스스로 생각하고 질문을 이어가도록 유도한다. 이는 한강이 던진 질문이 단 한 번의 대답으로 끝나는 것이 아니라, 계속해서 새로운 질문을 낳는 구조로 설계되었음을 보여준다. 그녀는 "왜 인간은 상처를 잊지 못하고 계속 기억해야 하는가?"와 같은 질문을 작품 내에서 답하지 않고, 독자들에게 그 고민을 맡긴다.

「흰」에서는 "상실은 언제 끝나는가?"라는 질문을 던진다. 이 작품은 태어나자마자 죽은 동생을 기억하며, 상실의 과정에서 인간이 어떻게 상처를 견디고 새로운 삶을 받아들일 수 있는지를 탐구한다. 한강은 상실이 인간의 삶에서 끝나지 않는 주기적인 경험임을 강조하며, 그 상처를 통해 다시 살아가야 하는 인간의 복잡한 감정을 탐구한다.

4-5. 질문과 창의성의 연결 : 독자의 참여를 이끌다

한강은 독자의 참여를 이끌어내기 위해 질문을 활용한다. 그녀는 독자들에게 명확한 해답을 주기보다는, 질문을 던져 스스로 답을 찾아가게 만드는 방식을 선호한다. 한강의 질문은 독자들이 작품 속에서 자신의 경험을 투영하며, 이야기와 더 깊이 연결되도록 만든다. 예를 들어, 「소년이 온다」에서 독자는 "나는 이 폭력적인 현실에 어떻게 반응할 것인가?"라는 질문을 스스로 던지게 되며, 이야기를 통해 폭력과 상처에 대한 개인적, 사회적 성찰을 하게 된다.

또한, 그녀의 질문은 창의적 사고를 자극하며, 독자들이 새로운 시각에서 문제를 바라보게 만든다. 그녀의 작품은 단순히 읽고 끝나는 것이 아니라, 독자가 끝없이 질문을 이어가며 자신의 답을 찾아가게 하는 창의적 여정을 제공한다. 한강의 질문법은 독자를 능동적으로 작품에 참여하게 만들고, 그 과정에서 새로운 통찰을 이끌어낸다.

4-6. 결론 : 한강의 질문법이 주는 교훈

한강의 질문법은 인간의 고통과 상처, 폭력과 상실 그리고 치유와 소통에 대한 깊이 있는 탐구로 이루어진다. 그녀는 근본적인 질문을 던지고, 그 질문을 통해 이야기를 전개하며, 독자들에게도 같은 질문을 던져 스스로 답을 찾아가도록 유도한다. 한강의 작품에서 질문은 단순한 도구가 아니라, 인간존재와 삶의 복잡성을 탐구하고 이해하는 중요한 철학적 도구로 작용한다.

한강의 글쓰기는 독자들이 질문을 던지고 스스로 답을 찾는 과정을 통해 더 깊은 사유와 성찰을 경험하게 만든다. 그녀의 작품들은 명확한 결론을 제시하지 않지만, 독자들은 그녀의 질문을 통해 스스로 삶의 의미를 찾아가는 여정을 시작하게 된다.

한강의 질문과 글쓰기에 대한 상세한 분석과 설명은 2부. 노벨상 수상자 한강의 질문력과 글쓰기에서 다룬다.

5] 노벨상 수상자들의 공통된 질문법

노벨상 수상자들의 위대한 성취는 모두 그들이 던진 근본적인 질문에서 출발한다. 이들은 기존 지식에 안주하지 않고, 끊임없이 의문을 제기하며 새로운 해답을 찾기 위해 노력했다. 그들의 공통점은 문제를 새로운 각도에서 바라보고, 질문을 통해 문제를 재정의하는 데 있었다. 아인슈타인의 상대성 이론, 마리 퀴리의 방사능 연구, 리처드 파인만의 양자 물리학 그리고 존 굿이너프의 배터리 혁신은 모두 그들이 던진 근본적인 질문에서 시작되었다.

이들의 질문법은 단순한 호기심을 넘어서, 문제의 본질을 파악하고 새로운 해결책을 모색하는 창의적인 사고 과정이었다. 예를 들어, 아인슈타인은 "빛의 속도는 왜 일정한가?"라는 질문을 통해 시간과 공간에 대한 기존 개념을 바꾸었고, 마리 퀴리는 "어떤 원소가 방사능을 방출하는가?"라는 질문을 통해 새로운 방사성 원소를 발견했다. 이들의 질문은 과학의 경계를 확장시키고, 기존의 한계를 넘어선 혁신을 가능하게 했다.

한강의 질문법 역시 이러한 흐름과 연결된다. 한강은 인간의 고통과 상처, 폭력과 상실을 중심으로 깊이 있는 질문을 던지며, 작품 속에서 그 답을 탐구한다. 「채식주의자」에서는 "왜 인간은 자신의 본능을 거부하는가?"라는 질문을 통해 주인공 영혜의 내면을 탐구하고, 「소년이 온다」에서는 "폭력에 직면한 인간은 어떻게 살아갈 수 있는가?"라는 질문을 던지며 폭력과 인간 존엄성에 대한 사유를 이끌어낸다. 한강의 질문법은 독자들로 하여금 인간존재의 깊은 측면에 대해 성찰하도록 만들고, 질문을 통해 상처와 회복의 과정을 탐구하게 한다.

한강의 질문은 노벨상 수상자들이 던진 질문처럼 단순한 호기심을 넘어서, 인간존재의 복잡성과 고통을 탐구하는 도구로 사용된다. 그녀는 명확한 결론을 제시하기보다는 열린 결말을 통해 독자가 스스로 질문을 이어가게 함으로써 더 깊은 사유를 유도한다.

6) 결론 : 질문이 이끄는 혁신과 창의성

결국, 노벨상 수상자들과 한강의 위대한 성취는 질문에서 시작되었다. 그들은 기존 지식과 관습에 의문을 제기하고, 그 의문을 해결하기 위해 새로운 시각에서 문제를 바라보았다. 이러한 질문법은 과학과 예술 모두에서 혁신을 이끌어내며, 우리에게 질문이 창의성과 혁신의 열쇠임을 보여준다.

질문은 단순히 호기심을 해결하는 것이 아니라, 새로운 가능성을 열어주는 도구다. 노벨상 수상자들과 한강의 사례에서 알 수 있듯이, 우리는 끊임없는 질문을 통해 더 나은 해결책을 모색하고, 기존의 한계를 뛰어넘어 새로운 지식을 발견할 수 있다.

2장. 질문은 어떻게 두뇌를 자극하는가

2-1. 뇌과학적으로 본 질문의 효과

질문은 단순한 호기심을 넘어, 우리의 두뇌를 활성화시키고 창의적 사고를 촉진하는 중요한 도구다. 인간의 뇌는 질문을 받을 때 그에 대한 답을 찾기 위해 즉각적으로 반응하며, 이를 통해 다양한 신경회로가 활성화된다. 뇌과학적으로 볼 때, 질문은 새로운 아이디어를 도출하고 문제를 해결하는 데 필수적인 역할을 한다. 이 글에서는 질문이 두뇌에 미치는 영향을 과학적 관점에서 분석하고, 왜 질문이 창의성과 혁신을 이끄는 중요한 도구인지를 설명하겠다.

1] 질문과 전두엽의 활성화

질문은 뇌의 여러 부위를 즉각적으로 자극하며, 그중 전두엽은 질문에 대한 답을 찾는 과정에서 핵심적인 역할을 한다. 전두엽은 계획, 문제해결, 논리적 사고를 담당하는 영역으로, 질문을 통해 그 기능이 활성화된다. 우리가 스스로 질문을 던지거나 누군가로부터 질문을 받을 때, 전두엽은 그 질문에 대한 답을 찾아내기 위해 기존의 정보를 탐색하고 새로운 가능성을 시뮬레이션하기 시작한다.

예를 들어, "이 문제를 다른 방식으로 해결할 수 있을까?"라는 질문을 받으면, 전두엽은 문제해결을 위한 다양한 경로를 모색하고, 기존의 방식과 새로운 방식을 비교 분석한다. 이 과정에서 전두엽은 단순히 기존 지식을 반복하거나 정보를 처리하는 것에 그치지 않고, 창의적인 사고를 통해 문제를 해결할 수 있는 새로운 방법을 모색한다. 이러한 창의적 사고는 단순한 문제해결을 넘어, 혁신적인 해결책을 찾는 과정에서 중요한 역할을 한다.

전두엽의 활성화는 문제를 다양한 각도에서 바라보게 하고, 여러 가능성을 동시에 고려하며 더 나은 방법을 찾아낼 수 있도록 돕는다. 예를 들어, 전통적인 방식으로 해결되지 않는 문제가 있을 때, 전두엽은 기존의 정보와 새로운 아이디어를 결합하여 해결책을 모색한다. 이러한 과정에서 전두엽은 새로운 연관성을 만들고, 창의적인 해법을 제시할 수 있는 사고 과정을 촉진한다.

또한, 전두엽은 미래를 예측하는 데도 중요한 역할을 한다. 질문은 단순히 현재의 문제를 해결하는 것에 그치지 않고, 미래의 가능성을 탐구하게 만든다. 전두엽은 질문을 바탕으로 우리가 내린 결정이 미래에 어떤 영향을 미칠지를 예측하며, 이를 통해 장기적인 계획을 세우고, 더 나은 결정을 내릴 수 있도록 돕는다. 예를 들어, "이 선택이 장기적으로 어떤 결과를 가져올까?"라는 질문은 전두엽을 자극해 미래 시나리오를 시뮬레이션하고, 가능한 결과들을 비교 분석하도록 한다.

결국, 질문은 전두엽을 활성화시켜 복잡한 문제 해결과 창의적 사고를 촉진하는 중요한 도구다. 전두엽은 문제해결 과정에서 논리적으로 사고할 뿐만 아니라, 기존 지식과 경험을 결합해 새로운 해결책을 제시할 수 있도록 한다. 이처럼 질문을 통해 두뇌가 활성화되면, 우리는 더 깊이 있는 사고를 하고, 더 창의적인 방법으로 문제를 접근하게 된다.

질문은 두뇌의 정보를 조직하고, 새로운 방법을 탐구하게 하는 중요한 역할을 한다. 이를 통해 우리는 현재의 문제뿐만 아니라, 미래의 문제까지도 대비할 수 있는 혁신적인 해결책을 찾을 수 있다.

2] 질문이 두뇌의 시냅스 연결 강화와 새로운 정보처리에 미치는 영향

질문은 단순히 답을 구하는 도구에 그치지 않고, 두뇌의 시냅스 연결을 자극하고 강화하는 중요한 역할을 한다. 시냅스는 신경세포 간의 연결을 의미하며, 이를 통해 정보가 전달된다. 질문을 받거나 스스로 던질 때, 두뇌는 새로운 정보를 기존 지식과 연결하는 과정을 통해 시냅스를 활성화시킨다. 이러한 과정은 두뇌가 더 효율적으로 작동하게 하며, 문제해결과 학습능력을 향상시키는 데 기여한다.

2-1. 시냅스 연결과 새로운 정보의 결합

질문은 두뇌가 이미 알고 있는 정보와 새롭게 얻은 정보를 연결하는 중요한 메커니즘이다. 우리가 "왜 이 현상이 발생했을까?"와 같은 질문을 받으면, 두뇌는 과거에 축적된 지식과 새로운 정보를 결합하여 그 이유를 찾아내려 한다. 이 과정에서 새로운 시냅스가 형성되며, 이는 두뇌의 학습능력을 강화시킨다.

예를 들어, 한 사람이 물리수업에서 "왜 사과가 땅에 떨어질까?"라는 질문을 받는 상황을 생각해보자. 이 질문에 대해 두뇌는 이미 알고 있는 뉴턴의 중력이론과, 지금 배우고 있는 물리학적 개념을 결합하여 답을 찾아내기 시작한다. 그 과정에서 새로운 시냅스가 연결되며, 기존의 정보와 새롭게 학습한 정보 간의 연관성이 강화된다. 이렇게 형성된 새로운 연결은 앞으로의 학습에 있어서 매우 중요한 역할을 한다.

2-2. 시냅스 연결이 기억력과 학습능력에 미치는 영향

질문을 통해 형성된 새로운 시냅스 연결은 기억력을 향상시키는 데도 중요한 역할을 한다. 정보가 단순히 입력되고 저장되는 것만으로는 장기적인 기억으로 남기 어렵다. 하지만 질문을 통해 그 정보가 재구성되고, 다른 정보와의 연관성이 만들어지면, 해당 정보는 두뇌에 더 오래 기억된다. 이는 단순 암기보다는 질문을 통해 정보를 분석하고, 더 깊이 이해하는 과정이 기억을 강화하기 때문이다.

질문이 반복적으로 주어질수록, 두뇌의 신경회로는 더욱 강화된다. 이는 우리가 질문을 통해 어떤 주제를 반복적으로 학습하고 사고할 때, 두뇌가 그 정보를 더 쉽게 떠올릴 수 있게 되는 이유다. 예를 들어, "이 현상이 왜 이렇게 될까?"라는 질문을 여러 차례 반복하게 되면, 두뇌는 해당 질문과 관련된 정보를 더 빠르고 효율적으로 처리할 수 있게 된다. 이렇게 강화된 시냅스 연결은 장기적인 학습효과를 가져오며, 더 복잡한 문제를 해결하는 능력으로 이어진다.

2-3. 질문을 통한 창의적 사고와 문제해결 능력 강화

질문은 두뇌가 단순히 정보를 처리하는 수준을 넘어 창의적 사고를 촉진하는 데 중요한 역할을 한다. 새로운 시냅스가 형성되고 강화되는 과정에서, 두뇌는 다양한 정보 간의 새로운 연관성을 발견하게 된다. 이는 기존의 방식과는 다른, 새로운 해결책을 찾아내는 능력을 기르는데 기여한다.

예를 들어, "우리는 이 문제를 다른 방식으로 해결할 수 있을까?"라는 질문을 던지면, 두뇌는 기존의 해결방법을 떠올리면서도 동시에 새로운 해결방법을 모색한다. 이 과정에서 두뇌는 더 많은 정보를 분석하고 결합하며, 다양한 가능성을 시뮬레이션한다. 이러한 사고 과정은 새로운 시냅스 연결을 촉진하며, 창의적인 문제해결 능력을 향상시킨다. 전통적인 방식에 얽매이지 않고, 질문을 통해 여러 가능성을 탐구함으로써 우리는 보다 혁신적인 해결책을 찾아낼 수 있게 된다.

2-4. 질문을 통한 학습과 창의성의 지속적 발전

질문은 장기적인 학습과 창의적 사고에 필수적이다. 우리는 질문을 통해 새로운 정보를 지속적으로 두뇌에 입력하고, 이를 기존 지식과 연결시켜 학습을 심화시킨다. 특히, 질문은 두뇌가 단순히 정보를 수동적으로 받아들이는 것이 아니라, 능동적으로 사고하고 정보의 의미를 재구성하게 한다. 이 과정에서 두뇌는 더욱 복잡한 문제를 해결할 수 있게 되고, 창의적인 해결책을 모색하는 능력도 발전하게 된다.

질문을 통해 학습이 이루어질 때, 우리는 더 깊이 사고하고 다양한 시각에서 문제를 바라보게 된다. 이는 새로운 정보와 기존 지식 간의 연결을 강화하며, 이를 통해 더 넓은 사고범위를 제공한다. 결과적으로, 두뇌는 더욱 복잡하고 어려운 문제도 해결할 수 있는 능력을 갖추게 된다. 이러한 학습 과정은 창의적 사고와 연계되며, 새로운 아이디어와 혁신적인 해결책을 찾는 데 기여한다.

2-5. 질문의 반복과 두뇌 신경회로의 강화

질문을 통한 학습이 반복되면, 두뇌는 해당 정보를 처리하는 신경회로를 더 강화하게 된다. 예를 들어, 수학문제를 풀 때 "이 공식을 어떻게 적용할까?"라는 질문을 반복적으로 던지면, 두뇌는 해당 문제해결에 필요한 정보를 더 빠르고 정확하게 처리할 수 있게 된다. 이는 신경회로가 더욱 강화되고, 관련된 시냅스 연결이 더욱 견고해지는 과정에서 일어난다.

이처럼 질문을 반복하는 과정에서 두뇌는 해당 주제에 대한 정보를 더 쉽게 기억하고, 다양한 상황에 적용할 수 있는 능력을 발전시킨다. 질문이 반복될수록 우리는 새로운 시각에서 문제를 분석하고, 더욱 창의적인 방식으로 접근할 수 있는 능력을 얻게 된다. 이는 결국 학습과 창의적 사고 모두에서 장기적인 발전을 가져 온다.

2-6. 결론

질문은 두뇌의 시냅스 연결을 강화하고, 새로운 정보와 기존 지식을 결합함으로써 기억력과 학습능력을 향상시키는 중요한 도구다. 질문을 통해 두뇌는 기존 정보를 재구성하고, 새로운 시냅스를 형성하며, 더 복잡한 문제를 해결할 수 있는 기반을 마련한다. 또한, 질문을 통해 두뇌는 창의적 사고를 촉진하고, 문제를 새로운 방식으로 해결할 수 있는 능력을 기르게 된다. 이러한 과정에서 반복적인 질문은 두뇌의 신경회로를 더욱 강화하며, 학습과 창의적 사고의 지속적인 발전을 이끌어낸다.

결국, 질문은 단순한 정보처리 이상의 역할을 하며, 두뇌가 더 깊이 있는 사고를 통해 복잡한 문제를 해결하고, 장기적인 학습효과를 얻을 수 있게 도와준다. 질문을 던지는 행위는 두뇌의 능동적 사고를 자극하며, 새로운 정보와 기존 지식을 결합하여 더 나은 해결책을 찾도록 촉진한다.

3) 질문과 두뇌의 보상 시스템 : 동기부여의 메커니즘

질문은 단순히 지식 습득의 도구가 아니라, 두뇌의 보상 시스템을 자극하여 동기부여를 강화하는 중요한 역할을 한다. 우리가 질문을 던지고 그 답을 찾을 때, 두뇌는 도파민이라는 신경전달 물질을 분비한다. 도파민은 성취와 보상을 느끼게 하는 물질로, 문제를 해결했을 때 느끼는 쾌감과 성취감을 증폭시킨다. 이로 인해 두뇌는 질문을 통해 더 많은 답을 찾고 싶어 하는 동기를 얻게 되며, 이러한 과정은 학습과 창의적 사고를 촉진한다.

3-1. 질문을 통한 도파민 분비와 보상 시스템

두뇌의 보상 시스템은 성취감과 동기부여의 핵심이다. 우리가 어떤 문제를 해결하거나 새로운 지식을 습득했을 때 도파민이 분비되면, 두뇌는 그 활동을 긍정적인 경험으로 인식하게 된다. 질문을 던지고 답을 찾는 과정도 이와 비슷한 메커니즘을 따른다. 특정 질문을 던지고 그에 대한 해답을 찾았을 때, 두뇌는 도파민을 분비하여 문제해결의 성취감을 느끼게 한다.

예를 들어, "왜 이 현상이 일어났을까?"라는 질문을 던지고 답을 찾았을 때, 도파민이 분비되며 두뇌는 그 활동을 긍정적으로 평가한다. 이로 인해 두뇌는 질문을 통한 사고 과정을 더욱 보상적으로 인식하게 되며, 그 결과 더 많은 질문을 던지려는 동기가 강화된다. 이러한 도파민 분비는 단순한 지식 습득이 아닌, 질문과 답을 찾는 과정 자체가 두뇌에게 쾌감을 주는 긍정적 경험으로 작용한다.

3-2. 질문을 통한 동기부여와 학습촉진

두뇌의 보상 시스템은 질문을 통해 학습동기를 강화하는 데 중요한 역할을 한다. 질문을 던지고 그에 대한 답을 찾는 과정에서 성취감을 느끼게 되면, 우리는 더욱 복잡한 문제에 도전하고, 더 많은 질문을 던지게 된다. 이는 두뇌가 스스로 학습을 계속하도록 동기부여하는 역할을 한다. 다시 말해, 질문을 통해 두뇌는 보상과 성취감을 반복적으로 경험하게 되고, 이를 통해 더 적극적으로 지식을 탐구하게 된다.

이러한 과정은 특히 창의적 사고에 긍정적인 피드백 루프를 형성한다. 질문을 통해 새로운 해결책을 찾아내거나 독창적인 아이디어를 떠올리면, 두뇌는 그 활동을 긍정적으로 평가하고 더 많은 창의적 도전을 하도록 동기부여를 받는다. 이로 인해 두뇌는 더 어려운 문제를 해결하기 위해 노력하게 되고, 창의성이 더욱 자극된다.

예를 들어, 수학문제를 푸는 사람이 "이 공식을 사용하면 어떻게 될까?"라는 질문을 던지고 그 답을 찾아냈을 때, 도파민이 분비되며 두뇌는 문제해결에 대한 성취감을 느낀다. 이 성취감은 더 복잡한 문제에 도전할 동기를 부여하며, 사람은 학습 과정에서 더욱 적극적이 된다. 이처럼 질문을 통한 보상경험은 학습동기를 계속해서 강화하며, 지식을 습득하고 창의성을 발휘하는 과정이 반복된다.

3-3. 어려움을 극복할 때의 더 큰 보상

특히 어려운 문제를 해결할 때, 두뇌는 더 큰 보상을 느낀다. 질문을 던지고 그에 대한 답을 찾는 과정에서 도전적인 상황을 극복하면, 도파민 분비량이 더 많아지며, 그로 인한 성취감과 보상감도 증대된다. 이로 인해 우리는 더욱 복잡하고 어려운 문제에 도전하게 되며, 이를 통해 학습과 문제해결 능력이 향상된다.

예를 들어, "왜 이 문제가 해결되지 않을까?"라는 질문을 여러 번 던지며 답을 찾으려는 과정에서 실패를 겪다가 마침내 해결책을 찾았을 때, 두뇌는 그 해결에 대한 보상을 극대화한다. 이때 느끼는 성취감은 단순한 문제해결보다 훨씬 크며, 이는 새로운 지식과 기술을 습득하는 동기를 더욱 강화한다. 어려운 문제를 극복한 경험은 두뇌가 더 복잡한 문제에 도전할 수 있는 자신감을 제공하며, 학습 과정에서 더욱 적극적이게 된다.

3-4. 보상 시스템과 긍정적인 피드백 루프

질문을 통해 답을 찾는 과정에서 발생하는 성취감과 보상은 긍정적인 피드백 루프를 형성한다. 질문을 통해 성공적으로 문제를 해결하거나 새로운 정보를 습득했을 때 느끼는 성취감은 두뇌가 해당 활동을 긍정적으로 평가하게 만들며, 그로 인해 더 많은 질문을 던지고 더 복잡한 문제에 도전하게 된다. 이는 반복적으로 창의적 사고와 문제해결 능력을 강화하는 순환구조를 형성한다.

이러한 피드백 루프는 학습자에게 계속해서 새로운 지식과 해결책을 탐구할 동기를 제공한다. 예를 들어, 한 번의 문제해결이 두뇌에 긍정적인 보상을 제공했다면, 두뇌는 더 많은 도전을 찾으려 하며, 더 어려운 문제를 해결하려는 욕구가 강해진다. 이는 학습자에게 더욱 능동적이고 창의적인 사고를 이끌어내는 중요한 동기부여 요인으로 작용한다.

3-5. 학습 지속성과 창의성 유지

결국, 질문은 두뇌의 보상 시스템을 자극함으로써 학습 지속성과 창의성을 유지하는 데 중요한 역할을 한다. 질문을 통해 답을 찾을 때 느끼는 성취감은 학습자가 학습 과정을 포기하지 않고 지속적으로 새로운 지식에 도전하도록 만든다. 또한, 창의적 사고의 과정에서 발생하는 성취감은 새로운 아이디어를 창출하고 복잡한 문제를 해결하는 동기를 제공한다.

예를 들어, 과학자가 새로운 실험을 통해 "왜 이 결과가 나왔을까?"라는 질문을 던지며 그 원인을 찾을 때, 두뇌는 성취감을 느끼고 더 많은 실험과 연구를 통해 새로운 발견하도록 자극된다. 이 과정에서 발생하는 보상은 과학자가 어려운 문제를 계속해서 탐구하게 만들며, 그 결과 더 많은 혁신적인 발견이 이루어진다.

3-6. 결론

질문은 두뇌의 보상 시스템을 자극하여 학습과 창의적 사고를 촉진하는 중요한 도구다. 질문을 던지고 답을 찾는 과정에서 분비되는 도파민은 성취감을 증대시키고, 그로 인해 더 많은 질문을 던지도록 동기부여를 강화한다. 특히 어려운 문제를 해결할 때 느끼는 성취감은 두뇌의 보상경험을 극대화하며, 이는 학습 지속성과 창의성 유지에 중요한 역할을 한다.

질문을 통해 우리는 더 많은 지식에 도전하고, 더 복잡한 문제를 해결하기 위한 창의적 사고를 유지할 수 있다. 두뇌의 보상 시스템을 통해 형성된 긍정적인 피드백 루프는 학습동기를 지속적으로 강화하며, 우리는 이를 통해 끊임없이 발전할 수 있다.

4) 질문이 두뇌의 유연성을 높이는 역할

질문은 두뇌의 유연성을 높이는 데 중요한 역할을 한다. 두뇌의 유연성은 우리가 새로운 상황에 빠르게 적응하고, 창의적 해결책을 찾는 능력과 밀접하게 연관된다. 질문을 던지면 두뇌는 기존의 사고 패턴을 깨고 새로운 방식으로 문제를 접근하려 하며, 이를 통해 사고의 유연성이 강화된다. 이러한 과정은 복잡한 문제를 해결할 수 있는 다양한 가능성을 열어주며, 새로운 해결책을 찾는 데 중요한 도구로 작용한다.

4-1. 질문을 통한 사고 패턴의 전환

질문은 두뇌가 기존의 사고경로를 넘어서 새로운 방향으로 나아가게 만든다. 우리가 특정한 질문을 받거나 스스로 던질 때, 두뇌는 그 질문에 맞는 새로운 사고경로를 찾기 위해 다양한 정보를 탐색한다. 이 과정에서 기존에 연결되지 않았던 정보들이 새롭게 연결되거나, 기존의 사고 패턴을 넘어서 새로운 사고 패턴이 형성된다. 예를 들어, "왜 이 문제를 이런 방식으로만 해결해 왔을까?"라는 질문을 던지면, 두뇌는 과거의 접근방식을 재검토하고, 새로운 방법을 시도할 수 있는 길을 모색하게 된다.

질문은 두뇌가 고정된 사고에서 벗어나도록 돕는다. 고정된 사고란 한 가지 방식에만 의존하는 사고 패턴을 의미하며, 이는 새로운 문제나 복잡한 상황에서 효과적이지 않을 수 있다. 하지만 질문을 통해 두뇌는 기존의 방식을 의심하고, 더 나은 해결책을 찾기 위해 다양한 접근방법을 시도하게 된다. 이러한 사고 패턴의 전환은 두뇌가 더 유연하고 창의적으로 사고할 수 있는 기회를 제공한다.

4-2. 정보와 경험의 새로운 연결

질문이 던져졌을 때, 두뇌는 그 질문에 답하기 위해 다양한 정보와 경험을 동원하게 된다. 이는 기존에 연결되지 않았던 정보들이 새롭게 연결되는 계기가 되며, 이를 통해 새로운 통찰을 얻게 된다. 예를 들어, "이 문제를 다른 관점에서 보면 어떻게 보일까?"라는 질문은 두뇌가 기존의 정보와 경험을 재조합하도록 자극한다. 이 과정에서 기존에 연결되지 않았던 지식들이 연결되며, 이는 새로운 해결책을 찾는 데 중요한 역할을 한다.

이러한 정보의 재조합은 단순히 기존 지식을 활용하는 것을 넘어서, 새로운 방식으로 문제를 해결할 수 있는 창의적 사고를 촉진한다. 예를 들어, 과학자가 실험 중 예상치 못한 결과를 마주했을 때, "이 결과가 무엇을 의미할까?"라는 질문을 던지면, 두뇌는 기존의 과학적 지식과 새로운 데이터를 결합하여 혁신적인 해답을 찾으려 할 것이다. 이러한 사고 과정은 두뇌의 유연성을 높이고, 새로운 문제해결 능력을 향상시키는 중요한 과정이다.

4-3. 두뇌의 유연성과 복잡한 문제 해결

두뇌의 유연성은 특히 복잡한 문제나 예측할 수 없는 상황에서 매우 중요한 역할을 한다. 우리는 종종 예상치 못한 문제나 어려운 상황에 직면하게 되는데, 이때 질문을 던짐으로써 기존의 방식에 얽매이지 않고 새로운 방법을 탐색할 수 있다. 예를 들어, "다른 방식으로 이 문제를 접근할 수 있을까?"라는 질문을 던지면, 두뇌는 과거의 사고방식을 넘어서 더 창의적이고 혁신적인 해결책을 모색하게 된다.

이때 두뇌는 과거에 형성된 시냅스 연결을 뛰어넘어 새로운 사고 패턴을 형성하게 된다. 시냅스는 신경 세포 간의 연결을 의미하며, 두뇌의 정보처리를 담당하는 중요한 역할을 한다. 질문을 통해 새로운 시냅스가 연결되거나 기존의 시냅스가 재구성되면서, 두뇌는 더 유연하게 문제를 처리할 수 있는 기반을 마련하게 된다. 이는 새로운 문제해결과 창의적 사고를 촉진하는 중요한 과정으로, 복잡한 상황에서도 더 나은 결정을 내릴 수 있게 돕는다.

4-4. 질문을 통한 창의적 사고 촉진

질문은 창의적 사고를 촉진하는 데 있어서 매우 중요한 도구다. 우리는 질문을 통해 새로운 아이디어를 탐구하고, 기존의 사고 패턴을 넘어서기 위해 다양한 가능성을 탐색하게 된다. 예를 들어, "만약 모든 자원이 무한하다면, 이 문제를 어떻게 해결할 수 있을까?"라는 질문은 기존의 제한적인 사고에서 벗어나, 무한한 가능성을 상상하고 새로운 해결책을 찾는 데 도움을 준다. 이러한 사고 과정은 두뇌의 유연성을 높이고, 더 창의적인 해결책을 찾을 수 있는 능력을 길러준다.

특히, 오픈 엔디드 질문(답이 정해지지 않은 질문)은 두뇌의 유연성을 극대화하는 데 효과적이다. 예를 들어, "우리는 이 문제를 어떤 다른 방식으로 접근할 수 있을까?"라는 질문은 정해진 답을 찾기보다는 다양한 해결책을 모색하도록 두뇌를 자극한다. 이를 통해 두뇌는 기존의 한계를 넘어서 더 넓은 사고범위를 제공 받게 되고, 창의적 사고의 가능성도 크게 확장된다.

4-5. 사고 유연성과 실생활 적용

질문을 통한 사고의 유연성은 실생활에서도 중요한 역할을 한다. 우리는 일상에서 다양한 문제에 직면하게 되며, 그때마다 고정된 방식으로 문제를 해결하려 한다면 한계에 부딪히게 된다. 하지만 질문을 통해 새로운 해결책을 모색하면, 더 창의적이고 효과적인 방법을 찾을 수 있다. 예를 들어, 일상에서 "이 문제를 해결하는 더 효율적인 방법은 없을까?"라는 질문을 던지면, 우리는 기존의 방식에서 벗어나 더 나은 해결책을 찾게 된다.

또한, 기업 환경에서도 질문을 통해 혁신적인 아이디어를 도출할 수 있다. 팀 회의에서 "이 프로젝트를 완성하는 다른 방법이 있을까?"라는 질문을 던지면, 팀원들은 기존의 업무방식 외에도 다양한 창의적 방법을 탐색하게 된다. 이는 조직의 문제해결 능력을 높이고, 더 유연한 사고를 통해 경쟁력을 강화하는 데 기여할 수 있다.

4-6. 질문이 뇌의 유연성을 강화하는 지속적 과정

질문을 통해 두뇌의 유연성을 높이는 과정은 지속적인 반복을 통해 더욱 강화된다. 질문을 자주 던지고 그에 대해 사고하는 과정이 반복되면, 두뇌는 더 유연하게 정보를 처리하고, 새로운 문제해결 능력을 기르게 된다. 이는 두뇌의 시냅스 연결이 강화되고, 신경회로가 더욱 활성화되면서 더욱 빠르고 효율적인 문제해결 능력을 제공하는 결과를 가져온다.

질문을 통해 사고의 유연성을 지속적으로 강화하면, 두뇌는 더 복잡한 문제도 쉽게 해결할 수 있는 능력을 갖추게 된다. 이는 단순히 창의적 사고뿐만 아니라, 더 나은 의사결정 능력과 문제해결 능력으로 이어진다. 따라서 질문을 지속적으로 던지는 행위는 두뇌를 더욱 유연하고 창의적으로 만드는 중요한 훈련방법이 될 수 있다.

4-7. 결론

질문은 두뇌의 유연성을 높이고 사고 패턴을 전환시키는 강력한 도구다. 질문을 통해 두뇌는 기존의 사고방식을 뛰어넘어 새로운 사고경로를 모색하며, 이를 통해 더 창의적이고 혁신적인 해결책을 찾게 된다. 질문은 기존에 연결되지 않았던 정보들을 새롭게 결합하게 만들며, 이를 통해 문제해결 능력과 창의적 사고를 촉진한다.

질문을 통해 두뇌는 더욱 유연하게 사고할 수 있으며, 복잡한 문제나 예측할 수 없는 상황에서도 더 나은 해결책을 찾을 수 있게 된다. 이는 개인의 학습능력을 향상시키고, 조직이나 사회의 문제해결 능력에도 긍정적인 영향을 미친다. 결국, 질문은 두뇌의 사고 패턴을 재구성하고 유연성을 강화하는 중요한 도구이며, 이를 통해 우리는 더 나은 미래를 만들어갈 수 있다.

5) 뇌과학적 원리가 보여주는 질문의 힘

질문은 단순한 의사소통 수단 이상의 역할을 한다. 뇌과학적 관점에서 질문은 두뇌의 다양한 부위를 활성화하고, 시냅스 연결을 강화하며, 보상 시스템을 자극해 학습과 창의적 사고를 촉진한다. 질문을 던지고 답을 찾는 과정에서 두뇌는 성취감을 느끼며 더 많은 질문을 던지게 된다. 이 과정은 두뇌의 유연성을 높이고, 복잡한 문제 해결 능력을 향상시킨다. 질문은 두뇌의 잠재력을 극대화시키는 중요한 도구로 작동하며, 이를 통해 우리는 더 창의적이고 효과적인 사고를 할 수 있게 된다.

5-1. 전두엽 활성화와 문제해결 능력 향상

질문은 전두엽을 자극한다. 전두엽은 계획, 논리적 사고, 문제해결을 담당하는 두뇌의 중요한 부위로, 질문을 통해 이 부위가 활성화된다. 전두엽은 질문에 대한 답을 찾기 위해 기존의 정보를 탐색하고, 다양한 해결책을 시뮬레이션하며 창의적인 사고를 유도한다. 우리가 "이 문제를 해결할 다른 방법은 없을까?"라는 질문을 던질 때, 전두엽은 기존의 방식과 새로운 방식을 비교하며, 그 중 최선의 해결책을 찾아내는 데 중요한 역할을 한다.

질문을 통해 전두엽이 활성화되면, 우리는 더 복잡한 문제를 해결할 수 있는 능력을 가지게 된다. 이는 두뇌가 단순한 정보처리에 그치지 않고, 창의적이고 혁신적인 해결책을 모색하는 과정을 촉진하는 중요한 원리다. 전두엽의 활성화는 특히 복잡한 문제나 불확실한 상황에서 더 나은 결정을 내리는 데 중요한 역할을 하며, 우리의 문제해결 능력을 크게 향상시킨다.

5-2. 시냅스 연결 강화와 정보처리 능력 향상

질문은 시냅스 연결을 강화한다. 시냅스는 신경세포 간의 연결을 의미하며, 이를 통해 정보가 전달된다. 질문을 던지면, 두뇌는 새로운 정보를 기존 지식과 연결하고, 이 과정에서 새로운 시냅스가 형성된다. 시냅스가 강화되면 두뇌는 더 효율적으로 정보를 처리할 수 있게 되며, 새로운 지식을 더 쉽게 학습하게 된다.

예를 들어, "왜 이 현상이 일어났을까?"라는 질문을 던지면 두뇌는 과거에 얻은 지식과 새로운 정보를 결합해 답을 찾으려 한다. 이 과정에서 기존에 연결되지 않았던 정보들이 새롭게 연결되며, 시냅스 연결이 강화된다. 이러한 시냅스 연결 강화는 두뇌의 학습능력을 크게 높이며, 정보의 의미를 재구성하는 과정에서 기억력도 향상된다.

또한, 질문을 반복하면 시냅스는 더욱 견고해지고, 이는 장기적인 학습과 창의적 사고에 중요한 기여를 한다. 시냅스 연결이 강화된 두뇌는 더 복잡한 문제를 해결할 수 있는 능력을 갖추게 되며, 창의적인 해결책을 찾는 데 필요한 기반을 마련한다.

5-3. 보상 시스템과 학습동기 강화

질문은 두뇌의 보상 시스템을 자극해 학습동기를 강화한다. 질문을 통해 답을 찾았을 때, 두뇌는 도파민이라는 신경전달 물질을 분비한다. 도파민은 성취감을 느끼게 하며, 더 많은 질문을 던지고 답을 찾는 동기를 강화시킨다. 문제를 해결하는 과정에서 도파민이 분비되면, 두뇌는 그 활동을 긍정적으로 평가하고 더 많은 질문을 던지도록 동기부여를 받는다.

이러한 보상 시스템은 긍정적인 피드백 루프를 형성한다. 질문을 통해 성취감을 느끼게 되면, 우리는 더 복잡한 문제에 도전하게 되고, 더 많은 질문을 던지게 된다. 이는 두뇌가 스스로 학습하고 발전하는 과정을 촉진하며, 창의적 사고를 자극하는 긍정적인 순환구조를 형성한다. 더 어려운 문제를 해결할 때 느끼는 성취감은 더욱 큰 보상을 제공하며, 이는 학습에 대한 지속적인 동기를 부여한다.

5-4. 두뇌 유연성의 향상과 창의적 문제해결

질문은 두뇌의 유연성을 높이는 데도 중요한 역할을 한다. 두뇌의 유연성은 새로운 상황에 적응하고, 창의적인 해결책을 찾는 능력에 직접적인 영향을 미친다. 질문을 던지면 두뇌는 기존의 사고 패턴을 깨고, 새로운 시각에서 문제를 접근하려고 한다. 이 과정에서 새로운 사고경로가 형성되며, 우리는 더 창의적이고 유연하게 문제를 해결할 수 있게 된다.

질문을 통해 두뇌는 다양한 정보와 경험을 결합하며, 그 결과 새로운 사고 패턴을 만들어낸다. 예를 들어, "이 문제를 다른 방식으로 해결할 수 있을까?"라는 질문을 던지면, 두뇌는 기존의 정보와 새로운 아이디어를 결합해 혁신적인 해결책을 모색한다. 이는 창의적 사고를 자극하고, 복잡한 문제를 해결할 수 있는 다양한 가능성을 열어준다.

두뇌의 유연성은 특히 복잡한 문제나 예측할 수 없는 상황에서 중요한 역할을 한다. 질문을 던짐으로써 우리는 기존의 방식에 얽매이지 않고, 더 나은 방법을 탐색할 수 있게 된다. 이는 새로운 문제해결과 창의적 사고를 촉진하는 과정으로, 질문이 두뇌의 유연성을 높여 더 나은 해결책을 찾도록 돕는다.

5-5. 질문이 뇌의 잠재력을 극대화하는 방법

결국, 질문은 뇌과학적으로 두뇌를 자극하여 창의적 사고와 문제해결 능력을 향상시키는 강력한 도구다. 질문을 통해 전두엽이 활성화되면 문제해결 능력이 강화되고, 시냅스가 연결되면서 새로운 정보처리 능력이 향상된다. 또한, 보상 시스템을 통해 성취감과 학습동기가 강화되며, 이를 통해 우리는 더 많은 질문을 던지고 답을 찾는 과정을 반복하게 된다.

질문을 통해 두뇌는 더 창의적으로 사고할 수 있으며, 더 복잡한 문제를 해결할 수 있는 능력을 기르게 된다. 이는 우리가 단순한 정보습득을 넘어서, 두뇌가 더 효과적으로 작동하고 사고의 깊이와 폭을 넓힐 수 있도록 돕는다. 질문을 던짐으로써 우리는 두뇌의 잠재력을 최대한 발휘할 수 있으며, 더 나은 해결책을 찾고 지속적인 성장을 이룰 수 있게 된다.

5-6. 결론

질문은 단순한 의사소통 도구를 넘어서, 두뇌를 자극하고 창의적 사고와 문제해결 능력을 향상시키는 강력한 메커니즘이다. 질문은 전두엽을 활성화시켜 문제해결 능력을 증진시키고, 시냅스를 강화하여 새로운 정보를 더 효과적으로 처리할 수 있게 한다. 또한, 보상 시스템을 자극해 학습동기를 강화하고, 두뇌의 유연성을 높여 복잡한 문제에 대한 창의적 해결책을 찾을 수 있도록 돕는다.

질문을 던짐으로써 우리는 두뇌의 잠재력을 최대한 활용할 수 있으며, 새로운 가능성을 탐구하고 지속적인 성장을 이끌어낼 수 있다. 질문은 두뇌의 작동 방식을 최적화하는 중요한 도구이며, 이를 통해 우리는 더 창의적이고 효과적인 문제해결 능력을 발휘할 수 있게 된다.

2-2. 질문과 창의적 사고를 돕는 뇌의 부위들

질문은 창의적 사고를 촉진하고 문제해결의 열쇠가 되는 중요한 도구이다. 인간의 두뇌는 질문을 받거나 스스로 질문을 던질 때, 다양한 뇌 영역이 활성화되며 창의적 사고를 위한 복잡한 과정을 시작한다. 이 글에서는 질문이 창의적 사고를 도울 때 두뇌의 어느 부위들이 어떻게 작동하는지, 각각의 역할이 무엇인지 살펴본다.

1) 전두엽(Frontal Lobe) : 논리적 사고와 문제해결의 중심

전두엽은 두뇌의 앞부분에 위치하며, 논리적 사고, 문제해결, 계획수립을 담당하는 중요한 영역이다. 이 부위는 특히 복잡한 문제를 분석하고 해결책을 도출하는 데 핵심적인 역할을 한다. 질문을 받거나 스스로 던질 때 전두엽은 빠르게 활성화되며, 기존 지식과 경험을 활용해 논리적 사고를 시작한다. 전두엽의 활성화는 단순한 정보처리에 그치지 않고, 창의적인 해결책을 찾아내는 과정에서 중요한 기능을 발휘한다.

1-1. 질문이 전두엽을 자극하는 방식

질문은 두뇌가 가진 정보를 단순히 떠올리는 것을 넘어, 논리적으로 재구성하고, 더 나은 해답을 찾기 위해 다양한 시나리오를 시뮬레이션하도록 만든다. 우리가 "이 문제를 해결하기 위한 다른 방법은 없을까?"라는 질문을 받으면, 전두엽은 그 질문에 대한 가능한 답을 찾기 위해 기존 지식과 경험을 탐색한다. 이때 전두엽은 문제를 논리적으로 분석하고, 다양한 해결책을 비교하여 최적의 방법을 찾아내기 위해 작동한다.

전두엽은 이 과정에서 단순한 정보처리를 넘어, 창의적인 사고를 유도한다. 예를 들어, 동일한 문제를 여러 번 접했더라도 전두엽은 새로운 관점에서 문제를 해결할 수 있는 방법을 찾아내려 한다. 이처럼 질문은 전두엽을 활성화시켜 우리가 기존의 사고 패턴에서 벗어나 더 창의적이고 유연한 방식으로 문제를 해결할 수 있게 만든다.

1-2. 전두엽의 문제해결 기능 : 논리적 사고와 창의성의 결합

전두엽은 복잡한 문제를 해결하는 데 중요한 역할을 한다. 문제를 분석하고 해결책을 도출하는 과정에서 전두엽은 다양한 정보를 바탕으로 논리적인 사고경로를 구축한다. 예를 들어, "우리가 놓치고 있는 것은 무엇일까?"라는 질문은 두뇌가 기존 지식을 재조직하고, 더 나은 해결책을 찾아내기 위한 새로운 사고 과정을 시작하게 만든다.

특히, 전두엽은 문제해결을 위한 다양한 가능성을 탐색하는 데 뛰어난 능력을 발휘한다. 이는 단순히 과거의 경험을 활용하는 것에 그치지 않고, 전혀 예상하지 못한 새로운 방식을 발견하고 적용하는 과정으로 이어진다. 이때 전두엽은 여러 해결책을 동시에 비교하며, 가장 적합한 해결책을 도출하기 위해 시뮬레이션을 수행한다.

1-3. 질문을 통해 미래를 예측하는 전두엽의 역할

전두엽은 미래를 예측하는 데에도 중요한 역할을 한다. 질문을 통해 얻은 정보와 경험을 바탕으로 다양한 시나리오를 예측하며, 그 결과를 분석한다. 이는 우리가 내리는 결정이 미래에 어떤 영향을 미칠지를 미리 고려하고, 더 나은 결정을 내릴 수 있도록 돕는다.

예를 들어, "이 선택이 장기적으로 어떤 결과를 가져올까?"라는 질문은 전두엽을 자극하여 다양한 가능성을 탐색하게 만든다. 이 과정에서 전두엽은 과거 경험과 현재 정보를 결합해, 최선의 선택을 내리기 위한 예측 모델을 구축한다. 이러한 예측능력은 일상적인 문제해결뿐만 아니라 장기적인 계획을 수립할 때에도 중요한 역할을 한다.

1-4. 질문을 통한 전두엽의 활성화와 창의적 사고 촉진

전두엽은 창의적 사고를 이끄는 데 필수적인 역할을 한다. 질문을 던지면 두뇌는 기존의 방식을 의심하고, 새로운 시각에서 문제를 바라보도록 전환한다. 이는 전두엽이 단순한 논리적 분석을 넘어서 창의적 접근법을 모색하게 만드는 과정이다. 예를 들어, "이 문제를 해결하는 더 독창적인 방법은 없을까?"라는 질문은 전두엽을 자극해 새로운 아이디어를 떠올리게 한다.

전두엽은 또한 다양한 정보와 경험을 통합해 문제를 해결할 수 있는 다양한 접근방법을 제공한다. 이는 정형화된 해결책에 얽매이지 않고, 유연한 사고를 통해 더 나은 해결책을 찾아내는 능력을 강화한다. 질문을 통해 우리는 기존의 방식에 의존하지 않고, 새로운 방식으로 문제를 해결할 수 있는 기회를 얻게 된다.

1-5. 질문의 반복과 전두엽의 학습능력 향상

질문을 반복적으로 던지는 과정은 전두엽의 기능을 더욱 강화한다. 전두엽은 학습 과정에서 반복적인 자극을 통해 더욱 활성화되며, 논리적 사고와 창의적 사고를 동시에 발전시킨다. 질문이 반복될수록 전두엽은 더 복잡한 문제를 처리하는 능력을 갖추게 되고, 다양한 상황에 빠르게 적응할 수 있는 유연한 사고능력을 가지게 된다.

예를 들어, 우리가 새로운 프로젝트를 시작할 때 "어떻게 더 효율적으로 목표를 달성할 수 있을까?"라는 질문을 지속적으로 던지면, 전두엽은 이에 대한 답을 찾기 위해 다양한 전략을 탐색하게 된다. 이러한 반복적인 질문과 문제해결 과정은 두뇌의 사고경로를 강화하고, 전두엽의 학습능력을 더욱 높인다.

1-6. 결론 : 전두엽 활성화의 중요성

결국, 질문은 전두엽을 활성화하여 논리적 사고와 창의적 문제해결을 촉진하는 강력한 도구다. 전두엽은 문제를 해결하고 미래를 예측하는 과정에서 중요한 역할을 하며, 질문을 통해 더 나은 선택과 결정을 내리게 만든다. 또한, 질문을 통해 전두엽은 단순한 정보처리를 넘어, 새로운 해결책을 모색하는 창의적 사고를 유도한다.

질문은 전두엽을 반복적으로 자극해 두뇌의 학습능력과 유연성을 강화하며, 더 복잡한 문제를 해결할 수 있는 능력을 키운다. 따라서 우리는 더 많은 질문을 던짐으로써 두뇌의 잠재력을 극대화할 수 있다. 질문은 단순한 정보획득 수단을 넘어, 두뇌의 효과적인 작동과 사고의 깊이를 확장시키는 중요한 도구다.

2) 해마(Hippocampus) : 기억과 정보통합의 역할

해마는 두뇌의 기억과 학습에 핵심적인 역할을 담당하는 중요한 영역이다. 해마는 새로운 정보를 기억하고 저장하는 동시에, 과거의 경험과 지식을 기반으로 새로운 정보를 연결하는 기능을 수행한다. 질문은 해마를 자극해 과거의 기억을 불러일으키고 현재 문제를 해결하는 데 필요한 정보를 제공한다. 또한, 질문과 학습 과정에서 해마는 기억을 강화하고, 창의적 문제해결을 위한 기반을 마련한다.

2-1. 질문을 통해 해마가 정보를 활성화하는 과정

질문이 던져졌을 때, 해마는 과거의 기억을 활성화하여 현재 문제를 해결하는 데 필요한 정보를 끌어온다. 예를 들어, "이 문제를 예전에 어떻게 해결했을까?"라는 질문을 받으면, 해마는 그와 유사한 과거의 경험을 떠올리기 위해 작동한다. 이때 해마는 단순히 기억을 떠올리는 데 그치지 않고, 이전의 경험과 현재 문제를 연결하여 새로운 해결책을 모색하게 만든다.

해마는 새로운 상황에서도 기존의 경험과 정보를 재조합하여 더 나은 해결책을 찾도록 돕는다. 예를 들어, 과거에 비슷한 문제를 해결했던 경험이 있을 때, 해마는 그 기억을 불러와 현재 상황에 적용할 수 있는 방법을 제공한다. 이는 기존의 정보를 창의적으로 활용하게 하며, 새로운 아이디어를 떠올리도록 돕는다.

2-2. 해마의 기억 통합과 창의적 사고 촉진

질문은 해마가 기억을 통합하는 중요한 도구다. 질문을 통해 우리는 과거의 경험과 지식을 재검토하며, 이를 새로운 문제에 적용하려 한다. 해마는 이 과정에서 기존의 기억을 재구성하고, 새로운 정보와 연결하여 더 창의적인 사고를 이끌어낸다.

예를 들어, "이 문제를 해결하기 위해 어떤 접근법을 사용할 수 있을까?"라는 질문을 받으면 해마는 과거에 효과적이었던 해결방식을 떠올리고, 이를 현재 문제에 맞게 응용한다. 이때 해마는 기존 정보와 새롭게 얻은 정보를 통합해 독창적인 해결책을 도출할 수 있도록 돕는다. 이러한 정보통합 과정은 단순한 반복학습을 넘어서 새로운 시각을 제공하며, 더 복잡한 문제 해결을 가능하게 만든다.

2-3. 질문을 통한 학습과 기억강화

해마는 질문을 통한 학습과 기억강화에 필수적인 역할을 한다. 우리가 질문을 던지고 그에 대한 답을 찾는 과정에서, 해마는 그 경험을 더욱 강하게 기억하도록 만든다. 이는 이후 유사한 상황에서 그 기억을 쉽게 불러와 활용할 수 있게 한다.

예를 들어, 한 사람이 "이 공식은 어떤 상황에서 사용할까?"라는 질문을 통해 수학문제를 풀었다면, 해마는 그 학습경험을 강하게 저장한다. 그 후 비슷한 문제를 만났을 때, 해마는 해당 경험을 빠르게 떠올려 효율적인 문제해결을 돕는다. 이러한 질문과 학습의 반복은 기억을 강화하며, 새로운 정보와 기존 지식을 연결해 두뇌의 문제해결 능력을 더욱 향상시킨다.

2-4. 질문과 해마의 역할 : 창의적 문제해결에 기여

해마는 창의적 문제해결에도 중요한 기여를 한다. 질문을 던지면 해마는 과거의 다양한 경험과 정보를 연결해, 새로운 해결방식을 찾는 데 도움을 준다. 이는 단순한 기억회상에 그치지 않고, 기존 지식과 새로운 정보를 통합하는 창의적 사고 과정을 촉진한다.

예를 들어, "우리는 이 문제를 해결하기 위해 다른 접근법을 사용할 수 있을까?"라는 질문을 던지면, 해마는 과거의 비슷한 문제에서 사용했던 해결책을 떠올린다. 이 과정에서 기존 해결책이 현재 상황에 맞지 않다면, 해마는 새로운 정보와 결합해 더 창의적인 해결책을 찾을 수 있게 한다. 이는 문제해결의 유연성을 높이고, 복잡한 문제를 해결할 수 있는 능력을 키워준다.

2-5. 반복학습과 해마의 신경회로 강화

질문을 반복적으로 던지고 답을 찾는 과정은 해마의 신경회로를 강화하는 데 중요한 역할을 한다. 반복된 학습과 질문은 해마가 기억을 더욱 견고하게 만드는 데 기여하며, 이후 유사한 상황에서 기억을 빠르게 떠 올리도록 돕는다. 이 과정은 특히 장기 기억형성에 큰 영향을 미친다.

예를 들어, 학습자가 "이 문제를 풀기 위해 어떤 개념이 필요할까?"라는 질문을 반복적으로 던진다면, 해마는 해당 개념과 문제해결 방식을 신경회로에 깊이 각인시킨다. 이는 이후 해당 개념을 다시 사용할 때 빠르게 떠올릴 수 있게 하며, 효율적인 문제해결을 가능하게 한다.

2-6. 해마의 역할과 질문의 힘 : 지속적인 학습과 성장

해마는 질문을 통해 두뇌의 기억과 학습능력을 극대화하는 중요한 역할을 한다. 질문은 해마를 자극해 과거의 경험과 새로운 정보를 통합하고, 이를 통해 창의적 해결책을 도출하게 한다. 또한, 해마는 질문을 통해 학습한 경험을 더 강하게 기억하도록 만들어, 유사한 문제를 만났을 때 빠르게 대처할 수 있도록 돕는다.

질문과 학습의 반복은 해마의 기능을 강화하며, 이는 장기적인 학습과 지속적인 성장에 기여한다. 해마가 활성화되면 두뇌는 더 효과적으로 정보를 처리하고, 복잡한 문제를 해결하는 능력을 키우게 된다. 이를 통해 우리는 질문을 던지고 답을 찾는 과정에서 지속적으로 발전할 수 있다.

2-7. 결론 : 해마와 질문의 상호작용

결론적으로, 해마는 질문을 통해 두뇌의 기억과 정보통합 능력을 극대화하는 중요한 부위다. 해마는 질문에 대한 답을 찾기 위해 과거의 경험과 현재의 정보를 연결하며, 이를 통해 창의적 사고를 촉진한다. 또한, 질문을 통한 학습과 기억강화 과정에서 해마는 신경회로를 강화해 장기 기억형성을 돕고, 새로운 문제해결에 필요한 정보를 빠르게 제공한다.

질문은 해마를 자극해 더 깊이 있는 학습을 가능하게 하며, 복잡한 문제를 해결할 수 있는 능력을 키워준다. 해마와 질문의 상호작용은 단순한 기억회상에 그치지 않고, 기존 지식과 새로운 정보를 결합해 지속적인 성장과 발전을 이끌어낸다. 결국, 해마는 질문을 통해 두뇌의 잠재력을 최대한 발휘하도록 돕는 핵심적인 역할을 수행한다.

3) 후두엽(Occipital Lobe) : 시각적 처리와 창의적 사고의 중심

후두엽은 두뇌의 뒤쪽에 위치하며, 시각 정보를 처리하는 주요 역할을 담당하는 뇌의 영역이다. 후두엽은 눈으로 들어오는 시각적 자극을 해석하는 데 핵심적인 역할을 하지만, 그 기능은 단순한 시각 처리에 그치지 않는다. 질문이 던져졌을 때, 후두엽은 문제를 시각적으로 상상하거나 머릿속에 시나리오를 그리는 과정을 통해 창의적 사고를 돕는다. 후두엽은 이러한 시각적 상상을 통해 새로운 관점을 제시하고, 더 깊이 있는 문제해결을 가능하게 만든다.

3-1. 질문과 후두엽의 시각적 재구성

질문은 후두엽을 자극해 문제를 시각적으로 다시 구성하도록 만든다. 예를 들어, "이 문제를 다른 각도에서 보면 어떻게 보일까?"라는 질문은 후두엽이 기존의 시각적 이미지를 새로운 방식으로 재구성하도록 자극한다. 이 과정에서 후두엽은 시각적 패턴을 분석하고, 문제를 새롭게 바라볼 수 있는 다양한 가능성을 모색한다.

시각적 사고는 창의적 문제해결의 중요한 과정이다. 두뇌가 문제를 시각화하고, 다양한 시나리오를 상상하는 과정에서 후두엽은 복잡한 문제를 더 쉽게 이해할 수 있도록 돕는다. 예를 들어, 건축가가 건축설계를 구상할 때 "이 공간을 다른 방식으로 배치하면 어떻게 될까?"라는 질문을 던지면, 후두엽은 다양한 배치 옵션을 시각적으로 상상하고 비교할 수 있다. 이는 최적의 해결책을 찾는 데 도움을 준다.

3-2. 후두엽의 시각적 처리와 창의적 문제해결

후두엽은 시각적 이미지와 패턴을 떠올리고 해석하는 능력을 통해 창의적인 문제해결에 기여한다. 우리는 종종 문제를 해결할 때 머릿속에 다양한 이미지를 그리며 해결책을 탐색한다. 후두엽은 이러한 시각적 상상을 지원하며, 비주얼 시나리오를 시뮬레이션해 다양한 해결책을 탐구할 수 있도록 돕는다.

예를 들어, 디자이너가 제품을 개발하면서 "이 색상과 형태가 소비자에게 어떻게 보일까?"라는 질문을 던지면, 후두엽은 머릿속에서 해당 제품의 시각적 이미지를 생성한다. 이 과정에서 디자이너는 다양한 디자인 옵션을 비교하며 최적의 선택을 할 수 있게 된다. 후두엽의 시각적 처리능력은 문제를 보다 구체적이고 창의적인 방식으로 접근할 수 있도록 돕는다.

3-3. 시각적 상상과 창의적 사고의 촉진

시각적 상상은 창의적 사고를 자극하는 중요한 요소다. 문제를 해결하는 과정에서 시각적 이미지를 떠올리는 것은 두뇌가 기존의 사고 틀을 깨고 새로운 관점을 도출하는 데 도움을 준다. 후두엽은 질문을 통해 시각적 상상을 촉진하며, 이는 독창적인 해결책을 찾는 데 중요한 역할을 한다.

예술가나 디자이너와 같은 창의적인 직업군에서는 후두엽의 역할이 특히 중요하다. 예술가는 작품을 구상할 때 다양한 이미지를 상상하며, 문제를 다각도로 분석한다. "이 구도가 더 나을까?"와 같은 질문을 던지면 후두엽이 활성화되어 다양한 구도를 머릿속에 시뮬레이션하게 된다. 이러한 시각적 사고는 문제를 더 깊이 이해하고 창의적인 방식으로 해결하는 데 필수적이다.

3-4. 예술적 창의성과 후두엽의 역할

후두엽은 예술적 창의성과 관련된 활동에서도 중요한 역할을 한다. 회화, 조각, 디자인과 같은 시각예술분야에서 후두엽은 색상, 형태, 구도를 분석하고 시각적 이미지를 생성하는 과정을 돕는다. 이 과정에서 문제를 다양한 방식으로 바라볼 수 있는 능력이 향상되며, 이는 창의적 문제해결 능력을 키우는 데 기여한다.

예를 들어, 디자이너가 "이 색 조합이 더 나은가?"라는 질문을 던지면 후두엽은 색상을 시각적으로 결합해 그 결과를 머릿속에서 예측한다. 이처럼 후두엽의 시각적 처리능력은 문제를 구체적으로 시각화하고, 더 나은 해결책을 찾는 데 중요한 역할을 한다. 또한, 후두엽은 문제를 단순히 시각적으로 처리하는 것을 넘어서, 다양한 시각적 경험을 연결해 새로운 아이디어를 도출하는 데도 기여한다.

3-5. 후두엽의 시각적 처리와 복잡한 문제 해결

질문은 후두엽을 활성화하여 복잡한 문제를 더 명확하게 이해할 수 있도록 돕는다. 예를 들어, 엔지니어가 복잡한 기계장치를 설계할 때, "이 구조를 다르게 설계하면 어떻게 작동할까?"라는 질문을 던지면 후두엽은 그 구조를 시각적으로 재구성해 다양한 시나리오를 예측하게 만든다. 이 과정에서 후두엽은 단순한 시각적 처리뿐만 아니라, 복잡한 문제를 창의적으로 해결할 수 있는 가능성을 제시한다.

또한, 후두엽의 시각적 처리능력은 팀 협업에서도 중요한 역할을 한다. 예를 들어, 팀 회의에서 "이 아이디어를 시각적으로 표현하면 어떤 모습일까?"라는 질문이 던져지면, 후두엽은 다양한 시각적 아이디어를 떠올리도록 자극 받는다. 이를 통해 팀원들은 문제를 다각도로 분석하고, 더 나은 해결책을 찾기 위한 창의적인 아이디어를 모색할 수 있다.

3-6. 질문을 통한 후두엽의 학습과 시각적 사고 강화

질문을 반복적으로 던지면 후두엽의 시각적 처리능력과 창의적 사고가 강화된다. 반복된 질문과 시각적 시뮬레이션은 후두엽이 다양한 시각적 패턴을 더욱 빠르고 정확하게 처리하도록 만든다. 예를 들어, 사람이 "이 문제를 그림으로 표현하면 어떻게 될까?"라는 질문을 반복해서 던지면, 후두엽은 시각적 사고를 더욱 효과적으로 수행하게 된다. 이는 학습과 창의적 문제해결 능력을 동시에 향상시킨다.

또한, 후두엽의 활성화는 장기적인 시각적 학습에도 중요한 역할을 한다. 시각적 경험이 축적되면 후두엽은 더 복잡한 시각적 정보를 처리하고, 이를 다양한 상황에 응용할 수 있는 능력을 갖추게 된다. 이러한 시각적 학습은 창의적 문제해결뿐만 아니라, 전문가적 사고능력을 키우는 데도 기여한다.

3-7. 결론 : 후두엽의 시각적 처리와 창의적 문제해결

결론적으로, 후두엽은 시각적 정보를 처리하는 것을 넘어, 창의적 사고와 문제해결에 중요한 역할을 한다. 질문을 통해 후두엽이 활성화되면, 우리는 문제를 다양한 시각에서 바라보고, 새로운 해결책을 도출할 수 있는 능력을 키우게 된다. 후두엽은 시각적 패턴을 분석하고 재구성하며, 이를 통해 복잡한 문제를 더 구체적이고 창의적으로 해결하도록 돕는다.

질문은 후두엽의 시각적 처리능력을 자극하며, 이를 통해 학습과 창의적 사고를 동시에 촉진한다. 또한, 후두엽의 시각적 사고는 예술적 창의성뿐만 아니라, 일상적인 문제해결에서도 중요한 역할을 한다. 반복된 질문과 시각적 시뮬레이션은 후두엽의 기능을 더욱 강화하며, 이는 우리가 문제를 더 깊이 이해하고 해결하는 데 필수적인 요소다.

4) 측두엽(Temporal Lobe) : 언어처리와 개념적 연결의 중심

측두엽은 두뇌의 양쪽 측면에 위치하며, 언어처리, 기억형성, 개념적 이해를 담당하는 중요한 뇌 영역이다. 이 부위는 우리가 언어로 된 정보를 이해하고, 분석하며, 개념을 확장하는 데 중요한 역할을 한다. 질문은 측두엽을 자극해 복잡한 문제를 단순화하거나, 다양한 아이디어와 개념을 연결하는 데 기여한다. 이 과정은 새로운 관점에서 문제를 바라보게 만들고, 창의적 사고와 문제해결 능력을 향상시킨다.

4-1. 질문을 통한 측두엽의 언어처리 기능 강화

측두엽은 질문을 통해 언어로 된 정보를 보다 정확하게 이해하고 표현하는 능력을 강화한다. 예를 들어, "이 개념을 다른 방식으로 설명할 수 있을까?"라는 질문을 던지면, 측두엽은 다양한 언어적 표현을 분석하고 새로운 설명 방식을 탐색한다. 이 과정은 단순한 언어처리에 그치지 않고, 개념을 재구성하며 더 명확하고 창의적인 해답을 찾는 데 기여한다.

또한, 측두엽은 우리가 새로운 단어나 개념을 학습할 때 중요한 역할을 한다. 질문은 이 과정에서 언어적 정보와 개념적 이해를 연결하는 도구로 작동한다. 예를 들어, "이 문제에 적용할 수 있는 다른 개념은 무엇일까?"라는 질문은 측두엽을 자극해 기존에 배운 개념과 새로운 정보를 연결하게 만든다. 이를 통해 언어적 사고와 개념적 연결이 강화되며, 문제를 보다 다양한 방식으로 해결할 수 있는 능력이 향상된다.

4-2. 개념적 연결과 문제해결

측두엽은 다양한 개념과 아이디어를 연결하고 재구성하는 데 핵심적인 역할을 한다. 이 부위는 언어와 개념적 정보 간의 연관성을 분석하며, 이를 통해 문제해결에 필요한 새로운 아이디어를 창출한다. 예를 들어, "이 개념과 다른 개념을 결합하면 어떤 해결책이 나올까?"라는 질문을 던지면, 측두엽은 기존 개념을 새로운 방식으로 조합해 더 창의적인 해결책을 모색한다.

질문은 측두엽이 복잡한 개념을 단순화하는 데도 도움을 준다. 예를 들어, "이 복잡한 문제를 간단한 언어로 설명하면 무엇일까?"라는 질문은 측두엽을 자극해 복잡한 개념을 정리하고 핵심만 남기는 작업을 수행한다. 이 과정은 문제를 더 쉽게 이해할 수 있도록 만들며, 창의적 사고와 논리적 사고를 결합하는 데 기여한다.

4-3. 새로운 관점과 창의적 사고의 도출

측두엽은 질문을 통해 다양한 개념을 연결하고, 문제를 새로운 관점에서 바라볼 수 있도록 돕는다. 예를 들어, "이 문제를 다른 문화나 분야에서 어떻게 설명할 수 있을까?"라는 질문을 받으면, 측두엽은 그와 관련된 다양한 정보를 탐색하며 새로운 시각을 도출한다. 이 과정은 우리가 창의적인 해결책을 찾는 데 중요한 역할을 한다.

측두엽은 특히 비유와 은유를 활용한 사고에서 중요한 역할을 한다. 예를 들어, "이 문제를 자연현상에 비유하면 어떻게 설명할 수 있을까?"라는 질문은 측두엽을 자극해 언어적 창의성을 발휘하게 한다. 이러한 비유적 사고는 문제를 새로운 방식으로 이해하고, 그 안에서 독창적인 해결책을 찾아내는 데 도움이 된다.

4-4. 질문을 통한 개념확장과 변형

질문은 측두엽이 기존의 개념을 확장하거나 변형할 수 있도록 돕는다. 예를 들어, "이 개념을 다른 상황에 적용할 수 있을까?"라는 질문은 측두엽을 자극해 기존 개념을 새로운 방식으로 활용하게 만든다. 이 과정에서 우리는 개념을 보다 유연하게 이해하게 되며, 다양한 상황에 적응할 수 있는 사고능력을 기르게 된다.

측두엽은 또한 우리가 알고 있는 개념을 비판적으로 검토하고, 필요에 따라 변형하는 역할을 한다. 예를 들어, "이 개념이 모든 상황에 적합한가?"라는 질문은 측두엽을 활성화해 해당 개념의 한계를 인식하고, 이를 보완할 수 있는 새로운 방식을 탐구하게 만든다. 이는 문제해결 과정에서 더 나은 아이디어를 도출하는 데 중요한 역할을 한다.

4-5. 언어 기반 사고와 창의적 문제해결

측두엽은 언어를 바탕으로 사고를 발전시키는 데 필수적인 역할을 한다. 질문을 던지면 측두엽은 우리가 알고 있는 개념을 바탕으로 새로운 사고를 발전시키도록 돕는다. 예를 들어, "이 개념을 더 발전시키려면 어떻게 해야 할까?"라는 질문을 받으면, 측두엽은 다양한 정보를 연결하고 조합해 그 개념을 발전시킬 수 있는 방법을 모색한다. 이러한 사고 과정은 창의적 문제해결 능력을 강화하는 중요한 과정이다.

또한, 측두엽은 우리가 다른 사람과 소통하는 과정에서도 중요한 역할을 한다. 질문을 통해 다양한 개념을 연결하고 발전시키는 능력은 효과적인 의사소통과 협업에 필수적이다. 예를 들어, "이 아이디어를 팀원에게 어떻게 설명하면 더 잘 전달할 수 있을까?"라는 질문을 던지면, 측두엽은 언어적 표현을 조정해 더 명확하고 설득력 있는 메시지를 전달할 수 있도록 돕는다.

4-6. 반복학습과 측두엽의 신경회로 강화

질문을 반복적으로 던지고 답을 찾는 과정은 측두엽의 신경회로를 강화하는 데 중요한 역할을 한다. 반복된 질문과 학습은 측두엽이 다양한 정보를 더 빠르게 처리할 수 있도록 만들며, 언어적 사고와 개념적 연결능력을 향상시킨다. 이는 우리가 복잡한 문제를 더 쉽게 해결하고, 창의적인 아이디어를 더 자주 떠올릴 수 있는 능력을 키워준다.

또한, 측두엽의 신경회로가 강화되면 장기 기억과 개념적 사고능력도 크게 향상된다. 이는 문제해결과 학습 과정에서 더욱 효과적으로 작용하며, 새로운 정보와 개념을 더 빠르게 연결하고 응용할 수 있게 한다. 이러한 과정은 장기적으로 우리의 창의적 사고와 학습능력을 지속적으로 발전시키는 데 기여한다.

4-7. 결론 : 측두엽과 질문의 상호작용

결론적으로, 측두엽은 질문을 통해 언어처리와 개념적 연결능력을 극대화하는 중요한 역할을 한다. 측두엽은 우리가 언어로 된 정보를 이해하고 분석하는 데 필수적이며, 다양한 개념을 연결하고 재구성해 창의적인 문제해결을 가능하게 만든다.

질문은 측두엽을 자극해 복잡한 문제를 단순화하고, 새로운 시각에서 문제를 바라보게 만든다. 이를 통해 우리는 기존의 개념을 확장하고 변형하며, 더 나은 해결책을 도출할 수 있게 된다. 또한, 측두엽의 언어적 사고능력은 협업과 소통에서도 중요한 역할을 하며, 질문을 통한 학습은 신경회로를 강화해 장기적인 창의적 성장을 촉진한다.

따라서, 질문은 단순한 지식 습득을 넘어, 측두엽의 기능을 최적화해 언어적 사고와 개념적 연결능력을 발전시키는 중요한 도구다. 이를 통해 우리는 더 창의적이고 유연한 사고를 할 수 있으며, 복잡한 문제를 해결하는 능력을 지속적으로 향상시킬 수 있다.

5) 두정엽(Parietal Lobe) : 문제의 맥락과 관계파악의 중심

두정엽은 뇌의 위쪽에 위치하며, 공간적 사고, 문제의 맥락이해, 요소 간의 관계파악에 중요한 역할을 한다. 두정엽은 다양한 정보를 통합해 문제를 넓은 시각에서 분석하며, 요소들 간의 상호작용을 파악해 문제의 본질을 이해하도록 돕는다. 질문은 두정엽을 자극해 문제의 전체적인 맥락을 파악하게 하며, 복잡한 문제를 구조적으로 해결할 수 있는 기반을 마련해준다.

5-1. 문제의 맥락을 파악하는 두정엽의 역할

두정엽은 여러 정보를 통합해 문제의 큰 그림을 파악하는 데 핵심적인 역할을 한다. 예를 들어, "이 문제의 큰 그림은 무엇인가?"라는 질문을 받으면, 두정엽은 문제를 다양한 시각에서 분석하며 그 안에 포함된 요소들 간의 관계를 파악한다. 이 과정에서 두정엽은 각각의 요소가 어떻게 상호작용하며, 전체적인 맥락에서 어떤 의미를 가지는지를 이해하게 만든다.

두정엽의 이러한 기능은 복잡한 문제 해결에 특히 유용하다. 문제를 해결할 때 단순히 개별적인 요소에만 집중하는 것이 아니라, 전체적인 구조와 흐름을 이해하는 것이 중요하다. 두정엽은 문제의 맥락을 넓은 시각에서 바라볼 수 있는 능력을 제공하며, 이를 통해 우리는 문제를 더 깊이 이해하고 적절한 해결책을 도출할 수 있게 된다.

5-2. 상호작용과 관계분석을 통한 창의적 문제해결

두정엽은 다양한 요소들 간의 상호작용을 분석하는 데 뛰어난 능력을 발휘한다. 예를 들어, "이 문제에서 어떤 요소들이 서로 영향을 주고받고 있는가?"라는 질문을 받으면, 두정엽은 각각의 요소가 문제에 미치는 영향을 분석하며, 그 관계를 시각화한다. 이러한 상호작용을 이해하면 문제의 본질을 더 명확히 파악할 수 있으며, 창의적인 해결책을 모색할 수 있는 기반이 마련된다.

두정엽은 특히 복잡한 문제를 구조적으로 분석하는 데 유리하다. 예를 들어, 복잡한 시스템 내에서 각 요소가 어떻게 작동하는지 파악하고, 그 관계를 재구성하는 능력은 두정엽의 핵심기능 중 하나다. 이는 문제를 다양한 각도에서 이해할 수 있게 하며, 더 창의적이고 유연한 해결책을 도출하도록 돕는다.

5-3. 수학적 사고와 논리적 추론의 지원

두정엽은 수학적 사고와 논리적 추론을 지원하는 데 중요한 역할을 한다. 복잡한 수식이나 논리구조를 분석할 때 두정엽은 각각의 단계가 어떻게 연결되는지를 파악하도록 돕는다. 예를 들어, "이 문제를 해결하기 위해 어떤 논리적 단계를 거쳐야 할까?"라는 질문을 던지면, 두정엽은 그 단계를 구조화하고 연결해 문제를 논리적으로 풀 수 있도록 한다.

이러한 능력은 수학적 문제나 복잡한 프로세스를 해결하는 데 필수적이다. 두정엽은 수식 간의 관계를 파악하고, 이를 통해 복잡한 문제를 체계적으로 분석할 수 있는 도구를 제공한다. 이는 문제해결의 정확성을 높이고, 논리적 사고와 창의적 사고를 결합할 수 있게 한다.

5-4. 공간적 사고와 문제해결

두정엽은 공간적 사고를 통해 문제해결을 지원한다. 예를 들어, 건축가가 건축설계를 구상할 때 "이 구조가 공간에서 어떻게 배치될까?"라는 질문을 던지면, 두정엽은 공간적 이미지를 분석해 다양한 배치 옵션을 탐구하게 만든다. 이는 문제를 시각적으로 이해하고, 더 나은 해결책을 찾는 데 도움을 준다.

공간적 사고는 또한 일상적인 문제해결에도 유용하다. 예를 들어, 우리는 물건을 정리하거나 공간을 효율적으로 활용할 때 두정엽의 기능을 활용한다. "이 물건들을 더 효율적으로 배치할 방법은 없을까?"라는 질문을 던지면, 두정엽은 공간의 구조를 시뮬레이션하며 더 나은 배치방안을 찾아낼 수 있도록 한다.

5-5. 복잡한 문제를 구조적으로 해결하는 능력

두정엽은 문제를 구조적으로 분석하고 해결하는 데 탁월하다. 질문을 통해 두정엽이 활성화되면, 문제의 전체적인 흐름과 구성요소를 파악할 수 있게 된다. 예를 들어, "이 문제를 해결하기 위해 어떤 순서로 접근해야 할까?"라는 질문을 받으면, 두정엽은 문제를 단계적으로 분석하며 가장 적절한 해결방법을 모색한다.

이러한 능력은 특히 프로젝트 관리나 복잡한 업무를 처리할 때 유용하다. 두정엽은 문제의 구성요소와 그 관계를 분석해, 해결책을 도출하는 과정을 체계화한다. 이를 통해 문제를 단순화하고, 더 효율적으로 해결할 수 있는 방안을 제시할 수 있게 된다.

5-6. 질문을 통한 두정엽의 학습과 강화

질문은 두정엽의 기능을 강화하는 데 중요한 역할을 한다. 반복적으로 질문을 던지고 답을 찾는 과정은 두정엽의 신경회로를 강화하며, 문제해결 능력을 더욱 발전시킨다. 예를 들어, "이 문제와 유사한 문제를 어떻게 해결했을까?"라는 질문을 반복하면, 두정엽은 이전의 경험과 현재의 문제를 연결해 더 빠르게 해결책을 찾을 수 있게 된다.

또한, 두정엽의 활성화는 장기적인 학습에도 중요한 역할을 한다. 두정엽은 다양한 정보를 통합해 문제를 해결하는 과정을 통해 더 깊이 있는 학습을 가능하게 만든다. 이러한 반복적인 학습과 문제해결 경험은 두정엽의 기능을 강화하며, 더 복잡한 문제를 해결할 수 있는 능력을 키워준다.

5-7. 결론 : 두정엽과 질문의 상호작용

결론적으로, 두정엽은 문제의 맥락과 관계를 파악하는 데 핵심적인 역할을 한다. 질문을 통해 두정엽이 활성화되면, 우리는 문제를 넓은 시각에서 이해하고, 그 안의 요소들 간의 관계를 파악할 수 있게 된다. 두정엽은 특히 다양한 개념과 요소를 연결하고, 문제를 구조적으로 분석해 더 창의적이고 유연한 해결책을 도출하는 데 기여한다.

질문은 두정엽의 수학적 사고와 논리적 추론능력을 자극하며, 문제를 단계적으로 해결할 수 있는 능력을 강화한다. 또한, 두정엽의 공간적 사고는 문제를 시각적으로 이해하고, 더 효율적으로 해결하는 데 도움을 준다. 이러한 능력은 프로젝트 관리, 창의적 사고, 일상적인 문제해결 등 다양한 상황에서 중요한 역할을 한다.

따라서, 우리는 더 많은 질문을 던짐으로써 두정엽의 기능을 최적화하고, 문제해결 능력과 창의적 사고를 발전시킬 수 있다. 두정엽과 질문의 상호작용은 복잡한 문제를 해결하고, 다양한 정보를 통합해 새로운 아이디어를 도출하는 데 필수적인 도구가 된다.

6] 보상 시스템과 도파민의 역할

질문이 던져지고 답을 찾는 과정에서 두뇌의 보상 시스템이 활성화되며, 이 과정에서 도파민이라는 신경전달 물질이 분비된다. 도파민은 우리가 문제를 해결했을 때 느끼는 성취감과 쾌감을 증폭시키며, 더 많은 질문을 던지고 해결책을 찾고자 하는 동기부여를 강화한다. 이로 인해 질문은 단순한 정보탐색을 넘어, 지속적인 학습과 창의적 사고를 촉진하는 중요한 역할을 한다.

6-1. 질문과 도파민의 긍정적 피드백 루프

질문을 통해 문제를 해결하면 두뇌는 도파민을 분비하며 성취감을 느끼게 된다. 도파민은 성취의 쾌감을 증폭시켜 우리가 더 많은 문제를 해결하고자 하는 욕구를 자극한다. 이는 긍정적인 피드백 루프를 형성하게 되며, 질문을 던질 때마다 도파민의 보상이 반복되면서 지속적인 탐구와 학습이 이루어진다.

예를 들어, "이 문제를 어떻게 해결할까?"라는 질문을 던지고 답을 찾았을 때 느끼는 성취감은 도파민 분비로 인해 증대된다. 이러한 경험은 두뇌가 질문을 통한 문제해결을 긍정적인 경험으로 인식하도록 만든다. 그 결과, 우리는 더 많은 질문을 던지며 복잡한 문제에 도전하고, 더 나은 해결책을 찾기 위해 노력하게 된다.

6-2. 질문을 통한 학습과 동기부여 강화

질문이 두뇌의 보상 시스템을 자극하면, 우리는 더 많은 질문을 통해 문제를 해결하고자 하는 동기를 가지게 된다. 이는 단순한 지식 습득을 넘어서, 지속적인 학습과 탐구를 이어가는 동력이 된다. 도파민의 분비는 우리가 더 어려운 문제에 도전하게 만들며, 실패를 경험하더라도 성취의 순간을 기대하게 한다.

예를 들어, 한 사람이 수학문제를 풀면서 "이 공식을 어떻게 활용할 수 있을까?"라는 질문을 던질 때, 해결 과정에서 도파민이 분비된다. 이 성취감은 사람이 더욱 복잡한 문제에 도전할 동기를 부여하며, 학습의 즐거움을 느끼게 한다. 도파민의 보상은 두뇌가 질문을 통한 학습을 긍정적인 경험으로 받아들이도록 만들며, 이는 지속적인 발전을 가능하게 한다.

6-3. 창의적 사고와 도파민의 역할

도파민은 단순한 문제해결뿐 아니라 창의적 사고에도 중요한 역할을 한다. 질문을 던지고 새로운 아이디어를 찾는 과정은 도파민 분비를 자극하며, 문제를 새로운 시각에서 바라보도록 동기를 부여한다. 예를 들어, "이 문제를 다른 방식으로 해결할 수 있을까?"라는 질문은 두뇌의 창의적 사고를 자극하며, 도파민의 보상으로 더 많은 아이디어를 탐구하도록 만든다.

이러한 과정은 긍정적인 사고 루프를 형성해, 창의적인 문제해결 능력을 키우고 새로운 아이디어를 지속적으로 발전시키도록 돕는다. 도파민의 역할은 우리가 창의적 도전을 즐길 수 있도록 동기부여를 강화하며, 실패를 두려워하지 않고 새로운 접근방식을 시도하도록 만든다.

6-4. 보상 시스템의 역할 : 지속적인 탐구와 성장

두뇌의 보상 시스템은 질문과 창의적 사고를 유지하는 데 필수적인 역할을 한다. 도파민의 보상은 우리가 문제를 해결하려는 의지를 지속하도록 도와주며, 학습과 성장을 일관되게 유지하게 만든다. 이 보상 시스템은 단순한 지식 습득을 넘어서, 끊임없이 새로운 아이디어와 해결책을 모색하게 만든다.

결과적으로, 우리는 더 많은 질문을 던지고, 복잡한 문제에 도전하며, 창의적인 해결책을 찾아내는 과정을 즐길 수 있게 된다. 이는 평생학습과 지속적인 발전을 가능하게 하는 중요한 원동력이다. 도파민의 보상 시스템이 작동할 때, 질문은 단순한 호기심을 넘어 두뇌를 발전시키고 창의적 성과를 이끄는 도구가 된다.

질문은 두뇌의 보상 시스템을 활성화하여, 도파민의 분비를 통해 문제해결에 대한 성취감을 증대시키고 지속적인 동기부여를 가능하게 한다. 도파민의 긍정적 피드백 루프는 질문을 통한 학습과 창의적 사고를 촉진하며, 우리는 더 많은 질문을 던지며 발전할 수 있는 힘을 얻게 된다.

두뇌의 보상 시스템은 단순히 문제를 해결하는 데 그치지 않고, 창의적 도전과 학습을 지속하도록 동기를 부여한다. 도파민의 역할은 우리가 복잡한 문제를 해결할 때 성취감을 느끼게 하고, 더 나은 해결책을 찾기 위해 끊임없이 질문하게 만드는 원동력이 된다. 질문과 도파민의 상호작용은 두뇌의 발전을 촉진하며, 창의적 사고와 문제해결 능력을 지속적으로 강화하는 데 필수적이다.

질문은 두뇌의 다양한 영역을 활성화시키며 창의적 사고를 촉진한다. 전두엽은 논리적 사고와 문제해결을, 해마는 기억과 정보통합을, 후두엽은 시각적 사고를, 측두엽은 언어처리와 개념적 연결을, 두정엽은 문제의 맥락을 파악하는 역할을 담당한다. 이러한 뇌의 여러 부위들이 질문에 반응하며 서로 상호작용함으로써, 우리는 더 깊이 있는 사고를 할 수 있고, 창의적인 해결책을 찾을 수 있게 된다.

따라서 질문은 단순한 호기심을 넘어, 두뇌를 활성화하고 다양한 사고 과정을 촉진하는 강력한 도구다. 질문을 통해 우리는 문제를 새로운 시각에서 바라보고, 더 나은 해답을 찾을 수 있는 기회를 얻게 된다.

3장. 질문이 창의성의 씨앗이 되는 이유

3-1. 질문이 지식과 정보를 어떻게 확장하는가

질문은 단순히 답을 얻기 위한 도구를 넘어, 지식과 정보를 확장하는 중요한 역할을 한다. 질문은 우리에게 새로운 관점을 열어주고, 기존 지식과 경험을 재구성하게 하며, 더 깊이 있는 학습과 창의적 사고를 가능하게 만든다. 또한, 질문은 탐구의 시작점이 되어 우리가 알지 못했던 것들을 발견하고, 정보의 네트워크를 더욱 넓게 확장하는 데 기여한다. 이 글에서는 질문이 어떻게 지식과 정보를 확장하는지 그 과정을 살펴보겠다.

1] 질문은 사고의 폭을 넓힌다

질문은 우리가 가진 지식의 경계를 넓히는 첫 번째 단계다. 질문을 던지면 그에 대한 답을 찾기 위해 새로운 정보를 탐색하거나, 기존 지식을 재구성하는 과정이 시작된다. 이 과정에서 문제를 다양한 관점에서 바라보게 되며, 지식의 틀을 확장할 수 있다. 질문은 단순히 정보를 확인하는 수단을 넘어서, 새로운 영역을 탐구하도록 유도하며, 이를 통해 우리의 사고와 이해를 깊고 폭넓게 만들어 준다.

1-1. "왜?"라는 질문과 근본적인 원인 탐구

"왜?"라는 질문은 특정 현상의 근본적인 원인을 탐구하게 한다. 예를 들어, "왜 이 현상이 일어났는가?"라는 질문은 단순히 사실을 나열하는 것을 넘어, 그 현상을 일으킨 다양한 요인과 인과관계를 분석하게 만든다.

이를 통해 우리는 표면적인 지식에서 벗어나 깊이 있는 이해를 도출할 수 있다.

이 과정에서 두뇌는 기존 지식에 새로운 정보를 결합하며 더 넓은 사고의 틀을 형성한다. 예를 들어, 역사적 사건을 분석할 때 "왜 이 사건이 발생했는가?"라는 질문을 던지면, 단순한 사건의 나열을 넘어 경제적, 사회적, 정치적 요인을 탐구하게 된다. 이를 통해 우리는 그 사건의 본질을 더 깊이 이해하고, 기존에 알지 못했던 지식의 영역을 확장하게 된다.

1-2. 질문과 고정된 사고에서 벗어나기

질문은 고정된 사고의 틀에서 벗어나는 중요한 도구다. 기존 지식이나 관습에 안주하지 않고, 새로운 시각에서 문제를 탐구하도록 유도한다. 예를 들어, "이 문제를 다른 방식으로 접근하면 어떤 해결책이 나올까?"라는 질문은 사고의 유연성을 키워준다. 이는 우리가 다양한 시나리오를 탐구하며, 한정된 정보에 의존하지 않고 새로운 가능성을 발견하도록 만든다.

이러한 질문의 반복은 사고를 다각화하고, 문제를 다양한 관점에서 분석할 수 있는 능력을 키워준다. 질문은 두뇌가 이미 알고 있는 정보에 얽매이지 않고, 더 넓은 시야를 가지도록 돕는다. 이는 창의적인 문제해결과 혁신적인 아이디어의 원동력이 된다.

1-3. 질문과 지식확장의 과정

질문은 기존 지식을 끊임없이 재검토하고 확장하게 만든다. 우리가 던지는 질문은 단순한 답변을 얻는 데 그치지 않고, 새로운 탐구의 시작점이 된다. 예를 들어, "우리가 알고 있는 이 개념에 부족한 부분은 무엇일까?"라는 질문은 더 깊이 있는 연구와 탐구로 이어진다. 이러한 과정에서 두뇌는 기존 지식과 새로운 정보를 결합하며, 더 넓고 풍부한 사고체계를 형성한다.

질문을 던지면 우리는 기존 정보의 한계를 인식하고, 더 많은 정보를 탐색하고 학습하는 데 집중하게 된다. 이는 문제를 해결할 수 있는 다양한 경로와 아이디어를 찾도록 돕고, 우리의 사고와 이해를 지속적으로 발전시키는 데 필수적이다.

1-4. 지속적인 탐구를 이끄는 질문의 역할

질문은 우리의 지식이 정체되지 않도록 하며, 지속적인 탐구와 학습을 가능하게 한다. "왜?", "어떻게?", "무엇이 문제인가?"와 같은 질문은 사고의 폭을 넓히고, 기존 지식에 안주하지 않도록 만든다. 또한, 질문은 끊임없이 새로운 문제를 발견하고 해결해나가는 과정을 촉진한다.

이러한 질문의 반복은 학습의 지속성을 유지하게 하며, 두뇌가 새로운 정보에 대한 열린 자세를 갖도록 유도한다. 이 과정은 지식의 확장뿐만 아니라, 더 나은 사고능력을 개발하고 창의적인 해결책을 발견하는 데 기여한다.

1-5. 질문을 통한 사고확장

결론적으로, 질문은 사고의 폭을 넓히고 지식을 확장하는 강력한 도구다. 질문을 던지면 두뇌는 새로운 정보를 탐구하고 기존 지식을 재구성하며, 이를 통해 더 깊이 있는 이해에 도달한다. 질문은 단순한 답을 찾는 것을 넘어서, 새로운 지식의 탐구를 지속하게 만들며, 우리를 고정된 사고의 틀에서 벗어나게 한다.

결국, 질문은 지식의 경계를 확장하고, 창의적인 문제해결과 학습을 지속하는 데 필수적이다. 우리는 질문을 통해 다양한 관점에서 문제를 바라보는 능력을 키우며, 지속적인 성장을 가능하게 한다.

2) 질문은 정보 간의 연결을 형성한다

질문은 새로운 정보와 기존 지식을 연결하는 중요한 역할을 한다. 질문을 던지는 순간, 두뇌는 이미 알고 있는 정보와 새롭게 얻은 정보를 결합해 더 큰 지식의 네트워크를 형성한다. 이 과정에서 새로운 연결고리가 만들어지며, 우리는 문제를 더욱 깊이 이해하고 통찰력을 확장하게 된다.

2-1. 질문을 통한 정보연결과 네트워크 형성

질문은 우리가 다양한 정보를 연관시키고 통합하도록 유도한다. 예를 들어, "이 문제와 관련된 다른 사례는 무엇이 있을까?"라는 질문은 두뇌가 과거 경험이나 다른 분야의 지식을 현재의 문제와 연결하게 만든다. 이 과정에서 기존 정보와 새로 얻은 정보 간의 새로운 연결이 형성되며, 이를 통해 더 깊이 있는 이해를 얻을 수 있다.

이렇게 질문을 통해 형성된 연결은 단순한 지식축적에 그치지 않고, 지식을 유기적으로 활용할 수 있는 능력을 키워준다. 이는 문제를 다양한 맥락에서 이해하고, 새로운 시각으로 접근하는 데 중요한 기반이 된다.

2-2. 질문이 창의적 사고를 촉진하는 이유

질문은 창의적 사고의 중요한 도구다. 두뇌는 질문을 받으면 기존 정보들 사이에서 새로운 연관성을 찾아내고, 이를 활용해 창의적인 해결책을 도출하려고 한다. 예를 들어, "이 문제를 다른 분야의 원리로 해결할 수 있을까?"라는 질문을 던지면, 두뇌는 서로 다른 지식 간의 연결을 시도하며 새로운 아이디어를 만들어낸다. 이러한 연결은 다양한 분야의 지식이 융합되는 과정을 촉진하며, 혁신적인 해결책을 찾는 데 큰 역할을 한다.

질문이 만들어내는 정보 간의 연결은 사고의 유연성을 키워준다. 강화된 정보연결을 통해 우리는 지식을 단절된 개념으로 이해하는 것이 아니라, 유기적으로 활용할 수 있는 통합된 사고체계를 형성할 수 있다. 이는 문제를 더 효과적으로 해결할 수 있는 능력을 길러주며, 창의적 사고를 지속적으로 발전시키는 데 도움을 준다.

2-3. 질문이 지식확장과 학습에 미치는 영향

질문은 지식을 확장하고 학습을 촉진하는 중요한 원리다. 질문을 던지면 우리는 새로운 정보를 탐구하고 기존 지식과 연결하는 과정을 거치게 된다. 이 과정에서 지식의 네트워크가 확장되며, 단순히 하나의 문제를 해결하는 것을 넘어 지속적인 학습과 탐구를 이어갈 수 있는 동력을 제공한다.

예를 들어, "우리가 이 문제를 더 잘 이해하기 위해 어떤 추가 정보가 필요할까?"라는 질문은 두뇌가 이미 알고 있는 정보와 새로운 학습을 연계하도록 만든다. 이러한 질문은 학습을 더 깊이 있게 만들며, 새로운 지식을 효율적으로 흡수할 수 있게 한다.

2-4. 정보 간 연결이 강화되는 효과

질문을 통해 형성된 정보 간의 연결이 강화되면, 우리는 그 정보를 더 유연하게 활용할 수 있다. 예를 들어, 같은 정보를 다양한 맥락에서 사용할 수 있는 능력이 생기며, 이는 새로운 아이디어를 창출하는 데 기여한다. 이러한 능력은 특히 복잡한 문제 해결이나 창의적인 프로젝트에서 중요한 역할을 한다.

질문을 반복하고 연결을 강화하면, 우리는 정보의 단편적 사용에서 벗어나 복합적이고 통합된 사고체계를 발전시킬 수 있다. 이는 단순한 문제해결을 넘어, 새로운 영역을 탐구하고 창의적인 해결책을 모색할 수 있는 능력을 키워준다.

2-5. 질문을 통한 정보연결의 중요성

결론적으로, 질문은 정보 간의 연결을 형성하고 지식을 확장하는 강력한 도구다. 질문을 통해 우리는 이미 알고 있는 정보와 새로운 정보를 결합하며 더 넓은 이해에 도달할 수 있다. 이 과정은 단순한 학습을 넘어, 문제를 다양한 시각에서 분석하고 창의적인 해결책을 도출할 수 있는 능력을 길러준다.

또한, 질문은 정보 간의 연결을 강화하여 지식을 더 유기적이고 유연하게 활용할 수 있도록 한다. 이를 통해 우리는 단순한 정보의 나열에서 벗어나 통합된 사고체계를 발전시킬 수 있으며, 다양한 문제를 더 창의적으로 해결할 수 있게 된다. 질문은 지식을 확장하는 동시에 정보를 효율적으로 사용할 수 있는 능력을 키우는 핵심도구임을 보여준다.

3] 질문은 미지의 영역을 탐구하게 한다

질문은 우리에게 아직 알지 못하는 영역을 탐구하도록 자극한다. 질문은 우리가 이미 알고 있는 것과 모르는 것의 경계를 인식하게 만들며, 그 한계를 넘어서 더 넓은 지식과 정보를 찾아나가도록 유도한다. 특히, "무엇이 모호한가?", "무엇이 아직 밝혀지지 않았는가?"와 같은 질문은 새로운 탐구의 기회를 제공하며, 기존 지식의 틀을 넘어 더 나은 이해와 발견을 가능하게 한다.

3-1. 질문을 통한 지식의 한계 인식

질문은 우리가 현재 지식의 한계를 인식하게 만든다. 예를 들어, "이 이론의 한계는 무엇인가?"라는 질문을 던지면, 그 이론이 설명하지 못하는 부분이나 모순점이 드러나게 된다. 이때 우리는 미지의 영역을 탐색하며 그 한계를 넘어서기 위해 새로운 연구와 탐구를 시작하게 된다. 이러한 과정은 우리가 지식의 경계를 확장하고 더 깊이 있는 이해에 도달할 수 있도록 돕는다.

이처럼 질문은 기존 지식에 만족하지 않고 새로운 영역을 발견하게 만드는 원동력이다. 과학적 연구나 기술발전은 대부분 한계와 문제를 발견하고 이를 해결하기 위해 던진 질문에서 시작된다. 새로운 질문은 우리가 미지의 영역에 도전할 수 있는 기회를 제공하며, 기존의 한계를 뛰어넘는 혁신적인 아이디어와 해답을 찾게 만든다.

3-2. 질문이 새로운 탐구를 촉진하는 방식

질문은 두뇌를 자극해 모호하거나 불확실한 부분을 탐색하도록 만든다. 예를 들어, "이 문제에서 이해되지 않는 부분은 무엇인가?"라는 질문은 기존 정보의 모순과 공백을 발견하게 한다. 이를 통해 우리는 더 많은 정보를 찾고 새로운 가설을 세우는 과정을 시작하게 된다. 이 과정은 끊임없는 탐구를 가능하게 하며, 우리가 지속적으로 지식을 확장하도록 유도한다.

질문은 또한 창의적인 해결책을 모색할 수 있는 기회를 제공한다. 우리가 미지의 영역에 대한 질문을 던질 때, 두뇌는 새로운 연결을 형성하며 기존 지식과 조합할 수 있는 방법을 찾게 된다. 이로 인해 새로운 아이디어와 발견이 가능해진다.

3-3. 질문을 통한 학습과 발전의 지속성

질문은 지속적인 학습과 탐구를 유지하게 만드는 중요한 역할을 한다. 만약 질문이 없다면, 우리는 이미 알고 있는 지식에 안주하게 되고 새로운 정보를 탐구하려는 동기를 잃을 수 있다. 그러나 끊임없이 질문을 던지면, 우리는 더 많은 것을 알고자 하는 욕구를 가지게 되며, 이를 통해 지식과 정보가 지속적으로 확장된다.

예를 들어, 연구자가 "이 기술을 더 발전시킬 방법은 무엇일까?"라는 질문을 던진다면, 그들은 더 나은 기술을 개발하기 위해 새로운 연구와 실험을 시작하게 된다. 이렇게 질문은 우리가 지속적으로 발전하고 성장하도록 이끄는 동력이 된다.

3-4. 질문을 통한 지식경계의 확장

질문은 우리의 사고를 기존의 틀에 머무르지 않게 하고, 미지의 영역을 발견할 수 있는 기회를 제공한다. 질문을 던지면 두뇌는 이미 알고 있는 지식을 바탕으로 새로운 가능성을 탐구하게 되고, 이를 통해 지식의 경계가 확장된다. 예를 들어, "우리가 아직 이해하지 못한 부분은 무엇인가?"라는 질문은 우리가 새로운 학문적 영역을 개척하고, 더 나은 이해와 발견을 가능하게 한다.

이러한 질문의 반복은 우리가 미래를 예측하고 준비할 수 있는 능력도 키워준다. 질문은 단순히 현재 상황을 분석하는 것을 넘어서, 미래의 문제를 해결하기 위한 사고 과정을 자극한다.

3-5. 질문이 지식확장에 미치는 영향

결론적으로, 질문은 미지의 영역을 탐구하고 지식의 경계를 확장하는 중요한 도구다. 질문은 우리가 현재 알고 있는 것과 알지 못하는 것을 구분하게 하며, 그 한계를 넘어 더 많은 정보를 탐구하도록 유도한다. 또한, 질문은 끊임없는 학습과 발전을 가능하게 하며, 기존의 틀을 깨고 새로운 가능성을 발견할 수 있게 한다.

질문을 통해 우리는 새로운 아이디어와 해결책을 찾을 수 있으며, 이를 바탕으로 지식과 정보를 지속적으로 확장하고 발전시킬 수 있다. 질문은 단순한 호기심을 넘어서, 지식과 창의성을 확장하는 강력한 도구로 작동하며, 우리의 사고를 끊임없이 발전시키는 원동력이 된다.

4] 질문은 학습과 기억을 강화한다

질문은 단순히 지식을 확장하는 것에 그치지 않고, 그 지식을 더욱 확고하게 만들고 오래 기억하게 한다. 질문을 받으면 두뇌는 답을 찾기 위해 다양한 정보를 처리하고 통합하여 새로운 결론을 도출하게 된다. 이 과정에서 기존 지식이 재구성되고, 정보는 더욱 깊이 이해된다. 질문은 두뇌가 능동적으로 사고하도록 자극하며, 이로 인해 학습된 정보가 더 오래 기억된다.

4-1. 질문이 지식을 더 깊이 이해하게 만드는 과정

질문을 받으면 우리는 단순히 정보를 외우는 것이 아니라, 그 정보의 의미와 근거를 분석하게 된다. 예를 들어, "왜 이 이론이 맞는가?"라는 질문을 받으면, 우리는 이론의 핵심개념과 그것이 설명하는 현상을 더 깊이 이해하려고 노력한다. 이 과정에서 단순 암기를 넘어선 능동적인 사고가 필요하며, 이는 두뇌가 정보를 더 깊이 각인하도록 돕는다.

질문은 학습된 내용을 기존 지식과 연결해 새로운 지식체계를 구성하게 한다. 이렇게 지식이 맥락 속에서 재구성되면, 단순히 개별적인 정보로 남지 않고 유기적인 이해로 발전하게 된다. 이는 우리가 배운 정보를 더 쉽게 기억할 수 있도록 돕고, 실제 문제해결 상황에서 더 유용하게 활용할 수 있는 기반을 마련한다.

4-2. 질문을 통한 기억의 장기화

질문을 통해 학습된 정보는 더 오래 기억되는 경향이 있다. 이는 질문이 단순한 정보 수용과는 달리, 두뇌가 적극적으로 사고 과정에 참여하도록 만들기 때문이다. 능동적인 사고는 정보를 처리하고 분석하며 결론에 도달하는 복잡한 인지 과정을 요구한다.

이런 과정에서 두뇌는 시냅스를 활성화하여 신경회로를 강화하고, 학습된 정보를 장기 기억으로 저장한다. 예를 들어, "이 개념을 어떻게 실생활에 적용할 수 있을까?"라는 질문을 던지면, 두뇌는 기존 지식과 새로운 경험을 연결하며 해당 정보를 더욱 강하게 각인하게 된다. 이처럼 질문을 통한 학습은 단순 암기보다 더 오랜 시간 기억에 남는 경향이 있다.

4-3. 질문과 실용적 지식 활용

질문은 우리가 기억한 정보를 실제 상황에 적용하는 능력을 키워준다. 단순한 정보 암기에서 벗어나, 질문은 문제해결 과정에서 정보를 어떻게 활용할지 생각하게 만든다. 예를 들어, "이 문제를 해결할 때 어떤 개념이 필요할까?"라는 질문은 두뇌가 학습된 지식을 특정 상황에 맞게 조정하고 활용하는 데 도움을 준다.

이러한 과정은 창의적 문제해결 능력을 키워준다. 질문을 통해 학습된 정보는 더 유연하게 사용될 수 있으며, 이는 다양한 상황에서 새로운 해결책을 도출하는 데 큰 역할을 한다. 이처럼 질문은 지식의 단순 축적을 넘어 실제 응용 능력을 강화하며, 이를 통해 우리는 더 복잡한 문제에도 효과적으로 대응할 수 있다.

4-4. 질문을 통한 학습의 지속성

질문은 학습을 지속적으로 이어가도록 자극하는 중요한 역할을 한다. 한 번의 질문이 끝이 아니라, 더 많은 질문을 던지며 추가적인 탐구와 학습이 이어진다. 예를 들어, 한 가지 질문을 해결한 뒤에도 "더 나은 방법 이 있을까?" 또는 "이 개념이 다른 상황에 적용될 수 있을까?"와 같은 추가질문이 발생할 수 있다. 이러한 반복적인 질문과 탐구 과정은 지식을 지속적으로 확장하고 강화하는 원동력이 된다.

4-5. 질문이 학습과 기억에 미치는 영향

결론적으로, 질문은 학습과 기억을 강화하는 강력한 도구다. 질문을 받으면 두뇌는 기존 지식을 재구성하고 정보를 더 깊이 이해하게 되며, 이를 통해 학습된 내용은 장기 기억으로 저장된다. 또한, 질문은 지식을 단순히 외우는 데 그치지 않고, 문제해결 과정에서 유연하게 활용할 수 있는 능력을 키워준다.

질문은 학습의 동기를 강화하며, 지속적인 탐구와 발전을 유도한다. 이를 통해 우리는 더 많은 것을 배우고, 배운 지식을 실생활에 효과적으로 적용할 수 있는 능력을 갖추게 된다. 결국, 질문은 단순한 지식 습득을 넘어, 기억을 강화하고 실제 문제해결 능력을 발전시키는 중요한 역할을 한다.

5] 질문은 새로운 아이디어와 혁신을 이끈다

질문은 새로운 아이디어와 혁신의 원동력이다. 질문은 기존의 정보와 지식에 의문을 제기하고, "다른 방식으로 생각할 수 없을까?"와 같은 물음을 던지면서 창의적인 사고의 문을 여는 중요한 역할을 한다. 특히, 위대한 발견을 이루어낸 과학자나 사상가들은 당연하게 여겨지는 것들에 의문을 던지고, 그 질문을 통해 새로운 발견과 혁신을 이끌어냈다.

5-1. 질문이 창의적인 사고를 자극하는 방식

질문은 기존 지식과 관습을 재검토하고 새로운 가능성을 탐구하게 만든다. 이는 단순한 지식의 활용을 넘어, 우리가 창의적인 해결책을 도출하는 데 중요한 역할을 한다. 예를 들어, "이 문제를 다른 방식으로 해결할 수 있을까?"라는 질문은 기존의 사고방식을 깨고, 새로운 아이디어와 접근법을 탐색하도록 만든다. 이러한 과정에서 두뇌는 기존 지식과 새롭게 발견한 정보를 조합해 혁신적인 해결책을 도출할 수 있게 된다.

5-2. 노벨상 수상자들의 사례 : 질문의 힘

위대한 발견의 배경에는 항상 깊이 있는 질문이 있었다. 알버트 아인슈타인은 "왜 빛의 속도는 항상 일정한가?"라는 질문을 통해 당시 고전 물리학의 한계를 의심했고, 이 질문은 그가 특수 상대성 이론을 개발하는 출발점이 되었다. 아인슈타인의 질문은 기존의 패러다임을 넘어선 새로운 이론의 탄생을 가능하게 했다.

마리 퀴리 역시 "어떤 원소가 방사능을 방출하는가?"라는 질문을 던졌고, 이를 통해 폴로늄과 라듐을 발견했다. 퀴리의 질문은 방사능에 대한 새로운 이해를 열었고, 현대 물리학과 의학에 지대한 영향을 미쳤다. 이러한 사례들은 질문이 지식의 경계를 확장하고, 혁신을 가능하게 하는 도구임을 잘 보여준다.

5-3. 기존의 틀을 넘어서기 위한 질문의 역할

질문은 우리가 기존의 틀에 얽매이지 않도록 도와준다. 사람들은 흔히 익숙한 사고방식에 의존하기 쉽지만, 질문은 새로운 관점에서 문제를 바라보게 하여 더 창의적인 해결책을 찾도록 유도한다. 예를 들어, "이 문제를 완전히 다른 관점에서 본다면 어떻게 해결할 수 있을까?"라는 질문은 문제에 대한 다각적 접근을 가능하게 하며, 이를 통해 우리는 지식의 범위를 확장하고 새로운 솔루션을 도출할 수 있게 된다.

5-4. 질문을 통한 혁신과 발전

질문은 혁신의 시작점이다. 우리는 질문을 던짐으로써 기존 지식을 뛰어넘어 새로운 발견과 발전을 이끌어낸다. 단순히 문제를 해결하기 위한 질문이 아니라, 더 나은 방법을 찾기 위해 던지는 질문은 끊임없는 탐구와 발전을 가능하게 한다. 이는 과학, 기술, 예술 등 모든 분야에서 혁신을 이끄는 중요한 원리다.

질문은 또한 정보와 지식을 유기적으로 연결해 사고의 깊이를 확장시킨다. 반복적으로 질문을 던지고 답을 찾는 과정에서, 우리는 더욱 복합적이고 창의적인 사고를 발전시킬 수 있다. 이러한 과정은 기존에 없던 새로운 아이디어를 탄생시키며, 이를 통해 지속적인 발전과 성과를 이루어낼 수 있게 된다.

5-5. 질문의 힘과 혁신의 중요성

결론적으로, 질문은 혁신과 새로운 아이디어를 이끄는 강력한 도구다. 질문은 기존 지식의 한계를 재검토하고, 문제를 다양한 시각에서 분석할 수 있게 한다. 이를 통해 우리는 더 나은 해결책과 새로운 발견을 이끌어내며, 지식과 정보의 범위를 지속적으로 확장할 수 있다.

노벨상 수상자들의 사례처럼, 위대한 발견은 항상 질문에서 시작되었다. 질문은 우리를 고정된 사고방식에서 벗어나게 하고, 창의적 사고와 혁신을 가능하게 만든다. 결국, 질문은 변화와 발전의 시작점이며, 우리의 사고를 더욱 유연하고 풍부하게 만드는 원동력이다.

질문은 지식과 정보를 확장하는 강력한 도구다. 질문은 사고의 폭을 넓히고, 정보들 간의 연결을 형성하며, 미지의 영역을 탐구하게 만든다. 또한, 질문은 학습과 기억을 강화하고, 창의적인 아이디어와 혁신을 이끄는 원동력이 된다. 우리는 질문을 통해 지식의 경계를 넓히고, 새로운 정보를 지속적으로 얻을 수 있는 능력을 키울 수 있다.

질문을 통해 우리는 단순히 기존 지식을 유지하는 것이 아니라, 그 지식을 확장하고 더욱 창의적으로 사용할 수 있다. 이는 우리가 더 나은 해결책을 찾고, 더 깊이 있는 이해를 얻기 위해 끊임없이 질문해야 하는 이유다.

3-2. 질문이 혁신을 이끄는 5가지 방식

질문은 혁신을 촉진하는 중요한 도구다. 혁신적인 아이디어나 새로운 해결책은 흔히 당연하게 여겨졌던 것에 대한 의문에서 시작된다. 질문은 기존의 사고방식을 흔들어 새로운 관점을 열어주고, 문제를 다양한 방식으로 해결할 수 있는 길을 제시한다. 이 글에서는 질문이 혁신을 이끄는 5가지 방식을 살펴보고, 그 과정을 설명한다.

1] 고정관념을 깨뜨리는 질문의 힘

질문은 우리가 당연하게 받아들이는 고정관념을 깨뜨리는 역할을 한다. 사람들은 종종 기존 지식이나 경험에 의존해 문제를 해결하려 하지만, 이로 인해 새로운 시각과 가능성을 놓치는 경우가 많다. 질문은 이러한 고정된 사고의 틀을 흔들고 문제를 더 창의적으로 바라볼 수 있게 만들어, 더 나은 방법과 해결책을 모색하도록 돕는다. 특히, "왜 항상 이렇게 해야 하는가?"와 같은 질문은 기존의 방식을 재검토하고, 새로운 대안과 혁신의 기회를 열어준다.

1-1. 질문이 고정관념을 깨는 과정

고정관념에 의존한 사고방식은 우리가 이미 익숙한 방법에 안주하게 만든다. 하지만 질문은 문제를 새로운 관점에서 분석하게 해, 더 나은 방법을 찾을 수 있도록 한다. "이 문제를 항상 같은 방식으로 풀어야 할까?"라는 질문은 기존의 사고 틀을 깨고, 대안적 접근법을 탐색하게 만든다. 이 과정을 통해 우리는 창의적인 아이디어와 혁신적인 해결책을 찾을 수 있다.

질문을 통해 우리는 기존 지식에 얽매이지 않고 다양한 가능성을 탐구하며, 고정관념을 넘어선 새로운 사고방식을 형성할 수 있다. 이는 문제해결뿐만 아니라, 더 넓은 시각에서 사고할 수 있는 능력을 길러준다.

1-2. 헨리 포드의 질문 : 자동차 제조의 고정관념을 깨다

헨리 포드의 사례는 질문이 고정관념을 깨고 혁신을 이끌어내는 대표적인 예다. 당시 대부분의 자동차는 한 번에 완성되는 방식으로 조립되었다. 그러나 포드는 "왜 자동차를 한 번에 조립해야만 하는가?"라는 질문을 던졌고, 이 질문은 기존의 제조방식을 재검토하게 했다.

그 결과, 포드는 컨베이어 벨트를 활용한 대량생산 시스템을 도입했다. 이 시스템은 조립 과정의 효율성을 극대화했으며, 자동차 생산 시간을 크게 단축해 더 저렴한 가격으로 대중에게 공급할 수 있게 했다. 포드의 질문은 자동차 산업뿐만 아니라, 전세계 제조업의 생산방식에 혁신을 가져왔다.

1-3. 질문을 통한 혁신과 발전

질문은 기존의 방식에 대한 의문을 제기함으로써 더 나은 대안을 찾게 한다. 문제를 풀 때 우리는 종종 익숙한 방법에 의존하지만, 질문은 이러한 고정된 사고를 벗어나도록 자극한다. "왜 이렇게 해야만 할까?", "다른 방법은 없을까?"와 같은 질문은 우리가 기존의 방식에 얽매이지 않고 새로운 접근법을 시도하게 만든다.

이 과정에서 혁신이 탄생한다. 질문은 단순히 정보를 확인하는 것이 아니라, 더 나은 대안을 모색하고, 새로운 시각과 관점을 제공하는 도구다. 이는 문제해결의 질을 높이고, 창의적 사고를 발전시키는 중요한 역할을 한다.

1-4. 질문의 역할과 고정관념 극복

결론적으로, 질문은 고정관념을 깨고 새로운 가능성을 탐구하는 강력한 도구다. 질문을 통해 우리는 기존 지식과 방식을 재검토하고, 더 나은 해결책을 찾을 수 있는 기회를 얻는다. 헨리 포드의 사례처럼, 질문이 기존의 틀을 깨는 순간 우리는 더 창의적이고 효율적인 방법을 발견할 수 있다.

질문은 새로운 시각을 제공하고 고정된 사고에서 벗어나게 하며, 이를 통해 혁신과 발전을 가능하게 한다. 문제를 해결할 때 질문은 단순한 의문을 넘어서, 사고의 틀을 흔들고 창의적 아이디어를 도출하는 중요한 역할을 한다. 질문을 지속적으로 던지는 것은 우리가 더 나은 미래를 설계하고, 지속적인 발전을 이어가는 열쇠가 될 것이다.

2] 새로운 가능성을 탐색하는 질문의 힘

질문은 우리가 기존에 생각하지 못했던 새로운 가능성을 탐색하도록 돕는다. 질문은 문제를 더 넓은 시각에서 바라보게 만들며, 새로운 접근방식과 다양한 대안을 탐구할 수 있게 한다. 특히, "다른 방법으로 이 문제를 해결할 수 있을까?"와 같은 질문은 기존의 틀에 갇히지 않고, 새로운 해결책을 모색하도록 자극한다. 이를 통해 우리는 기술혁신과 창의적 해결책을 발견할 수 있다.

2-1. 새로운 가능성을 모색하게 하는 질문의 역할

질문은 문제를 다각도로 분석하게 하며, 다양한 대안을 탐색할 수 있는 기회를 제공한다. 기존에 사용하던 방식에 안주하지 않고, 더 나은 방법을 찾기 위해 노력하도록 만든다. "이 문제를 완전히 다른 방식으로 해결할 수 있을까?"라는 질문은 사고의 범위를 확장시켜 새로운 아이디어와 가능성을 발견하게 한다.

질문을 통해 두뇌는 새로운 연결을 형성하며, 이전에는 보지 못했던 해결책을 찾을 수 있게 된다. 이를 통해 문제를 기존의 관습적인 방식이 아니라, 창의적이고 혁신적인 방법으로 해결할 수 있는 가능성이 열린다.

2-2. 일론 머스크의 질문 : 전기차 배터리 문제해결

일론 머스크의 사례는 질문이 기술혁신을 촉진하는 과정을 잘 보여준다. 머스크는 초기 전기차 개발에서 배터리의 비효율성과 고비용 문제를 마주했다. 그는 "왜 배터리는 이렇게 비싸고 비효율적인가?"라는 질문을 던지며, 기존의 기술적 한계를 재검토했다. 이 질문은 단순한 문제 제기를 넘어 새로운 배터리 기술을 개발할 필요성을 인식하게 만들었다.

결국, 테슬라는 기존 배터리 제조방식에서 벗어나 리튬이온 배터리의 혁신적인 개선을 이루어냈고, 이를 통해 전기차의 성능을 향상시키는 데 성공했다. 이러한 질문과 탐구 과정이 없었다면, 테슬라는 지속 가능한 전기차 시장의 선도기업으로 자리잡을 수 없었을 것이다.

2-3. 질문이 한계를 넘어서도록 자극하는 방법

질문은 우리가 현재의 한계를 인식하게 하며, 그 한계를 뛰어넘는 해결책을 찾도록 자극한다. "지금 이 방식이 최선인가?"와 같은 질문은 새로운 가능성을 탐색할 수 있는 출발점이 된다. 이를 통해 우리는 기존의 문제를 재정의하고, 더 나은 대안을 발견할 수 있다.

질문을 통해 두뇌는 다양한 정보와 아이디어를 결합하며, 이전에 없던 가능성을 창출하게 된다. 이 과정에서 우리는 새로운 기술, 방법 또는 아이디어를 개발할 수 있으며, 이러한 탐구는 결국 혁신을 현실로 만드는 동력이 된다.

2-4. 질문을 통한 가능성 확장

결론적으로, 질문은 새로운 가능성을 발견하고 탐구하도록 이끄는 중요한 도구다. 질문은 문제를 넓은 시각에서 바라보도록 하며, 기존의 방식을 재검토하고 더 나은 해결책을 찾도록 자극한다. 일론 머스크의 사례처럼, 질문은 기술적 한계를 뛰어넘는 혁신을 가능하게 하고, 새로운 시장과 기회를 창출할 수 있다.

질문은 단순한 문제해결을 넘어, 지속적인 탐구와 발전을 위한 동력이 된다. 이를 통해 우리는 기존 지식을 뛰어넘어 더 나은 미래를 설계하고, 새로운 아이디어와 혁신을 현실로 만들 수 있다.

3] 문제의 본질을 파악하는 질문의 힘

질문은 문제의 표면적인 해결을 넘어, 그 문제의 본질을 파악하게 하는 강력한 도구다. 문제를 제대로 해결하려면 단순히 임시적인 해결책에 의존하는 것이 아니라, 근본적인 원인을 탐구해야 한다. "이 문제의 근본 원인은 무엇인가?"라는 질문은 문제의 본질을 깊이 이해하게 만들며, 그 문제를 해결할 수 있는 근본적인 해결책을 찾아내도록 이끈다.

3-1. 문제의 근본 원인을 찾는 질문의 중요성

질문을 통해 문제를 분석하면, 우리는 표면에 드러난 증상만이 아니라, 문제를 발생시킨 근본 원인을 파악하게 된다. 이는 더 깊이 있는 해결책을 도출하는 데 필수적이다. 표면적인 문제를 해결할 경우, 근본 원인이 제거되지 않는 한 동일한 문제가 반복될 가능성이 크다. 하지만 근본 원인을 탐구하는 질문을 던지면, 우리는 지속 가능한 해결책을 찾을 수 있다.

예를 들어, "이 문제가 반복되는 이유는 무엇인가?"라는 질문은 두뇌가 문제의 구조적 원인과 이를 해결할 수 있는 근본적인 방법을 찾도록 만든다. 이러한 질문 과정은 단기적인 해결책에 의존하지 않고, 문제를 완전히 해결할 수 있는 사고를 자극한다.

3-2. 알버트 아인슈타인의 질문 : 물리학의 패러다임 전환

알버트 아인슈타인의 사례는 근본 원인을 탐구하는 질문이 혁신적인 발견으로 이어지는 과정을 잘 보여준다. 아인슈타인은 "왜 빛의 속도는 항상 일정한가?"라는 질문을 던지며, 기존의 뉴턴 역학 체계가 설명하지 못하는 문제를 파악했다. 이 질문은 단순한 호기심이 아니라, 물리학의 한계와 모순을 발견하는 계기가 되었다.

아인슈타인은 이 질문을 통해 특수 상대성 이론을 발전시켰으며, 이는 시간이 절대적인 것이 아니라 관찰자의 운동 상태에 따라 달라질 수 있다는 혁신적인 개념을 제시했다. 이러한 사고의 전환은 단순한 문제해결을 넘어, 물리학의 패러다임을 근본적으로 변화시켰다. 이처럼, 문제의 본질을 파악하는 질문은 새로운 아이디어와 이론을 탄생시키는 중요한 출발점이 된다.

3-3. 근본적인 해결책으로 이어지는 질문의 과정

질문은 문제를 더 깊이 탐구하게 만들며, 표면적인 증상에 얽매이지 않고 문제의 근본 원인에 집중하도록 돕는다. 이는 진정한 해결책을 찾기 위해 문제의 구조를 이해하고, 그 안에서 중요한 요인들을 파악하게 만든다. 예를 들어, 경영자가 "매출이 떨어지는 근본 원인은 무엇인가?"라는 질문을 던진다면, 단순히 광고를 늘리는 등의 임시방편이 아니라, 소비자 행동 변화나 내부 운영 문제와 같은 더 근본적인 요인을 분석할 수 있게 된다.

이러한 질문은 장기적인 해결책을 찾는 데 필수적이며, 근본적인 문제를 해결함으로써 비슷한 문제가 반복되는 것을 방지할 수 있다. 질문을 통해 사고의 깊이가 더해지면, 우리는 보다 정교한 대안을 마련하고, 문제를 근본적으로 해결할 수 있는 역량을 갖출 수 있다.

3-4. 진정한 혁신으로 이어지는 질문

질문은 단순한 문제해결을 넘어, 진정한 혁신을 이루는 중요한 과정이다. 문제의 본질을 파악하는 질문은 우리가 기존의 방식에 얽매이지 않고, 더 나은 방법을 찾도록 유도한다. 이러한 질문을 통해 우리는 단순한 해결책 이상의 지속 가능한 발전과 혁신을 도모할 수 있다. 문제를 근본적으로 이해하면, 더 이상 표면적인 임시 해결책에 의존하지 않고, 근본적인 변화를 이끄는 과정을 시작할 수 있다.

3-5. 질문이 문제의 본질을 파악하게 하는 힘

결론적으로, 질문은 문제를 더 깊이 이해하고 근본적인 원인을 탐구하게 만드는 중요한 역할을 한다. 표면적인 해결책은 일시적인 성과를 가져올 수 있지만, 근본 원인을 파악하는 질문은 문제를 완전히 해결하고, 반복되는 문제를 방지하는 데 필수적이다.

아인슈타인의 사례처럼, 문제의 본질을 파악하는 질문은 지식과 사고의 패러다임을 변화시키고, 새로운 아이디어와 혁신을 이끌어낸다. 따라서 우리는 문제를 해결할 때 근본 원인에 집중하는 질문을 던짐으로써 더 나은 해결책을 찾고, 지속적인 발전을 도모할 수 있다. 질문은 단순한 문제해결을 넘어, 진정한 혁신을 가능하게 하는 도구다.

4] 질문이 제공하는 다른 시각의 힘

질문은 문제를 다양한 시각에서 바라보도록 유도하는 중요한 역할을 한다. 우리는 종종 한 가지 관점에 갇혀 문제를 해결하려 하지만, 질문을 통해 새로운 각도에서 문제를 접근할 수 있는 기회를 얻는다. 예를 들어, "다른 사람은 이 문제를 어떻게 바라볼까?" 또는 "다른 분야에서는 이 문제를 어떻게 해결할까?"와 같은 질문은 새로운 통찰을 이끌어내며, 우리가 이전에 놓치고 있던 해결책을 발견하게 만든다.

4-1. 새로운 시각을 제공하는 질문의 역할

질문은 문제를 기존과 다른 방식으로 분석하고 접근하게 한다. 한 가지 고정된 사고방식에서 벗어나게 하여 다양한 대안을 탐색할 수 있게 도와준다. 이는 문제를 다각도로 바라보는 능력을 키우며, 문제의 본질을 더 깊이 이해할 수 있는 기회를 제공한다. "다른 분야에서는 이 문제를 어떻게 해결할까?"라는 질문은 우리가 특정한 관점에 국한되지 않고, 다른 영역의 아이디어와 방법을 탐구하게 한다.

이처럼 질문은 고정된 사고방식의 틀을 깨고, 문제에 대한 새로운 접근방식을 모색하도록 자극한다. 다양한 시각에서 문제를 분석함으로써, 우리는 기존의 방식을 뛰어넘는 해결책을 찾아낼 수 있다.

4-2. 크로스오버 혁신의 사례

질문은 크로스오버 혁신을 이끌어내는 도구가 된다. 크로스오버 혁신이란, 한 분야에서 성공한 해결책이나 기술을 다른 분야에 적용하여 새로운 발전을 이루는 것이다. 예를 들어, 의료 분야의 로봇 수술 시스템은 원래 산업용 로봇 기술에서 착안되었다. 이 혁신은 "이 기술을 다른 분야에 적용할 수 있을까?"라는 질문에서 시작되었다.

이 질문을 통해 정밀한 공정이 필요한 산업용 로봇의 기술이 의료 분야에 도입되었고, 이는 수술의 정확성을 극대화하는 큰 혁신을 이끌어냈다. 이러한 사례는 질문이 한정된 사고방식에서 벗어나 새로운 가능성을 발견하는 데 얼마나 중요한 역할을 하는지를 보여준다.

4-3. 다양한 시각이 문제해결에 미치는 영향

질문은 다양한 시각을 제시하여 우리가 더 넓은 관점에서 문제를 바라보도록 한다. 이는 특정한 틀에 갇히지 않고, 다양한 배경과 경험을 활용해 문제를 해결하는 데 유리하다. 예를 들어, "이 문제를 다른 문화나 환경에서는 어떻게 해결할까?"라는 질문은 우리가 특정한 지역적 사고방식에 얽매이지 않고 다양한 접근법을 수용할 수 있게 만든다.

이와 같은 질문은 창의적인 문제해결 능력을 키우며, 다양한 시각을 융합해 더 나은 해결책을 도출할 수 있게 한다. 또한, 질문은 우리가 이미 알고 있는 지식과 새로운 정보를 연결하는 데 도움을 준다. 이를 통해 문제를 보다 깊이 이해하고, 기존의 방식과는 다른 대안적 해결책을 발견하게 된다.

4-4. 질문을 통한 시각 확장의 중요성

결론적으로, 질문은 문제를 다른 시각에서 바라보고 접근할 수 있도록 돕는 강력한 도구다. 질문은 한정된 사고방식을 확장시켜 다양한 가능성을 탐색하게 하며, 새로운 통찰과 해결책을 발견하는 데 중요한 역할을 한다. 특히, 크로스오버 혁신과 같이 한 분야의 성공적인 아이디어를 다른 분야에 적용하는 과정에서 질문은 새로운 발견과 혁신의 출발점이 된다.

질문을 통해 우리는 문제를 다각도로 분석하고, 기존의 해결책에 얽매이지 않으며 창의적인 방법을 찾아낼 수 있다. 이는 문제해결뿐만 아니라, 끊임없는 탐구와 발전을 가능하게 하는 중요한 과정이다. 질문을 통해 다양한 시각을 제공 받는 것은 사고의 깊이와 폭을 확장시키며, 더 나은 결과와 혁신을 이끄는 원동력이 된다.

5) 지속적인 개선을 유도하는 질문의 힘

질문은 혁신이 지속적으로 발전할 수 있도록 하는 중요한 동력이다. 혁신은 한 번에 완성되지 않으며, 끊임 없는 개선과 발전의 과정을 거쳐 이루어진다. "우리는 어떻게 더 나아질 수 있을까?"와 같은 질문은 현 상태에 만족하지 않고, 더 나은 해결책을 찾도록 자극한다. 이러한 과정이 지속적인 혁신의 연속성을 만들어내며, 작은 개선들이 쌓여 큰 성과와 발전으로 이어진다.

5-1. 질문이 지속적인 개선을 자극하는 방식

질문은 현 상황의 문제점을 발견하고, 더 나은 방법을 탐색하는 과정을 촉진한다. 질문을 던지면 우리는 기존의 방식을 재검토하고, 작은 변화와 개선의 기회를 발견하게 된다. 이는 현재의 상태에 안주하지 않고, 지속적으로 발전할 수 있는 동기를 제공한다.

예를 들어, "이 과정에서 비효율적인 부분은 무엇인가?", "이 문제를 해결할 더 좋은 방법은 없을까?"와 같은 질문은 작은 문제를 파악하고, 이를 해결하기 위한 개선점을 찾게 한다. 질문을 반복하는 과정은 문제를 세밀하게 분석하게 만들고, 더 나은 대안과 해결책을 끊임없이 찾도록 한다. 이는 지속적인 성과 향상과 발전을 가능하게 한다.

5-2. 토요타의 카이젠(Kaizen) 시스템 : 지속적 개선의 사례

토요타의 카이젠(Kaizen) 시스템은 지속적인 개선을 유도하는 질문의 대표적인 사례다. "이 공정에서 더 효율적으로 할 수 있는 방법이 있는가?"라는 질문은 카이젠의 기본 원칙이다. 이 질문을 통해 생산 과정의 작은 문제와 비효율성을 찾아내고, 이를 해결하기 위한 작은 개선을 지속적으로 실행한다.

이러한 작은 변화들이 모여 거대한 혁신을 이루었으며, 토요타는 세계적인 제조업체로 성장할 수 있었다. 카이젠은 개선의 연속성을 강조하며, 문제가 해결되더라도 멈추지 않고 더 나은 방법을 계속해서 탐색하도록 한다. 이처럼 질문과 개선의 반복적인 과정은 작은 성과들이 모여 장기적인 혁신으로 이어지는 중요한 원동력이 된다.

5-3. 질문이 만드는 발전의 연속성

질문은 한 번의 해결책에 만족하지 않고, 지속적으로 더 나은 방안을 찾도록 만든다. 이는 현 상황을 유지하는 것이 아니라, 문제를 해결하면서도 더 나은 가능성을 끊임없이 탐색하는 자세를 키워준다. "더 효율적인 방법은 없을까?"와 같은 질문은 개선과 발전을 지속적인 과정으로 인식하게 하며, 혁신이 멈추지 않도록 하는 동력을 제공한다.

질문을 통한 개선 과정은 작은 변화와 성과를 반복적으로 만들어내며, 이를 통해 더 큰 혁신과 발전을 이루게 된다. 이러한 발전의 연속성은 개인과 조직의 성과를 지속적으로 향상시키며, 결국 장기적인 성공을 이끄는 원동력이 된다.

5-4. 지속적 개선과 질문의 중요성

결론적으로, 질문은 지속적인 개선과 발전을 가능하게 하는 핵심도구다. 질문은 현 상태에 만족하지 않고, 끊임없이 더 나은 해결책과 개선의 기회를 찾도록 유도한다. 토요타의 카이젠 시스템처럼 작은 질문에서 시작된 개선은 작은 성과를 반복적으로 축적하며, 결국 큰 혁신으로 이어진다.

질문은 문제를 해결하는 데서 그치지 않고, 지속적인 발전의 연속성을 만들어 더 나은 성과를 이끌어낸다. 이를 통해 우리는 기존의 한계를 넘어서, 지속 가능한 성장과 발전을 이룰 수 있다. 질문과 개선의 반복적인 과정은 혁신을 지속시키고, 개인과 조직이 끊임없이 성장할 수 있는 중요한 원동력이 된다.

질문은 혁신을 이끄는 강력한 도구다. 고정관념을 깨고 새로운 가능성을 탐구하며, 문제의 본질을 파악하고, 다양한 시각을 제공하는 것이 바로 질문의 힘이다. 또한, 질문은 지속적인 개선을 유도하여 혁신이 한 번에 그치는 것이 아니라 계속해서 발전할 수 있도록 돕는다.

질문을 던지는 순간 우리는 새로운 사고의 문을 열고, 더 나은 해결책을 찾기 위한 탐구를 시작하게 된다. 혁신을 이루고 싶다면, 더 많은 질문을 던지고 그 질문에 대한 답을 찾아나가는 과정이 필수적이다. 질문은 단순한 호기심을 넘어서, 진정한 변화를 이끄는 창의적이고 혁신적인 도구다.

3-3. 실패를 극복하는 질문의 힘 : 뉴턴, 아인슈타인의 사례

실패는 흔히 부정적인 경험으로 여겨지지만, 많은 위대한 발견과 혁신은 오히려 실패를 통해 이루어진다. 중요한 것은 실패 자체가 아니라, 실패를 어떻게 받아들이고 이를 통해 무엇을 배우는가에 달려 있다. 질문은 실패를 극복하는 데 있어 가장 강력한 도구다. 실패를 마주했을 때, 질문을 통해 우리는 문제를 재구성하고, 새로운 통찰을 얻으며, 더 나은 해결책을 모색할 수 있다. 역사적으로 위대한 과학자들, 특히 아이작 뉴턴과 알버트 아인슈타인은 실패를 질문으로 극복하며 위대한 업적을 이뤄냈다.

1] 아이작 뉴턴 : 실패 속에서 발견한 만유인력의 법칙

아이작 뉴턴은 과학 역사에서 가장 위대한 인물 중 하나로, 물리학과 수학분야에서 혁신을 이루어냈다. 하지만 그의 업적은 결코 순탄한 길을 통해 얻어진 것이 아니었다. 뉴턴은 연구 과정에서 여러 차례 실패를 경험했으며, 그때마다 끊임없이 질문을 던지며 문제를 해결해 나갔다. 그는 실패를 단순히 좌절로 받아들이지 않고, 그 실패의 의미를 탐구하며 새로운 발견의 출발점으로 삼았다.

1-1. 왜 사과는 하늘로 올라가지 않고 떨어지는가?

뉴턴이 만유인력의 법칙을 발견하기 전, 그는 물리적인 힘이 어떻게 작용하는지에 대해 여러 가설을 세우며 실험과 연구를 반복했지만, 만족할만 한 답을 찾는 데 어려움을 겪었다. 당시 과학자들은 물체가 떨어지는 이유를 단순한 관찰에 의존해 설명하려했으나, 뉴턴은 더 근본적인 질문을 던졌다. "왜 사과는 하늘로 올라 가지 않고 땅으로 떨어지는가?"라는 질문은 사과가 떨어지는 단순한 현상에 대한 궁금증에서 출발했지만, 이는 결국 자연을 지배하는 보편적인 법칙을 찾는 계기가 되었다.

이 질문은 뉴턴이 단순한 현상 관찰을 넘어, 사물들이 어떻게 상호작용하는지를 이론화하려는 탐구의 출발점이 되었다. 사과가 땅으로 떨어지는 이유는 지구와 사물 간의 힘, 즉 중력의 작용임을 깨달은 뉴턴은, 이 힘이 지구뿐만 아니라 우주 전체에 적용되는 보편적인 법칙임을 이론화하게 된다.

1-2. 실패를 극복하게 만든 질문의 힘

뉴턴은 초기연구에서 여러 차례 실패했으나, 실패를 무작정 받아들이지 않고 그 실패의 의미를 질문을 통해 탐구했다. 예를 들어, 그는 "왜 기존의 이론으로는 이 현상을 설명할 수 없는가?"라는 질문을 던지며, 당시 물리학 이론의 한계를 인식했다. 이러한 질문을 통해 기존의 틀에서 벗어난 사고를 할 수 있었고, 사물 간의 상호작용을 설명하는 중력의 개념에 도달하게 되었다.

이와 같은 탐구 과정에서 뉴턴은 실패를 단순한 좌절의 순간으로 받아들이지 않고, 더 깊이 있는 질문을 던지는 기회로 삼았다. 결국, 그는 모든 물체가 서로 중력을 통해 끌어당긴다는 보편적인 원리를 발견했고, 이를 바탕으로 만유인력의 법칙을 정립할 수 있었다.

1-3. 질문을 통해 혁신을 이루다

뉴턴의 사례는 질문이 실패를 극복하고 혁신을 이루는 중요한 도구임을 보여준다. 실패는 뉴턴의 탐구를 멈추게 하지 않았고, 오히려 새로운 질문을 던지게 만들어 더 깊이 있는 이해와 혁신적인 발견으로 이끌었다. 뉴턴은 질문을 통해 기존 이론의 한계를 인식하고, 이를 극복해 자연의 보편적인 법칙을 찾아낼 수 있었다.

이 과정은 단순히 문제해결을 넘어, 과학적 패러다임을 바꾸는 혁신으로 이어졌다. 뉴턴의 질문은 우리가 자연을 이해하는 방식을 근본적으로 변화시켰으며, 그의 발견은 현대 물리학의 토대가 되었다.

1-4. 실패 속에서 빛을 발한 질문의 힘

결론적으로, 뉴턴의 만유인력 법칙은 실패와 질문을 통해 탄생했다. 그는 실패를 회피하지 않고 더 깊은 질문을 던지는 기회로 삼았으며, 이를 통해 물리학의 패러다임을 근본적으로 변화시켰다. "왜 사과는 하늘로 올라가지 않는가?"라는 단순한 질문은 자연의 본질을 이해하려는 탐구의 출발점이 되었고, 이를 통해 뉴턴은 중력이라는 보편적인 법칙을 발견할 수 있었다.

뉴턴의 사례는 질문이 실패를 극복하고 새로운 혁신을 이끌어내는 중요한 원리임을 잘 보여준다. 실패는 탐구를 멈추는 이유가 아니라, 더 나은 질문과 발견으로 이어지는 과정이 될 수 있다.

2] 알버트 아인슈타인 : 실패를 딛고 발전시킨 상대성 이론

알버트 아인슈타인은 20세기 물리학을 근본적으로 바꾼 인물이다. 그러나 그의 위대한 업적은 여러 차례의 실패와 좌절을 거친 후에야 이루어졌다. 초기연구에서 뉴턴의 역학 이론이 빛의 속도와 관련된 현상을 제대로 설명하지 못한다는 한계를 발견한 아인슈타인은, 이 문제를 해결하려는 시도에서 여러 번 실패를 경험했다. 많은 과학자들이 기존의 뉴턴 역학에 의존하며 이 문제를 깊이 탐구하지 않았지만, 아인슈타인은 실패에 멈추지 않고 질문을 통해 새로운 접근을 모색했다.

2-1. 왜 뉴턴의 이론은 빛의 속도를 설명하지 못하는가?

아인슈타인의 연구는 기존의 뉴턴 역학이 빛의 속도와 관련된 문제들을 설명하지 못한다는 한계에서 출발했다. 아인슈타인은 실패를 좌절로 받아들이지 않고, "왜 뉴턴의 이론은 빛의 속도를 설명하지 못하는가?"라는 질문을 던졌다. 이 질문을 통해 그는 뉴턴의 이론의 한계를 명확히 파악하게 되었고, 물리학을 새로운 방식으로 접근하기 시작했다.

아인슈타인은 빛의 속도가 관찰자의 운동 상태와 관계없이 일정하다는 새로운 개념을 도입했다. 이 발상은 당시의 물리학에서 혁명적인 사고였으며, 결국 특수 상대성 이론으로 이어졌다. 이 질문은 단순한 실패 극복을 넘어, 물리학의 패러다임을 근본적으로 바꾸는 출발점이 되었다.

2-2. 빛의 속도와 시간은 어떻게 관련되어 있는가?

아인슈타인의 또 다른 중요한 질문은 "빛의 속도와 시간은 어떻게 관련되어 있는가?"였다. 이 질문은 시간과 공간이 절대적이지 않다는 그의 획기적인 통찰을 이끌어냈다. 당시까지 물리학계는 시간과 공간이 모든 상황에서 일정하다는 뉴턴의 절대 개념을 당연하게 받아들였다. 그러나 아인슈타인은 이러한 고정관념에서 벗어나, 시간과 공간이 관찰자의 운동에 따라 달라질 수 있다는 새로운 이론을 제시했다.

이 통찰은 특수 상대성 이론을 더욱 정교하게 발전시키는 계기가 되었고, 현대 물리학의 근본적인 틀을 바꿔놓았다. 아인슈타인의 질문은 우주와 시간에 대한 완전히 새로운 이해를 가능하게 했으며, 우리가 물리 세계를 바라보는 방식을 근본적으로 변화시켰다.

2-3. 질문을 통해 실패를 극복하고 혁신을 이루다

아인슈타인의 사례는 질문이 실패를 극복하고 혁신을 이루는 과정에서 얼마나 중요한 역할을 하는지를 보여준다. 그는 초기연구에서 여러 차례 실패했지만, 실패를 멈춤의 이유로 삼지 않고 끊임없이 질문을 던지며 더 깊은 탐구를 이어갔다. 그의 질문은 기존의 이론적 틀에서 벗어나 새로운 시각에서 문제를 바라보도록 유도했고, 이를 통해 특수 상대성 이론이라는 혁신적인 발견을 이루어냈다.

2-4. 실패를 발판 삼아 이룬 새로운 패러다임

결론적으로, 아인슈타인의 사례는 질문이 실패를 극복하는 강력한 도구임을 잘 보여준다. 그는 실패를 통해 기존의 이론적 한계를 인식하고, 새로운 질문을 던지며 물리학의 근본적인 변화를 이끌어냈다. "왜 뉴턴의 이론은 빛의 속도를 설명하지 못하는가?", "빛의 속도와 시간은 어떻게 관련되어 있는가?"와 같은 질문은 아인슈타인이 기존의 한계를 뛰어넘는 혁신을 이루는 계기가 되었다.

아인슈타인의 질문은 단순한 실패 극복을 넘어, 우리가 우주와 시간에 대한 완전히 새로운 이해를 얻도록했다. 그의 사례는 질문이 더 나은 해결책과 발견으로 이어질 수 있으며, 실패가 오히려 새로운 통찰과 성공의 기회가 될 수 있음을 보여준다.

3] 실패를 재구성하는 질문의 힘

뉴턴과 아인슈타인의 사례에서 알 수 있듯이, 질문은 실패를 단순히 극복하는 것을 넘어 그 의미를 재구성하는 중요한 역할을 한다. 실패는 단지 문제해결의 부재를 의미하는 것이 아니라, 더 나은 해결책을 찾을 수 있는 기회를 제공하는 신호가 될 수 있다. 실패를 극복하기 위해 던지는 의미 있는 질문은 왜 실패했는지, 어떤 부분에서 문제가 발생했는지 그리고 실패를 통해 무엇을 배울 수 있는지를 분석하게 만든다. 이러한 질문은 실패를 교훈으로 전환하여 더 나은 전략과 해결책을 마련하도록 돕는다.

3-1. 실패를 새로운 시각에서 바라보게 하는 질문

질문은 우리가 실패를 단순한 좌절이 아닌 성장과 학습의 기회로 바라볼 수 있도록 한다. "이 실패에서 무엇을 배울 수 있는가?"라는 질문은 실패에 대한 부정적인 감정을 넘어서, 그 안에 숨겨진 교훈과 개선의 기회를 찾도록 도와준다. 이를 통해 실패는 멈춤의 이유가 아니라, 다시 도전할 수 있는 발판이 된다.

질문은 또한 실패를 객관적으로 분석하게 하여, 감정적인 반응에서 벗어나 실패의 본질을 이해하도록 만든다. 이는 우리가 실패의 원인을 명확히 파악하고, 같은 실수를 반복하지 않도록 더 나은 전략을 수립할 수 있게 한다. "어디에서 잘못되었는가?", "이 문제를 더 나은 방법으로 해결할 수 있을까?"와 같은 질문은 실패를 단순한 패배가 아닌 문제해결을 위한 탐구 과정으로 전환시킨다.

3-2. 뉴턴과 아인슈타인 : 실패에서 배운 교훈

아이작 뉴턴과 알버트 아인슈타인은 실패를 단순히 극복하는 데 그치지 않고, 그 실패의 의미를 재구성해 위대한 발견을 이끌어냈다. 뉴턴은 물리적 힘의 작용을 설명하기 위해 여러 가설을 세우는 과정에서 여러 차례 실패했지만, "왜 사과는 하늘로 올라가지 않고 땅으로 떨어지는가?"라는 질문을 통해 실패를 다시 분석했다. 이 질문은 그에게 중력이라는 보편적인 법칙을 발견하게 만들었고, 만유인력의 법칙을 정립하는 계기 가 되었다.

마찬가지로, 아인슈타인 역시 뉴턴의 이론이 빛의 속도를 설명하지 못한다는 문제를 해결하려는 초기 시도에서 실패했다. 그러나 그는 "왜 뉴턴의 이론으로는 빛의 속도를 설명할 수 없는가?"와 같은 질문을 던지며, 실패의 원인을 분석하고 새로운 접근방식을 모색했다. 이를 통해 그는 특수 상대성 이론을 발전시켰으며, 시간과 공간에 대한 새로운 이해를 제시했다.

이처럼, 두 과학자의 사례는 질문이 실패를 재구성해 문제를 더 깊이 이해하고, 새로운 해결책과 혁신을 도출하는 데 중요한 도구임을 보여준다.

3-3. 실패를 학습의 도구로 전환하는 질문

질문은 실패를 학습의 도구로 전환시키는 역할을 한다. 실패를 겪을 때 우리는 흔히 두려움과 좌절을 느끼기 쉽다. 그러나 의미 있는 질문은 이러한 감정에서 벗어나, 실패를 더 나은 도전의 기회로 활용할 수 있게 만든다. 질문은 실패에 담긴 숨은 교훈을 찾도록 도와주며, 실패를 반복하지 않기 위한 전략을 마련하게 한다.

"어떻게 하면 이번 실수를 반복하지 않을 수 있을까?", "이 문제를 해결하기 위한 더 나은 방법은 무엇일까?"와 같은 질문은 실패를 단순히 부정적인 경험으로 남기지 않고, 성장과 발전의 발판으로 삼을 수 있도록 한다. 이러한 질문은 실패를 피하고자 하는 두려움 대신, 실패를 기회로 전환하는 사고방식을 키워준다.

3-4. 질문이 만드는 실패의 재구성

결론적으로, 질문은 실패를 재구성하여 더 나은 해결책을 찾도록 돕는 강력한 도구다. 실패는 좌절과 멈춤의 신호가 아니라, 더 나은 해결책과 성장의 기회를 제공하는 과정일 수 있다. 뉴턴과 아인슈타인의 사례는 실패를 분석하고 재구성하는 질문이 문제를 해결하고 혁신적인 발견으로 이어질 수 있음을 보여준다.

질문은 실패를 두려움에서 벗어나 학습의 기회로 전환하게 하며, 이를 통해 더 나은 전략과 개선의 길을 열어준다. 질문을 통해 실패를 재구성하는 과정은 단순한 문제해결을 넘어, 지속적인 발전과 혁신을 가능하게 하는 중요한 원리가 된다.

4] 실패를 통해 혁신을 이끌어내는 질문

실패는 혁신의 중요한 원동력이 될 수 있다. 아이작 뉴턴과 알버트 아인슈타인처럼, 실패를 겪은 후 올바른 질문을 던지면 새로운 가능성을 발견하고 더 나은 해결책을 찾아낼 수 있다. 혁신적인 발견과 창의적인 해결책은 첫 시도에서 성공하는 경우가 드물다. 오히려 실패를 겪고 그 실패를 분석하는 과정에서 혁신의 씨앗이 자라난다.

4-1. 실패를 분석하고 문제를 재구성하는 질문

질문은 실패를 구체적인 문제로 분해해, 창의적인 해결책을 탐색할 수 있도록 돕는다. "왜 이 방법이 실패했는가?", "이 문제를 다른 방식으로 해결할 수 있는 방법은 무엇인가?"와 같은 질문은 실패를 단순한 좌절로 끝내지 않고, 새로운 도전과제로 변환시킨다. 이를 통해 우리는 다양한 대안을 탐구하며, 더 나은 해결책을 모색할 수 있다.

이 과정에서 질문은 실패의 원인을 명확하게 분석하고, 더 나은 결과를 도출하기 위한 새로운 접근법을 제시한다. 실패는 단순히 잘못된 시도나 끝이 아니라, 더 나은 방법을 찾기 위한 중요한 과정이 된다. 질문은 실패를 학습과 발전의 기회로 전환하여, 창의적인 사고를 자극한다.

4-2. 실패를 혁신으로 이끈 사례 : 뉴턴과 아인슈타인

뉴턴은 중력을 연구하는 과정에서 여러 번 실패를 경험했지만, "왜 사과는 하늘로 올라가지 않고 땅으로 떨어지는가?"라는 질문을 던지며 문제를 새롭게 정의했다. 이 질문을 통해 뉴턴은 만유인력의 법칙을 발견하고, 물리학의 발전에 지대한 기여를 할 수 있었다.

마찬가지로, 아인슈타인도 초기연구에서 실패를 겪었지만, "왜 뉴턴의 역학은 빛의 속도를 설명하지 못하는가?"라는 질문을 던지며 물리학의 한계를 뛰어넘었다. 이러한 질문이 특수 상대성 이론의 탄생으로 이어졌고, 이는 현대과학의 패러다임을 바꾼 혁신적인 발견이 되었다.

4-3. 토머스 에디슨 : 실패를 극복한 질문의 힘

토머스 에디슨의 전구 발명 과정도 실패를 혁신으로 이끈 질문의 대표적인 사례다. 에디슨은 수천 번의 실패를 겪었지만, 실패할 때마다 "왜 이 방법은 작동하지 않는가?"라는 질문을 던지며 실험을 반복했다. 그의 질문은 단순한 오류 수정이 아니라, 새로운 재료와 설계를 탐구하는 과정을 이끌어냈다. 결국 에디슨은 실용적인 전구를 발명했으며, 그의 질문 덕분에 오늘날 우리는 전구를 일상적으로 사용할 수 있게 되었다.

4-4. 실패를 혁신으로 전환하는 질문의 중요성

결론적으로, 질문은 실패를 혁신으로 전환하는 중요한 도구다. 실패는 좌절과 멈춤의 이유가 아니라, 더 나은 해결책과 발전의 기회가 될 수 있다. 뉴턴, 아인슈타인, 에디슨과 같은 위대한 인물들은 실패를 극복하기 위해 의미 있는 질문을 던졌고, 이를 통해 혁신을 이루어냈다.

질문은 실패를 단순한 패배로 끝내지 않고 새로운 도전과제로 바꾸며, 지속적인 발전과 창의적 해결책을 가능하게 한다. "왜 실패했는가?", "더 나은 방법은 무엇인가?"와 같은 질문은 우리의 사고를 넓히고, 문제를 다른 방식으로 해결할 수 있는 가능성을 열어준다. 실패를 극복하기 위한 질문이 결국 혁신의 원동력이 되는 것이다.

5) 질문을 통해 실패를 발전의 기회로 바꾸는 방법

실패는 불가피한 경험이지만, 이를 어떻게 받아들이고 대응하느냐가 성공의 여부를 결정짓는다. 질문은 실패를 발전의 기회로 전환하는 데 핵심적인 도구가 된다. 실패를 극복하기 위해 던지는 질문은 문제를 재분석하고, 새로운 접근방식을 탐구하는 데 도움을 준다. 이를 통해 우리는 실패를 단순한 좌절로 끝내지 않고, 더 나은 해결책과 성과를 이끌어내는 기회로 활용할 수 있다.

5-1. 실패의 근본 원인을 파악하는 질문

실패에 대한 질문은 단순히 결과를 수정하는 것에 그치지 않는다. 질문은 문제를 더 깊이 탐구해 근본적인 원인을 찾아내고 해결하는 데 초점을 맞춘다. 예를 들어, "왜 이 접근법이 실패했는가?", "이 문제를 해결할 더 나은 방법은 무엇인가?"와 같은 질문은 단기적인 해결을 넘어 장기적으로 더 나은 성과를 도출할 수 있는 토대를 마련한다.

이 과정에서 우리는 단순한 오류를 바로잡는 것이 아니라, 문제의 본질을 이해하게 된다. 실패를 분석하고 질문을 던지면, 반복되는 문제를 예방하고 더 견고한 해결책을 마련할 수 있다. 이렇게 질문을 통해 실패를 재구성하는 과정은 지속적인 발전과 성과 향상을 가능하게 한다.

5-2. 질문이 발전과 성공을 이끄는 방법

질문은 실패를 단순한 문제로 남기지 않고, 성공으로 전환할 기회로 만든다. 실패를 직면했을 때 "어디에서 잘못되었는가?", "이 실패를 통해 무엇을 배울 수 있는가?"라는 질문을 던지면, 우리는 실패를 분석하고 교훈을 얻는 과정으로 나아간다. 이러한 질문은 단기적인 수정뿐만 아니라, 더 나은 전략과 접근법을 마련하게 만든다.

질문을 통한 실패의 분석은 창의적인 해결책과 지속적인 발전을 가능하게 한다. 이는 개인과 조직이 반복되는 실수를 방지하고, 더 강력한 성과를 도출하도록 돕는다. 실패를 교훈으로 삼는 질문은 도전과 성장의 발판이 되며, 장기적인 성공으로 이어진다.

5-3. 질문을 통한 실패의 재구성

결론적으로, 질문은 실패를 발전의 기회로 바꾸는 핵심도구다. 실패를 직면했을 때 올바른 질문을 던지면, 문제를 더 깊이 이해하고 새로운 해결책을 모색할 수 있다. 뉴턴과 아인슈타인처럼, 우리는 실패를 새로운 질문으로 전환할 때 더 나은 성과와 혁신을 이끌어낼 수 있다.

질문은 실패를 단순한 좌절이 아닌 학습과 성장의 기회로 전환한다. 실패를 두려워하지 않고, 이를 통해 새로운 가능성을 발견할 때 우리는 지속적인 발전과 성공을 이룰 수 있다.

질문은 실패를 다시 분석하고, 이를 극복할 수 있는 새로운 접근방식을 찾는 과정에서 중요한 역할을 한다. 실패를 마주할 때, 우리는 좌절에 머무르기보다 올바른 질문을 던짐으로써 더 나은 해결책을 찾을 수 있다. 질문은 실패를 기회로 바꾸는 열쇠이며, 이를 통해 우리는 더욱 창의적이고 혁신적인 성과를 이루어낼 수 있다.

2부

노벨문학상 수상자 한강의
질문력과 글쓰기

2부 노벨문학상 수상자 한강의 질문력과 글쓰기

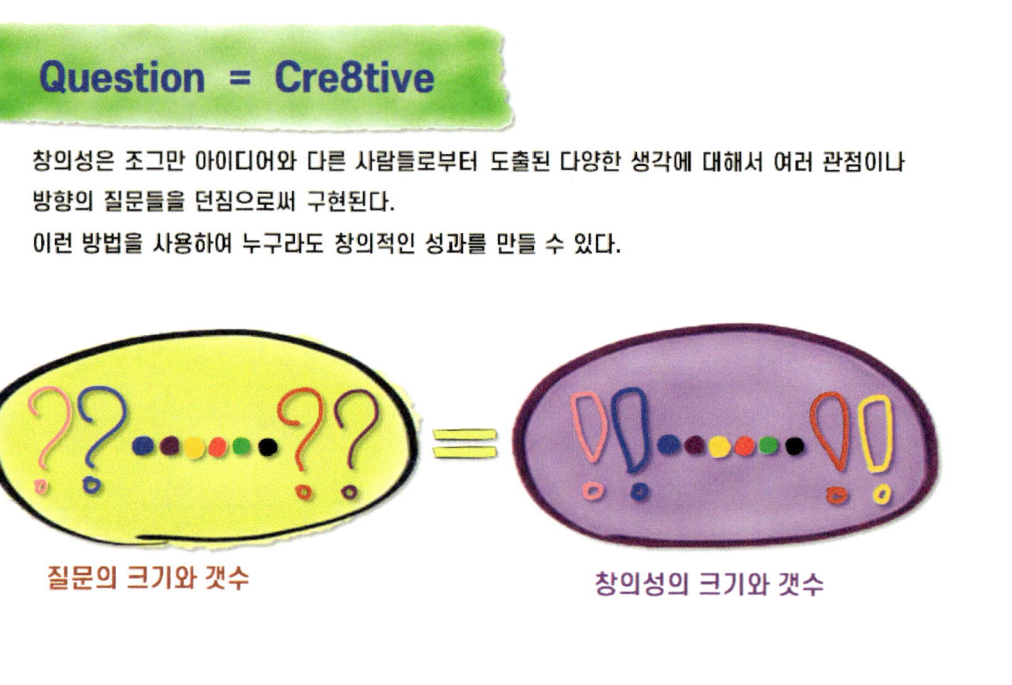

아이디어와 질문 : 창의력을 키우는 비결

창의력의 시작은 언제나 아이디어에서 출발한다. 예를 들어, 새로운 기술이나 상품을 개발하려면 하나의 아이디어가 떠올라야 하고, 무언가 자극을 받아 신선한 생각이 스칠 때도 마찬가지다. 하지만 아이디어는 그냥 두면 절대 성장하지 않는다. 처음 떠오른 아이디어는 혼자선 자라지 못하는 씨앗과 같다. 아무런 자극 없이 놔두면 말라 죽는다.

씨앗이 자라려면 물과 햇빛, 영양분이 필요하듯, 아이디어도 질문과 추가적인 아이디어 같은 외부 자극이 필요하다. 작은 아이디어가 창의적 발명으로 발전하려면 다양한 질문과 아이디어의 충돌이 필수다. 사람들은 갈등과 대립을 피하라고 하지만, 갈등 없는 환경에서는 새로운 발상이 나오기 어렵다. 감정적 싸움이 아니라면 건설적인 갈등과 대립은 오히려 좋은 에너지를 만들어낸다. 강한 충돌 속에서 우수한 돌연변이 아이디어가 나올 수 있다.

질문은 아이디어에 생명력을 부여하고 발전의 방향성을 제시한다. 아이디어는 자생력이나 추진력이 없지만, 질문은 자생력과 추진력을 가지고 있다. 질문을 던질수록 아이디어는 성장하며 구체화된다.

엉뚱한 아이디어의 힘

대부분의 초기 아이디어는 엉뚱하고 이상하게 보인다. 그래서 많은 사람들이 그런 아이디어를 무시하거나 우습게 넘긴다. 하지만 인류의 위대한 발명과 발견들은 모두 처음엔 엉뚱하고 비현실적인 아이디어에서 시작되었다. 중요한 것은 아이디어를 무시하지 않고 끝까지 붙잡고 질문을 던지는 끈기다.

어떻게 그런 엉뚱한 아이디어가 위대한 결과물로 발전할 수 있었을까? 그 비결은 다양한 질문을 던지며 아이디어를 오랫동안 발전시킨 것이다. 한순간의 영감이 아니라, 끊임없는 질문과 탐구의 과정을 거쳐 나온 결과다.

뉴턴의 만유인력 : 25년의 질문이 만든 깨달음

학교에서 우리는 뉴턴이 사과나무 아래에서 떨어진 사과를 보고 단번에 만유인력을 깨달았다고 배웠다. 그래서 뉴턴을 천재라고만 생각한다. 하지만 진실은 다르다. 뉴턴이 하늘에서 무언가 떨어지는 것을 본 것은 만유인력을 발견하기 25년 전의 일이었다. 당시엔 그냥 자연의 현상이라고 생각했지만, 뉴턴은 이 아이디어를 포기하지 않고 25년 동안 끊임없이 질문하며 탐구했다.

질문을 던지고 답을 구하는 과정에서 수많은 아이디어들이 연결되고 숙성되었다. 결국 어느 날, 이 모든 것들이 한순간에 폭발적으로 연결되며 깨달음으로 이어졌고, 그 결과가 만유인력의 발견이었다.

질문이 만드는 창의력의 빅뱅

창의적이고 위대한 발견을 하고 싶다면, 초기 아이디어를 절대 무시하지 말아야 한다. 아무리 엉뚱하고 이상해보여도 끈질기게 질문을 던지고 탐구해야 한다. 그렇게 발전된 아이디어는 언젠가 큰 깨달음의 순간(Big Bang)을 만들어낸다.

이것은 여러분 혼자만의 일이 아니다. 자녀나 사람들에게도 엉뚱한 질문을 할 기회를 주고 격려해야 한다. 이상해보이는 질문일수록 더 큰 가능성을 품고 있다. 호기심이 자랄 수 있는 환경을 만들어주면, 아이디어가 질문과 충돌하며 성장할 수 있다.

질문이 창의력을 완성하는 원천이다

아이디어는 질문을 만나야 비로소 성장한다. 처음엔 엉뚱하고 이상하게 보이는 아이디어라도, 끊임없이 질문을 던지면 생명력을 얻고 발전한다. 뉴턴이 25년 동안 질문하며 만유인력을 발견한 것처럼, 끊임없는 질문과 탐구가 창의적인 성과로 이어진다.

질문은 단순한 도구가 아니라, 아이디어를 현실로 바꾸는 추진력이다. 결국, 끈질긴 질문과 탐구가 창의력의 원천이다.

1장. 2024년 노벨문학상 수상자 한강 작가의 글쓰기 노하우

2024년 10월은 대한민국과 국민들에게 잊지 못할 해가 될 것이다. 한강이란 이름을 가진 여류소설가가 노벨문학상 수상자로 결정됐기 때문이다. 수상자로 결정되고 그녀가 신문사 기자와 인터뷰한 내용 중에서 필자의 눈에 들어온 내용을 발췌하면 다음과 같다.

한강의 일상 : 독서와 글쓰기

한강은 스스로를 쓰는 사람 이전에 읽는 사람이라고 표현했다. 그는 일요일 새벽 조용한 시간에 읽고 있는 책들을 소개하며, 최근 조해진 작가의 「빛과 멜로디」, 김애란 작가의 「이중 하나는 거짓말」 그리고 유디트 샬란스키의 「잃어버린 것들의 목록」과 루소의 「식물학 강의」를 번갈아 읽고 있다고 밝혔다. 이러한 독서는 그의 창작 과정에서 중요한 역할을 하며, 특히 고단한 날에도 한 문단이라도 읽고 잠들어야 마음이 편안해진다고 말했다. 이는 그가 독서와 글쓰기를 긴밀하게 연결하고 있음을 보여준다.

한강 소설의 시원(始原)과 질문의 연속성

한강의 소설 세계는 끊임없는 질문들로 이루어져 있다. 그녀는 질문을 중심으로 이야기를 이어가며, 소설 속 인물들은 그러한 질문들에 대한 답을 찾아가는 과정에 놓여 있다.

소설을 쓰는 행위의 의미

한강에게 소설을 쓰는 것은 질문을 던지고, 답을 찾으며, 다시 새로운 질문을 향해 나아가는 과정이다. 그녀는 소설을 통해 인류의 본질에 대한 질문을 던지며, 그것을 탐구하고 독자와 함께 나누는 과정을 중요하게 여긴다. 이는 그녀가 소설을 단순한 이야기 전달이 아닌, 깊이 있는 인간존재에 대한 탐구의 도구로 보고 있음을 나타낸다.

위 인터뷰 내용의 핵심은 독서와 질문 그리고 글쓰기다.

필자가 비즈니스 역량에 대한 38권의 책을 집필하면서 발견한 출간의 비결은 독서, 질문 그리고 글쓰기이기 때문이다.

필자가 분석하고 찾은 한강의 글쓰기는 다음과 같다.

> 한강 작가는 글을 쓰는 과정에서 질문을 던지고 그에 대한 답을 찾는 것을 중요한 원동력으로 삼고 있다. 그녀가 질문을 통해 글을 발전시키는 방식은 매우 사색적이며, 단계적으로 진행된다. 이를 한강의 인터뷰와 작품세계를 기반으로 구체적으로 설명해보면 다음과 같은 흐름으로 이해할 수 있다.
>
> ### 1단계. 초기 질문 던지기 : 세상의 본질에 대한 탐구
>
> 한강의 글쓰기 과정은 보통 어떤 근본적인 질문에서 시작된다. 예를 들어, "인간이 겪는 고통과 상처는 어떤 의미일까?", "왜 인간은 특정 상황에서 극단적인 선택을 할까?"와 같은 인간존재에 대한 깊은 질문이다. 이 질문은 세상에 대한 호기심이나 특정한 사건을 목격했을 때 떠오를 수 있다.
>
> - 예시 : 한강은 대학시절 영종도의 썰물 갯벌에서 녹슨 닻을 보고, 인간의 삶이 무엇인지에 대한 질문을 품고 첫 소설을 쓰기로 결심했다. 이는 작은 풍경 속에서도 큰 인생의 질문을 이끌어낼 수 있음을 보여준다.
>
> ### 2단계. 등장인물 설정 : 질문을 체험하게 할 인물의 구축
>
> 질문을 던진 후, 그 질문에 답할 수 있는 등장인물을 설정한다. 등장인물은 그 질문과 관련된 갈등을 겪고, 답을 찾아가는 과정을 통해 독자와 함께 사유하게 된다. 인물의 내면은 매우 세밀하게 탐구되며, 각자의 상처와 기억을 통해 질문에 접근한다.
>
> - 예시 : 「채식주의자」의 영혜는 극단적으로 채식을 선택한 인물로, 그녀의 선택은 "왜 인간은 본능을 거부하는가?"라는 질문과 연결되어 있다. 영혜는 사회적 규범과 자신의 본능 사이에서 갈등을 겪으며, 한강이 던진 질문을 몸소 체험한다.

3단계. 상황과 사건설정 : 질문을 드러낼 사건 배치

등장인물은 특정한 상황이나 사건 속에 놓이게 된다. 이 상황은 한강이 던진 질문을 더 명확하게 드러내는 데 도움이 되는데 등장인물이 갈등하거나 고통받는 사건들은 한강의 질문에 대한 다양한 답을 실험하게 만드는 장치다.

- 예시 : 「소년이 온다」에서, 1980년 광주 민주화 운동이라는 역사적 배경이 설정된다. 이 사건을 통해 "폭력과 상처를 마주한 인간은 어떻게 살아가는가?"라는 질문을 탐구하며, 인물들은 각자의 방식으로 그 질문에 맞서게 된다.

4단계. 답을 찾는 과정 : 여러 답을 탐색하는 전개

이제 소설 속에서 질문에 대한 답을 탐색하는 과정이 시작된다. 인물들은 질문에 직접 답하기보다는 사건을 통해 다양한 반응을 보인다. 독자는 인물의 경험과 선택을 통해 다양한 답을 생각해보게 되고, 이 과정은 빠르게 결론에 도달하지 않으며, 질문은 오히려 더 깊어진다.

- 예시 : 「흰」에서 한강은 생명과 죽음, 기억에 대한 질문을 던지며, 죽은 자들의 기억을 복원하려는 과정에서 "생명이란 무엇인가?"라는 질문을 더 깊이 탐구한다. 이 과정은 단순히 죽음에 대한 답을 주는 것이 아니라, 생명의 의미에 대한 다양한 시각을 드러낸다.

5단계. 질문의 연속성 : 답 대신 새로운 질문으로 나아감

한강의 소설은 하나의 질문에서 끝나는 것이 아니라, 그 답을 찾는 과정에서 새로운 질문을 만들어낸다. 이전 질문이 다른 작품에서 새로운 질문으로 이어지는 경우가 많다. 그녀는 소설을 통해 하나의 질문이 완벽히 해결되는 것이 아니라, 그 질문이 더 많은 고민을 불러일으키는 방식으로 이야기를 전개한다.

- 예시 : 「내 여자의 열매」에서 시작된 인간의 본능에 대한 탐구가 「채식주의자」로 이어지고, 다시 「소년이 온다」와 같은 작품으로 이어지며, 인간의 폭력성과 존재에 대한 질문이 더 심화된다.

6단계. 결론 혹은 열린 결말 : 질문을 독자에게 넘기기

소설의 마지막 부분에서 한강은 질문에 대한 답을 명확히 제시하지 않고, 열린 결말로 끝맺는 경우가 많다. 독자는 이야기를 통해 스스로 답을 찾아야 하며, 작가가 던진 질문이 독자에게로 이어져 더 깊은 성찰을 하도록 유도한다.

- 예시 : 「소년이 온다」의 결말은 명확한 해결책을 제시하지 않지만, 독자는 소설을 다 읽은 후에도 계속해서 인간의 상처와 기억에 대해 생각하게 된다. 이는 질문을 독자에게 넘기는 방식이다.

요약

한강은 다음과 같은 단계로 글을 쓴다

1. 근본적인 질문 던지기 : 인간존재, 상처, 폭력 등 본질적인 주제에 대한 질문을 설정

2. 등장인물 설정 : 그 질문을 체험할 인물을 구축

3. 상황과 사건 설정 : 인물이 질문을 마주할 상황을 배치

4. 답을 찾는 과정 : 인물의 경험과 선택을 통해 다양한 답을 탐구

5. 질문의 연속성 : 하나의 질문에서 새로운 질문으로 나아감

6. 열린 결말 : 질문을 독자에게 넘기며 결론을 내지 않음

한강의 이러한 질문 중심의 글쓰기 방식은 독자에게 깊은 사유와 감정을 이끌어내며, 문학을 통해 인간 본질에 대한 탐구를 이어나가게 한다.

한강의 소설쓰기를 배우려면 예를 정해서 따라하는 것도 좋은 방법이다. 그래서 주제를 하나 정하고 한강 작가의 글쓰기 단계를 따라 예 소설을 구상해보자. 이번 예에서는 '인간의 외로움과 소통의 불가능성'이라는 주제를 다뤄보겠다.

주제 : 인간의 외로움과 소통의 불가능성

이 소설의 주제는 '인간의 외로움과 소통의 불가능성'입니다. 한강의 글쓰기 방식을 따라, 이 주제를 기반으로 질문을 던지고 그 질문을 탐구해나가는 과정을 단계별로 구체적으로 설명해보겠습니다. 각 단계에서 던진 질문이 소설 속에서 어떻게 전개되고, 인물이 이를 어떻게 받아들이며 이야기로 풀어나가는지 심화된 예를 보여드리겠습니다.

1단계. 근본적인 질문 던지기 : 소통의 가능성에 대한 탐구

소설의 시작은 한 가지 근본적인 질문에서 출발합니다. 이 질문은 이야기의 뼈대가 될 중요한 주제입니다. 이번 소설에서 던지는 질문은 "인간은 정말 서로 소통할 수 있는가?"입니다. 인간은 끊임없이 소통하려고 하지만, 결국 서로를 진정으로 이해하지 못한 채 남아 있는 경우가 많습니다. 우리는 대화, 문자, SNS 그리고 다양한 방식으로 사람들과 연결되지만, 진정한 마음의 교감은 이루어지지 않는 것처럼 느껴지곤 합니다. 이 질문은 외로움과 소통의 한계, 인간관계의 얕음에 대한 탐구로 이어집니다.

- 첫 번째 질문

  - 우리는 왜 끝내 서로를 이해할 수 없다고 느끼는 걸까?

  - 왜 소통을 하면 할수록 외로워질까?

  - 진정한 소통이란 가능할까, 혹은 불가능한 환상에 불과한 걸까?

이 질문들은 소설의 주요 모티프가 되며, 이야기가 진행되는 내내 등장인물의 경험과 사건을 통해 구체화됩니다.

2단계. 등장인물 설정 : 소통에 목말라 하는 주인공 '미나'

소설의 주인공인 미나는 30대 후반의 성공한 직장인입니다. 그녀는 명망 있는 회사에서 좋은 커리어를 쌓았고, 친구도 많고, 활발한 사회생활을 하고 있지만 늘 외로움을 느끼고 있습니다. 미나는 타인과의 대화가 늘 피상적이라는 생각을 하며, 진정한 소통을 갈망하지만 그럴수록 더 깊은 고립감을 느낍니다. 그녀는 가족, 친구, 동료들과 지속적으로 교류하지만, 그들과의 관계에서 진정한 이해와 연결을 경험하지 못하고 있습니다. 미나는 자신이 고립되어 있다는 불안감과 함께 살아가고 있으며, 자신을 진정으로 이해하는 사람은 없다고 느낍니다.

- 미나의 설정

    - 성공한 직장인 : 외적으로는 성공한 커리어를 가진 인물

    - 내면의 고독 : 인간관계에서 깊은 공허함을 느끼는 인물

    - 소통의 갈망 : 진정한 소통과 연결을 원하지만 점점 더 멀어짐

이 인물설정은 독자들이 쉽게 공감할 수 있는 '현대인의 고독'을 대변합니다. 미나는 외로움을 느끼지만 그 이유를 명확히 설명하지 못한 채 여러 사람들과 교류를 시도하며 소설이 시작됩니다.

3단계. 상황과 사건설정 : 친구와의 만남을 통한 첫 번째 소통의 실패

미나는 어느 날 고등학교 시절 절친했던 친구 지영으로부터 오랜만에 연락을 받습니다. 지영은 미나에게 "오랜만에 만나자"라고 제안하고, 미나는 기대감에 부풀어 그 제안을 받아들입니다. 두 사람은 오랜 시간 대화를 나누며 과거의 추억을 떠올리지만, 미나는 대화를 나누는 동안 점점 더 큰 거리감을 느낍니다. 미나는 친구가 자신을 예전 그대로라고 말할 때, 그것이 불편하게 느껴집니다. 자신은 이미 변했음에도 불구하고, 친구는 여전히 자신을 과거의 모습으로만 보고 있다고 생각하기 때문입니다. 그 만남 후 미나는 지영과의 대화가 오히려 자신을 더 외롭게 만든다고 느낍니다.

- 사건전개

    - 오랜 친구와의 재회 : 미나는 옛 친구 지영과의 만남을 기대하지만, 결국 그 대화에서 소통의 벽을 실감함

    - "예전 그대로구나" : 지영의 이 말은 미나에게 충격으로 다가오며, 자신이 진정으로 이해받지 못하고 있다는 감정이 깊어짐

    - 대화에서 느끼는 공허함 : 과거의 추억을 나누며 미나는 점점 더 고립감을 느끼고, 친구와의 대화가 의미 없다는 생각에 사로잡힘

이 사건은 미나가 처음으로 진정한 소통이 불가능하다는 의구심을 깊게 느끼게 되는 계기가 됩니다.

4단계. 답을 찾는 과정 : 여러 관계에서 소통을 시도하는 미나

미나는 이후에도 여러 사람들과 대화를 시도하며 소통에 대한 답을 찾으려고 합니다. 그녀는 회사동료들과의 점심, 가족과의 전화 통화, 심지어는 연인과의 대화에서도 진정한 소통이 이루어지지 않는다고 느낍니다. 특히 회사동료들과의 회의에서 미나는 상대방이 말하는 내용과 자신의 생각이 완전히 다르다는 것을 깨닫고, 대화가 어긋난다고 느낍니다. 그녀는 자신이 진정으로 표현하고자 하는 말들이 상대방에게 왜곡되어 전달되는 느낌을 받으며, 상호 이해가 불가능하다는 절망감을 경험합니다. 이러한 경험을 통해 미나는 점점 더 자신이 타인과 연결될 수 없다는 결론에 다가갑니다.

- 답을 찾는 과정
  - 회사동료와의 대화 : 미나는 직장에서 동료들과 대화를 나누지만, 서로의 생각이 어긋나고 소통이 제대로 이루어지지 않음을 느낌
  - 가족과의 통화 : 가족과의 대화에서도 진정한 교감을 느끼지 못하고, 자신이 가족들조차 이해하지 못한다고 생각함
  - SNS 소통의 허무함 : 미나는 SNS를 통해 많은 사람들과 연결되어 있지만, 그 관계들이 모두 피상적이며 진정한 연결은 불가능하다고 느낌

이 단계에서 미나는 여러 시도를 통해 인간관계에서의 소통의 한계를 체감하며 점점 더 외로워집니다. 소설은 미나의 내면 독백을 통해 그녀가 느끼는 고립과 소통의 실패를 세밀하게 묘사합니다.

5단계. 질문의 연속성 : 새로운 질문의 등장

미나는 소통의 실패를 경험한 후 새로운 질문에 직면하게 됩니다. 그녀는 오랫동안 자신이 이해받지 못한다고 생각했지만, 이제는 "나도 남을 진정으로 이해해본 적이 있을까?"라는 질문을 스스로에게 던지기 시작합니다. 그녀는 자신이 타인과의 대화에서 피상적인 응답만

을 해왔다는 사실을 깨닫고, 다른 사람들의 감정이나 생각을 진지하게 받아들이지 않았다는 사실을 인정합니다. 미나는 자신이 고립된 것이 단순히 타인의 이해부족 때문이 아니라, 자신도 그 벽을 세우는 데 일조했다는 사실을 깨닫습니다.

- 새로운 질문

    - 나는 그동안 왜 다른 사람을 진정으로 이해하려 하지 않았을까?

    - 소통이 불가능한 이유는 나에게도 있는 것은 아닐까?

    - 모든 사람들은 결국 자신의 고립된 세계에 갇혀 있는 걸까?

이 질문은 소설의 후반부로 이어지며, 미나가 스스로의 한계를 자각하고 자신을 되돌아보는 계기가 됩니다.

6단계. 열린 결말 : 소통의 가능성과 불가능성 사이에서

소설의 마지막에서 미나는 혼자 공원의 벤치에 앉아 있습니다. 그녀는 여전히 외로움을 느끼지만, 이제는 그 외로움에 대해 조금 다른 관점을 가지게 되었습니다. 미나는 완전한 소통은 불가능할지 몰라도, 사람들은 계속해서 서로 이해하려고 노력할 것이라는 사실을 깨닫습니다. 그 노력 자체가 인간관계에서 중요한 의미를 가진다는 점을 인정하게 된 것입니다. 그러나 그녀는 여전히 외로움 속에 있으며, 그 고독은 완전히 사라지지 않습니다. 이 결말은 소통의 가능성과 불가능성 사이에서 균형을 찾으려는 미나의 고민을 반영하며, 독자에게도 생각할 여지를 남깁니다.

- 열린 결말

    - 미나는 여전히 고립감을 느끼지만, 그럼에도 불구하고 사람들 사이에서 소통을 시도하는 행위 자체의 가치를 깨달음

    - 완벽한 소통은 불가능할지 모르지만, 그 노력 자체가 인간관계에서 중요한 의미를 가짐

    - 독자에게도 미나의 고민을 통해 소통의 의미에 대해 질문을 던지며, 결말을 스스로 해석할 수 있는 여지를 남김

예시글

미나는 공원의 벤치에 홀로 앉아 있었다. 차가운 바람이 얼굴을 스쳐 지나갔지만, 그녀는 느낄 수 없었다. 오랜만에 만난 지영과의 대화는 여전히 마음을 무겁게 했다. 그 대화는 결국 실패였다. 아무리 오래된 친구라 해도, 우리는 서로를 진정으로 이해할 수 없었다. "넌 예전 그대로구나." 그 말이 머릿속을 떠나지 않았다. 나는 변했다. 그리고 그녀도 변했을 것이다. 그런데 왜 우리는 서로에게 갇힌 모습만을 보는 걸까? 며칠 후, 미나는 회사 회의에서 동료들과 대화를 나누었지만, 그들의 말은 공허하게 들렸다. 회의가 끝난 후, 미나는 문득 자신이 그들 역시 이해하려고 하지 않았다는 생각이 들었다. "그동안 나는 얼마나 많은 말을 흘려보냈을까?" 그녀는 자문했다. 나는 왜 남들의 말을 진지하게 받아들이지 않았을까? 나는 왜 그들의 고독을 이해하려 하지 않았을까?

그녀는 더 이상 그 답을 찾지 않으려 했다. 인간은 결국 서로를 완전히 이해하지 못할지도 모른다. 그러나 미나는 그 사실이 소통을 포기해야 한다는 의미는 아니라는 걸 깨달았다. 사람들은 끊임없이 서로에게 다가가려 하고, 때로는 그 과정에서 상처를 받지만, 그 노력 자체가 중요했다. 벤치에 앉아 있던 미나는 고개를 들었다. 공원은 조용했다. 그곳에서 그녀는 여전히 혼자였지만, 더 이상 외로움을 피하지 않기로 했다.

이처럼 한강의 글쓰기 방식에 따라 주제를 설정하고, 그 주제를 바탕으로 질문을 던지며, 등장인물이 질문에 대한 답을 찾아가는 과정을 따라 소설을 확장할 수 있습니다. 질문은 이야기 전개와 인물의 성찰을 이끄는 주요 요소이며, 독자가 이야기 속에서 자신의 경험을 투영할 수 있도록 열어두는 방식이 특징적입니다.

2장. 한강처럼 질문하고 글쓰기 연습하는 법

한강처럼 통찰력 있는 질문을 사용하려면 부단한 연습과 훈련이 필요할텐데, 어떻게 하면 좋을까?

통찰력 있는 질문을 던지기 위한 훈련과 연습은 단순한 정보수집에서 벗어나, 문제의 본질을 파악하고 창의적이며 논리적인 사고를 바탕으로 깊이 있는 질문을 형성하는 과정이다. 이를 통해 문제해결 능력뿐만 아니라 사고의 폭과 깊이를 확장할 수 있으며, 다양한 분야에서 탁월한 성과를 도출할 수 있다. 아래는 통찰력 있는 질문을 던지기 위한 구체적인 5단계 훈련 과정과 그 방법을 설명한다.

1단계. 기초 질문능력 개발

1-1. 목표

기본적인 질문기술을 익히고, 문제해결의 출발점을 형성하는 단계

1-2. 설명

질문의 목적과 역할을 이해하고, 다양한 질문유형을 익히는 과정이다. 기초적인 질문기술을 통해 자신이 필요한 정보를 명확하게 요청할 수 있게 된다.

1-3. 훈련방법

- 질문의 유형 이해 : 먼저 질문을 기억 질문, 확인 질문, 관찰 질문 등으로 나누어 그 차이를 이해하는 것이 필요하다. 각 질문유형의 목적을 정확히 파악하고, 실생활에서 자주 사용해본다.
    - 예시 : 과거에 유사한 경험이 있었나요?(기억 질문)
    - 예시 : 지금 느끼는 감정은 무엇인가요?(확인 질문)
- 질문 다듬기 : 지나치게 모호하거나 길게 이어지는 질문 대신, 명확하고 간결한 질문을 던지는 연습을 한다. 질문이 분명해야 명확한 답변을 받을 수 있다.
    - 예시 : 이 문제의 원인은 무엇인가요?

1-4. 실천방안

매일 5개의 새로운 질문을 만들어주변 사람들에게 던져보거나, 혼자서 질문과 답을 적어본다. 이 때, 질문의 목적이 무엇인지 명확히 정의해본다.

1-5. 결과

이 단계에서 질문의 기본적인 형태와 구조를 익히고, 문제를 정의할 수 있는 능력을 기른다. 명확한 질문을 던지면, 문제의 핵심을 빠르게 파악할 수 있다.

2단계. 비판적 사고 훈련

2-1. 목표

주어진 문제나 상황에 대해 깊이 있는 분석을 할 수 있는 능력을 기르는 단계

2-2. 설명

단순히 표면적인 질문에서 벗어나, 문제의 근본 원인과 그 이면을 탐구하는 능력을 개발한다. 비판적 사고는 논리적 일관성을 바탕으로 한 질문을 던지게 하며, 문제해결의 실마리를 제공한다.

2-3. 훈련방법

- 논리적 질문 만들기 : 각 상황에서 왜 그러한 일이 발생했는지, 그 배경과 맥락을 탐구하는 질문을 던진다. 이러한 질문은 문제를 더욱 깊이 분석하고, 결론에 도달하는 논리적 흐름을 형성하게 한다.
  - 예시 : 이 결정에 영향을 미친 주요 요인은 무엇인가요?
- 가설 세우기 : 문제에 대한 가설을 세우고, 그 가설을 검증할 수 있는 질문을 던지는 훈련을 한다. 이를 통해 논리적 사고력과 문제해결 능력을 강화한다.
  - 예시 : 만약 이 가정이 맞다면, 그 결과는 어떻게 나올까요?

2-4. 실천방안

- 일상생활이나 업무에서 발생하는 문제에 대해 '왜'라는 질문을 여러 차례 던져본다. 이를 통해 문제의 원인을 더 깊이 파악하는 연습을 한다.
- 독서를 통해 새로운 정보를 접할 때, 그 정보의 논리적 타당성을 검토하는 질문을 추가로 던져보는 것도 좋은 연습이다.

2-5. 결과

이 단계에서 질문의 깊이를 더할 수 있게 되며, 문제를 보다 구조적으로 분석할 수 있다. 비판적 사고를 통해 문제의 원인과 결과를 명확히 파악하고, 적절한 해결책을 도출할 수 있다.

3단계. 창의적 사고 자극

3-1. 목표

기존의 사고 틀을 벗어나 새로운 관점에서 문제를 바라보고 질문을 던질 수 있는 능력을 기르는 단계

3-2. 설명

창의적 사고는 문제해결을 위한 다양한 가능성을 탐구하고, 기존의 틀에 얽매이지 않은 질문을 던지게 한다. 이 과정은 상상력과 직관을 활용하여 새로운 해결책을 찾는 데 중점을 둔다.

3-3. 훈련방법

- 가정 질문과 상상 질문 연습 : 가정 질문과 상상 질문을 통해 현실적인 제약을 넘어 사고를 확장하는 연습을 한다. 창의적 사고를 촉진하기 위해서는 '만약'이라는 가정 아래 문제를 다양한 방식으로 상상해보는 것이 필요하다.
  - 예시 : 만약 이 기술이 더 이상 존재하지 않는다면, 우리는 어떻게 문제를 해결할 수 있을까?
- 문제 재정의 : 문제를 다르게 정의하고, 그 정의에 따른 새로운 질문을 던지는 연습을 한다. 같은 문제를 다른 관점에서 보면 다른 해결책이 나올 수 있다.
  - 예시 : 이 문제의 진짜 본질은 무엇일까?

3-4. 실천방안

- 기존의 문제나 상황을 새롭게 정의해보고, 그 정의에 따라 다른 질문을 던져보는 연습을 지속적으로 한다.
- 브레인스토밍이나 창의적 사고를 요구하는 그룹 활동에 참여하여, 다양한 관점에서 문제를 바라보고 질문하는 연습을 해본다.

3-5. 결과

창의적 사고 훈련을 통해 문제해결의 틀을 확장하고, 예상치 못한 해결책을 발견하는 능력을 기를 수 있다. 이로 인해 문제를 새롭고 혁신적인 방식으로 접근할 수 있다.

4단계. 관점전환훈련

4-1. 목표

다른 사람의 관점에서 문제를 바라보고, 다양한 시각에서 질문을 던지는 능력을 기르는 단계

4-2. 설명

관점전환은 문제를 한 쪽 시각에서만 바라보는 것이 아니라, 다양한 이해관계자의 입장에서 문제를 탐구하는 능력을 기르는 데 초점을 맞춘다.

4-3. 훈련방법

- 관점 질문연습 : 다양한 역할이나 입장에서 문제를 바라보는 질문을 던지는 연습을 한다. 고객, 동료, 상사, 경쟁자의 입장에서 문제를 바라보면, 기존에 보지 못했던 해결책이 떠오를 수 있다.
  - 예시 : 고객의 입장에서 이 문제를 보면 어떻게 다르게 보일까?
- 상황 시뮬레이션 : 특정 상황을 시뮬레이션하고, 그 상황에서 여러 사람이 어떻게 반응할지를 예측하며 질문을 던진다. 이를 통해 복잡한 문제에서 다양한 시각을 반영한 질문을 할 수 있다.

4-4. 실천방안

- 그룹 토론이나 팀 프로젝트에서 다른 사람의 의견을 경청하고, 그들의 입장에서 질문을 던지는 연습을 한다.
- 특정 문제에 대해 3명의 이해관계자 입장에서 각각 질문을 던져보고, 그 질문의 차이점을 분석해 본다.

4-5. 결과

관점전환을 통해 문제를 다각적으로 분석할 수 있으며, 더 풍부한 통찰을 제공할 수 있다. 이는 협상, 커뮤니케이션, 팀워크에서 중요한 역량을 발휘할 수 있도록 돕는다.

5단계. 통합적 사고와 질문능력 강화

5-1. 목표

여러 질문유형을 통합적으로 사용하여 문제를 다각도로 분석하고, 종합적인 해결책을 도출할 수 있는 능력을 기르는 단계

5-2. 설명

이 단계는 앞서 익힌 다양한 질문유형을 적절히 통합하여 문제해결에 활용하는 훈련이다. 각 질문유형의 고유한 강점을 살리되, 상황에 따라 융합하여 더 깊이 있는 분석과 해결책을 도출한다.

5-3. 훈련방법

- 질문유형 결합연습 : 기억 질문, 확인 질문, 비판적 질문, 관점 질문 등 다양한 질문을 결합하여 하나의 문제에 대해 다각도로 질문을 던지는 연습을 한다. 이를 통해 문제를 다층적으로 분석할 수 있다.
  - 예시 : 과거에 유사한 상황이 있었나요?(기억 질문) → 그때와 지금 상황의 차이점은 무엇인가요?(확인 질문) → 다른 관점에서 이 문제를 어떻게 해석할 수 있을까요?(관점 질문)
- 종합적인 문제해결 시나리오 구성 : 복잡한 문제를 설정하고, 그 문제를 해결하기 위한 다양한 질

문을 단계별로 던져본다. 각 단계에서 제시된 답변을 바탕으로 다음 질문을 연결하여 해결책을 찾아간다.

5-4. 실천방안

복잡한 문제를 설정하고, 그 문제를 단계별로 분석하는 질문을 던져보는 훈련을 지속한다. 이를 통해 각 질문이 어떻게 문제해결에 기여하는지를 이해하고, 질문유형을 상황에 맞게 선택하는 능력을 기른다.

5-5. 결과

이 과정을 통해 문제해결의 깊이와 넓이를 동시에 확장할 수 있으며, 다양한 문제상황에서 융합적인 사고와 통찰력 있는 질문을 통해 복합적인 문제를 해결할 수 있는 능력을 갖추게 된다.

통찰력 있는 질문을 던지기 위한 5단계 훈련과 연습은 사고를 확장하고, 문제해결에 있어 다각적인 접근을 가능하게 한다. 각 단계에서 제시한 연습방법을 지속적으로 실천함으로써, 창의적이고 논리적인 사고를 기반으로 통찰력 있는 질문을 형성할 수 있으며, 이를 통해 복잡한 문제를 해결하는 능력을 강화할 수 있다.

3장. 필자의 질문과 글쓰기 연습법

필자는 20년 동안 꾸준히 집필작업을 하고 있으며 이 책을 포함하여 39권을 출간했다. 다음은 필자가 질문과 글쓰기를 위한 연습에서 사용했던 방식을 정리하여 소개한다.

1단계. 관찰과 성찰의 습관화(Deep Observation & Reflection)

1-1. 일상 속 사물과 상황을 세심하게 관찰하기

통찰력 있는 질문은 사소한 일상에서 출발할 수 있다. 주변에서 일어나는 작은 변화, 사람들의 미묘한 감정변화, 자연에서의 순간적 장면 등을 자세히 관찰하는 것이 중요하다. 이를 통해 보통은 지나치기 쉬운 것들 속에서 중요한 질문들이 생겨난다.

- 연습방법 : 매일 10분 정도 주변을 조용히 관찰하며 그 안에서 느낀점을 기록하는 습관을 기른다. 예를 들어, 길을 걷다 마주친 나무의 잎이 어떻게 변하는지, 사람들이 걷는 방식에서 느껴지는 감정의 차이를 주의 깊게 살펴보라.
- 기록습관 : 일기나 노트를 통해 매일 관찰한 것을 글로 기록하고, 그 안에서 떠오르는 질문들을 적어보라. "왜 사람들은 같은 길을 걷지만 각자 다른 생각을 하는 것일까?" 같은 질문을 던져보는 것도 좋다.

1-2. 성찰을 통해 자신을 탐구하기

관찰한 것을 바탕으로 자신에게도 동일한 질문을 던지며, 스스로에 대해 성찰한다. 이는 자기 자신을 더 깊이 이해하고, 본인의 감정과 생각을 명확하게 알 수 있는 기회가 된다.

- 연습방법 : 하루의 끝에 자신에게 "오늘 나는 어떤 감정을 느꼈고, 그 이유는 무엇인가?"라는 질문을 던지며, 감정의 원인을 추적하는 습관을 기른다. 이러한 성찰은 스스로에 대해 새로운 발견하도록 도와준다.

1-3. 반복적 성찰을 통해 깊이 있는 질문을 발전시키기

성찰을 통해 반복적으로 스스로에게 던진 질문이 더욱 깊어질 수 있다. 초반에 단순하게 시작한 질문이 시간이 지나면서 복잡하고 심오해지는 과정은 질문의 심화를 돕는다.

- 연습방법 : 주간 또는 월간으로 성찰 내용을 돌아보고, 그동안 던졌던 질문을 재검토한다. 그 질문들이 어떻게 발전했는지, 혹은 어떻게 더 깊이 탐구할 수 있을지를 고민한다.

2단계. 다양한 시각에서 바라보기(Perspective-Taking & Multi-Dimensional Thinking)

2-1. 하나의 주제를 여러 시각으로 분석하기

통찰력 있는 질문을 던지려면 하나의 주제를 다양한 각도에서 바라보는 연습이 필요하다. 인간관계, 사회문제, 자연현상 등 모든 주제를 여러 층위에서 분석하는 과정이 중요하다.

- 연습방법 : 매일 하나의 사건이나 주제를 선택한 후, 그 사건을 최소 세 가지 관점에서 바라보는 연습을 한다. 예를 들어, 뉴스에서 본 사회적 갈등을 개인의 입장, 사회적 구조의 관점, 역사적 맥락에서 각각 분석한다.

2-2. 상반된 관점 이해하기

세상에는 상반된 의견이나 관점이 존재한다. 이러한 대립적인 시각을 이해하고, 그 시각들이 왜 존재하는지에 대해 질문을 던지는 것이 필요하다.

- 연습방법 : 논쟁적인 주제(예시 : 환경문제, 정치적 이슈)를 택해 그 주제에 대한 찬반 의견을 모두 탐구하고, 각 입장에 서서 질문을 던져보라. "왜 이 의견을 지지하는가?" 또는 "이 입장이 왜 중요한가?" 같은 질문을 스스로에게 던져본다.

2-3. 다층적 시각 훈련을 통한 깊이 있는 질문 만들기

한 가지 사건을 바라볼 때 그 표면적인 요소뿐만 아니라, 그 사건에 영향을 준 구조적 요소까지 탐구하는 연습을 한다. 이를 통해 더 심오한 질문을 도출할 수 있다.

- 연습방법 : 역사적인 사건을 탐구하며 그 사건의 배경, 사회적 맥락, 개인적 동기, 경제적 구조 등을 종합적으로 분석한 후 "이 사건이 지금 우리 사회에 어떤 영향을 미칠까?" 같은

질문을 던진다.

3단계. 철학적 사고 훈련(Philosophical Inquiry & Deep Thought)

3-1. 철학적 질문훈련하기

철학적 사고는 사물의 본질을 파악하고, 표면적 현상을 넘어서서 그 이면에 있는 진리를 탐구하는 데 도움을 준다. 삶, 죽음, 사랑, 정의, 자유 등 철학적인 주제에 대해 깊이 생각하는 과정은 더 통찰력 있는 질문을 던질 수 있도록 한다.

- 연습방법 : 매주 철학적인 질문을 하나씩 선정하여 그 질문에 대해 일주일 동안 깊이 탐구해보라. 예를 들어, "삶의 의미는 무엇인가?"라는 질문을 던지고, 그 질문에 대해 고전철학, 현대 철학 그리고 개인적인 관점에서 답을 찾아가는 과정이 필요하다.

3-2. 사고실험을 통한 창의적 질문 도출하기

철학자들이 자주 사용하는 사고실험(예시 : 트롤리 문제) 같은 기법을 통해 상상력과 논리를 결합해 생각하는 연습을 한다. 이는 기존의 사고방식에서 벗어나 새로운 관점을 얻을 수 있는 강력한 도구이다.

- 연습방법 : 사고실험을 직접 만들어보는 것도 좋은 훈련이다. 예를 들어, "모든 사람들이 거짓말을 할 수 없게 되는 세상이 온다면 어떤 일이 벌어질까?" 같은 가정을 설정하고, 그 안에서 다양한 질문을 던져보는 연습을 한다.

3-3. 철학적 대화를 통한 질문 확장하기

철학적 사고는 혼자 하는 것도 중요하지만, 다른 사람들과의 대화를 통해 더 풍부한 질문을 만들어낼 수 있다. 철학적 토론을 통해 서로의 질문을 확장하고 새로운 시각을 배울 수 있다.

- 연습방법 : 철학적인 주제를 다루는 독서모임이나 토론 그룹에 참여하여 다른 사람들의 의견을 듣고 그에 대한 질문을 던져보라. 다양한 사고방식과 관점을 공유함으로써 자신의 질문도 더욱 깊어질 수 있다.

4단계. 글쓰기와 사유의 연결 (Writing as Thinking & Inquiry)

4-1. 글쓰기를 통한 사고확장하기

글쓰기는 사유와 연결되는 중요한 활동이다. 자신의 생각을 글로 표현하는 과정에서 자연스럽게 질문이 도출되고, 그 질문을 통해 더 깊은 사유를 할 수 있다. 글쓰기는 생각을 구조화하고, 복잡한 문제에 대한 통찰을 얻게 만드는 도구이다.

- 연습방법 : 매일 짧은 에세이나 감상문을 작성하되, 단순히 생각을 나열하기보다 각 문장에 대한 의문을 던져가며 글을 쓴다. 예를 들어, 글을 쓰면서 "이 생각은 왜 나에게 중요한가?, 이 주장에 대한 반대 의견은 무엇일까?" 같은 질문을 던져본다.

4-2. 글을 쓰면서 질문을 깊게 탐구하기

한 가지 주제를 깊이 탐구하는 과정에서 수많은 질문이 떠오를 수 있다. 글을 쓰는 동안 스스로에게 끊임없이 질문을 던지며, 그 질문들이 글을 이끄는 방식으로 사고를 확장한다.

- 연습방법 : 한 주제를 선택하고 그 주제에 대해 긴 글을 써보되, 글의 흐름 속에서 질문을 던지며 진행해보라. 예를 들어, "삶의 고통은 왜 인간에게 필수적인가?"라는 주제를 가지고 글을 쓰며 그 속에서 다양한 답변을 탐색해나간다.

4-3. 피드백을 통해 자신의 사고구조 파악하기

글쓰기를 통해 자신이 던진 질문에 대해 타인의 피드백을 받아보는 것도 좋은 방법이다. 이를 통해 자신의 사고구조를 더 명확히 파악하고, 놓쳤던 부분을 보완할 수 있다.

- 연습방법 : 자신이 쓴 글을 주변 사람들에게 공유하고 그들이 느끼는 질문이나 의견을 들어보라. 그들이 던지는 새로운 질문을 통해 자신이 생각하지 못했던 부분을 발견하게 될 수 있다.

5단계. 타인의 경험에서 배우기 (Learning from Other's Experiences)

5-1. 다양한 사람들과의 대화를 통한 질문 확장

통찰력 있는 질문은 자신의 경험뿐만 아니라 타인의 경험에서 많은 질문을 도출해낸다. 타인의 삶을 이해하려고 노력하는 과정에서 새로운 질문을 던질 수 있으며, 이를 통해 자신의 사고를 확장할 수 있다.

- 연습방법 : 다양한 사람들과 대화를 나누며 그들이 겪고 있는 문제나 갈등에 대해 질문을 던져보라. 그들의 이야기를 듣고 "이 사람은 왜 이런 선택을 했을까?", "이 문제의 본질은 무엇일까?" 같은 질문을 통해 그들의 경험을 더 깊이 이해한다.

5-2. 공감적 경청을 통해 깊이 있는 질문 도출하기

타인의 이야기를 단순히 듣는 것이 아니라 공감적 경청을 통해 그들의 감정, 생각 그리고 내면을 이해하는 과정에서 더 깊이 있는 질문을 할 수 있다. 이를 통해 인간의 복잡한 심리를 탐구할 수 있다.

- 연습방법 : 누군가의 이야기를 듣고 그 사람의 감정에 깊이 공감하려고 노력하면서 그 이야기에 대해 더 많은 질문을 던져보라. 예를 들어, 그 사람이 한 선택의 동기를 탐구하며, 그 선택이 왜 그들에게 중요했는지를 질문해보라.

5-3. 타인의 경험에서 배운 것을 자신에게 적용하기

타인의 경험에서 얻은 통찰을 자신의 삶에 적용하는 것도 중요한 훈련이다. 이를 통해 더 깊이 있는 질문을 던지며 자신의 삶을 재구성해볼 수 있다.

- 연습방법 : 대화를 나눈 후 그들의 경험을 바탕으로 스스로에게 "내가 그 상황에 있었다면 어떻게 행동했을까?", "이 상황이 나에게 주는 교훈은 무엇일까?" 같은 질문을 던져보라. 타인의 이야기가 내 삶에 어떤 영향을 미칠 수 있는지 탐구하는 과정이다.

6단계. 문학, 예술, 자연에서 영감 찾기(Drawing Inspiration from Literature, Art & Nature)

6-1. 문학작품을 통해 질문 도출하기

문학작품은 인간의 복잡한 감정과 경험을 다루고 있으며, 이를 통해 독자는 다양한 질문을 던질 수 있다. 문학은 우리의 사고를 확장시켜주는 중요한 도구이다.

- 연습방법 : 독서 중 등장하는 인물의 선택이나 상황에 대해 자신만의 질문을 던져보라. "이 인물은 왜 이런 결정을 내렸을까?" 또는 "이 이야기는 무엇을 암시하고 있는가?"와 같은 질문을 통해 더 깊은 의미를 탐구한다.

6-2. 예술작품에서 영감을 받아 질문 확장하기

예술작품은 종종 직관적이고 감정적인 방식으로 인간 경험을 표현한다. 이를 통해 더 넓은 질문을 던질 수 있다. 시각예술, 음악, 연극 등 다양한 예술 장르에서 영감을 받을 수 있다.

- 연습방법 : 미술관에서 작품을 감상하거나 음악을 들으며 그 작품이 전달하는 감정과 메시지를 분석하고, "이 작품은 무엇을 말하려 하는가?", "왜 이 장면에서 나는 이런 감정을 느꼈을까?" 같은 질문을 던져보라.

6-3. 자연 속에서 관찰을 통해 통찰력 있는 질문 도출하기

자연은 무수한 영감을 제공한다. 자연 속에서 경험하는 일상적인 변화들은 우리가 본질적인 질문을 던지게 만든다. 자연의 순환, 생명력, 소멸 등을 통해 질문을 형성할 수 있다.

- 연습방법 : 자연 속에서 시간을 보내며 그 안에서 느끼는 감정과 변화를 주의 깊게 관찰하고, "자연의 순환이 인간 삶에 주는 메시지는 무엇인가?" 같은 철학적 질문을 던져보라.

7단계. 끊임없이 질문하고 기록하기(Constant Questioning & Documentation)

7-1. 매일 질문하는 습관 만들기

통찰력 있는 질문을 던지기 위해선 매일 지속적으로 질문을 던지고 그에 대해 생각하는 훈련이 필요하다. 끊임없이 질문하는 과정에서 사고는 확장되고, 질문의 깊이가 더해진다.

- 연습방법 : 매일 최소 한 가지의 중요한 질문을 자신에게 던지고 그에 대해 깊이 생각하는 습관을 기르라. 예를 들어, "오늘 나는 어떤 가치를 추구했는가?" 같은 질문을 매일 기록한다.

7-2. 질문의 발전 과정 기록하기

질문은 시간이 지남에 따라 발전할 수 있다. 처음에는 단순했던질문이 점점 더 복잡하고 심오해 질 수 있으며, 그 과정을 기록하고 분석하는 것은 사고의 성숙도를 확인하는 데 도움이 된다.

- 연습방법 : 매달 자신이 던졌던질문들을 돌아보고, 그 질문들이 어떻게 발전했는지를 기록한다. 질문들이 점점 더 심화되거나 확장되었는지, 아니면 여전히 같은 고민을 반복하고 있는지를 분석해보라.

7-3. 질문 노트를 통해 새로운 통찰 얻기

질문을 기록한 노트를 주기적으로 돌아보며 새로운 질문을 추가하거나, 그 질문에서 파생된 통찰을 발전시키는 과정을 통해 더 깊이 있는 사고를 할 수 있다.

- 연습방법 : 한 달에 한 번씩 자신이 던진 모든 질문을 모아 분석하고, 그 질문에서 파생된 새로운 질문을 적어보라. 예를 들어, "왜 사람들은 같은 문제를 반복할까?"라는 질문에서 시작해 "문제해결을 방해하는 심리적 요인은 무엇인가?"로 발전시킬 수 있다.

결론

통찰력 있는 질문을 던지기 위한 훈련은 관찰과 성찰, 다양한 시각의 이해, 철학적 사고 훈련, 글쓰기를 통한 사고확장, 타인의 경험에서 배우기, 문학과 예술, 자연에서 영감 얻기 그리고 끊임없는 질문과 기록을 통해 이루어진다. 이러한 과정은 시간이 걸리지만, 꾸준히 연습하고 실천하면 점점 더 심오하고 깊이 있는 질문을 던질 수 있게 된다.

3부

15가지
창의적 질문법

3부 15가지 창의적 질문법

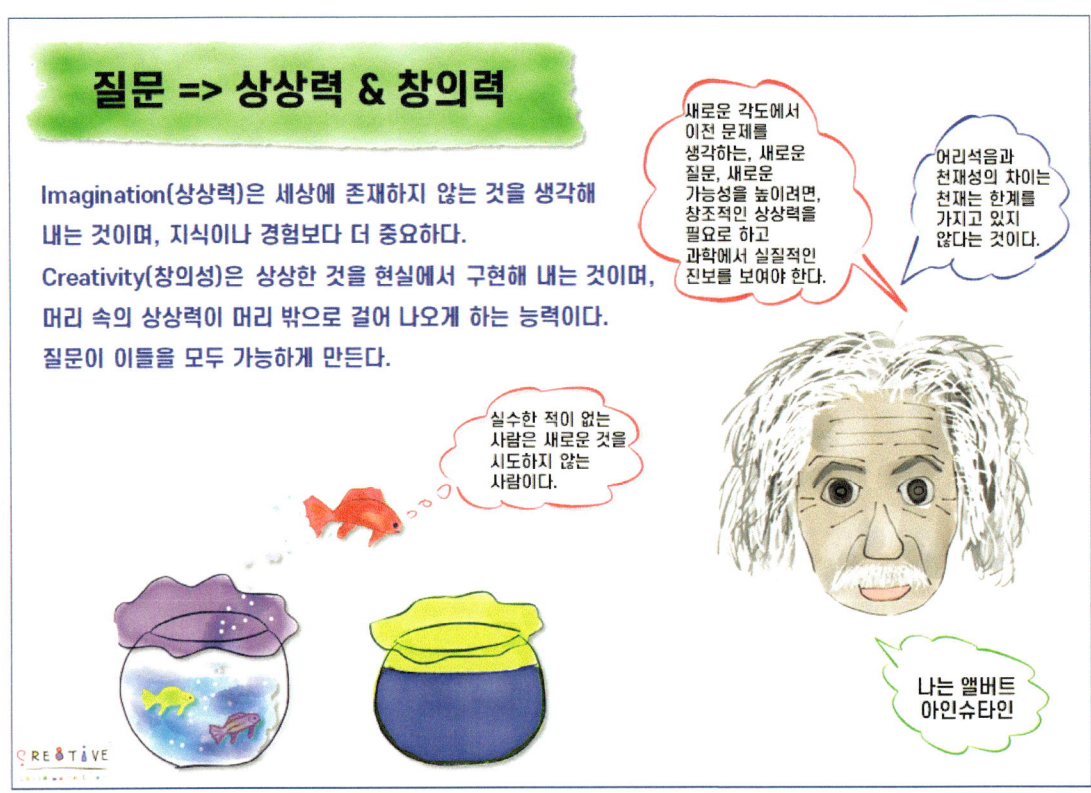

1장. 창의성을 자극하는 15가지 창의 질문의 힘

「노벨상 수상자들의 질문법, 15 창의 질문」은 문제해결과 아이디어 창출, 협업과정에서 질문이 창의성을 자극하는 가장 강력한 도구임을 강조한다. 단순한 정보전달이나 지식 습득을 넘어, 적절한 질문은 사람의 생각을 확장하고 새로운 관점을 열어주는 역할을 한다. 이 책은 15가지 질문유형을 통해 독자가 창의적 사고를 발전시키고 문제를 다각도로 분석할 수 있도록 돕는다. 이 질문들은 우리의 두뇌를 활성화해 더 많은 시냅스 연결을 생성하며, 고정관념에서 벗어나 새로운 해법을 모색하도록 한다.

두뇌 활성화와 신경연결 확장

질문은 두뇌의 특정영역을 자극하여 사고능력을 키우는 데 매우 효과적이다. 예를 들어, 판단과 상상을 담당하는 전두엽을 자극하는 질문은 복잡한 문제를 체계적으로 분석하고 해결하는 능력을 키운다. 이때 질문을 통해 형성된 시냅스는 반복적으로 사용될수록 강해지며, 새로운 정보 간의 연결이 촉진된다.

- 예시 : 지금 사용 중인 이 개념을 다른 방식으로 정리하면 어떤 변화가 생길까?

또한, 기억과 학습을 담당하는 해마와 감정을 조절하는 편도체를 자극하는 질문들은 단순한 정보가 아니라 의미 있는 지식으로 정착되도록 돕는다. 이렇게 두뇌의 여러 부위를 자극하는 질문들은 학습과 창의적 사고를 동시에 촉진하며, 생각의 확장을 가능하게 한다.

고정관념을 깨고 혁신적인 사고 촉진

사람들은 종종 기존의 사고 패턴에 갇혀 문제를 해결하려고 한다. 하지만 창의적 질문은 고정관념을 깨고 새로운 길을 열어준다. 특히 관점전환 질문은 우리가 익숙한 시각에서 벗어나 다른 사람이나 상황의 입장에서 문제를 보게 만든다. 이는 새로운 해결책을 발견하는 데 중요한 역할을 한다.

- 예시 : 이 문제를 고객의 관점에서 보면 어떤 해결책이 보일까?

가정적 질문은 현실의 제약을 무시한 채 가상의 시나리오를 탐구하게 한다. 이렇게 사고의 한계를 없애면, 평소에는 생각하지 못한 기발한 아이디어를 도출할 수 있다.

- 예시 : 모든 자원이 무한하다면 이 문제를 어떻게 해결할 수 있을까?

이러한 질문들은 새로운 아이디어와 해법을 발견하는 데 도움을 줄 뿐 아니라, 창의적으로 사고하는 습관을 길러 지속적인 발전을 가능하게 한다.

복잡한 문제 해결 능력 강화

질문은 단순한 사고를 넘어서 복잡한 문제를 분석하고 해결하는 능력을 키운다. 논리적 질문은 문제의 핵심을 파악하고, 논리적 근거를 바탕으로 최적의 해결책을 찾도록 돕는다.

- 예시 : 이 문제의 핵심원인은 무엇이며, 왜 이렇게 발생했는가?

또한, 비교와 대조 질문은 유사한 상황이나 사례와의 비교를 통해 더 나은 해결책을 찾도록 한다. 이는 문제를 다각도로 바라보고, 다양한 접근법을 검토하게 해준다.

- 예시 : 다른 기업은 이와 유사한 문제를 어떻게 해결했는가?

복잡한 문제를 여러 각도에서 분석하게 하는 이러한 질문들은 문제해결 능력을 극대화하며, 동시에 사고의 깊이를 더한다. 이를 통해 기존의 문제를 새로운 방식으로 접근하게 된다.

협업과 소통의 촉매제

질문은 협업과정에서도 강력한 도구로 작동한다. 한 가지 질문은 여러 사람의 생각을 자극해 더 나은 아이디어를 도출하게 한다. 협업과정에서는 각자의 아이디어를 자유롭게 표현하는 것만큼, 다른 사람의 아이디어에 질문을 던지고 발전시키는 것이 중요하다.

충돌 질문은 서로 다른 아이디어 간의 갈등을 통해 새로운 시너지를 만들어낸다. 이를 통해 혁신적인 해법이 탄생할 수 있다.

- 예시 : 서로 대립되는 두 아이디어를 융합하면 어떤 가능성이 열릴까?

질문은 또한 협업과정에서 소통의 촉매제 역할을 한다. 참여자들은 질문을 주고받으며 서로의 생각을 명확히 하고, 더 깊은 이해를 이끌어낸다. 이는 조직이나 팀 내에서 창의적 협업의 분위기를 조성하는 데 필수적이다.

- 예시 : 이 아이디어에 대한 보완책은 무엇이 있을까?

실패를 학습기회로 전환

창의적 사고는 실패와 떼려야 뗄 수 없는 관계에 있다. 실패를 단순히 좌절로 받아들이는 것이 아니라, 교훈을 얻는 기회로 전환해야 한다. 이를 위해 확인 질문과 배움 질문이 필요하다.

- 예시 : 이번 실패에서 어떤 부분이 잘못되었고, 무엇을 개선할 수 있을까?

이러한 질문들은 실패를 분석하고 문제의 근본 원인을 파악하도록 한다. 또한, 실패를 통해 얻은 교훈을 바탕으로 새로운 전략을 수립해 지속적인 개선과 발전을 가능하게 한다.

- 예시 : 이전의 실패를 피하기 위해 앞으로 어떤 방식을 시도할 수 있을까?

장기 기억과 학습강화

질문은 단순한 기억이 아닌, 지식의 구조화를 돕는 중요한 도구이다. 정보를 질문을 통해 군집화하고 구조화하면, 단기기억이 장기 기억으로 쉽게 전환된다. 이는 학습의 효과를 극대화하며, 오랜 시간이 지나도 쉽게 잊히지 않도록 만든다.

- 예시 : 이 문제의 핵심개념을 다른 예와 연결지어 설명할 수 있는가?

또한, 질문은 자기주도적 학습을 촉진한다. 스스로 질문하고 답을 찾는 과정에서 학습자는 더 깊이 있는 지식을 습득하며, 자신의 사고를 확장할 수 있다.

- 예시 : 이번 프로젝트를 통해 새롭게 배운 점은 무엇인가?

행동으로 이끄는 질문의 힘

아무리 좋은 아이디어라도 실행되지 않으면 의미가 없다. 질문은 생각을 구체적인 행동으로 전환하도록 유도한다. 실천 질문은 실행 가능한 계획을 수립하게 하고, 아이디어를 실현하는 첫걸음을 떼도록 돕는다.

- 예시 : 이 아이디어를 실현하기 위해 가장 먼저 무엇을 할 수 있을까?

또한, 질문은 행동 과정에서 발생할 수 있는 장애물과 리스크를 미리 점검하게 한다. 이를 통해 보다 효율적인 실행계획을 수립할 수 있다.

- 예시 : 이 계획의 잠재적 리스크는 무엇이며, 어떻게 대비할 수 있을까?

결론 : 질문이 만드는 창의성의 미래

「노벨상 수상자들의 질문법, 15 창의 질문」에서 제시하는 15가지 질문유형은 창의적 사고를 발전시키는 데 필수적인 도구이다. 이 질문들은 두뇌의 활성화, 고정관념 타파, 협업촉진, 실패 극복, 학습 강화 그리고 실행유도를 통해 개인과 조직의 성장을 이끌어낸다.

질문은 단순한 정보전달을 넘어, 끊임없는 호기심과 도전을 통해 지속적인 성장과 혁신을 가능하게 하는 가장 강력한 도구임을 이 책은 강조한다. 창의적인 질문은 새로운 가능성을 여는 열쇠이며, 이를 통해 우리는 일상과 업무에서 더 나은 미래를 만들어갈 수 있다.

2장. 15가지 창의 질문의 유형

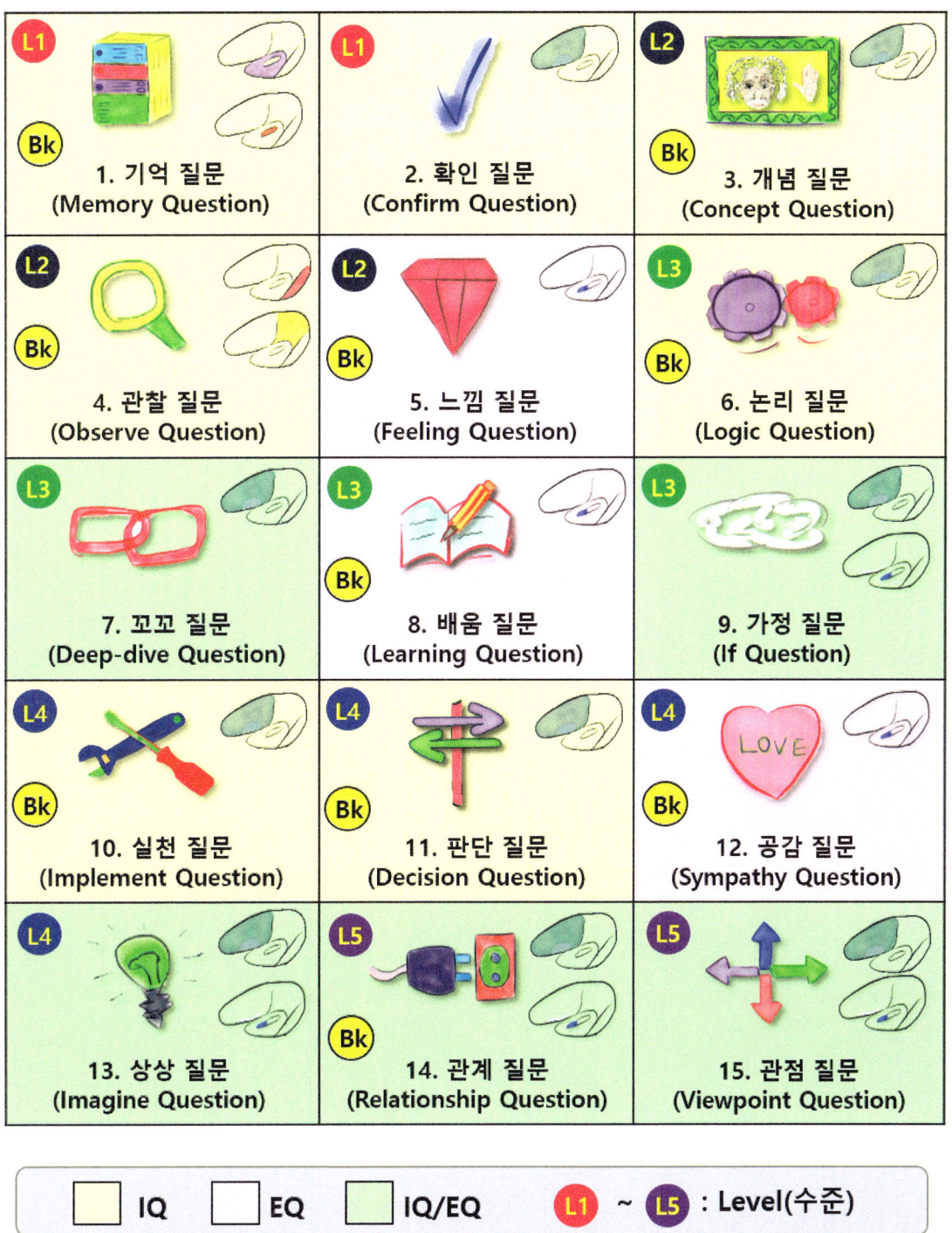

[필자가 직접 손으로 그린 비주얼로 15 창의 질문을 분류하고 구조화하여 개발했다.]

이 이미지는 「노벨상 수상자들의 질문법, 15 창의 질문」에 등장하는 15가지 창의적 질문유형을 시각적으로 정리한 표로, 창의적 사고와 문제해결을 위한 체계적 틀을 제공한다. 각 질문유형은 레벨(L1~L5)과 지능과 감성요소(IQ, EQ, IQ/EQ)로 구분되며, 일부 질문에는 'Bk(Book)' 표시가 붙어 있다. 'Bk'는 특정 질문이 독서 후 책에 대한 이해와 적용을 돕는 질문임을 의미한다. 이 프레임워크는 독자가 책에서 배운 내용을 깊이 분석하고, 문제를 다각도로 바라보도록 설계된 도구다.

1] 질문유형 및 정의

1-1. 기억 질문(Memory Question)

- 목적 : 책에서 배운 정보를 회상하거나 정리한다.
- 예시 : 이 책에서 가장 중요한 개념은 무엇이었는가?

1-2. 확인 질문(Confirm Question)

- 목적 : 책이나 현재 상황에서 배운 정보의 정확성을 검증한다.
- 예시 : 이 책의 내용은 우리가 알고 있는 사실과 일치하는가?

1-3. 개념 질문(Concept Question)

- 목적 : 책 속의 개념을 명확히 이해하고 정리한다.
- 예시 : 효율성이 이 책에서 어떻게 정의되었는가?
- Bk : 독서한 책의 핵심개념을 파악하도록 돕는 질문

1-4. 관찰 질문(Observe Question)

- 목적 : 책이나 현실상황에서 중요한 세부사항을 놓치지 않고 관찰한다.
- 예시 : 이 책에서 반복적으로 등장하는 주제는 무엇인가?

1-5. 느낌 질문(Feeling Question)

- 목적 : 책이나 상황에서 느껴진 감정을 탐구한다.
- 예시 : 이 책을 읽으면서 어떤 감정이 가장 강하게 느껴졌는가?

1-6. 논리 질문(Logic Question)

- 목적 : 책에서 제시된 논리를 분석하고 이해한다.
- 예시 : 이 책의 필자가 제시한 논리적 근거는 무엇인가?

1-7. 꼬꼬 질문(Deep-dive Question)

- 목적 : 책에서 다루는 개념이나 문제를 깊이 파고든다.
- 예시 : 이 책이 다루지 않은 숨겨진 문제는 무엇인가?

1-8. 배움 질문(Learning Question)

- 목적 : 책을 통해 얻은 교훈이나 새로운 지식을 반성한다.
- 예시 : 이 책을 통해 무엇을 배웠고, 어떻게 활용할 수 있을까?

1-9. 가정 질문(If Question)

- 목적 : 책에서 가상의 시나리오를 설정해 생각을 확장한다.
- 예시 : 이 책의 주인공이 다른 선택을 했다면 어떻게 됐을까?

1-10. 실천 질문(Implement Question)

- 목적 : 책에서 배운 내용을 행동으로 옮길 방안을 묻는다.
- 예시 : 이 책의 아이디어를 현실에서 어떻게 적용할 수 있을까?

1-11. 판단 질문(Decision Question)

- 목적 : 책의 내용이나 현실문제에 대한 의사결정을 돕는다.
- 예시 : 이 책의 주장이 타당한가, 아니면 다른 선택이 더 나을까?
- Bk : 책의 결론이나 주장을 판단해 깊이 있는 이해를 돕는 질문

1-12. 공감 질문(Sympathy Question)

- 목적 : 책 속 등장인물의 감정을 이해하고 공감한다.
- 예시 : 이 책의 주인공은 이 상황에서 어떤 감정을 느꼈을까?

1-13. 상상 질문(Imagine Question)

- 목적 : 책을 바탕으로 새로운 가능성을 상상하도록 한다.
- 예시 : 이 책이 100년 후의 미래를 배경으로 한다면 어떻게 바뀔까?
- Bk : 상상력을 자극해 책을 재해석하는 질문

1-14. 관계 질문(Relationship Question)

- 목적 : 책의 내용과 현실 또는 다른 주제 간의 상호작용을 파악한다.
- 예시 : 이 책의 아이디어가 다른 분야에 어떤 영향을 줄 수 있을까?

1-15. 관점 질문(Viewpoint Question)

- 목적 : 책이나 문제를 다양한 시각에서 분석한다.
- 예시 : 이 책을 다른 문화권에서는 어떻게 해석할까?

2) 레벨(L1~L5) 분석

- L1 : 기초적인 사고를 요구하는 질문(기억, 확인 등)

- L2~L3 : 중간 수준의 사고와 감정 이해를 필요로 하는 질문(느낌, 논리, 배움 등)
- L4~L5 : 복합적이고 창의적인 사고를 요구하는 질문(상상, 관점, 관계 등)

레벨(L1~L5)은 질문의 심화정도를 나타내며, 사용자는 자신의 사고 수준에 맞춰 점진적으로 질문의 깊이를 높일 수 있다. 레벨은 1부터 시작하여 점차 고도화하여 레벨 5까지 질문수준을 개발하여 활용해야 한다.

3) 지능요소(IQ, EQ, IQ/EQ) 분석

- IQ(지능지수) : 논리적 분석과 문제해결을 돕는 질문(논리 질문, 관찰 질문 등)
- EQ(감성 지수) : 정서적 이해와 공감을 요구하는 질문(느낌 질문, 공감 질문 등)
- IQ/EQ : 논리와 감정을 동시에 활용하는 질문(판단 질문, 관계 질문 등)

이 프레임워크는 문제를 다각도로 분석하고 감정과 논리를 균형 있게 활용할 수 있도록 설계되었다.

4) Bk(Book) 표시의 의미

Bk(Book)가 표시된 질문유형(개념 질문, 판단 질문, 상상 질문)은 독서 후 책의 내용을 심층적으로 이해하고 적용하기 위해 설계된 질문이다.

이 질문들은 단순한 정보습득에 그치지 않고, 책의 내용을 자신의 경험이나 현실문제에 적용하고 응용할 수 있도록 돕는다.

5) 종합평가 : 창의적 사고를 위한 강력한 도구

이 표는 문제해결과 창의적 사고를 단계별로 체계화한 강력한 도구다. 각 질문유형은 사용자가 감정과 논리를 통합해 문제를 다양한 각도에서 바라보도록 돕는다. 특히 Bk 질문들은 독서를 통해 얻은 지식을 실생활에 적용하고 깊이 있는 통찰을 제공한다.

이 프레임워크를 활용하면, 개인이나 팀이 복잡한 문제를 체계적으로 분석하고, 책의 지식을 바탕으로 새로운 아이디어와 해결책을 도출할 수 있다.

3장. 기억 질문(Memory Question)

1) 정의

기억 질문은 책에 서술된 내용이나 과거에 들은 정보와 경험을 명확히 이해하고 내재화하는지를 묻는 질문이다. 육하원칙(5W1H : 누가, 무엇을, 언제, 어디서, 왜, 어떻게)에 근거하여 내용을 회상하는 데 유용하며, 과거 경험과 사실을 바탕으로 현재와 미래를 분석하는 사고를 촉진한다. 이는 단순한 정보회상이 아닌, 배운 내용이 현재와 어떻게 연결되는지를 탐구하는 중요한 도구로 작동한다.

기억 질문은 자기성찰, 학습평가 그리고 프로젝트 리뷰 등 다양한 분야에서 적용 가능하다. 과거의 경험을 되짚어봄으로써 현재 상황과 비교하며, 성장과 발전을 평가하거나 교훈을 얻는 데 매우 효과적이다.

2) 기억 질문의 심층분석

2-1. 과거를 통해 현재와 미래를 탐색하는 도구

기억 질문은 과거의 사건이나 경험을 떠올리며 현재 상황을 분석하고, 문제를 해결하거나 교훈을 얻는 데 유용한 질문이다. 이를 통해 배운 내용의 의미를 되새기고 개인 또는 팀의 발전방향을 점검할 수 있다. 예를 들어, 프로젝트를 끝낸 후 "이전 프로젝트에서 배운 것이 이번 작업에 어떻게 적용되었는가?"라는 질문은 과거와 현재를 비교하며 문제해결 능력을 강화하는 데 도움이 된다. 이처럼 기억 질문은 단순한 정보확인을 넘어, 과거 경험을 바탕으로 현재와 미래의 선택에 영향을 미치도록 한다.

2-2. 비즈니스와 교육에서의 활용

- 비즈니스에서는 기억 질문이 성과평가와 피드백 프로세스에 필수적이다. 회의나 프로젝트 종료 시, 팀원들에게 "지난 회의에서 논의한 내용 중 무엇이 가장 유용했는가?"와 같은 질문을 던지면, 회의의 핵심 메시지를 재확인할 수 있다.

- 교육에서도 복습과 성찰을 통해 사람들이 배운 내용을 정리하게 하는 데 유용하다. 예를 들어, "지난 수업에서 다룬 핵심개념이 무엇이었는가?"라는 질문은 사람들이 배운 내용을 더 깊이 이해하고 장기 기억으로 정착하는 데 도움을 준다.

2-3. 자기성찰과 개인성장 촉진

기억 질문은 자기성찰을 통한 개인성장에도 유용하게 작동한다. 개인은 과거의 경험을 통해 자신의 성과와 실수를 되돌아보고 더 나은 미래를 설계할 수 있다. 예를 들어, "이전에 비슷한 상황에서 무엇을 다르게 했으면 좋았을까?" 같은 질문은 과거 실수를 반성하며 개선할 기회를 제공한다. 이를 통해 개인은 자신의 발전 과정을 인식하고 성장할 수 있는 동기를 갖게 된다.

3] 기억 질문의 감점

3-1. 경험을 기반으로 현재와 미래를 이해한다

- 기억 질문을 통해 과거와 현재를 연결하고, 변화의 흐름을 파악할 수 있다.
- 예를 들어, "이전 프로젝트와 비교해 이번 프로젝트에서는 무엇이 달랐는가?"와 같은 질문은 성과와 발전을 평가하는 데 유용하다.
- 이러한 질문은 개인과 팀의 성장을 촉진하며, 반복되는 실수를 줄이는 데 도움을 준다.

3-2. 팀 단위 평가와 피드백 도구로 활용 가능

- 팀 회의나 프로젝트 종료 후 기억 질문을 사용하면 진행상황을 점검하고 피드백을 정리할 수 있다.
- "지난번 회의에서 어떤 아이디어가 가장 유용했는가?"라는 질문은 팀의 성과를 명확히 하고, 다음 단계의 방향을 정할 수 있게 한다.

3-3. 개인의 성찰과 학습촉진

- 기억 질문은 과거 경험을 통해 개인이 자신의 발전을 인식하고, 더 나은 방향으로 나아갈 수 있도록 돕는다.
- "이번 경험에서 무엇을 배웠고, 다음에는 어떻게 활용할 수 있을까?"라는 질문은 자기개선과 학습을 촉진한다.

4) 기억 질문의 한계와 문제점

4-1. 기억의 왜곡 가능성

- 기억은 시간이 지나면서 왜곡되거나 특정 감정에 영향을 받을 수 있다. 이는 과거 사실을 정확하게 떠올리지 못하게 하며, 문제해결에 오류를 초래할 수 있다.
- 예를 들어, 감정적으로 힘들었던 경험은 기억 속에서 더 부정적으로 인식될 수 있으며, 객관적인 평가를 방해할 수 있다.

4-2. 단순 회상에 그칠 위험

- 기억 질문이 단순한 정보확인에서 끝나면 깊이 있는 사고로 발전하기 어렵다. 단순히 "무엇을 배웠는가?"만 묻는 것은 사고의 확장에 한계를 줄 수 있다.
- 과거를 회상하는 데 그치지 않고, 그 경험이 현재나 미래에 어떤 의미를 갖는지를 묻는 것이 중요하다.

4-3. 현재와의 연결부족

과거를 떠올리는 것에만 집중하다보면, 현재 상황과의 연결이 부족해질 수 있다. 기억이 실제로 현재와 어떻게 연관되는지 묻지 않으면, 문제해결에 큰 영향을 주지 못할 수 있다.

5) 기억 질문의 개선 및 활용방안

5-1. 확장형 질문사용

- 기억을 단순히 회상하는 것을 넘어, 현재와 미래의 상황에 연결하는 확장형 질문을 사용할 수 있다.
- 예시 : 이 경험이 당신의 현재 선택에 어떤 영향을 미치고 있는가?, 이 기억이 미래의 목표설정에 어떤 도움이 될 수 있는가?
- 이러한 질문은 깊이 있는 사고와 의사결정을 유도하며, 문제해결 능력을 강화한다.

5-2. 비교와 대조를 통해 발전 분석

- 과거와 현재를 비교하며 발전과 변화를 분석하는 질문을 추가하면, 개인과 팀이 성장의 흐름을 명확히 이해할 수 있다.
- 예시 : 지난번 시도와 이번 시도의 차이는 무엇이며, 무엇이 더 나아졌는가?

5-3. 감정적 요소와 결합

- 기억 질문에 감정적 요소를 결합하면 더 깊은 이해를 도울 수 있다.
- 예시 : 이 경험이 당신에게 어떤 감정을 남겼고, 그것이 이후 행동에 어떤 영향을 미쳤는가?
- 감정을 분석하면, 경험이 의사결정이나 문제해결에 미친 영향을 더 명확히 파악할 수 있다.

6] 결론 : 기억 질문의 가치와 활용

기억 질문은 과거의 경험과 정보를 회상하며, 현재의 상황을 평가하고 미래를 준비하는 데 필수적인 도구이다. 이는 자기성찰, 학습평가, 팀 피드백 등 다양한 영역에서 활용될 수 있으며, 개인과 조직 모두에게 성장과 발전의 기회를 제공한다.

그러나 단순한 회상에 머물지 않고, 과거 경험이 현재와 미래에 어떤 영향을 미치는지를 묻는 것이 중요하다. 확장형 질문과 감정적 요소를 결합하면, 기억 질문은 단순한 정보확인을 넘어 깊이 있는 사고와 문제해결 능력을 강화하는 강력한 도구로 작동할 수 있다.

기억 질문은 과거를 통해 현재를 이해하고, 미래를 준비하게 만든다. 이를 통해 우리는 경험을 단순히 되새기는 데 그치지 않고, 현재와 미래의 문제를 해결할 수 있는 교훈으로 삼을 수 있다.

7] 질문사례

① 어릴 때 가장 기억에 남는 사건이 현재의 당신에게 어떤 영향을 미쳤나요?

② 과거에 했던 프로젝트 중 가장 성공적이었던 경험은 무엇이었나요, 그 이유는 무엇이었나요?

③ 최근 5년간의 커리어에서 가장 큰 성취는 무엇이었나요 그리고 그것이 현재 당신에게 어떻게 기여하고 있나요?

④ 과거의 실패 경험이 현재 당신의 업무방식에 어떤 변화를 가져왔나요?

⑤ 이번 문제를 처음 접했을 때 느꼈던 감정과 지금의 생각은 어떻게 다른가요?

4장. 확인 질문 (Confirm Question)

1) 정의

확인 질문은 현재 자신이 느끼는 감정이나 생각을 명확히 인식하고, 의견이나 의사결정의 방향을 구체화하는 질문이다. 이해의 오해를 방지하고, 감정과 생각이 일치하는지 점검하기 위해 사용되며, 이를 통해 혼란스러운 상황을 정리하고 확신을 높일 수 있도록 돕는 도구이다. 특히 모호하거나 의견차이가 발생하는 상황에서 명확성을 부여하는 데 효과적이다.

이 질문유형은 개인적 성찰뿐만 아니라 팀 내 협업이나 의사소통 상황에서도 유용하게 사용된다. 개인이 자신의 감정과 생각을 구체화할 수 있게 하며, 조직에서는 구성원 간의 의견 충돌을 명확히 하고 조율할 수 있는 도구로 작동한다. 예를 들어, "이 문제에 대해 정말 그렇게 생각하나요?" 또는 "지금 이 감정을 정확히 표현하면 무엇이라고 할 수 있나요?" 같은 질문이 이에 해당한다.

2) 확인 질문의 심층분석

2-1. 명확성을 부여하는 질문의 역할

- 확인 질문은 사람들로 하여금 자신이 느끼는 감정과 생각을 정리하고 명확히 인식하게 한다. 이는 모호함을 없애고 자신이 무엇을 원하는지를 더 잘 파악하는 데 도움을 준다. 감정이 혼란스러운 순간이나 결정이 어려운 상황에서 선택을 명확히 하는 데 유용하다. 예를 들어, "이 선택이 정말 맞는지 확신하나요?"라는 질문을 통해 자신의 입장을 명확히 하도록 한다.
- 또한, 확인 질문은 의사결정의 오류를 줄이고 감정과 생각을 객관적으로 정리할 수 있도록 돕는다. 예를 들어, 누군가 충동적으로 내린 결정을 검토할 때 "이 결정을 내린 이유를 다시 한 번 설명할 수 있나요?"와 같은 질문은 깊이 있는 성찰과 신중한 판단을 유도한다.

2-2. 협업과 팀워크에서의 확인 질문 활용

확인 질문은 팀 내에서 구성원들이 동일한 이해를 공유하고 있는지를 점검하는 데 필수적이다. 예를 들어, 회의 중에 "이 문제에 대해 모두 같은 생각을 하고 있는 게 맞나요?"와 같은 질문은 의사소통의 정확성을 높이고, 불필요한 오해를 줄이는 데 기여한다. 또한, 팀원들이 자신의 의견을 명확하게 표현할 수 있도록 도와주며, 갈등상황에서 각자의 입장을 명확히 드러내고 조율하는 데 유용하다.

3) 확인 질문의 강점

3-1. 명확한 의사결정을 돕는다

- 확인 질문은 자신의 감정과 생각을 명확히 파악하도록 돕기 때문에, 혼란스러운 상황에서도 확고한 결정을 내릴 수 있게 한다. 예를 들어, "이 선택이 정말 옳다고 생각하나요?" 같은 질문은 결정의 타당성을 다시 점검하게 한다.
- 이는 충동적인 선택을 줄이고 신중한 의사결정을 유도한다. 특히 감정적으로 불안정한 상황에서 자신의 감정을 점검하면 더 나은 결정을 내릴 수 있는 기회를 제공한다.

3-2. 의사소통과 협업을 강화한다

- 팀 내에서 확인 질문은 구성원 간의 의사소통을 명확하게 하고, 오해나 혼란을 줄이는 데 기여한다. "모두가 같은 방향을 바라보고 있는 게 맞나요?"와 같은 질문은 합의점을 도출하고 협업을 원활하게 만든다.
- 갈등상황에서는 각자의 입장을 명확하게 확인하는 것이 중요하다. 이를 통해 다른 사람의 감정을 이해하고, 갈등을 해소할 수 있는 기회를 제공한다.

3-3. 자기성찰과 감정조절을 돕는다

- 확인 질문은 자신이 느끼는 감정을 명확히 인식하고 조절하는 데 유용하다. 예를 들어, "지금 느끼는 감정을 정확히 어떻게 표현할 수 있을까요?"와 같은 질문은 자신의 감정을 명확히 하도록 돕는다.
- 이를 통해 감정에 휘둘리지 않고 더 이성적인 선택할 수 있으며, 감정조절 능력을 키울 수 있다.

4) 확인 질문의 한계와 문제점

4-1. 감정에 치중할 위험

- 확인 질문이 감정에만 집중될 경우, 논리적 사고를 방해할 수 있다. 특히 중요한 결정상황에서 감정이 지나치게 강조되면 이성적인 판단이 흐려질 수 있다. 예를 들어, "이 결정이 기분을 좋게 만드나요?"라는 질문은 단기적 감정에만 의존하는 선택으로 이어질 위험이 있다.

- 따라서 확인 질문을 할 때는 감정뿐만 아니라 그 감정의 논리적 근거도 함께 검토해야 한다.

4-2. 단순확인에 그칠 위험

- 확인 질문이 너무 자주 사용되면, 사고를 깊게 탐구하기보다는 단순한 확인에만 머물 수 있다. 예를 들어, "이게 맞는 거죠?" 같은 질문은 피상적인 대답만 이끌어내며 사고의 깊이를 제한할 수 있다.
- 이러한 경우, 확인된 감정이나 생각의 근거를 묻는 추가질문이 필요하다.

4-3. 의견조율이 어려울 수 있다

- 구성원들의 입장을 명확히 확인하는 것은 갈등해결에 유용하지만, 확인 질문이 반복될 경우 피로감을 줄 수 있다. 또한, 서로 다른 의견이 명확히 드러날 경우, 갈등이 더욱 깊어질 수 있다.
- 따라서 확인 질문은 갈등을 중재하기 위한 논리적 대화와 함께 사용해야 한다.

5) 확인 질문의 개선 및 활용방안

5-1. 확장형 질문과 결합하기

- 확인 질문에 추가적인 근거를 묻는 확장형 질문을 덧붙이면 사고의 깊이를 더할 수 있다. 예를 들어, "그렇다면 이 생각을 뒷받침할 수 있는 근거는 무엇인가요?"와 같은 질문은 단순한 확인에서 벗어나 논리적 타당성을 검토하게 한다.
- 이로써 감정과 생각의 논리적 연관성을 파악하며, 더 신중한 의사결정을 내릴 수 있다.

5-2. 감정과 논리의 균형 잡기

- 감정을 점검하는 것과 더불어, 그 감정이 생긴 이유와 배경을 함께 묻는 것이 중요하다. 예를 들어, "이 감정을 느끼게 된 이유는 무엇인가요?"와 같은 질문은 감정의 근본 원인을 탐색하게 한다.
- 이를 통해 감정에만 의존하지 않고 이성적인 사고와 감정이 조화를 이루도록 돕는다.

5-3. 피드백과 협업에 활용하기

- 팀 내 피드백 과정에서 확인 질문을 사용하면 구성원들의 의견을 명확히 하고, 공통된 이해를 바탕으로 협력할 수 있는 환경을 조성할 수 있다.
- 예를 들어, 회의에서 "지금 논의한 내용에 대해 모두가 동의하나요?"와 같은 질문은 팀의 방향성을 재확인하고, 의사결정을 더욱 명확하게 한다.

6] 결론 : 확인 질문의 가치와 활용

확인 질문은 자신의 감정과 생각을 명확히 하고, 의사결정을 구체화하는 데 필수적인 도구이다. 이는 혼란스러운 상황에서 방향을 잡고, 감정과 사고의 균형을 유지하도록 돕는다. 또한, 팀 내 의사소통과 협업을 강화하며, 불필요한 오해를 줄이는 데 기여한다.

그러나 감정에 지나치게 의존하거나 단순한 확인에만 그칠 경우, 사고의 깊이가 제한될 수 있다. 따라서 확장형 질문과 결합해 감정과 논리의 연관성을 탐구하고, 감정의 근본 원인을 파악하는 것이 중요하다. 확인 질문을 효과적으로 활용하면, 개인과 팀이 더 나은 의사결정을 내리고, 협력과 성장을 촉진할 수 있다.

7] 질문사례

① 이 결정에 대해 확신이 있나요? 그 이유는 무엇인가요?

② 지금 이 상황에서 당신이 느끼는 감정은 정확히 무엇인가요?

③ 이 문제에 대해 생각하는 바가 확실한가요, 아니면 아직 더 고민이 필요하다고 생각하나요?

④ 이 결정을 내리는 데 있어서 어떤 점이 가장 중요한가요?

⑤ 지금 이 상황에서 가장 우려되는 점은 무엇인가요?

5장. 개념 질문 (Concept Question)

1) 정의

개념 질문은 책에 서술된 내용이나 주변 사물, 현상, 단어, 또는 아이디어에 대한 이해를 명확히 하는 질문이다. 이 질문은 단어나 사물에 대한 정확하고 구체적인 의미와 개념을 확립하는 데 중점을 둔다. 이를 통해 복잡하거나 추상적인 주제를 단순화하고 명확하게 정리함으로써, 더 나은 의사소통과 논의가 가능하도록 돕는다.

개념 질문은 교육, 비즈니스, 연구 활동 등 다양한 영역에서 사용될 수 있으며, 팀 간 협업 시 용어와 개념에 대한 공통된 이해를 바탕으로 의사결정 과정과 문제해결을 원활하게 만든다. 예를 들어, 프로젝트 기획 시 '효율성'이라는 단어의 의미를 명확히 정의하지 않으면 팀원들 간 오해가 발생할 수 있다. 이때 "효율성이 이 맥락에서 어떤 의미로 쓰이는가?" 같은 개념 질문을 사용하면 문제를 명확히 하고, 혼란을 줄이며 일관된 방향으로 나아갈 수 있다.

2) 개념 질문의 심층분석

2-1. 복잡한 개념을 명확히 하고 이해를 촉진하는 도구

- 개념 질문은 특정 용어와 개념을 구체화함으로써 추상적인 주제를 단순화하고 이해를 도와주는 질문유형이다. 이는 복잡한 아이디어를 구조화하는 데 매우 유용하다. 예를 들어, 회의에서 '혁신'이라는 주제를 다룬다면, 각자 혁신의 의미를 다르게 이해할 수 있다. 이때 "혁신이란 무엇인가?" 같은 질문을 던지면 모호한 개념을 명확히 하고, 더 나은 논의를 이끌어낼 수 있다.

- 또한, 개념 질문은 단순히 의미를 묻는 것을 넘어서, 정의된 개념이 다른 상황에서 어떻게 적용될 수 있는지 탐구하도록 돕는다. 이를 통해 학습자는 추상적인 아이디어를 현실문제에 적용하며 사고의 깊이를 더할 수 있다. 예를 들어, "이 개념이 다른 산업분야에서는 어떻게 사용될 수 있을까?"와 같은 질문은 개념의 실용성과 확장 가능성을 탐구하는 데 유용하다.

2-2. 팀워크와 협업에서의 역할

개념 질문은 팀이나 조직 내 협업에서 의사소통의 명확성을 높이는 데 필수적이다. 팀 회의나 브레인스토밍 세션에서 사용되는 용어가 팀원들 간에 다르게 해석될 경우, 혼란과 오해가 발생할 수 있다. 이때 개념 질문은 공통의 이해를 형성하고 용어와 개념에 대한 일관성을 부여하는 데 도움을 준다. 예를 들어, "우리가 말하는 '효율성'이 무엇을 의미하는지 명확히 해봅시다"와 같은 질문은 팀원 간의 의사소통을 원활하게 만든다.

2-3. 교육과 학습에서의 중요성

교육현장에서 개념 질문은 사람들이 새로운 지식을 이해하고 체계화하는 데 유용한 도구다. 단순한 정보 암기에 그치지 않고, 배운 개념을 스스로 정의해봄으로써 지식을 더 깊이 내재화할 수 있다. 예를 들어, 수학수업에서 "함수란 무엇인가?"와 같은 질문을 통해 사람들이 추상적인 수학개념을 구체적으로 이해하도록 돕는다.

3] 개념 질문의 강점

3-1. 복잡한 개념을 구조화하고 명확히 한다

- 개념 질문은 추상적이거나 복잡한 아이디어를 구체화하여 이해를 돕는 역할을 한다.
- 예를 들어, "이 프로젝트에서 '혁신'이란 무엇을 의미하나요?"라는 질문은 모호한 개념을 명확하게 정리하여 논의의 초점을 맞추고 의사소통을 원활하게 한다.
- 이를 통해 팀은 공통의 이해를 바탕으로 더 나은 결정을 내릴 수 있다.

3-2. 논리적 사고와 체계적 문제해결을 촉진한다

- 개념을 명확히 정의하면 논리적이고 체계적인 사고 과정이 자연스럽게 촉진된다.
- 이는 특히 복잡한 문제를 해결하거나 새로운 아이디어를 도출할 때 매우 유용하다.
- 예를 들어, "이 개념이 이 문제해결에 어떻게 기여할 수 있는가?"와 같은 질문은 개념을 활용한 구체적인 전략개발을 가능하게 한다.

3-3. 의사소통의 명확성을 높인다

- 개념 질문은 팀이나 조직 내에서 공통된 이해를 형성하고 오해를 줄이는 역할을 한다.

- 예를 들어, "우리가 말하는 '효율성'의 정의가 같은가요?"라는 질문은 팀원들 간의 언어적 차이로 인한 혼란을 방지하고, 협업을 원활하게 만든다.

3-4. 학습을 내재화하고 성찰을 돕는다

- 개념을 명확히 정의하는 과정은 배운 내용을 내재화하는 데 유용하다.
- 예를 들어, "이 개념을 자신의 경험과 연결지어본다면 무엇이 떠오르나요?" 같은 질문은 학습자가 새로운 지식을 자기 경험과 통합하도록 돕는다.

4) 개념 질문의 한계

4-1. 개념정의에만 머물 위험

- 개념 질문이 지나치게 개념정의에만 집중되면 사고의 확장성이 떨어질 수 있다. 단순히 용어를 명확히 하는 것에 그쳐, 그 개념의 활용 가능성을 탐구하지 않으면 제한적인 사고가 될 수 있다.
- 예를 들어, "효율성이 무엇인가?"라는 질문에 대한 답변만으로는 효율성을 실제로 어떻게 활용할지에 대한 실질적인 사고로 이어지지 않을 수 있다.

4-2. 실제적용과의 연계 부족

- 개념 질문이 명확한 정의를 제공하더라도, 그 개념이 어떻게 적용될 수 있는지를 탐구하지 않으면 한계가 있다.
- 예를 들어, "효율성의 의미를 정의해보세요"라는 질문에 답하는 것만으로는, 그 개념을 현실에서 어떻게 사용할지에 대한 구체적인 아이디어를 제공하지 못한다.

4-3. 추상적 개념에 대한 지나친 집착

개념정의에 집착하면 유연한 사고를 방해할 수 있다. 이는 특히 새로운 문제상황에서 다양한 아이디어를 제시하는 데 제한이 될 수 있다.

5) 개념 질문의 개선 및 활용방안

5-1. 응용형 질문과 결합하기

- 개념 질문을 더 발전시키기 위해 응용형 질문을 함께 사용하면 좋다. 예를 들어, "이 개념을 다른 문제에 적용한다면 어떤 변화를 기대할 수 있나요?" 같은 질문은 개념의 실질적 활용을 탐구하도록 돕는다.
- 이를 통해 단순한 정의에서 나아가 그 개념이 다양한 상황에서 어떻게 적용될 수 있는지를 고민할 수 있다.

5-2. 비교와 대조를 활용하기

개념 질문에 비교와 대조의 요소를 추가하면, 더 깊이 있는 이해를 도모할 수 있다. 예를 들어, "다른 산업에서는 이 개념을 어떻게 정의하고 있나요?" 같은 질문은 다양한 맥락에서 개념을 이해하게 만든다.

5-3. 실제 사례와 연결하기

개념 질문을 할 때 현실의 사례와 연결해보는 것도 유용하다. 예를 들이, "이 개념이 성공적인 기업에서는 어떻게 적용되고 있나요?" 같은 질문은 개념과 현실을 연결해 더 깊이 있는 통찰을 제공한다.

6) 결론 : 개념 질문의 가치와 활용

- 개념 질문은 복잡한 주제를 명확하게 정의하고 논리적 사고를 촉진하는 강력한 도구다. 이를 통해 팀이나 개인은 의사소통을 원활하게 하고, 문제해결과 전략개발에 필요한 기초를 다질 수 있다. 그러나 개념정의에만 머물지 않고, 그 개념이 어떻게 응용되고 확장될 수 있는지 탐구하는 것이 중요하다.
- 개념 질문에 응용형 질문과 비교, 대조를 결합하면 사고의 깊이를 더할 수 있으며, 현실문제에 대한 실질적인 해결책을 도출할 수 있다. 이를 통해 우리는 명확한 개념정의를 바탕으로 창의적 사고와 실질적인 성과를 이끌어낼 수 있다.

7] 질문사례

① 당신에게 '성공'이란 무엇을 의미하나요?

② 이 상황에서 '책임'이라는 개념을 어떻게 정의할 수 있나요?

③ 이 문제에서 '효율성'이란 무엇을 뜻하나요?

④ '혁신'이라는 단어가 이 프로젝트에서 어떻게 적용되나요?

⑤ 당신이 생각하는 '행복'의 정의는 무엇인가요?

6장. 관찰 질문(Observe Question)

1) 정의

관찰 질문은 책에 있는 그림, 주변 사물, 대상 등을 주의 깊게 관찰하여 공통점, 차이점, 유사점 그리고 패턴을 찾아내도록 유도하는 질문이다. 이러한 질문은 단순히 특정대상을 관찰하는 데 그치지 않고, 주변 환경과 상황까지 통합적으로 살펴보도록 장려한다. 관찰을 통해 눈에 보이는 사물과 현상의 세부적인 특징과 변화를 인식할 수 있으며, 이는 분석적 사고를 촉진하는 중요한 도구가 된다.

관찰 질문은 일상생활뿐만 아니라 연구, 교육, 비즈니스 프로젝트 등 다양한 맥락에서 활용할 수 있다. 예를 들어, 실험에서 특정 현상을 관찰할 때 "이 두 현상에서 어떤 차이점이 보이는가?" 또는 "이 변화의 패턴은 무엇을 의미할까?"와 같은 질문이 해당된다. 이 질문을 통해 세부적인 관찰능력을 높이고, 문제의 본질을 파악하는 데 도움을 줄 수 있다.

2) 관찰 질문의 심층분석

2-1. 세부적인 관찰을 통해 통찰력을 키우는 도구

관찰 질문은 사물이나 대상의 미세한 차이와 패턴을 인식하는 능력을 키운다. 이는 단순히 보이는 것에만 주목하는 것이 아니라, 사물과 현상을 더 깊이 이해하고 숨겨진 관계를 발견하게 만든다. 예를 들어, 그림 속의 작은 변화나 주변 사물 간의 미묘한 차이를 관찰하면서, 그 안에 담긴 메시지나 문제의 원인을 찾아낼 수 있다.

2-2. 패턴과 차이점을 통해 문제의 본질을 이해하기

관찰 질문은 대상 간의 공통점과 차이점을 비교하며, 패턴을 찾아내는 데 매우 유용하다. 이러한 패턴 분석은 문제의 근본 원인을 파악하고, 더 나은 해결책을 도출하는 데 기여한다. 예를 들어, "이 현상이 반복될 때마다 어떤 변화가 일어나고 있는가?"라는 질문은 변화의 흐름을 파악하고 예측할 수 있도록 돕는다. 이러한 질문은 데이터 분석이나 연구상황에서도 유용하게 적용된다.

2-3. 팀워크와 협업에서의 활용

관찰 질문은 팀 프로젝트나 연구상황에서도 중요한 역할을 한다. 팀 내에서 각 구성원이 서로 다른 시각에서 관찰한 내용을 공유하면서, 다른 사람들이 놓친 세부사항을 발견할 수 있다. 예를 들어, 회의에서 "이제까지 우리가 놓쳤던 세부적인 부분은 무엇일까요?"라는 질문을 통해 새로운 시각과 통찰을 이끌어낼 수 있다. 이는 창의적 문제해결과 혁신적인 아이디어 도출에 큰 도움이 된다.

3] 관찰 질문의 강점

3-1. 세밀한 관찰 습관을 기를 수 있다

- 관찰 질문은 사람들로 하여금 사소한 부분까지 주의 깊게 관찰하도록 훈련한다.
- 이는 문제해결 과정에서 미묘한 차이와 숨겨진 패턴을 발견하는 능력을 길러준다. 예를 들어, "이 두 프로젝트의 차이점은 무엇인가?"라는 질문은 세부적인 차이에서 중요한 인사이트를 도출하게 만든다.
- 이러한 관찰능력은 특히 연구나 디자인 같은 분야에서 결정적인 통찰을 제공할 수 있다.

3-2. 직관적 사고와 논리적 분석의 결합을 촉진한다

- 관찰 질문은 직관적인 인식과 논리적 분석을 결합하여 사고를 심화한다. 예를 들어, 패턴을 발견한 후 "이 패턴이 무엇을 의미할까?"라는 질문을 던지면, 직관과 논리적 사고의 균형을 맞출 수 있다.
- 이는 비즈니스 문제 해결이나 팀 프로젝트에서 창의적 아이디어를 발전시키는 데 효과적이다.

3-3. 다른 사람들의 시각을 도출하고 공유할 수 있다

- 관찰 질문은 팀 내에서 각 구성원의 다양한 시각을 이끌어내고 통합하는 데 유용하다.
- 예를 들어, 회의에서 "각자 본 것 중에서 가장 인상 깊었던 부분은 무엇인가요?"라는 질문은 팀원들이 서로 다른 관점을 공유하도록 유도한다.
- 이는 새로운 시각과 통찰을 제공하여 문제해결에 기여한다.

3-4. 문제의 근본 원인을 발견하게 한다

관찰 질문은 사물과 현상을 면밀히 분석해 문제의 근본 원인을 파악하도록 돕는다. 예를 들어, 반복적으로 발생하는 문제를 분석할 때 "문제가 발생할 때마다 어떤 패턴이 보이는가?"라는 질문을 던지면 근본적인 원인을 발견할 수 있다.

4) 관찰 질문의 한계

4-1. 세부적인 관찰에만 치중할 위험

- 지나치게 세부적인 부분에만 집중하면 전체적인 맥락을 놓칠 수 있다. 이는 사고의 범위를 좁히고 문제해결 능력을 제한할 수 있다.
- 예를 들어, 작은 차이점에 집착하다가 더 큰 문제의 흐름을 간과하는 경우가 발생할 수 있다.

4-2. 관찰만으로는 깊이 있는 사고를 이끌기 어렵다

- 단순히 관찰에 그칠 경우, 문제해결로 이어지는 통찰을 도출하기 어렵다. 패턴을 발견하더라도 그것이 무엇을 의미하는지, 어떻게 해결책으로 연결될 수 있는지를 탐구하지 않으면 효과가 제한적이다.
- 따라서 "이 패턴이 무엇을 의미하나요?"와 같은 분석적 질문이 필요하다.

4-3. 관찰결과의 해석 오류 가능성

- 관찰결과를 해석할 때 개인의 편견이나 제한된 시각이 개입될 수 있다. 이는 잘못된 결론으로 이어질 위험이 있다.
- 예를 들어, 특정 현상을 잘못 해석해 엉뚱한 해결책을 제시할 수 있다. 따라서 관찰한 내용을 다른 시각에서 검토하고 분석하는 과정이 중요하다.

5) 관찰 질문의 개선 및 활용방안

5-1. 분석적 질문과 결합하기

관찰 질문의 효과를 극대화하기 위해 분석적 질문을 함께 사용하는 것이 좋다. 예를 들어, "이 차이점이 의미하는 바는 무엇인가요?" 또는 "이 패턴이 문제해결에 어떤 기여를 할 수 있을까요?" 같은 질문을 추가하면, 단순한 관찰에서 더 깊이 있는 통찰로 발전시킬 수 있다.

5-2. 전체적인 맥락과 연결하기

세부적인 관찰을 전체적인 맥락과 연결하는 것도 중요하다. 예를 들어, "이 작은 변화가 전체 프로젝트에 어떤 영향을 미칠까요?" 같은 질문은 세부사항을 큰 그림 속에서 이해하게 만든다.

5-3. 다양한 시각을 통합하기

- 관찰한 내용을 팀 내에서 공유하고, 다양한 시각을 통합하는 과정이 필요하다. 이를 통해 편향된 해석을 줄이고 더 정확한 결론을 도출할 수 있다.
- 예시 : 이 현상을 다른 사람의 시각에서는 어떻게 볼 수 있을까요?

5-4. 실제 문제해결과 연결하기

관찰 질문을 활용해 발견한 패턴과 차이점을 실제 문제해결과 연결하면 사고의 깊이를 더할 수 있다. 예를 들어, "이 관찰이 앞으로의 의사결정에 어떤 영향을 줄 수 있을까요?"와 같은 질문은 관찰 결과를 실질적인 해결책으로 연결하도록 돕는다.

6) 결론 : 관찰 질문의 가치와 활용

관찰 질문은 세부적인 패턴과 차이점을 발견하고, 문제의 근본 원인을 파악하는 데 필수적인 도구다. 이는 개인과 팀이 문제를 다각도로 분석하고 새로운 통찰을 이끌어내는 데 매우 유용하다. 그러나 단순히 관찰에 그치지 않고, 관찰한 내용을 분석하고 문제해결과 연결하는 것이 중요하다.

분석적 질문과 응용형 질문을 결합하면, 관찰 질문은 사고의 깊이를 더하고 실질적인 문제해결로 이어질 수 있다. 이를 통해 우리는 주변 사물과 현상에 대한 더 나은 이해를 바탕으로 창의적인 해결책을 도출할 수 있다.

7] 질문사례

① 이번 프로젝트에서 당신이 관찰한 주요 변화는 무엇인가요?

② 이번 회의에서 동료들의 반응 중 특별히 눈에 띄는 점은 무엇이었나요?

③ 이 제품의 디자인에서 다른 제품과 차별화되는 부분은 무엇인가요?

④ 최근의 매출 변화에서 발견한 패턴은 무엇인가요?

⑤ 오늘 아침의 날씨와 어제의 날씨에서 어떤 차이점을 느꼈나요?

7장. 느낌 질문 (Feeling Question)

1) 정의

느낌 질문은 책에 서술된 내용이나 특정 상황에 대한 개인의 감정과 생각을 솔직하고 명확하게 표현하도록 유도하는 질문이다. 이러한 질문은 주관적인 경험과 감정을 탐구하는 데 주로 사용되며, 사람(자녀)의 정서적 반응을 깊이 이해하는 데 중요한 역할을 한다. 느낌 질문은 단순히 감정을 묻는 것에 그치지 않고, 자신의 감정을 인식하고 표현하는 능력을 향상시키며, 타인의 감정에 대한 공감능력을 키우는 데에도 효과적이다. 이 질문은 교육, 심리상담, 인간관계와 같은 다양한 맥락에서 활용될 수 있으며, 특히 감정조절과 정서적 소통이 중요한 상황에서 유용하다. 예를 들어, 사람에게 "이 이야기에서 주인공이 겪은 상황에 대해 어떻게 느꼈나요?"와 같은 질문을 던지면, 감정을 표현하는 기회를 제공함과 동시에 주인공과 자신을 연결하며 공감을 형성할 수 있게 한다.

2) 느낌 질문의 심층분석

2-1. 감정인식을 촉진하는 도구

느낌 질문은 감정을 명확히 인식하고 표현하는 능력을 기르도록 돕는 질문이다. 이는 자신이 느끼는 감정을 정확히 파악하게 만들 뿐 아니라, 감정의 근본 원인을 탐구하고 표현하는 훈련을 제공한다. 예를 들어, "이 장면을 읽으면서 가장 먼저 떠오른 감정은 무엇이었나요?"라는 질문은 사람이 자신의 감정을 구체적으로 인식하고 언어로 표현하도록 돕는다.

2-2. 정서적 소통과 공감능력 향상

느낌 질문은 감정에 대한 이해를 바탕으로 타인과의 정서적 소통을 강화하는 데도 중요한 역할을 한다. 이를 통해 감정을 솔직하게 표현하고 상대방의 감정을 존중하는 능력을 키울 수 있다. 예를 들어, 사람들이 팀 프로젝트를 할 때 "이 상황에서 팀원들이 느꼈을 감정은 무엇일까요?"라는 질문을 던지면, 서로의 감정을 이해하며 협업할 수 있는 기반을 마련할 수 있다.

2-3. 갈등해결과 심리적 성장에 기여

느낌 질문은 감정조절과 갈등해결 과정에서도 중요한 역할을 한다. 사람들이 갈등상황에서 느끼는 감정을 인식하고 표현할 수 있을 때, 감정에 휘둘리지 않고 이성적인 대화를 이어나가는 것이 가능해진다. 예를 들어, "이 상황에서 화가 난 이유를 구체적으로 설명해볼까요?"라는 질문은 갈등의 본질을 이해하고, 문제를 감정적으로만 접근하지 않도록 돕는다.

3) 느낌 질문의 강점

3-1. 개인의 감정인식을 높인다

- 느낌 질문은 개인이 자신의 감정을 명확히 인식하고 표현할 수 있도록 도와준다. 이는 감정조절 능력을 키우는 데 매우 유용하며, 특히 사람들에게 정서적 성숙을 유도한다.
- 예시 : 이 장면에서 당신은 어떤 감정을 느꼈나요?

3-2. 공감능력을 강화한다

- 자신의 감정을 탐구하는 동시에, 타인의 감정을 이해하고 공감할 수 있는 능력을 키워준다.
- 예시 : 주인공이 이 상황에서 어떤 감정을 느꼈을 것 같나요?
- 이를 통해 서로의 감정을 존중하며 건강한 대인관계를 유지할 수 있다.

3-3. 정서적 소통을 촉진한다

- 느낌 질문은 상대방과 감정을 공유하는 기회를 제공하며, 정서적인 소통을 강화한다. 이는 가족, 친구, 팀원 간의 신뢰 형성에도 도움이 된다.
- 예시 : 지금 당신의 감정을 솔직하게 표현해줄 수 있나요?

3-4. 감정조절과 갈등해결에 유용하다

- 갈등상황에서 자신의 감정을 인식하고 표현할 수 있도록 유도하면, 감정적인 폭발을 방지하고 건설적인 대화로 이어질 수 있다.
- 예시 : 이 상황에서 화가 난 이유를 구체적으로 설명해줄 수 있나요?
- 이를 통해 감정을 해소하고, 갈등을 해결할 수 있는 기회를 제공한다.

4) 느낌 질문의 한계

4-1. 감정에 지나치게 치중할 위험

- 느낌 질문이 감정에만 집중되면 논리적 사고나 문제해결 능력이 약화될 수 있다. 주관적인 감정에 지나치게 의존하면, 객관적인 문제해결이 어려워질 수 있다.
- 예시 : 어떤 상황에서 "그냥 기분이 안 좋다"는 식의 감정 표현에 머물면 문제를 명확히 파악하고 해결하기가 어려워진다.

4-2. 정확한 감정 표현의 어려움

- 자신의 감정을 정확히 표현하는 것은 쉽지 않다. 특히 감정을 언어로 표현하는 데 익숙하지 않은 사람들은 감정을 제대로 전달하지 못해 오해가 발생할 수 있다.
- 예시 : 사람들이 감정을 묻는 질문에 "모르겠어요"라고 답하는 경우가 있을 수 있다.

4-3. 객관적인 사고와의 균형 부족

- 느낌 질문이 감정적인 요소에만 치중하면, 객관적인 분석과 이성적인 사고가 소홀해질 수 있다.
- 따라서 감정과 논리를 균형 있게 탐구할 수 있는 추가적인 질문이 필요하다.

5) 느낌 질문의 개선 및 활용방안

5-1. 감정과 논리를 연결하는 확장형 질문 사용

감정에 대한 인식을 높이면서도, 그 감정이 의사결정이나 문제해결에 어떤 영향을 미치는지 탐구하도록 유도할 수 있다. 예를 들어, "이 감정이 당신의 선택에 어떤 영향을 미쳤나요?" 또는 "이 감정을 해결하기 위해 어떤 방법을 사용할 수 있을까요?"와 같은 확장형 질문을 사용하면 사고의 깊이를 더할 수 있다.

5-2. 타인의 감정을 탐구하는 질문활용

- 자신의 감정뿐만 아니라 타인의 감정을 이해하고 공감할 수 있는 질문을 던지는 것도 중요하다.

- 예시 : 이 상황에서 다른 사람들은 어떤 감정을 느꼈을까요?
- 이러한 질문은 공감능력을 키우고, 더 나은 대인관계를 형성하는 데 도움이 된다.

5-3. 실제 상황과 연결된 느낌 질문 사용

사람이나 자녀가 현실세계와 연결된 감정을 탐구하도록 유도하면, 감정적인 성숙을 더 효과적으로 도모할 수 있다. 예를 들어, "이 경험이 실제 삶에서 어떤 감정을 불러일으킬 수 있을까요?" 같은 질문은 현실과의 연계를 강화한다.

5-4. 감정조절과 의사결정 훈련 결합

- 느낌 질문과 더불어 감정조절과 의사결정 훈련을 결합하면 더욱 효과적이다.
- 예시 : 이 감정을 조절하기 위해 어떤 선택을 할 수 있을까요?
- 이를 통해 사람들은 감정에 휘둘리지 않고 이성적으로 의사결정하는 연습을 할 수 있다.

6] 결론 : 느낌 질문의 가치와 활용

느낌 질문은 자신의 감정을 인식하고 표현하며, 타인의 감정을 이해하고 공감하는 데 필수적인 도구다. 이는 정서적 소통, 갈등해결, 인간관계형성에 큰 도움을 주며, 사람이나 자녀가 감정적으로 성숙해지는 과정을 지원한다.

그러나 감정에 지나치게 치중하면 객관적인 사고가 부족해질 수 있으므로, 감정과 논리를 연결하는 추가적인 질문을 활용하는 것이 중요하다. 확장형 질문과 감정조절 훈련을 결합하면, 느낌 질문은 감정과 사고를 균형 있게 발전시키는 강력한 도구로 작동할 수 있다.

이러한 느낌 질문은 일상 생활뿐만 아니라 교육과 상담, 팀워크 상황에서도 활용 가능하며, 개인과 조직이 더 나은 정서적 소통과 문제해결 능력을 갖추도록 돕는다.

7] 질문사례

① 이 프로젝트를 진행하면서 가장 강렬하게 느낀 감정은 무엇인가요?

② 그 사람과 대화할 때 어떤 감정을 느끼셨나요?

③ 지금 이 상황에서 당신의 주된 감정은 무엇인가요?

④ 이 문제를 처음 들었을 때 어떤 감정이 들었나요?

⑤ 이번 실패에서 느낀 좌절감을 어떻게 극복하셨나요?

8장. 논리 질문 (Logic Question)

1) 정의

논리 질문은 책에 서술된 내용이나 상식으로 알려진 사실들의 이유, 근거 그리고 논리적 타당성을 탐구하는 질문이다. 이 질문은 사실과 근거에 기반한 논리적 사고를 확립하는 데 중점을 두며, 비판적 사고를 촉진하고 문제해결 능력을 강화한다. 논리 질문은 사고의 흐름을 명확히 정리하고, 근거를 바탕으로 결론을 도출하는 과정에서 핵심적인 역할을 한다.

논리 질문은 교육, 비즈니스, 연구 그리고 팀 의사결정 과정 등 다양한 맥락에서 필수적인 도구로 활용된다. 예를 들어, 회의에서 특정 아이디어를 평가할 때 "이 주장이 타당한 근거를 가지고 있는가?"와 같은 질문을 던지면, 논리적 일관성을 점검하며 의사결정의 신뢰성을 높일 수 있다. 이 질문을 통해 개인이나 팀은 논리적 오류를 피하고 더 나은 선택을 할 수 있게 된다.

2) 논리 질문의 심층분석

2-1. 근거와 결론의 연결을 돕는 도구

- 논리 질문은 사고의 흐름을 명확하게 정리하고, 근거와 결론 사이의 일관성을 유지하는 데 도움을 준다. 예를 들어, 특정 주장에 대해 "이 주장의 근거는 무엇인가?"라고 묻는 것은, 사실과 논리적 연결고리를 탐색하도록 돕는다. 이러한 질문은 특히 복잡한 문제를 다룰 때 유용하다.
- 논리 질문은 또한 근거 없는 주장이나 편향된 사고를 걸러내는 역할을 한다. 예를 들어, 회의 중에 팀원이 제안한 아이디어에 대해 "이 아이디어를 지지할 근거가 무엇인가?"라고 묻는 것은, 해당 아이디어가 타당한 논리를 바탕으로 한 것인지를 점검하게 한다.

2-2. 비판적 사고를 촉진하고 문제해결을 강화

논리 질문은 비판적 사고를 발전시키고, 문제해결을 체계화하는 데 매우 중요한 역할을 한다. 개인이나 팀은 논리 질문을 통해 주장의 타당성을 검증하고, 문제해결 과정에서 필요한 근거를 찾는 습관을 기를 수 있다. 예를 들어, "이 해결책이 이 문제에 적절한 이유는 무엇인가?" 같은 질문은 의사결정의 논리적 근거를 명확하게 한다.

2-3. 팀 내 토론과 의사결정의 체계성을 유지

논리 질문은 팀 내에서 토론의 질을 높이고 의사결정 과정의 체계성을 유지하는 데도 유용하다. 복잡한 의사결정을 다루는 상황에서 "우리가 이 결정을 내리는 이유는 무엇인가?" 같은 질문은, 팀원들이 사고의 흐름을 정리하고 근거 중심의 논의를 이어나가도록 돕는다. 이는 특히 전략 수립, 프로젝트 기획, 문제해결 회의에서 중요한 역할을 한다.

3] 논리 질문의 강점

3-1. 사고의 흐름을 명확하게 정리한다

- 논리 질문은 근거와 결론을 연결하며 사고의 흐름을 명확하게 한다.
- 예를 들어, "이 주장과 결론 사이에 논리적 오류가 없는가?"라는 질문은 사고의 일관성을 점검하게 한다.
- 이를 통해 논리적 일관성을 유지하며, 잘못된 결론에 도달하지 않도록 돕는다.

3-2. 근거를 바탕으로 명확한 결론을 도출한다

- 논리 질문은 사실과 근거에 기초하여 타당한 결론을 도출하는 데 유용하다.
- 예시 : 우리가 이 결론을 내리기 위해 필요한 추가 정보는 무엇인가?
- 이를 통해 결정의 신뢰성을 높이고, 논리적 오류를 줄일 수 있다.

3-3. 비판적 사고와 문제해결 능력을 강화한다

- 논리 질문은 주장과 아이디어의 타당성을 검증하며, 비판적 사고를 발전시킨다.
- 예시 : 이 해결책이 효과적이지 않은 경우는 어떤 상황일까?
- 이러한 질문은 문제해결 과정에서 다양한 가능성을 탐구하고, 예상치 못한 문제를 미리 방지하는 데 도움을 준다.

3-4. 의사결정 과정의 체계성을 유지한다

- 팀 의사결정 과정에서 논리 질문은 구성원 간의 논의가 근거 중심으로 이루어지도록 돕는다.
- 예시 : 모든 팀원이 이 결정의 근거에 동의하나요?
- 이를 통해 팀 내 의사결정의 신뢰도를 높이고, 결정이 타당한 근거에 기반한 것임을 확신할 수 있다.

4) 논리 질문의 한계

4-1. 감정적·직관적 요소를 간과할 위험

- 논리적 사고에만 치중하면 감정이나 직관적인 요소를 무시할 수 있다.
- 예를 들어, 인간관계나 감정적인 상황에서는 "이 선택이 타인에게 어떤 감정을 불러일으킬까?" 같은 질문이 필요할 수 있다.
- 모든 문제를 논리적으로만 해결하려고 하면, 인간적인 요소를 소홀히 하게되어 의사소통에 한계를 겪을 수 있다.

4-2. 창의성과 유연한 사고를 제한할 수 있다

- 논리에만 의존하면 창의적이거나 직관적인 해결책을 도출하는 데 어려움이 생길 수 있다.
- 예를 들어, 예상치 못한 문제를 직관적으로 해결해야 할 때 논리적 접근이 장애물이 될 수 있다.

4-3. 지나친 분석으로 결정 지연

- 논리적 근거를 과도하게 탐구하면 분석에만 매몰되어 결정을 미루거나 기회를 놓칠 수 있다.
- 이는 특히 긴급한 상황에서 빠른 결정이 필요한 경우에 문제가 될 수 있다.

5) 논리 질문의 개선 및 활용방안

5-1. 감정과 직관을 고려한 질문과 결합하기

- 논리 질문과 함께 감정적 요소나 직관적인 판단을 고려한 질문을 추가하면 사고의 균형을 맞출 수 있다.

- 예시 : 이 결정을 내릴 때 직관은 어떻게 작용했나요?" 또는 "이 결정에 감정적인 요인은 없었나요?
- 이를 통해 논리와 감정, 직관의 조화를 이루는 의사결정이 가능해진다.

5-2. 창의적 사고를 유도하는 질문 추가
- 논리적인 분석에 치중하지 않도록 창의적 사고를 유도하는 질문을 함께 사용하는 것이 좋다.
- 예시 : 논리적인 해결책 외에 다른 접근법은 무엇이 있을까요?
- 이러한 질문은 문제해결 과정에서 더 다양한 해결책을 탐구하도록 돕는다.

5-3. 긴급 상황에 맞는 논리적 의사결정 연습하기
- 논리적 분석이 지나치게 길어지지 않도록, 긴급한 상황에서의 의사결정 훈련을 도입할 수 있다.
- 예시 : 이 문제를 해결하기 위해 가장 중요한 근거는 무엇인가?
- 이를 통해 시간 압박 속에서도 근거 중심의 신속한 결정을 내릴 수 있도록 돕는다.

6) 결론 : 논리 질문의 가치와 활용

논리 질문은 사실과 근거에 기반한 비판적 사고를 촉진하고, 문제해결과 의사결정 과정에서 타당한 결론을 도출하는 데 필수적인 도구다. 이는 특히 팀 내 토론과 협업, 복잡한 문제 해결 상황에서 매우 유용하다. 그러나 논리적 사고에만 치중하면 감정적 요소나 직관적인 판단을 간과할 수 있으므로, 이를 보완하기 위해 감정과 직관을 고려한 질문을 함께 사용하는 것이 중요하다.

논리 질문과 창의적 사고를 유도하는 질문을 결합하면, 문제해결 과정에서 논리와 창의성의 균형을 이루며 더 나은 결과를 도출할 수 있다. 이를 통해 우리는 복잡한 문제를 체계적으로 분석하고, 타당한 근거에 기반한 신뢰성 높은 결정을 내릴 수 있는 능력을 키울 수 있다.

7) 질문사례 :

① 이 결론이 논리적으로 타당하다고 생각하시나요?
② 이 주장에 대한 근거는 무엇인가요?

③ 이 문제에 대해 다른 해결책이 있을 수 있나요? 그 이유는 무엇인가요?

④ 이 결정을 뒷받침할 수 있는 논리적 근거를 설명해 주시겠어요?

⑤ 이 방법이 최선의 해결책이라고 판단한 이유는 무엇인가요?

9장. 꼬꼬 질문 (Deep-dive Question)

1) 정의

꼬꼬 질문은 하나의 질문에서 또 다른 질문으로 연속적으로 이어가며 사고의 폭과 깊이를 확장하는 질문(꼬리에 꼬리를 무는 질문)이다. '꼬리에 꼬리를 무는 질문'이라는 표현처럼, 대답과 연관된 새로운 질문을 던지며 문제의 본질에 다가가고 근본 원인을 탐구하는 데 사용된다. 이러한 질문은 겉으로 드러난 현상에 그치지 않고, 문제의 깊은 층위를 탐색하며 핵심원인을 분석하게 한다.

꼬꼬 질문은 교육, 연구, 비즈니스 회의, 심리상담 등 다양한 분야에서 활용될 수 있으며, 특히 복잡한 문제를 깊이 이해하고 다양한 측면에서 분석할 때 효과적이다. 예를 들어, 특정 비즈니스 문제가 발생했을 때 "왜 매출이 감소했나요?"라는 질문에서 시작해, "마케팅 전략이 부적절했나요?", "그렇다면 시장 트렌드 변화는 무엇이었나요?" 같은 연속적인 질문으로 사고의 깊이를 확장할 수 있다.

2) 꼬꼬 질문의 심층분석

2-1. 연속적 사고를 유도하는 도구

꼬꼬 질문은 하나의 질문과 대답에서 연관된 다음 질문으로 자연스럽게 이어가며 사고를 확장한다. 이를 통해 사고의 흐름이 끊기지 않고, 논리적 일관성을 유지하면서 점진적으로 문제의 핵심에 접근할 수 있다. 예를 들어, "왜 이 현상이 발생했나요?"라는 질문에서 시작해 "그 원인은 무엇인가요?", "그 원인이 발생한 이유는 무엇인가요?"와 같은 꼬리 질문을 던지면, 점차적으로 문제의 근본 원인을 탐구할 수 있다.

2-2. 복잡한 문제의 본질을 파악하고 분석

꼬꼬 질문은 문제의 겉모습만 파악하는 데서 멈추지 않고, 다양한 층위에서 문제를 분석하는 데 유용하다. 이는 특히 다차원적인 문제를 다루거나, 여러 가지 원인이 얽혀 있는 문제의 근본적인 원인을 발견하는 데 효과적이다. 예를 들어, 기업에서 성과가 부진할 때 "성과가 부진한 이유는 무엇인가?", "마케팅 전략의 문제가 있나요?", "경쟁사의 변화가 영향을 미쳤나요?"처럼 연속적인 질문을 통해 문제의 다양한 측면을 파악할 수 있다.

2-3. 학습과 연구에서의 활용

꼬꼬 질문은 사람들이 깊이 있는 학습을 하도록 유도하는 강력한 도구이기도 하다. 예를 들어, 과학 수업에서 "왜 식물이 광합성을 하는가?"라는 질문을 던진 후, "광합성은 어떻게 이루어지나요?", "이 과정에서 중요한 역할을 하는 요소는 무엇인가요?" 같은 추가질문을 이어가면, 학습자가 개념을 더 깊이 이해하고 복잡한 개념 간의 연관성을 파악하게 된다.

3] 꼬꼬 질문의 강점

3-1. 사고의 깊이를 확장한다

- 꼬리에 꼬리를 무는 질문을 통해 표면적 사고에서 벗어나 더 깊은 수준의 사고를 유도할 수 있다.
- 예를 들어, "이 아이디어가 왜 중요한가?"라는 질문에서 시작해, "이 아이디어가 성공하려면 어떤 조건이 필요할까?", "그 조건이 충족되지 않으면 어떤 결과가 발생할까?"와 같은 질문을 던지면, 사고의 폭과 깊이가 확장된다.
- 이는 특히 복잡한 문제의 핵심원인을 파악하는 데 유용하다.

3-2. 문제해결 능력을 강화한다

- 꼬꼬 질문은 문제를 여러 각도에서 분석하고, 근본적인 원인을 발견하는 데 도움을 준다.
- 예시 : 왜 프로젝트가 지연되었나요? → 리소스 부족이 원인인가요? → 리소스 관리 과정에서 어떤 문제가 있었나요?
- 이러한 질문들은 문제를 더 깊이 이해하고 적절한 해결책을 도출하는 데 기여한다.

3-3. 논리적 사고의 흐름을 유지한다

- 꼬꼬 질문은 논리적 흐름을 따라가며 사고를 확장하기 때문에, 사고 과정에서 일관성을 유지하도록 돕는다.
- 예시 : 이 정책이 실패한 이유는 무엇인가? → 그 이유가 발생한 근거는 무엇인가?
- 이는 팀 의사결정 과정에서도 논리적인 근거를 바탕으로 설득력 있는 결정을 내리는 데 유용하다.

3-4. 다차원적 문제를 탐구할 수 있다

- 꼬꼬 질문은 복잡한 문제의 다양한 측면을 탐구할 수 있도록 돕는다.
- 예시 : 이 현상이 발생한 외부 요인은 무엇인가?"와 같은 질문을 통해 내부와 외부 요인을 모두 고려할 수 있다.
- 이러한 질문은 팀 회의나 브레인스토밍 세션에서 창의적이고 심층적인 논의를 촉진한다.

4] 꼬꼬 질문의 한계

4-1. 사고의 폭이 좁아질 위험

- 꼬꼬 질문이 지나치게 특정 주제에만 몰입되면, 사고의 폭이 제한될 수 있다.
- 예를 들어, 한 가지 문제에 집착하다보면 다른 중요한 요소를 놓치거나 전체적인 맥락을 간과할 수 있다.

4-2. 논의가 복잡해질 수 있다

- 질문이 계속 꼬리를 물고 이어지다 보면, 생각이 복잡해지고 혼란스러워질 수 있다.
- 이는 특히 제한된 시간 내에 결론을 도출해야 하는 상황에서는 효과적이지 않을 수 있다.

4-3. 균형 잡힌 사고가 부족할 수 있다

- 꼬꼬 질문에 지나치게 의존하면, 사고의 깊이만 강조되고 넓은 시각에서 문제를 바라보는 능력이 떨어질 수 있다.
- 이는 다양한 관점을 고려해야 하는 문제해결 상황에서 편향된 사고로 이어질 위험이 있다.

5] 꼬꼬 질문의 개선 및 활용방안

5-1. 상위 수준의 질문과 결합하기

- 꼬꼬 질문을 통해 사고의 깊이를 확장한 후, 다시 상위 수준으로 올라와 전체 맥락을 재평가하는 질문을 덧붙이면 좋다.

- 예시 : 이 문제를 전체적인 상황에서 보면 어떻게 달라질까요?
- 이러한 접근은 사고의 깊이와 폭을 균형 있게 유지하도록 돕는다.

5-2. 시간과 범위를 제한한 꼬꼬 질문 사용

- 꼬꼬 질문이 너무 깊어지지 않도록, 질문 범위를 미리 설정하는 것이 효과적이다.
- 예시 : 이 문제의 핵심원인 세 가지는 무엇인가?
- 이를 통해 복잡한 사고 과정을 간소화하면서도 핵심적인 통찰을 놓치지 않도록 할 수 있다.

5-3. 팀 협업과 의사소통에 활용하기

- 꼬꼬 질문을 팀 회의나 브레인스토밍 세션에서 사용하면, 구성원들이 다양한 관점에서 문제를 탐구할 수 있다.
- 예시 : 이 아이디어에 대한 추가적인 질문은 무엇이 있을까요?
- 이를 통해 팀원들이 더 깊이 있는 논의를 이어가며 창의적인 해결책을 도출할 수 있다.

5-4. 다양한 관점에서 질문을 재구성하기

- 꼬꼬 질문을 통해 얻은 통찰을 다양한 시각에서 재검토하는 것도 중요하다.
- 예시 : 이 문제를 다른 부서에서는 어떻게 해석할까요?
- 이러한 접근은 사고의 편향을 방지하고, 보다 객관적인 해결책을 도출하도록 돕는다.

6] 결론 : 꼬꼬 질문의 가치와 활용

꼬꼬 질문은 하나의 질문에서 또 다른 질문으로 이어지며 사고의 깊이와 폭을 확장하는 강력한 도구다. 이를 통해 복잡한 문제의 근본 원인을 파악하고, 다양한 측면에서 심층적으로 분석할 수 있다. 그러나 사고의 깊이만 강조될 경우 넓은 시각을 놓칠 위험이 있으므로, 전체적인 맥락을 고려하는 상위 수준의 질문과 결합하는 것이 중요하다.

꼬꼬 질문은 교육, 비즈니스, 연구 그리고 팀 회의 등 다양한 상황에서 문제를 다각도로 탐구하고,

핵심적인 통찰을 발견하는 데 매우 효과적이다. 이를 통해 우리는 복잡한 문제를 깊이 이해하고, 근본적인 해결책을 도출할 수 있는 능력을 키울 수 있다.

7] 질문사례

① 왜 그렇게 생각하시나요? 그 이유는 무엇인가요?

② 이 선택을 한 이유는 무엇인가요? 그 결정을 내린 배경은 무엇인가요?

③ 그 상황에서 다른 선택을 할 수는 없었나요? 그렇다면 왜 그 선택을 하지 않으셨나요?

④ 그 결론에 도달하기까지 어떤 과정을 거치셨나요? 각 단계에서 무엇이 중요했나요?

⑤ 이 해결책이 논리적이라고 판단한 이유는 무엇인가요? 그 논리적 근거는 무엇인가요?

10장. 배움 질문 (Learning Question)

1) 정의

배움 질문은 책, 경험, 사건을 통해 얻은 교훈과 통찰력을 묻고 정리하는 질문이다. 이 질문은 개인이나 팀이 경험을 통해 무엇을 배웠는지 되돌아보게 하며, 반복적인 실수를 피하고 더 나은 선택을 할 수 있도록 돕는다. 단순한 정보습득을 넘어, 경험 속에서 핵심적인 교훈을 추출하고 이를 명확하게 정립하는 과정에서 중요한 역할을 한다.

배움 질문은 교육, 자기성찰, 팀 프로젝트, 비즈니스 등 다양한 상황에서 활용될 수 있다. 예를 들어, 사람에게 "이 책에서 가장 큰 교훈은 무엇이었나요?"와 같은 질문을 던지면, 읽은 내용을 바탕으로 자신이 얻은 인사이트를 명확히 할 수 있다. 또한, 프로젝트 회고에서 "이번 프로젝트에서 배운 점은 무엇인가요?"와 같은 배움 질문은 성과를 평가하고 향후 개선점을 도출하는 데 유용하다.

2) 배움 질문의 심층분석

2-1. 경험에서 교훈을 추출하는 도구

배움 질문은 경험을 단순히 되새기는 데 그치지 않고, 그 경험에서 의미 있는 교훈과 통찰을 도출하는 데 도움을 준다. 예를 들어, "이번 실험에서 어떤 중요한 사실을 배웠나요?"와 같은 질문은 경험을 깊이 있게 성찰하게 만든다. 이러한 질문은 개인이나 조직이 과거 경험에서 배운 점을 바탕으로 성장할 수 있도록 돕는다.

배움 질문은 문제해결의 과정에서도 중요한 역할을 한다. 문제를 해결한 후, "이번 해결 과정에서 무엇을 배웠나요?"라고 묻는 것은 향후 유사한 상황에서 더 나은 선택을 할 수 있도록 경험을 정리하게 한다. 이를 통해 실수를 반복하지 않게 하고, 다음 단계의 문제해결을 더 효과적으로 준비할 수 있다.

2-2. 팀 단위의 피드백과 회고에서의 활용

배움 질문은 팀 프로젝트나 조직의 회고 과정에서 프로세스 개선과 성장을 도모하는 강력한 도구로 작용한다. 예를 들어, 프로젝트 종료 후 "이번 프로젝트에서 가장 큰 성과와 교훈은 무엇이었나요?"라는 질문은 팀이 성공과 실패를 명확히 분석하고, 향후 더 나은 전략을 수립할 수 있도록 돕는다. 이 질문은 팀원들이 각자의 배움을 공유하며 조직적인 발전을 도모하게 만든다.

3) 배움 질문의 강점

3-1. 반복적인 실수를 예방하고 성장을 도모한다

- 배움 질문은 개인이나 팀이 과거 경험에서 교훈을 도출해 실수를 반복하지 않도록 돕는다.
- 예시 : 지난번 실수를 되돌아보았을 때, 이번에 어떤 점을 다르게 했나요?
- 이를 통해 성장은 물론, 더 나은 선택을 할 수 있는 능력을 키울 수 있다.

3-2. 자기성찰과 인사이트를 촉진한다

- 배움 질문은 자신이 겪은 경험을 깊이 성찰하도록 도와주며, 더 나은 방향으로 발전할 수 있도록 유도한다.
- 예시 : 이 경험을 통해 가장 중요한 교훈은 무엇이었나요?
- 이는 학습자가 단순한 정보습득을 넘어서, 스스로의 성장과 발전에 대한 통찰을 얻도록 돕는다.

3-3. 팀 협업과 조직 발전에 기여한다

- 팀 단위에서 배움 질문은 프로젝트 회고와 피드백 과정에서 매우 유용하다.
- 예시 : 팀 전체가 이번 프로젝트에서 무엇을 배웠고, 다음에는 무엇을 개선할 수 있을까요?
- 이는 구성원들이 성과를 공유하고 협력하며, 다음 단계의 계획을 수립하는 데 도움이 된다.

3-4. 교훈을 바탕으로 더 나은 선택을 준비할 수 있다

- 배움 질문은 과거의 경험을 바탕으로, 미래의 상황에서 더 나은 선택을 할 준비를 시켜준다.
- 예시 : 이 교훈을 다음 프로젝트에 어떻게 적용할 수 있을까요?
- 이를 통해 경험을 학습의 자산으로 활용하고, 새로운 도전에서 실수를 줄일 수 있다.

4] 배움 질문의 한계

4-1. 배움에만 치중할 경우 실행력 부족

- 배움 질문에 지나치게 집중하면, 교훈을 얻는 데 머물고 실제 행동으로 이어지지 않는 문제가 발생할 수 있다.
- 예시 : 배운 점은 많지만 이를 실천하지 못해 같은 실수를 반복하는 상황이 생길 수 있다. 따라서 배움과 함께 실천적 계획을 세우는 과정이 필요하다.

4-2. 이론과 실천 간의 괴리 발생 가능성

- 교훈을 추출하는 데 집중하다보면, 그 교훈이 실제 상황에서 어떻게 적용될지를 간과할 수 있다.
- 예시 : 배운 내용이 현실적인 제약 속에서는 '실현되지 않는 경우'가 발생할 수 있다.
- 이 경우, 교훈을 구체적인 실천 계획으로 연결하는 것이 중요하다.

4-3. 자기성찰의 한계

- 배움 질문이 자기성찰을 촉진하지만, 자기 자신에게 너무 비판적이거나 소극적일 경우, 실질적인 성과를 얻기 어렵다.
- 예시 : "나는 항상 부족하다"라는 식의 부정적인 성찰은 긍정적인 변화로 이어지기 어려울 수 있다.

5] 배움 질문의 개선 및 활용방안

5-1. 실천적 질문과 결합하기

- 배움 질문에 실천적인 질문을 덧붙여 교훈을 행동으로 전환하도록 돕는다.
- 예시 : "이 교훈을 다른 상황에 어떻게 적용할 수 있을까요?" 또는 "다음에는 이 교훈을 바탕으로 무엇을 시도할 수 있을까요?"
- 이러한 질문은 배움을 구체적인 실천 계획으로 발전시킨다.

5-2. 구체적인 목표설정과 연계하기

- 배운 점을 바탕으로 구체적인 목표를 설정하면 성과를 극대화할 수 있다.
- 예시 : 이 경험을 바탕으로 다음 프로젝트에서 달성하고자 하는 목표는 무엇인가요?
- 이를 통해 교훈을 단순한 성찰에 그치지 않고, 실행 가능한 계획으로 전환할 수 있다.

5-3. 팀 피드백과 학습 문화 정착

- 배움 질문을 팀 내 피드백 문화로 정착시키면, 조직의 성장을 촉진할 수 있다.
- 예시 : 우리 팀이 이번 프로젝트에서 배운 점을 다음 프로젝트에 어떻게 적용할 수 있을까요?
- 이는 구성원 간의 협력을 강화하고, 지속적인 개선과 발전을 유도한다.

5-4. 반복적 학습과 피드백 루프 형성

- 배움 질문은 지속적인 학습과 피드백 루프를 형성하는 데 유용하다.
- 예시 : 이번에 배운 점을 바탕으로 다음 회의에서는 무엇을 다룰 수 있을까요?
- 이를 통해 경험에서 학습하고 피드백을 통해 지속적으로 개선할 수 있다.

6) 결론 : 배움 질문의 가치와 활용

배움 질문은 경험에서 얻은 교훈을 추출하고 정리하며, 자기성찰을 통해 성장과 발전을 촉진하는 데 중요한 도구다. 이는 개인과 팀이 실수를 반복하지 않고, 더 나은 선택을 할 수 있도록 준비시키며, 프로세스 개선과 지속적인 발전에 기여한다.

그러나 교훈을 얻는 것에만 집중하면 실행으로 이어지지 않을 위험이 있으므로, 실천적 질문과 목표설정을 결합해 구체적인 행동으로 발전시키는 것이 중요하다. 배움 질문은 교육, 팀 프로젝트, 조직의 회고 과정에서 지속적인 학습과 개선을 유도하는 강력한 도구로 활용될 수 있다.

이 질문을 통해 개인과 팀은 경험을 학습의 자산으로 활용하며, 앞으로의 도전에 대비할 수 있는 능력을 키울 수 있다.

7) 질문사례

① 이번 프로젝트에서 배운 가장 중요한 교훈은 무엇인가요?

② 이 경험을 통해 얻은 가장 큰 성장은 무엇인가요?

③ 이 실수를 다시 겪지 않기 위해 무엇을 배워야 하나요?

④ 이 사건에서 가장 큰 교훈은 무엇이었나요? 그리고 그것이 어떻게 적용될 수 있나요?

⑤ 과거의 실패 경험에서 무엇을 배웠으며, 현재 그 교훈이 어떻게 작용하고 있나요?

11장. 가정 질문(If Question)

1) 정의

가정 질문은 책 속의 내용이 아닌 현실세계에서 특정한 가상 상황을 설정하고, 그 상황에서 사람(자녀)의 생각이나 결정, 행동을 유도하는 질문이다. 이러한 질문은 현실의 제약을 벗어나 새로운 가능성을 발견하도록 돕고, 다양한 상황을 미리 상상하면서 창의적 사고와 문제해결 능력을 발전시킨다. 가정 질문은 특정한 조건을 설정한 후, "만약 그렇다면?"이라는 방식으로 사고의 폭을 넓히고, 다양한 시나리오를 탐색하는 데 효과적이다.

이 질문은 교육뿐만 아니라 비즈니스, 정책 결정, 팀 협업 등 다양한 분야에서 활용 가능하며, 의사결정을 위한 대안 마련과 위험 관리에도 유용하다. 예를 들어, "만약 무한한 자원이 주어진다면, 이 문제를 어떻게 해결할 수 있을까?"라는 질문은 창의적 해결책을 탐구하게 하며, 현실상황의 제약을 벗어나 사고를 확장하게 만든다.

2) 가정 질문의 심층분석

2-1. 창의적 사고와 시나리오 분석 촉진

가정 질문은 현실의 제한을 일시적으로 제거하고 상상력을 바탕으로 새로운 시나리오를 탐구하게 한다. 이를 통해 고정관념을 탈피하며, 기존의 문제에 대해 새롭고 창의적인 해결책을 모색할 수 있다. 예를 들어, "만약 예산이 무제한이라면 이 프로젝트를 어떻게 기획할 수 있을까?"라는 질문은, 자원 제약 없이 사고하도록 만들어 더 넓은 가능성을 탐구하게 한다.

2-2. 유연한 사고를 키우고 미래 상황에 대비

가정 질문은 현실에서 발생할 수 있는 다양한 가능성을 미리 상상하고 대비하는 데 유용하다. 예를 들어, "만약 시장 상황이 급격히 변한다면 어떻게 대처할 수 있을까?"와 같은 질문은 미래의 불확실성에 대한 대비를 유도한다. 이러한 방식으로, 개인과 팀은 다양한 시나리오에 대비하며 유연한 사고와 대처능력을 기를 수 있다.

2-3. 팀 협업과 의사결정 과정에서의 활용

팀 내에서는 가정 질문을 통해 여러 시나리오를 탐구하고 다양한 대안을 마련할 수 있다. 예를 들어, "만약 우리가 계획대로 진행하지 못한다면, 대안은 무엇일까요?"와 같은 질문은 팀원들이 위기 상황에 대한 대비책을 마련하도록 돕는다. 이러한 질문은 의사결정 과정에서 논리적인 사고와 창의적인 아이디어를 결합해 최선의 대안을 마련하는 데 유용하다.

3] 가정 질문의 강점

3-1. 다양한 가능성을 탐구하여 창의적 해결책을 모색한다

- 가정 질문은 현실의 제약에서 벗어나, 다양한 시나리오를 상상하며 창의적인 해결책을 모색하게 만든다.
- 예시 : 만약 실패할 위험이 전혀 없다면 어떤 아이디어를 시도해보고 싶나요?
- 이러한 질문은 기존의 한계를 넘어서 새로운 접근법을 발견하는 데 효과적이다.

3-2. 불확실한 미래 상황에 대한 대비를 돕는다

- 가정 질문은 미래에 발생할 수 있는 다양한 시나리오를 미리 생각해보도록 한다.
- 예시 : 만약 시장 상황이 급변한다면, 우리는 어떤 선택을 해야 할까요?
- 이러한 질문을 통해 위험 요소를 미리 예측하고 대응 전략을 마련할 수 있다.

3-3. 유연한 사고를 키워준다

- 가정 질문은 다양한 상황에서 고정관념에 얽매이지 않고 유연하게 사고하는 능력을 기르게 한다.
- 예시 : 만약 기존의 방식이 전혀 통하지 않는다면, 어떤 대안을 생각할 수 있을까요?
- 이는 문제해결 과정에서 더 다양한 관점에서 접근할 수 있도록 돕는다.

3-4. 팀 단위 의사결정에 유용하다

- 팀 내에서는 가정 질문을 통해 다양한 시나리오를 미리 검토하고, 더 나은 대안을 도출할 수 있다.

- 예시 : 만약 우리가 예상한 대로 일이 풀리지 않는다면, 다음 단계는 무엇일까요?
- 이를 통해 팀원들이 위기 상황에도 효과적으로 대처할 수 있도록 준비시킨다.

4] 가정 질문의 한계

4-1. 비현실적인 가정으로 사고가 왜곡될 위험

- 가정 질문이 지나치게 비현실적일 경우, 실제 문제해결에 도움이 되지 않는 사고로 이어질 수 있다.
- 예시 : 만약 모든 사람이 같은 의견을 가진다면?"과 같은 질문은 현실과 동떨어진 가정이기 때문에 실용적인 해결책을 도출하기 어렵다.

4-2. 현실 기반의 사고가 부족할 수 있다

- 가정에 의존한 사고는 실제 제약 조건을 고려하지 않을 위험이 있다.
- 예를 들어, 무한한 예산을 가정한 해결책은 현실에서 실현하기 어려울 수 있다.
- 따라서, 가정 질문은 현실적인 제약 조건과 연계한 질문과 함께 사용해야 한다.

4-3. 실천으로 이어지지 않을 위험

- 다양한 가정 속에서 창의적인 아이디어를 도출하더라도, 실제 행동으로 전환되지 않으면 의미가 없다.
- 예시 : 만약 모든 자원이 무한하다면…"으로 시작한 아이디어가 현실 제약 속에서 적용되지 않는다면 행동으로 옮길 동력이 부족할 수 있다.

5] 가정 질문의 개선 및 활용방안

5-1. 현실과 가정을 연결하는 후속질문 사용

- 가정 질문 이후에 현실적인 제약과 연결하는 질문을 덧붙이면 사고의 깊이와 실용성을 높일 수 있다.
- 예시 : 이 가정이 현실에서 적용된다면 어떤 변화가 생길까요?

- 이러한 질문은 가정된 상황을 실제로 활용할 수 있는 방법을 탐구하게 만든다.

5-2. 현실적 제약을 고려한 시나리오 설정

- 가정 질문을 사용할 때는 비현실적인 가정을 지양하고, 현실과 관련된 시나리오를 설정하는 것이 중요하다.
- 예시 : 만약 우리의 예산이 10% 줄어든다면, 어떤 선택을 해야 할까요?
- 이는 현실에 가까운 대안을 마련하고 실행 가능성을 높이는 데 유용하다.

5-3. 다양한 가정을 비교하고 분석하기

- 여러 가정을 설정한 후, 각각의 시나리오를 비교 분석하면 더 나은 대안을 도출할 수 있다.
- 예시 : 만약 우리가 A 전략을 선택했을 때와 B 전략을 선택했을 때, 어떤 차이가 있을까요?
- 이를 통해 다양한 대안을 평가하며 최적의 선택을 도출할 수 있다.

5-4. 실천과 연계된 질문으로 확장

- 가정 질문 이후에 구체적인 실천방안을 묻는 질문을 추가하면, 사고를 실행으로 연결할 수 있다.
- 예시 : 이 가정이 현실이 되도록 하기 위해 우리는 어떤 조치를 취해야 할까요?
- 이를 통해 가정된 아이디어가 행동으로 전환될 가능성을 높인다.

6] 결론 : 가정 질문의 가치와 활용

가정 질문은 현실의 제약을 넘어서 창의적 사고를 자극하고, 다양한 시나리오를 미리 탐구하는 데 강력한 도구다. 이를 통해 개인과 팀은 미래의 불확실성에 대비하고, 다양한 대안을 마련할 수 있다. 또한, 가정 질문은 유연한 사고와 문제해결 능력을 기르는 데도 유용하다.

그러나 비현실적인 가정에 의존하거나 실천으로 이어지지 않을 위험이 있으므로, 가정 질문 이후에 현실과 연결된 실천적 질문을 덧붙이는 것이 중요하다. 가정 질문은 교육, 비즈니스, 연구, 팀 협업 등 다양한 상황에서 활용되며, 이를 통해 우리는 더 창의적이고 실용적인 해결책을 도출할 수 있다.

7] 질문사례

① 만약 그때 다른 결정을 내렸다면, 지금 상황은 어떻게 달라졌을까요?

② 만약 자원이 무제한이라면 이 문제를 어떻게 해결할 수 있을까요?

③ 만약 이 기술이 없다면, 당신은 어떤 대안을 선택했을까요?

④ 내일 모든 규칙이 바뀐다면, 당신의 선택은 어떻게 달라질까요?

⑤ 만약 당신이 그때 그 사람의 입장이었다면, 무엇을 다르게 했을까요?

12장. 실천 질문(Implement Question)

1) 정의

실천 질문은 책이나 경험을 통해 얻은 교훈을 어떻게 구체적인 행동으로 옮길 것인지 묻는 질문이다. 단순히 배운 내용을 되새기는 데 그치지 않고, 아이디어나 통찰을 구체적인 실행계획으로 전환하여 현실적인 변화를 추구하도록 만든다. 이 질문은 실행에 대한 귀찮음이나 두려움을 극복하고, 실질적인 성과를 이루기 위해 앞으로 나아가게 하는 강력한 도구다.

실천 질문은 교육, 비즈니스, 프로젝트 기획 등 다양한 상황에서 활용되며, 구체적인 행동 계획을 통해 목표를 달성하도록 유도한다. 예를 들어, 사람에게 "이 책에서 배운 교훈을 일상생활에서 어떻게 실천할 수 있을까요?" 같은 질문을 던지면, 배움을 행동으로 연결하는 데 도움이 된다. 팀에서는 "이 아이디어를 실행에 옮기기 위해 우리는 어떤 단계가 필요할까요?"와 같은 질문이, 책임감을 높이고 성과를 촉진하는 데 유용하다.

2) 실천 질문의 심층분석

2-1. 사고에서 행동으로의 전환을 촉진하는 도구

- 실천 질문은 아이디어나 교훈을 구체적인 실행계획으로 바꾸도록 유도한다. 예를 들어, "이번 회의에서 나온 아이디어를 실현하기 위해 첫 번째로 해야 할 일은 무엇인가요?"라는 질문은 사고를 구체적인 행동으로 연결해준다. 이 질문은 단순히 생각에 머물지 않고, 실제 변화를 만들기 위한 구체적인 단계를 설정하도록 돕는다.

- 또한, 실천 질문은 실행의 두려움이나 망설임을 극복하도록 도와준다. 사람들은 종종 귀찮음, 두려움, 혹은 실패에 대한 걱정 때문에 실행을 미루는 경향이 있다. 이때 "이 첫 번째 단계를 시작하기 위해 어떤 작은 일을 할 수 있을까요?"라는 질문은 큰 목표를 작은 단계로 나누어 부담을 줄이고 실행으로 옮기도록 만든다.

2-2. 팀워크와 성과 향상을 촉진하는 도구

팀 단위에서는 실천 질문이 아이디어를 실행 가능한 계획으로 전환하도록 도와준다. 예를 들어, "우리가 이 아이디어를 성공적으로 실행하기 위해 누가 어떤 역할을 맡아야 할까요?"라는 질문은 팀원들의 책임감을 높이고 협업의 효율성을 향상시킨다. 이러한 질문은 팀 프로젝트의 실행력을 높이고, 성과를 명확하게 정의하는 데 유용하다.

2-3. 유연한 사고와 실행의 균형 유지

실천 질문은 행동을 구체화하면서도, 예상치 못한 상황에 대비하는 유연한 사고를 요구한다. 예를 들어, "만약 계획이 예상대로 진행되지 않는다면, 우리는 어떻게 대처할까요?" 같은 질문을 던지면, 실행단계에서도 유연한 문제해결 능력을 발휘하도록 유도할 수 있다. 이를 통해 단순한 실행을 넘어 복잡한 상황에 대한 대비책까지 마련할 수 있다.

3] 실천 질문의 강점

3-1. 아이디어를 실행 가능한 계획으로 전환한다

- 실천 질문은 생각과 아이디어를 구체적인 행동으로 바꾸는 데 도움을 준다.
- 예시 : 이 아이디어를 실현하기 위해 첫 번째로 해야 할 일은 무엇인가요?
- 이를 통해 아이디어가 단순한 구상에 머무르지 않고 실제 성과로 이어질 수 있도록 한다.

3-2. 실행의 두려움을 극복하도록 돕는다

- 실행 과정에서 느껴지는 두려움이나 귀찮음을 극복하도록 돕는다.
- 예시 : 이 첫걸음을 시작하기 위해 가장 간단한 단계는 무엇일까요?
- 이를 통해 큰 목표를 작은 단계로 나눠 부담을 줄이고 실행에 옮기기 쉽게 만든다.

3-3. 팀의 책임감을 높이고 협업을 강화한다

- 실천 질문은 팀원들의 책임감을 높이고, 역할을 명확히 정의하는 데 유용하다.
- 예시 : 각자 어떤 역할을 맡아야 이 계획이 성공할 수 있을까요?
- 이를 통해 팀원들이 명확한 목표와 책임감을 가지고 협업할 수 있는 환경을 조성한다.

3-4. 성과를 명확히 정의하고 목표 달성을 촉진한다

- 실천 질문은 목표 달성에 필요한 구체적인 성과 지표와 실행계획을 세우도록 유도한다.
- 예시 : 이 계획의 성공 여부를 어떻게 평가할 수 있을까요?
- 이를 통해 명확한 목표와 성과를 설정하고, 계획의 진행상황을 점검할 수 있다.

4] 실천 질문의 한계

4-1. 실행에만 집중하면 사고의 확장성이 떨어질 위험

- 실천 질문이 너무 실행 중심으로만 치우치면, 깊이 있는 사고와 분석이 부족할 수 있다.
- 예시 : "이 계획을 빨리 실행해야 한다"는 압박 속에서, 충분한 검토 없이 잘못된 결정을 내릴 위험이 있다.

4-2. 유연성이 부족할 수 있다

- 지나치게 구체적인 실행계획에 집착하면, 예기치 못한 상황에 대한 대처능력이 부족해질 수 있다.
- 예시 : "이 단계가 실패하면 어떻게 할 것인가?"에 대한 대비가 부족하면 문제해결이 어려워질 수 있다.

4-3. 팀 내 부담감이 증가할 위험

실천 질문은 책임감을 높이는 데 유용하지만 팀 내에서 지나치게 많은 책임감이나 부담을 부여할 경우, 구성원들이 소진(Burn-out)이나 스트레스를 겪을 수 있다. 특히, 명확한 지원 없이 실행에만 집중하면 동기부여가 떨어지고 효율성이 저하될 수 있다. 따라서 실천 질문을 통해 책임감과 실행력을 높이면서도 구성원의 심리적 부담을 관리하는 것이 중요하다.

5] 실천 질문의 개선 및 활용방안

5-1. 유연한 사고를 유지하는 질문 추가

- 실천 과정에서 예상치 못한 장애물을 만날 수 있기 때문에 "이 행동이 예상대로 진행되지 않으면

어떻게 대처할 것인가?"와 같은 질문을 추가하면 계획에 유연성을 부여할 수 있다.

- 예시 : 플랜 A 가 실패하면 플랜 B는 무엇인가요?
- 이러한 질문은 위기 상황에서의 대처능력을 강화하고, 실행 과정에서의 스트레스를 줄이는 데 도움을 준다.

5-2. 실천 단계를 작게 나누어 부담을 줄이기

- 큰 목표를 작은 단계로 나누어 실행계획을 세우면 부담을 덜 수 있다.
- 예시 : 이 목표를 달성하기 위해 오늘 할 수 있는 가장 작은 일은 무엇인가요?
- 이는 점진적인 실행을 통해 성공 경험을 축적하게 하고, 동기부여를 지속시킨다.

5-3. 실행 후 피드백 루프 형성

- 실천 질문 후에는 실행 결과를 평가하는 피드백 루프를 형성하는 것이 중요하다.
- 예시 : 이 행동이 기대한 결과를 가져왔나요? 아니라면 무엇을 개선할 수 있을까요?
- 이러한 피드백 루프는 실행력을 지속적으로 개선하고, 학습과 발전을 유도한다.

5-4. 팀 내 심리적 안전감을 구축

- 팀원들이 실천 과정에서 실수하거나 실패할 수 있다는 사실을 수용하는 심리적 안전감이 필요하다.
- 예시 : 이 시도에서 실패하더라도 다음에 무엇을 시도해볼 수 있을까요?
- 이러한 질문은 실패에 대한 두려움을 줄이고, 창의적인 시도를 장려하는 데 도움을 준다.

5-5. 성과와 동기부여를 연결하는 질문 사용

- 실천 질문과 함께 행동의 의미와 성과를 연결하는 질문을 덧붙이면 동기부여가 강화된다.
- 예시 : 이 행동이 목표 달성에 어떻게 기여하나요?
- 이를 통해 구성원들이 자신의 역할과 목표 사이의 연관성을 명확히 인식하고 동기부여를 유지할 수 있다.

6) 결론 : 실천 질문의 가치와 활용

실천 질문은 생각과 아이디어를 실행 가능한 계획으로 전환하고, 실질적인 행동을 유도하는 데 중요한 도구다. 이를 통해 개인과 팀은 추상적인 교훈을 현실 속에서 구체적인 변화로 만들어갈 수 있다. 또한, 책임감을 높이고 협업의 효율성을 강화하며, 목표 달성을 위한 명확한 성과 지표를 설정할 수 있게 한다.

그러나 실천 질문에 지나치게 치중하면 사고의 확장성이나 분석의 깊이를 놓칠 수 있다. 이를 방지하기 위해 유연한 사고와 다양한 시나리오를 고려하는 질문을 결합하는 것이 필요하다. 또한, 실행 과정에서의 피드백 루프를 통해 지속적인 개선을 도모하고, 심리적 안전감을 바탕으로 실패를 수용하는 문화를 조성하는 것이 중요하다.

실천 질문은 교육, 비즈니스, 팀 협업 등 다양한 상황에서 활용 가능하며, 책임감과 실행력을 강화하는 강력한 도구로 작동한다. 이러한 질문을 통해 개인과 조직은 실질적인 성과를 창출하고, 끊임없는 개선과 성장을 이어갈 수 있다.

7) 질문사례

① 이번 경험을 바탕으로 내일 어떤 행동을 실천할 계획인가요?

② 이 계획을 실천하기 위한 첫 번째 단계는 무엇인가요?

③ 이 문제를 해결하기 위해 다음으로 해야 할 일은 무엇인가요?

④ 이 목표를 달성하기 위해 당신이 할 수 있는 첫 번째 행동은 무엇인가요?

⑤ 이 해결책을 현실에서 어떻게 실행할 것인가요?

13장. 판단 질문 (Decision Question)

1) 정의

판단 질문은 자신을 책 속의 주인공이나 특정 상황의 참여자로 가정한 후, 그 상황에서 어떤 결정을 내릴지 묻는 질문이다. 이 질문은 결정을 내리는 과정에서 도덕성과 가치관을 명확히 확립하도록 돕고, 어떤 선택이 가장 합리적이고 윤리적인지 고민하게 한다. 판단 질문은 주어진 상황을 분석하며 다양한 요소를 고려하고, 명확한 기준을 바탕으로 의사결정 능력을 발전시키는 데 유용하다.

이 질문은 교육, 비즈니스, 심리상담, 팀 협업 등 다양한 맥락에서 활용 가능하다. 예를 들어, "주인공의 입장이라면 어떤 결정을 내릴까요?"라는 질문은 사람들이 도덕적 가치와 논리를 고려하며, 책 속의 사건과 자신을 연결하도록 돕는다. 팀 프로젝트에서는 "이 상황에서 어떤 결정을 내려야 팀에 가장 이로울까요?"와 같은 질문이 책임감 있는 의사결정과 협업의 효율성을 높이는 데 기여한다.

2) 판단 질문의 심층분석

2-1. 명확한 의사결정과 가치관 형성에 기여

판단 질문은 명확한 선택을 유도하고 그 선택의 근거를 명확히 하도록 돕는다. 단순히 결정을 내리는 것을 넘어서, 왜 그런 결정을 내렸는지에 대한 성찰을 유도한다. 예를 들어, "주인공이 정직하지 않은 선택을 한다면, 어떤 결과가 초래될까요?"라는 질문은 도덕성과 논리의 균형을 고려하게 만든다. 이를 통해 사람이나 구성원은 자신만의 가치관을 확립하며, 의사결정 과정에서 일관성을 유지할 수 있다.

2-2. 긴급한 상황에서의 빠른 의사결정 유도

판단 질문은 긴급한 상황에서 빠르고 명확한 결정을 내리는 훈련에도 유용하다. 예를 들어, "만약 시간이 촉박하다면, 어떤 선택이 최선일까요?" 같은 질문은 의사결정의 속도와 효율성을 높이게 한다. 이는 비즈니스와 조직운영에서 특히 유용하며, 위기 상황에서의 신속한 의사결정 능력을 키우는 데도 도움을 준다.

2-3. 다양한 요소를 통합적으로 고려하는 사고 촉진

판단 질문은 다양한 요소와 관점을 통합적으로 고려하여 결정의 질을 높이는 사고를 유도한다. 예를 들어, "이 결정이 팀의 성과와 개인의 동기부여에 어떤 영향을 미칠까요?" 같은 질문은 단기적인 효과와 장기적인 영향을 동시에 고려하게 만든다. 이러한 사고 과정은 복잡한 문제를 체계적으로 분석하고, 더 나은 선택을 할 수 있는 능력을 강화한다.

3] 판단 질문의 강점

3-1. 빠르고 명확한 의사결정을 유도한다

- 판단 질문은 복잡한 상황에서도 빠르고 명확한 결정을 내리도록 돕는다.
- 예시 : 이 상황에서 어떤 선택이 가장 윤리적인가요?
- 이를 통해 불확실한 상황에서도 신속한 결정을 할 수 있게 하고, 의사결정력을 강화한다.

3-2. 결정의 근거를 명확히 하고 판단력을 높인다

- 판단 질문은 결정의 근거를 명확히 하는 습관을 길러준다.
- 예시 : 왜 이 선택이 다른 선택보다 더 합리적이라고 생각하나요?
- 이는 판단 과정에서 논리와 감정을 균형 있게 사용하도록 돕고, 결정의 질을 높인다.

3-3. 가치관과 도덕적 기준을 형성한다

- 판단 질문은 사람들이나 팀원들이 스스로의 도덕적 가치관과 윤리 기준을 확립하도록 도와준다.
- 예시 : 이 결정을 내릴 때 도덕적으로 무엇이 옳은가요?
- 이는 일관성 있는 가치관을 바탕으로 책임감 있는 선택을 하도록 만든다.

3-4. 팀 의사결정 과정에서 효율성을 높인다

- 팀 내에서는 판단 질문이 의사결정 과정에서 협업의 효율성을 높이는 도구가 된다.

- 예시 : 팀 전체의 목표를 위해 어떤 결정을 내려야 할까요?
- 이를 통해 팀원들이 명확한 목표와 기준을 바탕으로 협력하며, 공동의 성과를 달성할 수 있다.

4] 판단 질문의 한계

4-1. 다양한 가능성을 충분히 고려하지 못할 위험

- 판단 질문에만 치중하면, 다양한 대안을 충분히 탐구하지 않고 결정을 서둘러 내릴 위험이 있다.
- 예시 : 이 선택이 최선인가?"라고 생각하기 전에, 다른 대안도 충분히 검토할 필요가 있다.

4-2. 단기적 결과에 치중할 수 있다

- 긴급한 상황에서 빠른 결정을 요구하다보면, 장기적인 영향과 결과를 놓칠 위험이 있다.
- 예시 : 지금 이 선택이 유리하다고 해서 장기적으로도 좋은 선택일까?"와 같은 후속질문이 필요하다.

4-3. 팀 내 갈등을 유발할 수 있다

- 판단 질문은 다양한 가치관과 의견차이로 인해 팀 내 갈등을 유발할 수 있다.
- 예시 : 이 결정이 옳다"고 믿는 사람들 사이에서 의견이 충돌할 경우, 협업이 어려워질 수 있다.
- 따라서 판단 질문은 의사소통과 상호 존중을 바탕으로 진행해야 한다.

5] 판단 질문의 개선 및 활용방안

5-1. 장기적인 결과를 고려하는 질문 추가

- 판단 질문 후 "이 결정이 장기적으로 어떤 영향을 미칠까요?"와 같은 질문을 덧붙여 사고의 깊이를 더할 수 있다.
- 이는 단기적 이익뿐만 아니라 장기적인 성장과 발전을 고려한 의사결정을 도와준다.

5-2. 다양한 대안을 탐구하는 질문과 결합하기

- 결정을 내리기 전, "다른 대안은 무엇이 있을까요?" 같은 질문을 통해 다양한 가능성을 탐구해야 한다.
- 이를 통해 더 많은 선택지를 검토하고 최적의 해결책을 찾을 수 있다.

5-3. 의사결정의 윤리적 측면을 강화하는 질문활용

- 판단 질문에 "이 결정이 다른 사람에게 미치는 영향은 무엇일까요?" 같은 윤리적 질문을 추가하면, 더 균형 잡힌 의사결정을 할 수 있다.
- 이는 개인과 조직이 사회적 책임과 도덕적 기준을 유지하는 데 도움을 준다.

5-4. 팀 내 갈등을 조율하기 위한 의사소통 강화

- 팀 내에서 판단 질문이 갈등을 유발할 가능성이 있으므로, "다른 사람들의 의견을 고려하면 어떤 결정을 내릴 수 있을까요?"와 같은 질문을 사용해 협업을 촉진해야 한다.
- 이를 통해 팀원들이 다양한 관점을 수용하고, 합리적인 합의를 도출할 수 있다.

6) 결론 : 판단 질문의 가치와 활용

판단 질문은 개인과 팀이 명확한 기준을 바탕으로 신속하고 책임감 있는 결정을 내리는 데 필수적인 도구다. 이를 통해 의사결정 과정이 체계적이고 논리적으로 진행되며, 도덕적 가치관과 윤리적 기준을 확립하는 데 도움을 준다. 또한, 팀에서는 책임감을 높이고 협업의 효율성을 강화하는 데 기여한다.

그러나 판단 질문에만 의존하면 다양한 가능성을 충분히 탐구하지 못하거나 장기적인 결과를 놓칠 위험이 있다. 따라서 장기적인 영향과 대안을 고려한 질문을 결합해 사고의 깊이와 범위를 확장하는 것이 필요하다.

판단 질문은 교육, 비즈니스, 팀 협업, 심리상담 등 다양한 맥락에서 활용될 수 있으며, 이를 통해 개인과 조직은 더 나은 선택을 하고, 지속적인 성장과 발전을 이룰 수 있는 기반을 마련할 수 있다.

7] 질문사례

① 이 상황에서 내릴 수 있는 최선의 결정은 무엇인가요?

② 이 결정을 내리기 위해 고려해야 할 가장 중요한 요소는 무엇인가요?

③ 지금 결정을 내리지 않으면 어떤 결과가 발생할까요?

④ 이 결정이 미칠 장기적인 영향은 무엇인가요?

⑤ 이 결정을 내리기 전에 더 고려해야 할 요소는 무엇인가요?

14장. 공감 질문 (Sympathy Question)

1) 정의

공감 질문은 자신이 책 속의 주인공이나 특정 인물의 입장이 되어, 그들이 느끼는 감정과 생각을 묻는 질문이다. 상대방의 관점과 감정을 이해하고 감성적으로 이입하는 데 도움을 주며, 이를 통해 타인과의 정서적 유대감을 강화한다. 공감 질문은 단순한 감정 이해에 그치지 않고, 상대의 내면을 더 깊이 들여다보며 갈등을 해결하고 관계를 개선하는 데 중요한 역할을 한다.

이 질문은 교육, 상담, 팀 협업, 대인관계 등 다양한 분야에서 활용될 수 있다. 예를 들어, "주인공이 이 상황에서 어떤 감정을 느꼈을까요?"라는 질문은 사람들이 이야기 속 인물과 감정적으로 연결되도록 유도한다. 또한, 팀에서 "이 결정이 팀원들에게 어떤 감정을 불러일으킬까요?" 같은 질문을 통해 구성원의 감정을 이해하고 협력적인 분위기를 조성할 수 있다.

2) 공감 질문의 심층분석

2-1. 감정적 이입과 정서적 유대 형성

공감 질문은 상대방의 입장에서 생각하게 만들어, 타인의 감정을 더 깊이 이해하고 정서적 유대감을 형성하는 데 기여한다. 예를 들어, "주인공이 이 장면에서 가장 힘들었던 순간은 무엇이었을까요?" 같은 질문은 사람들이 단순한 독서경험을 넘어서 인물의 내면에 감정적으로 이입하도록 만든다. 이는 자기중심적인 사고에서 벗어나 타인의 시각과 감정을 수용하는 능력을 기르는 데 유용하다.

2-2. 갈등상황에서의 문제해결 능력 강화

공감 질문은 갈등상황에서 상대방의 입장을 이해하고 해결책을 모색하도록 돕는다. 예를 들어, "이 결정이 다른 사람들에게 어떤 감정적 영향을 미쳤을까?"라는 질문은 문제의 감정적 측면을 파악하여 더 나은 해결책을 찾게 한다. 이는 개인과 조직이 상대방의 감정을 무시하지 않고, 정서적 이해를 바탕으로 문제를 해결하도록 만든다.

2-3. 상호작용의 질을 높이고 인간관계를 발전시키는 도구

공감 질문은 타인의 감정을 이해하는 능력을 키워 인간관계를 더 깊이 발전시킨다. 이를 통해 감정적 신뢰와 소통이 강화되고, 상호작용이 원활해진다. 예를 들어, 팀 내에서 "이 변화가 동료들에게 어떤 기분을 느끼게 할까요?" 같은 질문을 던지면, 구성원들의 감정을 고려한 의사결정이 가능해진다. 이는 협업 환경에서 신뢰와 협력을 강화하는 데 기여한다.

3] 공감 질문의 강점

3-1. 감정 이해와 인간관계를 발전시킨다

- 공감 질문은 타인의 감정을 이해하고, 정서적 유대감을 형성하는 데 도움을 준다.
- 예시 : 주인공이 이 상황에서 왜 그렇게 행동했을까요?
- 이러한 질문은 감정적 신뢰와 인간관계의 질을 높인다.

3-2. 갈등해결 능력을 강화한다

- 공감 질문은 갈등상황에서 상대방의 감정을 이해하도록 만들어, 더 나은 해결책을 모색하게 한다.
- 예시 : 이 결정이 다른 사람들에게 어떤 감정적 영향을 줄까요?
- 이를 통해 감정을 고려한 협력적이고 효과적인 문제해결이 가능해진다.

3-3. 타인의 입장에서 생각하는 능력을 키운다

- 공감 질문은 자기중심적인 사고에서 벗어나 타인의 관점과 감정을 수용하게 만든다.
- 예시 : 이 장면에서 주인공이 왜 그런 선택을 했을까요?
- 이는 공감능력을 강화하고, 더 깊이 있는 상호작용을 가능하게 한다.

3-4. 의사결정 과정에서 정서적 요소를 고려한다

- 공감 질문은 의사결정 과정에서 감정적 영향을 분석하게 만든다.

- 예시 : 이 결정이 팀원들의 동기부여에 어떤 영향을 미칠까요?
- 이를 통해 정서적 신뢰를 바탕으로 한 의사결정이 가능해진다.

4) 공감 질문의 한계

4-1. 감정에만 치중하여 논리적 사고를 억누를 위험

- 공감 질문에 지나치게 의존하면 논리적 분석이나 객관적인 사고가 부족해질 수 있다.
- 예시 : 감정적 요소에 치우쳐 비합리적인 결정을 내릴 위험이 있다.
- 따라서 감정과 논리를 균형 있게 고려하는 추가적인 질문이 필요하다.

4-2. 자신의 감정을 억누를 위험

- 타인의 감정에 지나치게 이입하면 자신의 감정을 억누르고 스트레스를 경험할 수 있다.
- 이는 특히 팀 협업이나 갈등상황에서 심리적 소진(Burn-out)을 초래할 위험이 있다.

4-3. 문제해결 속도가 저하될 수 있다

- 공감에 집중하다보면, 빠르고 명확한 결정을 내리는 데 시간이 오래 걸릴 수 있다.
- 예시 : 모든 사람의 감정을 고려하다가 결정을 지연시키는 경우가 발생할 수 있다.

5) 공감 질문의 개선 및 활용방안

- 감정과 논리를 결합한 분석적 질문활용
- 공감 질문 후 "이 감정이 이 상황에서 어떤 역할을했나요?"와 같은 분석적 질문을 덧붙이면, 감정과 논리의 균형을 유지할 수 있다.
- 예시 : 이 결정이 감정적으로는 어떤 의미가 있지만, 논리적으로는 무엇을 고려해야 할까요?

5-1. 자신의 감정과 타인의 감정을 균형 있게 고려하기

- 공감 질문을 할 때 "이 상황에서 나는 어떤 감정을 느끼고 있는가?" 같은 질문을 추가하여 자신의 감정을 인식하는 것도 중요하다.
- 이를 통해 자기감정과 타인의 감정을 균형 있게 다루며 스트레스를 예방할 수 있다.

5-2. 빠른 의사결정이 필요한 상황에 맞춘 공감 질문

- 공감 질문을 신속한 결정이 필요한 상황에 맞게 단순화할 수 있다.
- 예시 : 이 결정을 내릴 때 가장 중요한 감정적 요소는 무엇인가요?
- 이를 통해 감정을 고려하면서도 명확한 결정을 내릴 수 있도록 유도한다.

5-3. 정기적인 피드백과 감정 공유 시간 마련

- 팀 내에서는 정기적인 피드백과 감정 공유 시간을 통해 심리적 안전감을 조성할 수 있다.
- 예시 : 이번 프로젝트에서 가장 인상 깊었던 감정은 무엇이었나요?
- 이러한 피드백 루프는 감정적 소통을 촉진하고, 협업의 효율성을 높이는 데 도움이 된다.

6) 결론 : 공감 질문의 가치와 활용

공감 질문은 타인의 감정을 이해하고, 감정적 유대감을 형성하는 데 필수적인 도구다. 이를 통해 인간관계를 개선하고, 갈등상황에서 더 나은 해결책을 찾는 능력을 기를 수 있다. 또한, 팀 내에서는 감정을 고려한 의사결정을 통해 협업과 성과를 높이는 데 기여한다.

그러나 공감에만 치중하면 논리적 사고가 부족해지거나 자신의 감정을 억누르는 부작용이 발생할 수 있다. 이를 방지하기 위해, 감정과 논리를 결합한 질문을 함께 사용하는 것이 중요하다. 또한, 자기감정과 타인의 감정을 균형 있게 다루며 스트레스를 예방하는 것도 필요하다.

공감 질문은 교육, 상담, 비즈니스, 팀 협업 등 다양한 분야에서 활용 가능하며, 감정적 소통과 협력적인 문제해결을 촉진하는 강력한 도구다. 이를 통해 개인과 조직은 더 깊이 있는 인간관계를 구축하고, 협력과 성장을 촉진할 수 있다.

7) 질문사례

① 그 사람은 그 상황에서 어떤 감정을 느꼈을까요?

② 상대방의 입장에서 이 결정을 어떻게 받아들였을까요?

③ 그 사람이 왜 그런 결정을 내렸을까요?

④ 이 상황에서 상대방에게 가장 중요한 요소는 무엇이라고 생각하나요?

⑤ 그 사람의 입장에서 이 상황을 보면 어떻게 다르게 보일까요?

15장. 상상 질문(Imagine Question)

1) 정의

상상 질문은 사람(자녀)이 현실의 틀이나 제약에서 벗어나 자유로운 사고를 펼치도록 자극하는 질문이다. 이 질문은 상상력을 통해 새로운 아이디어를 탐구하게 하고, 기존의 관념에서 벗어나 독창적인 사고를 도모한다. 상상 질문은 무한한 가능성을 상상하며 아이디어를 자유롭게 확장하도록 돕는 데 매우 효과적이다. 예를 들어, "모든 것이 가능하다면 이 문제를 어떻게 해결할까요?"라는 질문은 사람들이 창의적 해결책을 모색하고, 기발한 접근법을 시도하도록 유도한다.

이 질문은 교육, 창의적 프로젝트, 팀 브레인스토밍 등 다양한 분야에서 활용될 수 있다. 상상력을 통해 현실의 제약에서 벗어나면, 새로운 문제해결 방식을 발견하고 혁신적인 아이디어를 도출할 수 있다. 또한, 팀 단위에서는 구성원들이 서로의 상상력을 공유하며 다양한 관점에서 접근할 수 있어 협업의 질을 높인다.

2) 상상 질문의 심층분석

2-1. 제약 없는 사고를 통한 창의성 개발

상상 질문은 사람들이 현실의 제한을 초월해 다양한 가능성을 자유롭게 탐구할 수 있도록 돕는다. 예를 들어, "시간과 자원이 무한하다면 무엇을 시도해보고 싶나요?"라는 질문은 고정된 사고방식에서 벗어나 새로운 접근법과 해결책을 상상하게 만든다. 이러한 질문은 사람이나 팀원들이 독창적인 아이디어를 탐구하며 창의적인 문제해결 능력을 발전시키는 데 유용하다.

2-2. 기존 문제에 대한 새로운 접근방식 발견

상상 질문은 기존의 문제해결 방식을 뛰어넘어 새로운 아이디어를 도출하게 만든다. 현실적인 한계를 일시적으로 무시하고 상상하다보면 전혀 예상하지 못한 해결책을 발견할 수 있다. 예를 들어, "기술적 제약이 없다면 이 문제를 어떻게 해결할 수 있을까요?"와 같은 질문은 혁신적인 솔루션을 탐구하도록 자극한다.

2-3. 팀 내 협업에서의 상상력 자극

상상 질문은 팀 협업에서 구성원들의 상상력을 자극하며, 기발한 아이디어와 다양한 관점을 도출하는 데 효과적이다. 팀원들이 제한 없이 아이디어를 공유하게 되면, 서로의 상상력이 더해져 새로운 창의적 해결책을 찾을 가능성이 커진다. 예를 들어, 브레인스토밍 세션에서 "경쟁사가 없다면 우리는 어떤 방식으로 시장을 선도할 수 있을까요?"와 같은 질문을 던지면, 자유롭고 혁신적인 아이디어가 나올 수 있다.

3] 상상 질문의 강점

3-1. 제한 없는 사고를 통해 창의적 해결책을 모색한다

- 상상 질문은 사람들이 기존의 제약에서 벗어나 자유롭게 사고하도록 만든다.
- 예시 : 중력이 없어진다면 우리는 어떻게 생활해야 할까요?
- 이를 통해 독창적이고 창의적인 아이디어가 떠오르며, 문제해결 과정에서 새로운 접근방식을 찾을 수 있다.

3-2. 혁신과 새로운 가능성을 탐구한다

- 상상 질문은 기존에 없던 해결책과 기회를 발견하는 데 유용하다.
- 예시 : 미래의 학교는 어떤 모습일까요?
- 이를 통해 현재의 한계를 넘어선 혁신적인 아이디어를 모색할 수 있다.

3-3. 팀 협업에서 창의적 아이디어를 도출한다

- 팀 내에서는 상상 질문이 구성원들의 상상력을 자극하여 다양한 아이디어를 공유하도록 만든다.
- 예시 : 모든 경쟁사가 사라진다면 우리는 어떤 전략을 세울 수 있을까요?
- 이는 팀워크와 창의적 문제해결 능력을 강화하는 데 도움이 된다.

3-4. 사람들의 개성과 상상력을 존중하고 발전시킨다

- 상상 질문은 사람들이 자유롭게 자신의 생각을 펼치고 개성을 표현할 수 있는 기회를 제공한다.
- 예시 : 세상에서 가장 이상적인 직업은 무엇일까요?
- 이를 통해 자신만의 독창적인 아이디어와 비전을 발전시킬 수 있다.

4) 상상 질문의 한계

4-1. 비현실적인 상상에 빠질 위험

- 상상 질문이 지나치게 비현실적이면 실제 문제해결로 이어지기 어려울 수 있다.
- 예시 : 시간과 자원이 무한하다면?"이라는 질문은 현실적인 제약을 고려하지 않아, 실용적인 해결책을 도출하기 어려운 경우가 있다.

4-2. 실행 가능성 부족

- 상상은 유용하지만, 현실에서 어떻게 실천할지에 대한 구체적인 계획이 없다면 성과로 이어지지 않을 수 있다.
- 예시 : 혁신적인 아이디어가 나오더라도, 그것을 구체적인 실행계획으로 전환하지 못하면 효과가 제한될 수 있다.

4-3. 논리적 사고와 균형을 맞추기 어려움

- 상상에 치중하면 논리적 분석이나 객관적 평가가 부족해질 수 있다.
- 예시 : 상상력만으로 의사결정을 하다보면 실질적인 문제해결에서 논리와 현실감을 놓칠 위험이 있다.

5) 상상 질문의 개선 및 활용방안

5-1. 상상에서 현실로 연결하는 후속질문 추가

- 상상 질문 후에 "이 상상을 현실에서 어떻게 실현할 수 있을까요?" 같은 질문을 덧붙이면, 상상과

현실을 연결할 수 있다.
- 예시 : 이 아이디어를 실현하기 위해 첫 번째 단계는 무엇일까요?
- 이를 통해 상상력을 구체적인 실행계획으로 발전시킬 수 있다.

5-2. 상상과 논리를 결합한 질문활용
- 상상 질문에 논리적 사고를 결합한 질문을 추가하면 균형 있는 사고를 유도할 수 있다.
- 예시 : 이 아이디어가 성공하려면 어떤 자원이 필요할까요?
- 이를 통해 창의성과 실용성을 동시에 고려한 해결책을 찾을 수 있다.

5-3. 현실과 상상의 균형 유지하기
- 비현실적인 상상에만 빠지지 않도록, "이 상상이 현실에서 어떤 의미를 가질까요?" 같은 질문을 사용해 현실과의 연결을 도모한다.
- 이를 통해 상상과 현실을 균형 있게 조화시킬 수 있다.

5-4. 팀 내 브레인스토밍에서 상상 질문활용
- 팀 브레인스토밍 세션에서 상상 질문을 사용하면, 구성원들이 다양한 아이디어를 자유롭게 제안할 수 있다.
- 예시 : 미래의 소비자들이 원하는 것은 무엇일까요?
- 이는 팀원들의 상상력을 자극하고, 혁신적인 전략을 도출하는 데 도움을 준다.

6] 결론 : 상상 질문의 가치와 활용

상상 질문은 창의적 사고와 자유로운 상상력을 자극하여, 기존의 제약에서 벗어난 새로운 가능성을 탐구하는 데 유용한 도구다. 이를 통해 사람이나 팀은 기존의 문제해결 방식을 뛰어넘어 혁신적인 아이디어를 도출할 수 있으며, 개성과 창의력을 발전시킬 수 있다.

그러나 상상에만 치중할 경우 현실적 실행 가능성을 간과할 위험이 있으므로, 상상과 현실을 연결하는 후속질문을 결합하는 것이 중요하다. 또한, 상상과 논리를 균형 있게 조화시켜 창의적이면서도 실용적인 해결책을 찾는 것이 필요하다.

상상 질문은 교육, 비즈니스, 팀 협업, 브레인스토밍 등 다양한 상황에서 활용되며, 이를 통해 자유롭고 창의적인 사고를 촉진하고, 미래의 혁신적인 해결책을 발견하는 데 기여할 수 있다.

7) 질문사례

① 만약 모든 제약이 사라진다면 이 문제를 어떻게 해결할 수 있을까요?

② 100년 후 이 문제는 어떻게 해결될 것이라고 생각하나요?

③ 이 문제를 지금까지 상상하지 못한 전혀 다른 방식으로 해결할 수 있다면, 어떤 방식이 있을까요?

④ 만약 당신이 그때 그 사람의 입장이었다면, 무엇을 다르게 했을까요?

⑤ 이 상상 속 해결책이 현실에서 적용된다면, 어떤 변화를 기대할 수 있을까요?

16장. 관계 질문 (Relationship Question)

1) 정의

관계 질문은 책 속의 내용이나 현실에서 두 개 이상의 사물, 개념, 생각, 아이디어 간의 연관성과 상호작용을 묻는 질문이다. 이 질문은 서로 다른 요소 간의 관계를 발견하고 연결하는 능력을 키우며, 복잡한 시스템이나 문제를 다각도로 분석하는 데 유용하다. 관계 질문은 상호작용을 이해함으로써 문제해결의 새로운 실마리를 제공하며, 다양한 맥락에서 의미 있는 통찰을 도출하도록 돕는다.

예를 들어, "이 기술과 고객 경험 사이에는 어떤 관계가 있나요?"라는 질문은 두 가지 요소 간의 연관성을 탐구하고, 그 상호작용이 비즈니스 성과에 어떤 영향을 미치는지 분석할 수 있게 한다. 또한, 교육현장에서 "이 주인공과 다른 등장인물들의 관계가 이야기 전개에 어떤 영향을 주었을까요?"와 같은 질문은 인물 간의 상호작용을 이해하고 스토리의 본질을 파악하도록 돕는다.

2) 관계 질문의 심층분석

2-1. 상호작용을 이해하는 도구

관계 질문은 다양한 요소들이 서로 어떻게 연결되고 영향을 미치는지 이해하도록 만든다. 이는 복잡한 문제를 다룰 때 매우 유용하며, 각각의 요소가 상호작용을 통해 어떤 결과를 초래하는지 탐구하는 데 도움을 준다. 예를 들어, "부서 간의 협력과 프로젝트 성과 사이에는 어떤 관계가 있나요?"라는 질문은 부서 간 협업의 중요성을 파악하고, 협업의 질이 결과에 미치는 영향을 분석하도록 한다.

2-2. 문제의 본질을 파악하는 사고 촉진

관계 질문은 복잡한 문제 속에서 다양한 요소 간의 상호작용을 분석하여 문제의 근본 원인을 발견하는 데 유용하다. 예를 들어, "이 정책과 사회적 변화 간에는 어떤 상호작용이 있을까요?"와 같은 질문은 정책 결정의 결과가 사회적 변화를 어떻게 이끄는지 이해하도록 한다. 이를 통해 문제해결 과정에서 의미 있는 통찰을 발견할 수 있다.

2-3. 팀 협업과 부서 간 의사소통개선에 기여

팀 내에서는 관계 질문이 부서 간 의사소통을 강화하고, 협업의 질을 높이는 데 매우 효과적이다. 예를 들어, "우리 부서의 성과가 다른 부서에 어떤 영향을 미치고 있나요?"와 같은 질문은 구성원들이 각자의 역할이 조직 전체에 미치는 영향을 인식하게 만든다. 이를 통해 팀 간의 협업이 보다 체계적이고 효과적으로 이루어지도록 유도할 수 있다.

3] 관계 질문의 강점

3-1. 복잡한 시스템의 상호작용을 이해한다

- 관계 질문은 복잡한 시스템 내에서 각 요소들이 서로 어떻게 상호작용하는지 파악하도록 돕는다.
- 예시 : 기술 개발과 고객 만족 간의 관계는 무엇인가요?
- 이를 통해 다양한 변수들이 문제에 미치는 영향을 이해하고, 포괄적인 해결책을 도출할 수 있다.

3-2. 문제해결의 새로운 실마리를 제공한다

- 관계 질문은 다양한 요소들 간의 연관성을 발견하고, 문제의 근본 원인을 탐구하는 데 유용하다.
- 예시 : 이 부서 간의 협력이 부족하다면 어떤 결과가 발생할까요?
- 이러한 질문은 문제의 본질을 이해하고, 새로운 해결책을 모색하는 데 기여한다.

3-3. 협업과 의사소통을 강화한다

- 팀 내에서는 관계 질문을 통해 구성원들이 자신의 역할이 팀 전체에 미치는 영향을 인식하도록 돕는다.
- 예시 : 각 부서의 성과가 조직 전체의 목표 달성에 어떤 역할을 하나요?
- 이를 통해 협업과 소통을 촉진하고, 팀워크를 강화할 수 있다.

3-4. 다양한 관점에서 문제를 분석하도록 유도한다

- 관계 질문은 문제를 여러 관점에서 분석하게 만들어, 더 포괄적인 시각을 형성할 수 있다.

- 예시 : 이 두 개의 정책이 상호작용할 때 예상되는 결과는 무엇일까요?
- 이를 통해 복잡한 상황을 다각도로 분석하고, 보다 나은 의사결정을 할 수 있다.

4) 관계 질문의 한계

4-1. 개별 요소의 중요성을 놓칠 위험

- 관계에만 집중하면, 개별 요소의 독립적인 역할을 간과할 수 있다.
- 예시 : 특정 부서의 독자적인 성과가 중요한데, 협업에만 초점을 맞출 경우 각 부서의 고유한 역량이 희석될 위험이 있다.

4-2. 상호작용 분석에 시간이 많이 걸릴 수 있다

- 복잡한 시스템에서 모든 요소 간의 관계를 분석하려다 보면, 시간과 자원이 많이 소요될 수 있다.
- 예시 : 모든 부서의 상호작용을 완벽히 이해한 후 결정을 내리겠다"는 접근은 실행력을 저하시킬 위험이 있다.

4-3. 결정을 지연시킬 수 있다

- 관계에 지나치게 집중하면 명확한 결정을 내리는 데 시간이 지체될 수 있다.
- 예시 : 상호작용을 완벽하게 이해하기 위해 너무 많은 정보를 고려하다가 결정이 지연되는 문제가 발생할 수 있다.

5) 관계 질문의 개선 및 활용방안

5-1. 관계와 개별 요소의 균형을 맞추는 질문활용

- 관계분석 후, "이 관계에서 각각의 요소가 독립적으로 어떤 역할을 하나요?"와 같은 질문을 추가해 개별 요소의 중요성도 평가한다.
- 이를 통해 각 요소의 독립적인 기능과 상호작용의 균형을 맞출 수 있다.

5-2. 예상 시나리오를 고려한 질문활용

- 관계 질문 후 "이 관계가 끊어진다면 어떤 결과가 발생할까요?" 같은 시나리오 분석 질문을 덧붙이면, 관계의 중요성을 더 깊이 이해할 수 있다.
- 이를 통해 관계의 단절이 문제해결에 미치는 영향을 예측할 수 있다.

5-3. 팀 협업과 의사소통 강화를 위한 질문활용

- 팀 내에서는 "우리의 협업이 다른 부서에 어떤 가치를 창출하나요?"와 같은 질문을 통해 협업의 의미를 재평가할 수 있다.
- 이를 통해 구성원들이 서로의 역할을 이해하고, 협업의 질을 높일 수 있는 기회를 제공한다.

5-4. 장기적 관점에서 관계를 분석하는 질문활용

- 관계 질문에 "이 관계가 장기적으로 어떤 영향을 미칠까요?" 같은 후속질문을 추가하면, 단기적 효과뿐 아니라 장기적인 변화와 성장도 고려할 수 있다.
- 이를 통해 더 깊이 있는 의사결정과 전략적 계획을 도출할 수 있다.

6] 결론 : 관계 질문의 가치와 활용

관계 질문은 서로 다른 요소들 간의 상호작용을 이해하고, 문제의 본질을 파악하는 데 중요한 도구다. 이를 통해 복잡한 문제를 다각도로 분석하고, 다양한 관점에서 혁신적인 해결책을 모색할 수 있다. 또한, 팀 내에서는 협업과 의사소통을 강화하며, 각자의 역할이 조직 전체에 미치는 영향을 인식하도록 도와준다. 그러나 관계에만 지나치게 집중하면 개별 요소의 중요성을 간과할 위험이 있다. 이를 방지하기 위해 관계와 개별 요소를 균형 있게 고려하는 질문을 결합하는 것이 필요하다. 또한, 장기적인 관점에서 관계의 변화를 고려하며 전략적이고 실용적인 해결책을 도출하는 것이 중요하다.

관계 질문은 교육, 비즈니스, 연구, 팀 협업 등 다양한 분야에서 활용되며, 이를 통해 더 깊이 있는 문제해결과 협력적 의사결정을 가능하게 한다.

7) 질문사례

① 이 결정을 내리면 팀 내 다른 구성원에게 어떤 영향을 미칠까요?

② 이 문제와 관련된 다른 문제들은 무엇인가요? 이 문제들은 서로 어떻게 연결되어 있나요?

③ 이 변화가 회사 전체에 어떤 영향을 줄 수 있나요?

④ 고객과의 관계에서 이 제품이 어떤 역할을 하고 있나요?

⑤ 이 두 개념이 서로 어떻게 상호작용하고 있나요?

17장. 관점 질문 (Viewpoint Question)

1) 정의

관점 질문은 문제나 상황을 다양한 시각에서 바라보도록 자극하는 질문이다. 한 가지 정답에 얽매이지 않고 여러 해석과 해결책을 탐구하며, 다양한 의견과 관점을 고려하는 능력을 발전시킨다. 관점 질문은 사고의 유연성을 길러주고 편견에서 벗어나도록 돕는 동시에, 복잡한 상황에 대한 다각적인 분석과 시나리오적 사고력을 갖게 한다.

이 질문은 교육, 팀 협업, 갈등해결, 비즈니스 의사결정 등 여러 맥락에서 활용될 수 있다. 예를 들어, "고객의 입장에서는 이 서비스를 어떻게 바라볼까요?" 같은 질문은 고객의 관점에서 문제를 재해석하도록 유도하며, 새로운 해결책을 모색하게 한다. 또한, 팀 회의에서 "만약 우리가 경쟁사라면 이 전략을 어떻게 평가할까요?"와 같은 질문은 다양한 시각에서 팀의 전략을 점검하는 데 유용하다.

2) 관점 질문의 심층분석

2-1. 문제를 다각도로 분석하는 도구

관점 질문은 하나의 문제를 여러 시각에서 바라보며, 다양한 해석과 해결책을 도출하는 데 유용하다. 이는 특정 문제나 상황에 대해 다양한 가능성을 탐색하고, 예기치 못한 해결책을 발견하게 만든다. 예를 들어, "이 정책을 사회적 약자의 관점에서 바라보면 어떤 문제가 있을까요?"와 같은 질문은 사회적 불평등이나 소외된 계층의 시각을 고려하도록 도와준다. 이를 통해 더 균형 잡힌 결정을 내릴 수 있다.

2-2. 편견에서 벗어나 사고의 유연성을 기르는 역할

관점 질문은 사고의 유연성을 길러주고, 편향된 시각에 얽매이지 않도록 만든다. 사람들이 종종 자신의 경험과 관점에만 의존해 문제를 해석하는 경향이 있는데, 관점 질문은 이를 극복하는 데 도움을 준다. 예를 들어, "다른 문화에서는 이 상황을 어떻게 바라볼까요?"와 같은 질문은 문화적 차이를 고려한 사고를 유도하며, 더 폭넓은 시각에서 문제를 바라볼 수 있게 한다.

2-3. 팀 협업과 갈등해결에 기여

팀 내에서는 관점 질문이 다양한 의견을 수용하고 협업의 질을 높이는 역할을 한다. 구성원들이 서로의 시각을 이해하며 의견차이를 좁히고, 합리적인 해결책을 도출할 수 있다. 예를 들어, "이 결정이 다른 부서에는 어떤 영향을 미칠까요?" 같은 질문은 다른 팀원들의 입장을 고려하게 만들며, 협업과정에서 갈등을 줄이고 의사결정을 원활하게 한다.

3] 관점 질문의 강점

3-1. 사고의 유연성을 기르고 편견에서 벗어나도록 돕는다

- 관점 질문은 사고를 한 방향에 고정시키지 않고, 다양한 시각에서 문제를 바라보도록 유도한다.
- 예시 : 소비자의 관점에서 이 제품은 어떤 인상을 줄까요?
- 이를 통해 고정관념을 극복하고 더 창의적인 해결책을 발견할 수 있다.

3-2. 복잡한 문제에 대한 다각적 접근을 가능하게 한다

- 관점 질문은 하나의 문제를 다양한 관점에서 분석하며, 여러 가능성을 탐색하게 만든다.
- 예시 : 이 결정이 단기적으로는 어떤 효과를, 장기적으로는 어떤 영향을 미칠까요?
- 이를 통해 문제를 포괄적으로 이해하고, 더 나은 의사결정을 내릴 수 있다.

3-3. 갈등을 해결하고 협업의 질을 높인다

- 관점 질문은 팀원들의 다양한 의견을 수용하고 서로의 입장을 이해하도록 만든다.
- 예시 : 이 전략이 다른 팀에게는 어떤 의미로 받아들여질까요?
- 이를 통해 의견차이를 조율하고 협업을 강화할 수 있다.

3-4. 다양한 시나리오적 사고를 가능하게 한다

- 관점 질문은 여러 시나리오를 상상하며, 다양한 상황에 대비하도록 돕는다.

- 예시 : 만약 시장 환경이 급격히 변한다면, 우리는 어떻게 대응해야 할까요?
- 이를 통해 예측하지 못한 상황에 대한 대비책을 마련할 수 있다.

4) 관점 질문의 한계

4-1. 지나치게 많은 관점을 고려하면 결정이 어려워질 수 있다

- 관점 질문이 너무 많아지면 모든 의견을 반영하려다 의사결정이 지연될 수 있다.
- 예시 : 모든 팀원의 의견을 수렴하는 데 너무 많은 시간이 소요되어 결정이 늦어질 위험이 있다.

4-2. 논의가 복잡해져 실행력을 저하시킬 수 있다

- 여러 관점을 고려하다보면 논의가 복잡해지고 실행으로 옮기는 데 어려움이 발생할 수 있다.
- 예시 : 이해관계자들의 다양한 요구를 모두 반영하려다 혼란이 발생할 수 있다.

4-3. 결론 도출이 어려워질 수 있다

- 관점이 많을수록 어떤 관점이 최선인지 결론을 내리기 어려워질 수 있다.
- 예시 : 각 관점이 모두 타당해 보여 최종 결정을 내리지 못하는 분석 마비(Analysis Paralysis) 상황이 발생할 수 있다.

5) 관점 질문의 개선 및 활용방안

5-1. 우선순위를 설정하는 결론 도출 질문 사용

- 관점 질문 후에 "이 중에서 어떤 관점이 가장 중요하고 적절한가?"와 같은 결론 도출 질문을 덧붙이면, 사고를 정리하고 결정을 내리는 데 도움이 된다.
- 이를 통해 다양한 의견을 평가하며 최선의 해결책을 찾을 수 있다.

5-2. 실행과 연결하는 질문활용

- 다양한 관점을 고려한 후, "이 관점을 실행에 옮기기 위해 무엇을 할 수 있을까요?" 같은 실행적 질문을 추가하면 사고와 실행을 연결할 수 있다.
- 이는 관점 탐구가 실질적인 성과로 이어지도록 돕는 역할을 한다.

5-3. 시나리오 분석과 결합하기

- 관점 질문을 시나리오 분석과 결합해 "각 시나리오에서 이 관점이 어떻게 작용할까요?"와 같은 질문을 던지면, 다양한 상황에 대비한 전략적 사고를 유도할 수 있다.
- 이를 통해 미래의 다양한 상황에 대한 준비를 할 수 있다.

5-4. 팀 회의와 브레인스토밍에서 활용

- 팀 회의에서는 "각 부서의 입장에서 이 문제를 어떻게 바라볼까요?"와 같은 질문을 사용해 협업의 질을 높일 수 있다.
- 이는 구성원들이 서로의 관점을 이해하고, 보다 합리적인 의사결정을 도출하는 데 기여한다.

6) 결론 : 관점 질문의 가치와 활용

관점 질문은 사고의 유연성을 길러주고, 다양한 시각에서 문제를 분석하도록 돕는 중요한 도구다. 이를 통해 편견에서 벗어나 창의적이고 포괄적인 해결책을 찾을 수 있으며, 갈등을 해결하고 협업을 강화하는 데 유용하다.

그러나 너무 많은 관점을 고려하면 의사결정이 지연되거나 복잡해질 위험이 있으므로, 우선순위를 설정하는 결론 도출 질문과 실행 질문을 결합하는 것이 중요하다. 또한, 다양한 시나리오에 대비한 분석적 사고를 활용하면 미래의 불확실성에 대한 대비책을 마련할 수 있다.

관섬 실분은 교육, 팀 협업, 비즈니스, 갈등해결 등 다양한 분야에서 활용되며, 이를 통해 더 나은 의사결정과 창의적인 문제해결을 도모할 수 있다.

7] 질문사례

① 경쟁자의 관점에서 이 상황을 어떻게 바라볼 수 있을까요?

② 고객의 입장에서 이 제품의 가치는 무엇일까요?

③ 상사의 입장에서 이 결정을 어떻게 평가할까요?

④ 투자자의 시각에서 이 회사의 미래는 어떻게 보일까요?

⑤ 환경 보호 관점에서 이 정책이 미칠 영향은 무엇일까요?

맘스퀘스천(Crequession)의 15가지 질문유형을 효과적으로 학습하고 활용하기 위해서는 꾸준한 연습과 실천이 필수적입니다. 처음에는 각 질문유형에 익숙하지 않아 질문을 만드는 일이 어려울 수 있습니다. 이는 그동안 우리 두뇌가 특정 질문유형을 정기적으로 사용하지 않아 시냅스 연결이 약하기 때문입니다. 그러나 포기하지 않고 매일 30분씩 꾸준히 연습하는 습관을 들이면, 두뇌의 회로가 강화되어 질문을 자연스럽게 만 들어낼 수 있는 능력이 점차 향상됩니다. 이러한 과정을 통해 사고의 유연성을 키우고, 어떤 상황에서도 신속하고 적절한 질문을 활용할 수 있는 힘을 기를 수 있습니다.

학습의 첫 단계는 질문유형을 실생활에 적용하는 연습입니다. 예를 들어, 매일 자신의 경험을 돌아보며 기억 질문을 사용해 교훈을 도출하고, 반복되는 실수를 분석하여 앞으로 어떻게 개선할지 탐색하는 것입니다. 일상 속 결정을 내릴 때는 확인 질문을 통해 자신의 감정과 생각을 명확히 정리하고, 모호한 상황에서도 명 료한 결론을 내리도록 노력해야 합니다. 만약 복잡한 개념이나 아이디어를 다뤄야 한다면, 개념 질문을 활용해 핵심을 정의하고 구조화하는 것이 좋습니다. 또한 주변 환경이나 문제상황에서 관찰 질문을 통해 세부 적인 차이와 숨겨진 패턴을 찾아보는 습관을 들이면, 문제해결의 중요한 단서를 발견할 수 있습니다.

사고의 확장과 대인관계에서의 활용도 매우 중요합니다. 타인과의 대화에서 공감 질문을 활용하면 상대방의 감정과 입장을 이해하는 데 도움이 되며, 이는 협력과 관계형성을 강화합니다. 만약 회의나 토론 중 다양한 의견이 충돌할 때는 관점 질문과 논리 질문을 통해 여러 시각에서 문제를 바라보며 사고의 폭을 넓히는 것이 필요합니다. 이는 고정된 사고를 넘어 창의적인 해결책을 찾는 데 큰 도움을 줍니다. 더욱이, 복잡한 문제를 해결할 때는 가정 질문을 통해 제약 없는 상상을 이끌어내고, 여러 가능성을 열어보는 연습이 필요합 니다. 이런 상상력 훈련은 혁신적인 아이디어를 도출하는 데 유용합니다.

실행력 또한 중요한 요소입니다. 실천 질문은 배운 것을 행동으로 옮기는 데 필수적인 도구입니다. 아이디어가 떠오르거나 새로운 교훈을 얻었을 때, 이를 어떻게 구체적인 행동 계획으로 전환할지를 질문함으로써 실질적인 변화를 도모할 수 있습니다. 더 나아가 빠르고 명확한 의사결정이 필요한 상황에서는 판단 질문을 활용하여 불필요한 고민을 줄이고, 신속하게 결정하는 능력을 키워야 합니다. 이러한 일련의 질문들은 단순한 사고에서 끝나지 않고 구체적인 실행과 성과로 이어지도록 돕습니다.

질문연습의 중요한 점은, 매일 반복하는 과정을 통해 각 질문유형이 자연스럽게 체화되도록 만드는 것입니다. 예를 들어, 다양한 사람들과 상호작용할 때 관계 질문을 사용하여 개념 간의 상호작용을 분석하고, 여러 요소가 어떻게 서로 영향을 미치는지 탐색하는 연습을 합니다. 이와 함께, 배움 질문을 통해 자기성찰과 학습을 정기적으로 수행하고, 이를 성장으로 연결하는 습관을 기르는 것도 중요합니다. 이렇게 지속적으로 연습하다보면, 사고의 범위가 확장되고 문제를 다각도로 해결할 수 있는 능력이 강화됩니다.

창의적 사고를 자극하는 과정에서는 특히 꼬꼬 질문과 상상 질문이 큰 역할을 합니다. 꼬꼬 질문은 문제의 근본 원인을 파헤치고 깊이 있는 분석을 가능하게 하여, 새로운 통찰을 제공하는 도구입니다. 이 질문을 반복해서 던지는 훈련은 문제를 다양한 각도에서 탐구하는 능력을 길러줍니다. 동시에 상상 질문은 기존의 틀을 벗어나 새로운 가능성을 탐색하는 데 필수적입니다. 모든 것이 가능하다는 전제하에 문제를 바라볼 때, 기존에 고려하지 않았던 창의적 아이디어가 떠오를 수 있습니다.

결국 맘스퀘스천의 질문유형들은 일상과 학습, 업무 그리고 대인관계 등 다양한 영역에서 활용할 수 있습니다. 처음에는 각 유형의 질문을 만드는 일이 어렵겠지만, 꾸준한 연습과 반복을 통해 질문의 고수가 될 수 있습니다. 이때 중요한 것은 단기적인 성과를 기대하기보다는 매일 조금씩 질문하는 습관을 들여 사고를 확장하는 것입니다. 이러한 질문훈련이 생활화되면, 문제를 더욱 깊이 있고 체계적으로 이해하며 해결할 수 있는 능력을 자연스럽게 기르게 됩니다. 이처럼 맘스퀘스천의 15가지 질문유형은 사고의 유연성을 높이고, 다양한 문제상황에서 창의적이고 효과적인 해결책을 찾도록 도와줍니다.

18장. 15가지 창의 질문유형과 활용 가이드

맘스퀘스천의 15가지 질문유형은 단순히 정보를 회수하거나 아이디어를 정리하는 것을 넘어, 지적능력(IQ)과 감정적 공감능력(EQ) 그리고 이 두 가지를 통합한 복합 사고를 통해 문제를 심층적으로 탐구하고 창의적인 해결책을 도출하도록 돕는 강력한 도구다. 이 질문들은 각자의 목적과 효과에 따라 3가지 색상(파란색, 분홍색, 초록색)으로 구분되며, 난이도와 심화 수준에 따라 L1~L5로 분류된다. 적절한 질문유형을 꾸준히 연습하면, 우리는 사고와 감정의 균형을 맞추고, 더 나은 해결책과 창의적 사고를 이끌어낼 수 있다.

3. 맘스퀘스천 15가지 질문 유형 ©

맘스퀘스천의 15가지 질문 유형은 상표권과 저작권에 등록되어 법적 보호를 받고 있습니다.

질문 유형	질문 활용의 목적과 효과
L1 1. 기억 질문 (Memory)	듣거나 글로 읽은 사실과 정보를 명확히 이해하고 내재화 하는 연습
L1 2. 확인 질문 (Confirm)	이해나 생각에 대한 오해를 방지하고 명확히 하는 연습
L2 3. 개념 질문 (Concept)	단어나 사물에 대한 정확하고 구체적인 의미와 개념을 확립하는 연습
L2 4. 관찰 질문 (Observe)	관심 대상이나 사물만이 아니고, 주변 대상이나 사물도 함께 통합적으로 관찰하는 연습
L2 5. 느낌 질문 (Feeling)	자신의 느낌이나 감정을 솔직하고 명확하게 표현하는 훈련
L3 6. 논리 질문 (Logic)	사실과 근거에 기반한 논리적 사고를 확립하는 연습
L3 7. 꼬꼬 질문 (Deep-dive)	핵심적인 원인을 분석하고 파악하는 연습
L3 8. 배움 질문 (Learning)	배우거나 깨달은 교훈이나 통찰력을 추출하고 정립하는 연습
L3 9. 가정 질문 (If)	현실의 제약 조건을 초월하여 새로운 가능성을 발견하는 연습
L4 10. 실천 질문 (Implement)	실행에 대한 귀찮음이나 두려움을 극복하고 앞으로 전진하는 것을 연습
L4 11. 판단 질문 (Decision)	의사결정에서 기준이 되는 도덕성과 가치관을 확립하는 연습
L4 12. 공감 질문 (Sympathy)	상대에 대한 감성적 이입과 공감하는 능력을 연습
L4 13. 상상 질문 (Imagine)	생각을 자유롭게 펼치고 확대하고 개성을 살리는 연습
L5 14. 관계 질문 (Relationship)	두 개 이상의 사물이나 개념, 생각, 아이디어 사이에 연관 고리를 만들고 발견하는 연습
L5 15. 관점 질문 (Viewpoint)	상황이나 환경, 해결책에 대한 다양성과 시나리오적 사고력을 연습

☐ IQ   ☐ EQ   ☐ IQ/EQ   L1 ~ L5 : Level(수준)

opyrights ©2018 Jai-Woo Shim   MOM's Question (맘스퀘스천) ®

1. 15가지 질문유형과 활용 목적

각 질문유형은 특정한 문제해결 과정이나 상황에 맞춰 활용되며, 단계적으로 사고의 깊이를 확장할 수 있도록 설계되었다. 아래는 각 질문유형과 해당 목적, 난이도(Level)를 정리한 내용이다.

1] L1[기초 수준] : 정보회수와 명확성 확보

1. 기억 질문(Memory)

- 과거의 정보와 경험을 회상하고 명확히 이해하는 연습
- 활용 : 학습내용 복습, 실수의 원인분석, 기억에 의존한 문제해결
- 효과 : 반복된 실수를 피하고 경험을 교훈으로 바꾸는 능력 강화

2. 확인 질문(Confirm)

- 이미 알고 있는 사실이나 생각의 정확성을 검증하는 연습
- 활용 : 결정을 내리기 전 정보의 신뢰성 검토, 모호한 개념 명료화
- 효과 : 신속하고 명확한 사고를 유도해 실수를 줄임

2] L2[기초 심화] : 개념의 명확화와 분석 능력 강화

3. 개념 질문(Concept)

- 복잡한 개념을 명확하게 정의하고 체계화하는 연습
- 활용 : 새로운 아이디어 정리, 이론의 구조적 이해, 계획수립 시
- 효과 : 복잡한 문제를 논리적으로 정리하는 사고능력 향상

4. 관찰 질문(Observe)

- 미세한 차이와 숨겨진 패턴을 발견해 문제해결 단서를 찾는 연습
- 활용 : 현상분석, 문제의 본질 탐구, 연구자료 검토

- 효과 : 날카로운 관찰력을 키워 문제를 다각도로 이해하는 능력 강화

3) L3(중급) : 감정인식과 논리적 사고의 심화

5. 느낌 질문(Feeling)

- 자신의 감정과 타인의 감정을 인식하고 이해하는 연습
- 활용 : 갈등해결, 관계형성, 팀워크 강화
- 효과 : 자신과 타인의 감정상태를 이해하며 공감능력을 증진

6. 논리 질문(Logic)

- 근거와 논리를 바탕으로 사고를 정리하고 체계화하는 연습
- 활용 : 논리적 토론, 분석적 사고, 설득력 있는 발표 준비
- 효과 : 비판적 사고를 키워 복잡한 문제를 명쾌하게 해결

7. 꼬꼬 질문(Deep-dive)

- 문제의 근본 원인을 파악하고 심층분석을 가능하게 하는 연습
- 활용 : 문제의 핵심 발견, 근본적 개선안 도출, 혁신적인 사고 유도
- 효과 : 사고의 깊이를 확장해 문제를 근본적으로 해결할 수 있는 능력 강화

8. 배움 질문(Learning)

- 과거 경험을 바탕으로 학습과 성장을 촉진하는 연습
- 활용 : 실패와 성공의 요인 분석, 피드백을 통한 개선
- 효과 : 경험을 성장의 발판으로 삼아 지속적인 발전을 유도

9. 가정 질문(Assume)

- 가상의 조건을 설정해 새로운 가능성을 탐색하는 연습
- 활용 : 제한 없는 창의적 사고, 혁신적인 아이디어 도출
- 효과 : 고정관념을 깨고 다양한 해결책을 탐색할 수 있는 사고능력 강화

4] L4[고급] : 실행력 강화와 감정적 공감의 확장

10. 실천 질문(Implement)

- 아이디어를 구체적인 행동 계획으로 전환하는 연습
- 활용 : 목표설정, 실행전략 개발, 팀 프로젝트 관리
- 효과 : 창의적 아이디어를 실질적인 행동으로 연결하는 능력 강화

11. 판단 질문(Decision)

- 빠르고 명확한 결정을 내리는 연습
- 활용 : 의사결정의 갈림길에서 선택, 복잡한 문제에서 우선순위 설정
- 효과 : 불필요한 고민을 줄이고 신속하게 해결책을 찾는 능력 강화

12. 공감 질문(Sympathy)

- 상대방의 감정을 이해하고 공감능력을 높이는 연습
- 활용 : 갈등관리, 협력적 팀워크 촉진, 신뢰형성
- 효과 : 대인관계를 강화하고 소통 능력을 높임

5] L5[심화 최고 수준] : 다각적 분석과 창의적 문제해결

13. 상상 질문(Imagine)

- 기존의 틀을 벗어나 창의적 아이디어와 새로운 가능성을 탐구하는 연습

- 활용 : 혁신 프로젝트, 비전 수립, 문제 재해석
- 효과 : 고정관념을 깨고 새로운 해결책을 창출하는 능력 강화

14. 관계 질문(Relationship)

- 개념이나 상황 간의 상호작용을 분석하는 연습
- 활용 : 시스템 사고, 상호의존성 탐구, 복잡한 문제 해결
- 효과 : 문제의 복합성을 이해하고 통합적 사고를 강화

15. 관점 질문(Viewpoint)

- 다양한 시각에서 문제를 바라보며 새로운 해석을 도출하는 연습
- 활용 : 다문화적 사고, 다양한 의견 수렴, 창의적 의사결정
- 효과 : 사고의 폭을 넓혀 혁신적 해결책을 발견

2. 색상 분류와 의미 : 뇌과학과의 연계

맘스퀘스천의 색상 분류(파란색, 분홍색, 초록색)는 단순한 시각적 구분을 넘어, 지적 능력(IQ)과 감정적 능력(EQ)을 담당하는 뇌의 다양한 영역과 연결된다. 뇌의 특정 부위는 논리적 분석, 감정인식, 창의적 사고에 따 라 활성화되며, 맘스퀘스천의 15가지 질문유형은 뇌의 기능을 자극해 사고의 유연성과 감정적 통찰을 키우는 데 중요한 역할을 한다.

1) IQ 중심 질문(파란색)

목적은 논리석 사고와 분석력을 강화해 문제해결과 계획수립 능력을 높이는 것이다. 포함된 질문은 기억, 확인, 개념, 관찰, 논리, 꼬꼬, 가정이다.

뇌과학적 연관은 주로 전두엽과 측두엽이 활성화되는 것이다.

- 전두엽 : 계획수립, 문제해결, 논리적 사고를 담당한다.
- 측두엽 : 언어와 기억 정보처리, 패턴 인식에 관여한다.

2) IQ 중심 질문의 뇌과학적 의미와 효과

2-1. 기억 질문

- 해마와 측두엽이 활성화되어 과거 경험과 지식을 회상한다.
- 경험을 통해 배운 내용을 기억하며, 실수를 반복하지 않게 한다.

2-2. 확인 질문

- 전두엽이 정보의 정확성을 검토하며 오류를 수정한다.
- 정보 검증을 통해 명확한 사고를 유지하고 의사결정의 정확성을 높인다.

2-3. 개념 질문

- 전두엽이 복잡한 개념을 정리하고 구조화한다.
- 개념적 사고를 통해 문제를 명확히 정의하고 새로운 아이디어를 도출한다.

2-4. 관찰 질문

- 측두엽과 후두엽이 활성화되어 시각적 패턴과 세부적 차이를 인식한다.
- 세밀한 관찰을 통해 숨겨진 단서와 문제의 핵심을 발견한다.

2-5. 논리 질문

- 전두엽과 좌뇌가 근거와 사실에 기반한 사고를 정리한다.
- 체계적이고 일관된 사고로 복잡한 문제를 해결한다.

2-6. 꼬꼬 질문

- 전두엽의 심층 사고로 문제의 근본 원인을 파악한다.
- 문제를 근본적으로 이해해 지속 가능한 해결책을 찾는다.

2-7. 가정 질문

- 전두엽이 가상 시나리오를 탐구하며 상상적 사고를 촉진한다.
- 다양한 가정을 통해 창의적인 해결책을 모색한다.

3) EQ 중심 질문(분홍색)

목적은 감정인식과 공감능력을 강화해 타인과의 관계와 협력을 촉진하는 것이다. 포함된 질문은 느낌과 공감이다.

뇌과학적 연관은 편도체와 섬엽 그리고 전두엽 일부가 활성화되는 것이다.

- 편도체 : 감정 처리와 위험 반응을 담당한다.
- 섬엽 : 감정적 경험과 공감을 담당한다.
- 전두엽 : 타인의 감정을 이해하고 사회적 행동을 조절한다.

4) EQ 중심 질문의 뇌과학적 의미와 효과

4-1. 느낌 질문

- 편도체와 섬엽이 활성화되어 자신의 감정과 타인의 감정을 인식한다.
- 감정적 통찰을 통해 자신의 감정을 조절하고 타인과의 관계를 발전시킨다.

4-2. 공감 질문

- 섬엽과 전두엽 일부가 타인의 감정을 이해하고 공감능력을 강화한다.
- 협력적이고 신뢰감 있는 관계를 형성해 갈등을 해결한다.

5) IQ/EQ 복합 질문(초록색)

목적은 지적·감정적 통찰을 결합해 복잡한 문제를 창의적으로 해결하는 것이다. 포함된 질문은 배움, 실천, 판단, 상상, 관계, 관점이다.

뇌과학적 연관은 전두엽, 섬엽, 편도체 그리고 뇌의 기본 네트워크가 협력하는 것이다.

- 기본 네트워크 : 자아 성찰과 창의적 사고에 관여하며 뇌의 여러 부위를 연결한다.
- 전두엽 : 계획과 실행, 창의적 문제해결을 조율한다.
- 섬엽과 편도체 : 감정과 공감능력을 활성화해 대인관계를 개선한다.

6) IQ/EQ 복합 질문의 뇌과학적 의미와 효과

6-1. 배움 질문

- 기본 네트워크와 해마가 활성화되어 경험을 학습과 성장으로 연결한다.
- 실패와 성공의 경험을 성찰하며 지속적으로 발전한다.

6-2. 실천 질문

- 전두엽이 아이디어를 구체적인 행동 계획으로 바꾸는 데 관여한다.
- 창의적인 아이디어를 실행 가능한 계획으로 전환해 실행력을 강화한다.

6-3. 판단 질문

- 전두엽이 활성화되어 신속하고 명확한 결정을 내린다.
- 복잡한 문제에서 빠르게 결정을 내리고 우선순위를 정한다.

6-4. 상상 질문

- 기본 네트워크와 전두엽이 협력해 새로운 가능성을 탐구한다.
- 기존의 틀을 벗어난 혁신적 아이디어와 창의적 해결책을 도출한다.

6-5. 관계 질문

- 섬엽과 전두엽이 협력해 개념 간의 상호작용을 분석한다.
- 복잡한 시스템을 이해하고 다양한 요소의 관계를 조율한다.

6-6. 관점 질문

- 기본 네트워크가 활성화되어 다양한 시각에서 문제를 탐구한다.
- 사고의 폭을 넓혀 여러 관점에서 문제를 해결하는 능력을 강화한다.

7] 결론 : 뇌과학 기반의 질문활용과 성장

맘스퀘스천의 파란색, 분홍색, 초록색 질문유형은 각각 뇌의 특정 부위를 자극해 지적 사고와 감정적 통찰의 균형을 맞춘다. 파란색 질문은 전두엽과 측두엽을 중심으로 논리적·분석적 사고를 강화하고, 분홍색 질문은 편도체와 섬엽을 통해 감정인식과 공감을 촉진한다. 초록색 질문은 기본 네트워크를 활성화해 지적·감정 적 통찰을 결합한 창의적 문제해결 능력을 키운다.

이러한 뇌과학적 이해를 바탕으로 한 질문연습은 일상과 업무에서 문제를 다각도로 탐구하고 협력적이고 창의적인 해결책을 도출하는 데 큰 도움이 된다. 꾸준한 질문연습과 활용을 통해 사고와 감정의 통합적 성 장을 이루고 복잡한 문제를 유연하게 해결할 수 있다.

질문은 사고를 자극하고 감정을 이해하며 문제를 해결하는 강력한 도구이다. 꾸준한 연습과 실천을 통해 누 구나 창의적인 문제해결의 고수가 될 수 있다.

19장. 맘스퀘스천 15가지 질문유형 분석 및 활용 가이드

맘스퀘스천의 15가지 질문유형은 단순한 정보회수를 넘어, 지적 성장과 감정적 성찰을 촉진하며 창의적 문제해결과 실행력을 강화하는 도구다. 이 질문들은 레벨별(L1~L5)로 점진적 난이도를 부여해 사고를 심화할 수 있도록 설계되었다. 또 한 유사질문 목록을 통해 각 질문유형이 다양한 상황에서 응용 가능함을 보여 주며, 학습자와 문제해결자에게 구체적인 가이드를 제공한다. 아래는 각 질문 유형과 색상 분류, 뇌과학적 연관성, 실생활에서의 활용 전략까지 포함한 확장된 분석이다.

3. 맘스퀘스천 15가지 질문 유형 ©

맘스퀘스천의 15가지 질문 유형은 상표권과 저작권에 등록되어 법적 보호를 받고 있습니다.

질문 유형	유사 질문 목록
L1 1. 기억 질문 (Memory)	암기 질문, 정보 질문
L1 2. 확인 질문 (Confirm)	명확화 질문
L2 3. 개념 질문 (Concept)	정의 질문, 뜻 질문, 구체화 질문, 의미 질문
L2 4. 관찰 질문 (Observe)	전체화 질문, 구도 질문, 이미지 질문
L2 5. 느낌 질문 (Feeling)	감정 질문, 기분 질문
L3 6. 논리 질문 (Logic)	사실 질문, 근거 질문
L3 7. 꼬꼬 질문 (Deep-dive)	심층 질문
L3 8. 배움 질문 (Learning)	학습 질문, 교훈 질문, 시사 질문, 통찰 질문
L3 9. 가정 질문 (If)	경우 질문, 시나리오 질문
L4 10. 실천 질문 (Implement)	실행 질문, 행동 질문, 수행 질문
L4 11. 판단 질문 (Decision)	결정 질문, 수렴 질문, 통합화 질문
L4 12. 공감 질문 (Sympathy)	이입 질문
L4 13. 상상 질문 (Imagine)	발산 질문, 아이디어 질문
L5 14. 관계 질문 (Relationship)	연관 질문
L5 15. 관점 질문 (Viewpoint)	다양성 질문, 융합 질문

☐ IQ   ☐ EQ   ☐ IQ/EQ   L1 ~ L5 : Level(수준)

Copyrights ©2018 Jai-Woo Shim   MOM's Question (맘스퀘스천) ®

1] L1 : 기초 수준-정보회수와 명확성 확보

1-1. 기억 질문(Memory)

- 유사질문 : 암기 질문, 정보 질문
- 목적 : 과거 경험과 정보를 명확히 기억하고 회상하는 능력을 키움
- 예시 : 시험 대비, 프로젝트 진행 과정에서의 교훈 회상
- 효과 : 실수를 반복하지 않고 경험을 교훈으로 삼을 수 있게 함

1-2. 확인 질문(Confirm)

- 유사질문 : 명확화 질문
- 목적 : 이미 알고 있는 정보나 생각의 정확성을 점검하여 오류를 줄임
- 예시 : 정보의 신뢰성 검토, 계획 실행 전 점검
- 효과 : 모호한 상황에서 명확한 결론을 도출해 정확한 의사결정을 도움

2] L2 : 기초심화 수준-개념정립과 구조화

2-1. 개념 질문(Concept)

- 유사질문 : 정의 질문, 뜻 질문, 구체화 질문, 의미 질문
- 목적 : 복잡한 개념을 명확히 정의하고 구조화함으로써 논리적 사고를 촉진
- 예시 : 새로운 아이디어를 명확히 설명하거나 복잡한 문제의 핵심 파악
- 효과 : 문제를 이해하고 창의적 해결책을 제안하는 기반을 형성

2-2. 관찰 질문(Observe)

- 유사질문 : 전체적 질문, 구조 질문, 이미지 질문
- 목적 : 세부적 차이와 숨겨진 패턴을 발견해 문제해결 단서를 찾음
- 예시 : 연구나 실험에서 중요한 관찰 포인트 도출, 고객 피드백 분석

- 효과 : 날카로운 관찰력을 통해 문제의 근본 원인을 정확히 이해하게 함

3] L3 : 중급 수준-감정과 논리의 통합

3-1. 느낌 질문(Feeling)

- 유사질문 : 감정 질문, 기분 질문
- 목적 : 자신의 감정을 인식하고 타인의 감정을 이해하는 능력을 강화
- 예시 : 갈등상황에서 감정을 조율하거나 팀워크 강화
- 효과 : 감정인식을 통해 관계의 질을 높이고 협력을 촉진

3-2. 논리 질문(Logic)

- 유사질문 : 사실 질문, 근거 질문
- 목적 : 근거와 논리에 기반해 사고를 정리하고 분석적 문제해결 능력을 키움
- 예시 : 논리적 발표 준비, 데이터 기반 의사결정
- 효과 : 체계적이고 일관성 있는 사고를 형성해 설득력을 높임

3-3. 꼬꼬 질문(Deep-dive)

- 유사질문 : 심층 질문
- 목적 : 문제의 근본 원인을 파악해 깊이 있는 분석을 가능하게 함
- 예시 : 프로젝트 실패원인 분석, 고객불만 해결
- 효과 : 사고의 깊이를 확장해 근본적 해결책을 도출

3-4. 배움 질문(Learning)

- 유사질문 : 학습 질문, 교훈 질문, 시사 질문, 통찰 질문
- 목적 : 과거 경험에서 교훈을 도출하고 학습을 통해 성장을 촉진

- 예시 : 피드백 회의에서 성과분석, 실수를 통해 배움
- 효과 : 실패를 성장의 발판으로 삼아 지속적으로 발전

3-5. 가정 질문(Assume)

- 유사질문 : 경우 질문, 시나리오 질문
- 목적 : 가상 시나리오를 설정해 다양한 가능성을 탐구
- 예시 : 새로운 비즈니스 모델 개발, 미래예측 시나리오 작성
- 효과 : 창의적 사고를 통해 기존의 틀을 벗어난 해결책 모색

4] L4 : 고급 수준-실행력과 공감능력 강화

4-1. 실천 질문(Implement)

- 유사질문 : 실행 질문, 행동 질문, 수행 질문
- 목적 : 아이디어를 구체적인 행동 계획으로 전환하여 실현 가능성을 높임
- 예시 : 프로젝트 실행계획 수립, 목표달성을 위한 행동 지침 작성
- 효과 : 아이디어를 실행력 있는 계획으로 바꿔 성과로 연결

4-2. 판단 질문(Decision)

- 유사질문 : 결정 질문, 선택 질문, 통찰력 질문
- 목적 : 신속하고 명확한 결정을 내릴 수 있도록 도움
- 예시 : 복잡한 문제의 우선순위 설정, 의사결정 갈림길에서 선택
- 효과 : 불필요한 고민을 줄이고 효율적으로 문제를 해결

4-3. 공감 질문(Sympathy)

- 유사질문 : 이입 질문

- 목적 : 타인의 감정을 이해하고 공감능력을 강화
- 예시 : 팀원 간의 갈등해결, 고객과의 소통
- 효과 : 감정적 신뢰와 협력 관계를 구축해 생산성을 높임

5) L5 : 최고 수준-창의적 사고와 복합문제 해결

5-1. 상상 질문(Imagine)

- 유사질문 : 발상 질문, 아이디어 질문
- 목적 : 창의적 아이디어와 혁신적 해결책을 탐구
- 예시 : 신제품 개발, 혁신적인 마케팅 전략 구상
- 효과 : 창의성을 자극해 고정관념을 뛰어넘는 해결책 발견

5-2. 관계 질문(Relationship)

- 유사질문 : 연결 질문
- 목적 : 다양한 개념과 요소 간의 상호작용을 분석
- 예시 : 복잡한 시스템 설계, 팀 간의 협업 전략 수립
- 효과 : 통합적 사고를 통해 복잡한 문제를 해결

5-3. 관점 질문(Viewpoint)

- 유사질문 : 다양한 질문, 종합 질문
- 목적 : 문제를 다양한 시각에서 탐구해 새로운 해석 도출
- 예시 : 다문화적 관점에서 문제분석, 의사결정 과정에서 다양한 의견 수렴
- 효과 : 사고의 폭을 넓혀 복잡한 문제에 대한 창의적 해결책을 도출

19-1. 15 창의 질문 통합적으로 활용하기[초급]

맘스퀘스천(Crequession)의 15가지 질문유형을 통합적으로 사용하는 방법은 사고의 폭과 깊이를 동시에 확장시키고, 문제해결 과정을 체계적으로 발전시키는 데 매우 효과적이다. 각 질문유형은 고유의 역할을 가지고 있지만, 상호보완적으로 연결하여 사용하면 더욱 강력한 도구가 된다. 여기서는 15가지 질문들이 서로 어떻게 연결되고, 통합적으로 사용될 수 있는지를 구체적으로 설명하겠다.

1) 기억 질문+배움 질문

연결방식 : 과거의 경험을 되짚어보고, 그 경험에서 어떤 교훈을 얻었는지를 탐구함으로써, 더 나은 선택을 할 수 있다.

- 예시 : 과거의 프로젝트에서 어려움을 겪은 상황을 기억 질문으로 되짚어보고, 그때 무엇을 배웠는지 배움 질문을 통해 확인한다. "그때 어떤 실수를 했나요?", "그 실수를 통해 무엇을 배웠나요?"라는 방식으로 질문을 연계하여 사고를 발전시킬 수 있다.

2) 확인 질문+관점 질문

연결방식 : 자신의 생각이나 감정을 확인한 후, 다른 사람의 관점에서 동일한 문제를 어떻게 바라볼 수 있는지를 탐구한다. 이는 다각적인 사고를 유도하는 데 유용하다.

- 예시 : "지금 당신이 느끼는 감정은 무엇인가요?"라는 확인 질문을 던진 후, "이 문제를 상사의 입장에서 보면 어떻게 보일까요?" 같은 관점 질문을 사용하여 다양한 시각을 고려할 수 있다.

3) 개념 질문+가정 질문

연결방식 : 개념을 명확히 정의한 후, 그 개념을 다른 상황이나 가상 시나리오에 적용해보는 방식으로 사고를 확장할 수 있다.

- 예시 : "이 프로젝트에서 '효율성'이란 무엇인가요?"라는 개념 질문을 던진 후, "만약 자원이 무한정 주어진다면, 효율성의 개념은 어떻게 달라질까요?"라는 가정 질문을 통해 개념을 확장하여 사고를 진행할 수 있다.

4) 관찰 질문+논리 질문

연결방식 : 관찰을 통해 발견한 사실이나 패턴을 논리적으로 분석하고, 그에 대한 근거를 확인하는 방식으로 사고를 체계화할 수 있다.

- 예시 : "이 프로젝트의 진행 과정에서 어떤 패턴을 발견하셨나요?"라는 관찰 질문을 던진 후, "그 패턴이 왜 중요한가요? 그 패턴이 성공에 어떻게 기여했나요?"라는 논리 질문을 덧붙여 관찰결과를 논리적으로 해석할 수 있다.

5) 느낌 질문+실천 질문

연결방식 : 특정 상황에서 느낀 감정을 탐구한 후, 그 감정을 바탕으로 어떤 행동을 실천할 수 있을지를 구체적으로 질문한다. 이를 통해 감정과 행동을 연결시킬 수 있다.

- 예시 : "이 프로젝트에서 가장 좌절감을 느꼈던 순간은 언제였나요?"라는 느낌 질문을 던진 후, "그 좌절감을 극복하기 위해 다음으로 어떤 행동을 실천할 계획인가요?"라는 실천 질문으로 행동을 유도할 수 있다.

6) 배움 질문+판단 질문

연결방식 : 과거의 경험에서 배운 교훈을 바탕으로, 미래의 결정에 어떻게 영향을 미칠지를 탐구하는 방식으로 사고를 연계할 수 있다.

- 예시 : "이 실패에서 무엇을 배웠나요?"라는 배움 질문을 던진 후, "그 교훈을 바탕으로 이 상황에서 어떤 결정을 내릴 건가요?"라는 판단 질문을 덧붙여, 경험을 실제 결정으로 연결할 수 있다.

7) 꼬꼬 질문+관계 질문

연결방식 : 꼬리에 꼬리를 무는 질문으로 문제를 깊이 파고든 후, 그 문제의 다양한 요소 간의 관계를 탐구하여 문제의 본질을 파악한다.

- 예시 : "왜 이 결정을 내렸나요?"라는 꼬꼬 질문을 던진 후, 그 결정이 다른 요소에 미친 영향을 탐구하기 위해 "그 결정이 팀 내 다른 구성원과는 어떻게 연결되어 있나요?"라는 관계 질문을 덧붙여 사고의 폭을 확장할 수 있다.

8) 가정 질문+상상 질문

연결방식 : 가상 시나리오를 설정한 후, 그 상황에서 더욱 창의적인 해결책이나 아이디어를 상상해 보는 방식으로 사고를 확장할 수 있다.

- 예시 : "만약 자원이 무한정 주어진다면, 이 문제를 어떻게 해결할 수 있을까요?"라는 가정 질문을 던진 후, "그 상황에서 당신이 상상할 수 있는 가장 창의적인 해결책은 무엇인가요?"라는 상상 질문을 추가하여 창의적 사고를 자극할 수 있다.

9) 논리 질문+판단 질문

연결방식 : 논리적으로 문제를 분석한 후, 그 분석결과를 바탕으로 결정을 내리는 데 필요한 판단을 묻는 방식이다.

- 예시 : "이 결론에 대한 논리적 근거는 무엇인가요?"라는 논리 질문을 던진 후, "이 논리적 근거를 바탕으로 내릴 수 있는 최선의 결정은 무엇인가요?"라는 판단 질문을 통해 합리적 결정을 이끌어 낼 수 있다.

10) 확인 질문+배움 질문

연결방식 : 자신의 현재 상태나 감정을 확인한 후, 그 상태가 어떻게 경험이나 학습으로 이어졌는지를 탐구한다. 이를 통해 자기성찰을 깊이 있게 할 수 있다.

- 예시 : "지금 당신이 느끼는 감정은 무엇인가요?"라는 확인 질문을 던진 후, "그 감정을 통해 무엇을 배웠나요?"라는 배움 질문으로 경험을 성찰하는 기회를 제공한다.

11) 관점 질문+판단 질문

연결방식 : 다양한 관점에서 문제를 바라본 후, 그 관점들을 바탕으로 최선의 결정을 내릴 수 있도록 판단 질문을 던진다.

- 예시 : "고객의 입장에서 이 문제를 어떻게 바라볼까요?"라는 관점 질문을 던진 후, "고객의 입장을 고려했을 때, 내릴 수 있는 최선의 결정은 무엇인가요?"라는 판단 질문을 추가하여 다양한 관점을 통합한 결정을 이끌어낼 수 있다.

12] 관찰 질문+가정 질문

연결방식 : 관찰을 통해 현재의 사실을 파악한 후, 그 사실을 바탕으로 가상 시나리오에서 어떤 변화가 일어날지를 상상해본다.

- 예시 : "현재 이 프로젝트에서 발견한 주요 패턴은 무엇인가요?"라는 관찰 질문을 던진 후, "만약 이 패턴이 내년에 유지된다면, 결과는 어떻게 달라질까요?"라는 가정 질문을 통해 미래를 예측할 수 있다.

13] 기억 질문+실천 질문

연결방식 : 과거의 경험을 되돌아본 후, 그 경험에서 얻은 교훈을 바탕으로 실제 행동을 실천하는 방법을 탐구한다.

- 예시 : "과거에 비슷한 상황에서 어떤 결정을 내렸나요?"라는 기억 질문을 던진 후, "이번에는 그 경험을 바탕으로 어떻게 행동할 건가요?"라는 실천 질문으로 경험을 실천에 연결할 수 있다.

14] 느낌 질문+공감 질문

연결방식 : 자신의 감정을 먼저 탐구한 후, 상대방의 감정은 어떠했을지를 공감 질문을 통해 이해하는 방식이다. 이는 감정적인 공감을 촉진하는 데 유용하다.

- 예시 : "이 상황에서 당신이 느끼는 감정은 무엇인가요?"라는 느낌 질문을 던진 후, "상대방은 이 상황에서 어떤 감정을 느꼈을까요?"라는 공감 질문을 추가하여 감정적인 이해를 넓힐 수 있다.

15] 관점 질문+개념 질문

연결방식 : 특정 문제에 대해 다양한 관점에서 바라본 후, 그 관점에 따라 개념을 정의하거나 수정하는 방식으로 사고를 확장한다.

- 예시 : "투자자의 관점에서 이 문제를 바라본다면 어떤 점이 중요한가요?"라는 관점 질문을 던진 후, "투자자의 입장에서 본다면 '성공'의 개념을 어떻게 정의할 수 있을까요?"라는 개념 질문을 덧붙여, 개념을 다양한 관점에서 구체화할 수 있다.

맘스퀘스천(Crequession)의 15가지 질문유형은 각기 다른 사고방식을 촉진하지만, 이들을 연결하여 사용하는 경우 더욱 강력한 효과를 발휘할 수 있다. 각 질문유형을 연계하거나 통합적으로 사용하면, 사고의 폭과 깊이를 동시에 확장하고, 문제해결에 대한 더 다각적인 접근을 가능하게 한다. 이를 통해 다양한 문제를 더 창의적이고 체계적으로 해결할 수 있으며, 경험, 감정, 논리, 실천 등의 요소를 모두 고려한 종합적인 사고방식을 구축할 수 있다.

19-2. 15 창의 질문 통합적으로 활용하기[고급]

맘스퀘스천(Crequession)의 15가지 질문유형을 통합적으로 사용하는 것은 사고의 깊이와 폭을 동시에 확장하고, 복잡한 문제 해결을 체계적으로 발전시키는 데 큰 도움을 준다. 이 질문들은 개별적으로도 강력하지만, 상호보완적으로 연계하여 사용하면 더 효과적인 결과를 얻을 수 있다. 각각의 질문유형이 고유한 목적을 가지고 있기 때문에, 이들을 전략적으로 연결하여 사고의 유연성, 창의성, 논리성을 동시에 강화할 수 있다. 여기서는 각 질문유형들을 어떻게 통합적으로 활용할 수 있는지 분석과 구체적인 예를 통해 설명하겠다.

1] 기억 질문+배움 질문+실천 질문

연결방식 : 과거의 경험을 기억하고, 그 경험에서 얻은 교훈을 탐구한 후, 그 교훈을 바탕으로 어떻게 실천할지를 계획하는 방식으로 질문을 통합할 수 있다.

- 예시

    ① 기억 질문 : 지난번 프로젝트에서 겪었던 가장 큰 어려움은 무엇이었나요?

    ② 배움 질문 : 그 어려움에서 얻은 가장 중요한 교훈은 무엇이었나요?

    ③ 실천 질문 : 그 교훈을 바탕으로 이번 프로젝트에서 어떻게 실천할 계획인가요?

이러한 흐름은 과거의 경험을 단순히 기억하는 것에서 그치지 않고, 그 경험을 반성하여 현재와 미래에 적용할 실천 계획을 세우는 데까지 이어진다. 이를 통해 과거의 실수를 반복하지 않고, 성공적인 결과를 도출할 수 있도록 준비한다.

2) 확인 질문+관점 질문+논리 질문

연결방식 : 자신의 현재 생각이나 감정을 먼저 확인한 후, 그 상황을 다른 사람의 관점에서 바라보게 하고, 최종적으로 그 관점을 논리적으로 분석하는 흐름으로 질문을 통합할 수 있다.

- 예시

  ① 확인 질문 : 지금 이 상황에서 당신의 생각은 무엇인가요?

  ② 관점 질문 : 이 문제를 상사의 입장에서 보면 어떻게 달라질까요?

  ③ 논리 질문 : 그 상사의 관점에서 생각한 결론이 논리적으로 타당하다고 보나요? 그 이유는 무엇인가요?

이 질문들은 자신의 관점뿐만 아니라, 다른 사람의 관점을 고려하여 상황을 재평가하고, 논리적으로 그 결론이 적절한지를 판단하게 한다. 이는 문제해결 시 다양한 시각을 통합적으로 고려하도록 돕는다.

3) 개념 질문+가정 질문+상상 질문

연결방식 : 특정 개념을 먼저 명확히 정의한 후, 그 개념이 다른 가상 시나리오에 적용되었을 때 어떤 결과가 나올지를 상상해보는 방식으로 질문을 연결할 수 있다. 이는 사고의 유연성을 극대화하고, 창의적 해결책을 도출하는 데 유용하다.

- 예시

  ① 개념 질문 : 이 프로젝트에서 '성공'이란 무엇을 의미하나요?

  ② 가정 질문 : 만약 모든 자원이 무한정 주어진다면, 이 '성공'의 개념은 어떻게 변할까요?

  ③ 상상 질문 : "그 상황에서 당신이 상상할 수 있는 가장 혁신적인 해결책은 무엇인가요?" 이러한 흐름을 통해 개념의 정의를 먼저 확립한 후, 이를 가상 상황에 적용하고, 그 결과로 나올 수 있는 창의적이고 혁신적인 아이디어를 상상하도록 유도할 수 있다.

4) 관찰 질문+꼬꼬 질문+논리 질문

연결방식 : 특정 현상을 관찰한 후, 그 관찰에서 도출된 질문을 꼬리에 꼬리를 물고 더 깊이 탐구하고, 마지막으로 그 탐구 결과를 논리적으로 분석하는 방식으로 질문을 통합할 수 있다.

- 예시

  ① 관찰 질문 : 이 문제를 해결하는 과정에서 발견한 주요 패턴은 무엇인가요?

  ② 꼬꼬 질문 : 왜 그 패턴이 나타났나요? 그 원인은 무엇인가요?

  ③ 논리 질문 : 그 원인이 문제가 되는 이유는 무엇인가요? 그 원인을 해결하기 위해 어떤 논리적 접근이 필요할까요?

이러한 질문의 흐름은 단순한 관찰에서 끝나는 것이 아니라, 그 관찰의 근본적인 이유를 파고들고, 이를 바탕으로 문제해결을 위한 논리적인 접근을 설계하는 데 도움을 준다.

5) 느낌 질문+공감 질문+실천 질문

연결방식 : 자신의 감정을 먼저 탐구한 후, 상대방의 입장에서 그 감정을 공감하고, 그 감정을 바탕으로 구체적으로 어떻게 행동할지를 계획하는 방식으로 질문을 연계할 수 있다.

- 예시

  ① 느낌 질문 : 이 상황에서 가장 강렬하게 느꼈던 감정은 무엇인가요?

  ② 공감 질문 : 그 상황에서 상대방은 어떤 감정을 느꼈을까요?

  ③ 실천 질문 : 이 감정을 바탕으로, 다음에 같은 상황에서 어떻게 대응할 계획인가요?

이를 통해 감정과 공감의 요소를 결합하고, 실질적인 행동으로 이어지도록 사고를 확장할 수 있다. 이는 감정적 인식과 공감능력을 높이는 동시에 실천적인 해결책을 도출하는 데 유용하다.

6) 배움 질문+판단 질문+관계 질문

연결방식 : 과거의 경험에서 배운 교훈을 바탕으로 현재의 결정을 내리는 데 필요한 판단을 하게 하고, 그 결정이 다른 요소들과 어떻게 상호작용할지를 탐구하는 방식으로 질문을 통합할 수 있다.

• 예시

   ① 배움 질문 : 이 프로젝트에서 얻은 가장 중요한 교훈은 무엇인가요?

   ② 판단 질문 : 그 교훈을 바탕으로 이번에는 어떤 결정을 내릴 수 있을까요?

   ③ 관계 질문 : 그 결정을 내렸을 때, 다른 부서나 팀에 어떤 영향을 미치게 될까요?

이러한 흐름은 배움을 통해 결정을 내리고, 그 결정이 조직 내에서 어떻게 상호작용할지를 고려하게 한다. 이를 통해 단순한 결정을 넘어서서, 그 결정의 파급효과까지 분석하게 된다.

7] 관점 질문+실천 질문+개념 질문

연결방식 : 다양한 관점에서 문제를 바라본 후, 그 관점을 바탕으로 구체적으로 실천할 행동을 계획하고, 그 행동이 어떤 개념에 기초한 것인지를 확인하는 방식으로 질문을 통합할 수 있다.

• 예시

   ① 관점 질문 : 고객의 입장에서 이 제품의 가치를 어떻게 평가할 수 있을까요?

   ② 실천 질문 : 고객의 관점을 고려하여, 그 가치를 극대화하기 위해 무엇을 할 수 있을까요?

   ③ 개념 질문 : 이 제품에서 '가치'라는 개념을 어떻게 정의할 수 있나요?

이 흐름을 통해 다양한 관점에서 시작하여, 그 관점에 기반한 실천 계획을 세우고, 그 실천이 기초한 개념을 명확히 정의하게 된다. 이는 문제해결의 실질적 행동을 이끌어낼 뿐만 아니라, 그 행동의 이론적 근거까지 명확하게 한다.

8] 기억 질문+논리 질문+판단 질문

연결방식 : 과거의 경험을 먼저 되짚어본 후, 그 경험을 논리적으로 분석하고, 그 분석을 바탕으로 결정을 내리는 방식으로 질문을 통합할 수 있다.

• 예시

   ① 기억 질문 : 이전 프로젝트에서 실패했던 이유는 무엇이었나요?

   ② 논리 질문 : 그 실패의 원인을 논리적으로 어떻게 분석할 수 있나요?

   ③ 판단 질문 : 그 분석을 바탕으로 이번에는 어떤 결정을 내릴 수 있을까요?

이러한 질문의 흐름은 경험을 바탕으로 사고를 체계화하고, 그 사고를 구체적인 행동 계획으로 연결하는 데 유용하다. 이를 통해 과거의 실수를 반복하지 않으면서 더 나은 결정을 내릴 수 있다.

9) 관찰 질문+배움 질문+관계 질문

연결방식 : 현재 상황을 먼저 관찰한 후, 그 관찰을 통해 무엇을 배웠는지를 분석하고, 그 배움이 다른 요소들과 어떻게 상호작용할지를 탐구하는 방식으로 질문을 연계할 수 있다.

- 예시

  ① 관찰 질문 : 이 프로젝트의 진행 과정에서 발견한 중요한 패턴은 무엇인가요?

  ② 배움 질문 : 그 패턴을 통해 무엇을 배웠나요?

  ③ 관계 질문 : 그 배움이 다른 부서나 팀과의 협업에 어떤 영향을 미칠까요?

이 흐름을 통해 관찰과 학습, 상호작용을 결합하여 문제해결을 위한 폭넓은 사고를 도출할 수 있다.

10) 가정 질문+상상 질문+실천 질문

연결방식 : 가상의 상황을 설정한 후, 그 상황에서 어떤 창의적인 해결책을 상상할 수 있을지를 탐구하고, 그 상상을 실제로 실천할 방법을 계획하는 방식으로 질문을 연계할 수 있다.

- 예시

  ① 가정 질문 : 만약 이 문제를 해결할 수 있는 자원이 무한정 제공된다면, 어떤 해결책을 선택하시겠나요?

  ② 상상 질문 : 그 상황에서 가장 창의적인 해결책은 무엇인가요?

  ③ 실천 질문 : 그 해결책을 현실에서 어떻게 실천할 계획인가요?

이를 통해 상상력을 자극하면서도, 실질적인 실행계획으로 이어질 수 있도록 유도할 수 있다. 이는 창의적이고 실용적인 문제해결 방법을 동시에 모색하는 데 유용하다.

11) 공감 질문+관점 질문+판단 질문

연결방식 : 상대방의 감정을 공감하고, 그들의 관점에서 상황을 바라본 후, 그 관점에 근거한 결정을 내리는 방식으로 질문을 통합할 수 있다.

- 예시

  ① 공감 질문 : 이 상황에서 상대방이 느꼈을 감정은 무엇이라고 생각하시나요?

  ② 관점 질문 : 상대방의 입장에서 이 문제를 어떻게 바라볼 수 있을까요?

  ③ 판단 질문 : 그 관점을 고려했을 때, 당신은 어떤 결정을 내리겠나요?

이 질문의 흐름은 상대방의 입장에서 상황을 이해하고, 그 관점을 고려한 결정을 내리는 데 매우 유용하다. 이는 갈등해결이나 협상 상황에서 특히 강력한 효과를 발휘한다.

12) 관찰 질문+개념 질문+꼬꼬 질문

연결방식 : 특정 현상을 관찰한 후, 그 관찰을 바탕으로 개념을 정의하고, 그 개념에 대해 꼬리를 물고 더 깊이 탐구하는 방식으로 질문을 통합할 수 있다.

- 예시

  ① 관찰 질문 : 이 프로젝트에서 발견한 패턴은 무엇인가요?

  ② 개념 질문 : 그 패턴은 '효율성'이라는 개념과 어떻게 연관될 수 있나요?

  ③ 꼬꼬 질문 : 그렇다면, 효율성의 핵심요소는 무엇이라고 생각하시나요? 그 이유는 무엇인가요?

이러한 흐름은 관찰을 통해 개념을 정의하고, 그 개념을 더 깊이 탐구하여 문제의 근본 원인을 찾는 데 유용하다.

13) 배움 질문+실천 질문+관점 질문

연결방식 : 경험을 통해 얻은 교훈을 실천에 적용한 후, 그 실천이 다른 사람의 관점에서 어떻게 평가될지를 탐구하는 방식으로 질문을 연계할 수 있다.

- 예시

  ① 배움 질문 : 이 프로젝트에서 가장 중요한 교훈은 무엇이었나요?

② 실천 질문 : 그 교훈을 바탕으로 어떤 행동을 실천할 계획인가요?

③ 관점 질문 : 그 실천을 고객의 입장에서 보면 어떻게 평가할 수 있을까요?

이 질문의 흐름은 교훈을 실천에 적용하면서도, 그 실천이 어떻게 평가될지를 다각적으로 분석하는 데 도움이 된다.

14] 논리 질문+꼬꼬 질문+실천 질문

연결방식 : 논리적인 분석을 통해 문제를 파악한 후, 그 문제를 더 깊이 탐구하고, 최종적으로 어떻게 실천할지를 계획하는 방식으로 질문을 연계할 수 있다.

- 예시

  ① 논리 질문 : 이 문제의 논리적 원인은 무엇인가요?

  ② 꼬꼬 질문 : 그 원인이 발생한 이유는 무엇인가요?

  ③ 실천 질문 : 그 원인을 해결하기 위해 어떤 행동을 실천할 계획인가요?

이러한 질문의 흐름은 문제를 논리적으로 분석한 후, 더 깊이 파고들어 그 해결책을 실천에 옮기는 데 유용하다.

15] 기억 질문+느낌 질문+공감 질문

연결방식 : 과거의 경험을 먼저 되짚어본 후, 그 경험에서 느꼈던 감정을 탐구하고, 그 감정을 다른 사람의 입장에서 공감해보는 방식으로 질문을 통합할 수 있다.

- 예시

  ① 기억 질문 : 지난 프로젝트에서 가장 인상 깊었던 순간은 무엇인가요?

  ② 느낌 질문 : 그 순간에서 느꼈던 감정은 무엇이었나요?

  ③ 공감 질문 : 당시 상대방은 그 순간에 어떤 감정을 느꼈을까요?

이 질문의 흐름은 경험과 감정을 결합하고, 타인의 감정을 이해하는 데 도움을 준다. 이는 특히 팀 내에서의 소통과 공감능력을 향상시키는 데 유용하다.

맘스퀘스천(Crequession)의 15가지 질문유형을 통합적으로 사용하는 것은 단순히 문제를 해결하는 데 그치지 않고, 사고를 다각화하고 깊이 있게 발전시키는 데 매우 효과적이다. 각 질문유형은 고유한 기능을 가지고 있지만, 이들을 연계하여 사용할 때 더 큰 시너지 효과를 발휘한다. 이를 통해 문제를 다각도로 분석하고, 창의적 해결책을 도출하며, 실질적인 행동으로 이어질 수 있는 종합적인 사고방식을 형성할 수 있다.

19-3. 15 창의 질문 유사점과 차이점

15 창의 질문은 개념이나 활용법에 있어, 서로 비슷하다는 생각으로 명확히 구분하지 못할 수도 있다. 그래서 혼돈을 주기 쉬운 질문유형들을 대상으로 유사점과 차이점을 정리했다.

1] 상상 질문과 가정 질문

상상 질문과 가정 질문은 둘 다 창의적 사고와 새로운 가능성을 탐구하는 데 중요한 역할을 하지만, 그 목적과 접근방식에서 차이가 있다. 두 질문의 유사점과 차이점을 아래에서 자세히 살펴보겠다.

1-1. 유사점

① 창의적 사고 촉진

- 두 질문 모두 상상력과 창의성을 자극하여 새로운 해결책을 찾는 데 유용하다. 이들은 현실의 제약을 넘어서 사고를 확장하고, 기존의 틀에 얽매이지 않은 새로운 접근방식을 제안하도록 돕는다.
    - 예시 : 이 문제를 해결하기 위해 어떤 새로운 방식을 상상할 수 있을까?(상상 질문)
    - 예시 : 만약 자원이 무한정 주어진다면, 이 문제를 어떻게 해결할 수 있을까?(가정 질문)

② 미래의 가능성 탐구

- 상상 질문과 가정 질문 모두 현재 상황을 넘어서 미래에 일어날 가능성이나 가상의 시나리오에 대해 생각하게 한다. 이는 다양한 시나리오에 대비하고, 더 나은 전략을 세우는 데 도움을 준다.

- 예시 : 미래의 기술이 어떻게 문제해결에 도움이 될 수 있을까?(상상 질문)
- 예시 : 만약 우리가 더 나은 기술을 갖추고 있다면, 지금의 문제를 어떻게 해결할 수 있을까?(가정 질문)

③ 제약 없는 사고
- 두 질문 모두 현실적 제약을 벗어나 사고의 폭을 넓히는 데 중점을 둔다. 이들은 현재의 상황에 묶이지 않고, '무엇이든 가능하다면'이라는 전제로 문제를 접근하게 한다.

1-2. 차이점

① 출발점
- 상상 질문 : 상상 질문은 자유롭고 창의적인 발상에 초점을 맞추며, 어떤 특정한 조건을 가정하지 않는다. 이 질문은 제약이 없는 상태에서 전혀 새로운 아이디어를 끌어내는 데 목적이 있다. 상상 질문은 현실적인 구속에서 벗어나 생각의 자유를 강조한다.
  - 예시 : 만약 우리가 모든 문제를 해결할 수 있는 능력을 가지고 있다면, 어떤 해결책을 생각해볼 수 있을까?
- 가정 질문 : 가정 질문은 구체적인 '만약'이라는 가정된 상황을 설정하고 그 조건하에서 사고를 전개한다. 이 질문은 특정 조건이나 상황을 상정하고, 그 상황이 실제로 발생했을 때 어떤 결과나 해결책이 나올 수 있는지 탐구한다. 즉, 가정된 조건을 중심으로 사고가 이루어진다.
  - 예시 : 만약 자원이 무한하다면, 이 프로젝트는 어떻게 진행될까?

② 구체성
- 상상 질문 : 상상 질문은 매우 자유롭고 구체적인 조건 없이 새로운 가능성을 상상하게 한다. 이는 다소 추상적이거나 개방적인 답변을 유도하며, 그 자체로 창의성을 중시한다.
  - 예시 : 지금까지 존재하지 않은 방식으로 이 문제를 해결할 방법을 상상해보라.
- 가정 질문 : 가정 질문은 특정한 조건을 중심으로 사고를 유도하기 때문에, 구체적인 상황을 상정하고 그 안에서 해결책을 찾아낸다. 즉, 가정된 조건을 기반으로 보다 현실적인 해결책을 도출하려는 성격이 강하다.
  - 예시 : 만약 예산이 두 배로 늘어난다면, 이 프로젝트는 어떻게 달라질까?

③ 목표

- 상상 질문 : 상상 질문의 주요 목표는 창의력과 혁신성을 끌어내는 것이다. 기존에 없던 아이디어나 접근방식을 자유롭게 상상하며, 제한 없이 문제를 풀어나가는 데 중점을 둔다.
- 가정 질문 : 가정 질문의 목표는 특정 상황을 상정하여, 그 상황에서의 해결책이나 결과를 논리적으로 생각해보는 것이다. 이를 통해 보다 현실적인 해결책을 찾고, 다양한 시나리오를 미리 대비하는 전략을 세우는 데 유리하다.

1-3. 정리

① 유사점

- 두 질문 모두 현실을 넘어서는 사고의 확장을 도모하며, 창의적 사고와 미래의 가능성에 대한 탐구를 촉진한다.

② 차이점

- 상상 질문은 자유롭고 조건 없는 사고를 통해 혁신적이고 창의적인 아이디어를 이끌어내는 데 중점을 두며, 구체적인 제약이 없다.
- 가정 질문은 특정 조건을 설정한 후 그 조건에서 나올 수 있는 결과나 해결책을 탐구하는 방식으로 사고를 전개하며, 현실적인 해결책 도출에 더 가까운 접근방식이다.

2) 기억 질문과 확인 질문

기억 질문과 확인 질문은 둘 다 과거 또는 현재 상황을 되짚어보거나, 사실을 명확하게 하는 데 사용되는 질문이지만, 목적과 사용방식에서 차이가 있다. 아래에서 두 질문유형의 유사점과 차이점을 자세히 살펴보겠다.

2-1. 유사점

① 사실을 바탕으로 한 질문

- 기억 질문과 확인 질문 모두 사실에 기반한 질문이다. 두 질문유형은 주로 과거의 경험이나 현재의 상태를 다시 떠올리거나, 명확하게 하려는 목적에서 사용된다.

- 기억 질문 예시 : 이전에 유사한 문제를 겪은 적이 있나요?

- 확인 질문 예시 : 이 문제에 대해 당신의 생각은 무엇인가요?

② 현상 파악

- 두 질문은 어떤 일이 일어났거나, 현재 무엇이 일어나고 있는지에 대해 구체적인 정보를 수집하는 데 도움을 준다. 이를 통해 문제해결의 출발점이 될 수 있는 중요한 사실을 파악할 수 있다.

  - 기억 질문 : 과거에 이와 비슷한 사례가 있었나요?

  - 확인 질문 : 지금 팀 내에서 가장 큰 갈등요인은 무엇인가요?

③ 명확성 추구

- 두 질문 모두 불확실하거나 모호한 부분을 명확하게 하는 데 도움을 준다. 기억 질문은 과거 경험을 명확히 하고, 확인 질문은 현재 상황에 대한 생각이나 사실을 명확하게 한다.

  - 기억 질문 : 그때 어떤 선택을 했었나요?

  - 확인 질문 : 지금 이 상황에 대해 어떻게 생각하시나요?

2-2. 차이점

① 질문 초점

- 기억 질문 : 과거의 경험이나 사건을 되짚어보는 데 초점이 맞춰져 있다. 이는 주로 이전에 발생했던 일, 과거의 선택이나 행동을 분석하기 위한 질문이다. 과거를 회상하고, 그로부터 교훈을 얻기 위해 사용된다.

  - 예시 : 지난번 프로젝트에서 어떤 문제를 해결하셨나요?

- 확인 질문 : 현재의 생각, 감정, 상태를 명확히 하는 데 초점이 맞춰져 있다. 이는 현재 상황에서 개인의 인식이나 판단을 명확히 하고, 그 사람의 상태를 확인하는 데 주로 사용된다.

  - 예시 : 이 상황에서 지금 당신의 우선순위는 무엇인가요?

② 시간적 범위

- 기억 질문 : 주로 과거에 일어난 일을 대상으로 질문한다. 과거의 경험이나 사건에서 교훈을 얻거나, 현재 문제해결에 도움이 될 수 있는 과거의 유사한 상황을 상기시키는 데 목적이 있다.

- 예시 : 그때 어떤 방식으로 문제를 해결하셨나요?
- 확인 질문 : 주로 현재에 초점을 맞춘다. 현재의 상황을 분석하거나, 지금의 감정이나 생각을 명확하게 인식하는 데 사용된다.
  - 예시 : 지금 이 결정에 대해 어떤 감정을 느끼고 있나요?

③ 목적

- 기억 질문 : 과거의 경험을 통해 교훈을 얻고, 그 경험이 현재 또는 미래 문제해결에 어떻게 적용될 수 있는지 분석하는 데 목적이 있다. 과거의 행동이나 선택을 되짚어보고, 그로부터 얻을 수 있는 배움을 탐구하는 데 주로 사용된다.
  - 예시 : 그때의 실수에서 어떤 교훈을 얻었나요?
- 확인 질문 : 현재의 상태나 입장을 명확히 하고, 불명확한 상황에서 개인의 생각이나 감정을 정리하는 데 목적이 있다. 이는 의사결정 과정에서 현재 자신의 생각을 확인하거나, 자신이 느끼는 감정의 본질을 파악하기 위한 용도로 사용된다.
  - 예시 : 지금 당신이 가장 우려하는 부분은 무엇인가요?

④ 대상

- 기억 질문 : 개인 또는 팀의 과거 경험이나 특정 사건을 대상으로 한다. 과거에 일어났던 사건, 결정, 행동에 대한 정보를 수집하는 데 초점을 맞추며, 과거의 실수를 되짚거나 성공사례를 반복하려는 목적으로 사용된다.
  - 예시 : 이전에 이와 비슷한 상황에서 어떤 결정을 내렸나요?
- 확인 질문 : 개인의 현재 생각, 감정, 입장을 대상에 두며, 현재의 상태를 명확하게 정의하고, 의사결정이나 문제해결의 첫 단계를 돕는 역할을 한다.
  - 예시 : 지금 이 문제에 대해 어떤 생각을 가지고 계신가요?

2-3. 정리

① 유사점

- 두 질문유형 모두 사실을 기반으로 하고, 문제해결 과정에서 중요한 정보를 제공하는 데 사용된다. 또한 불확실한 부분을 명확하게 하며, 과거 또는 현재의 상태를 파악하는 데 도움을 준다.

② 차이점

- 기억 질문은 과거의 사건이나 경험을 회상하고, 그로부터 교훈을 얻기 위한 질문이다. 주로 과거의 행동이나 결정에 초점을 맞춘다.
- 확인 질문은 현재의 상태, 감정, 생각을 명확히 하고, 의사결정 과정에서 자신의 입장을 분명하게 하기 위한 질문이다. 주로 현재의 상황에 초점을 맞춘다.

이 두 질문은 상호보완적으로 사용될 수 있으며, 과거의 경험을 되짚어보거나 현재의 상태를 명확히 하여 더 나은 의사결정이나 문제해결을 도울 수 있다.

3] 확인 질문과 관찰 질문

확인 질문과 관찰 질문은 모두 사실을 기반으로 하여 상황을 명확히 하고, 정보를 수집하는 데 사용되는 질문유형이지만, 이 두 질문의 목적과 접근방식에서 차이가 있다. 아래에서 두 질문의 유사점과 차이점을 구체적으로 살펴보겠다.

3-1. 유사점

① 사실을 기반으로 한 질문

- 두 질문 모두 객관적인 사실을 바탕으로 상황을 명확하게 하고, 이해를 돕는 데 사용된다. 확인 질문은 주로 사람의 생각이나 감정을 명확히 하는 데 초점을 맞추고, 관찰 질문은 눈에 보이는 사실과 현상을 명확히 파악하는 데 초점을 둔다.
  - 확인 질문 예시 : 이 프로젝트에서 가장 큰 걱정거리가 무엇인가요?
  - 관찰 질문 예시 : 이 회의에서 주로 논의된 내용은 무엇이었나요?

② 정보수집과 명확성

- 두 질문 모두 정보를 명확히 하여 모호함을 제거하고, 문제해결 과정에서 중요한 사실을 확인하는 데 도움이 된다. 두 질문 모두 답변자의 경험이나 관찰을 통해 중요한 데이터를 수집하는 역할을 한다.
  - 확인 질문 예시 : 현재 이 문제에 대해 어떤 생각을 가지고 계신가요?
  - 관찰 질문 예시 : 지금 이 문제에서 어떤 패턴을 발견했나요?

③ 상황 파악을 위한 질문

- 확인 질문과 관찰 질문 모두 현재 상황을 명확히 이해하기 위해 사용된다. 확인 질문은 주로 주관적인 상태를 확인하는 반면, 관찰 질문은 객관적인 정보를 바탕으로 상황을 설명하는 데 도움을 준다.

    - 확인 질문 예시 : 지금 당신의 입장은 무엇인가요?

    - 관찰 질문 예시 : 이 과정에서 발생한 주요 변화는 무엇인가요?

3-2. 차이점

① 질문의 초점

- 확인 질문 : 확인 질문은 주로 사람의 주관적 생각, 감정, 의견에 초점을 맞추어 그것을 명확하게 확인하는 데 사용된다. 이는 개인의 입장, 감정, 의도를 구체화하고 명확히 함으로써, 문제해결이나 의사결정 과정에서 불확실성을 제거하는 데 기여한다.

    - 예시 : 지금 이 상황에서 당신이 가장 중요하게 생각하는 것은 무엇인가요?

- 관찰 질문 : 관찰 질문은 주로 객관적인 현상이나 사실에 초점을 맞춘다. 이는 눈에 보이는 현상, 행동, 패턴 등을 구체적으로 설명하거나 그에 대한 사실을 수집하는 데 중점을 둔다.

    - 예시 : 지난 회의에서 어떤 변화가 관찰되었나요?

② 정보의 출처

- 확인 질문 : 확인 질문은 내면적이고 주관적인 정보, 즉 개인의 생각이나 감정, 의도를 확인하는 데 사용된다. 이는 답변자가 스스로의 입장을 명확하게 인식하고 표현하게 하는 질문이다.

    - 예시 : 이 결정에 대해 어떻게 느끼고 있나요?

- 관찰 질문 : 관찰 질문은 외부적이고 객관적인 정보를 바탕으로 상황을 분석한다. 이는 주로 답변자가 눈으로 보고 인지한 사실을 설명하게 하며, 개인의 주관적 의견보다는 명확한 사실을 강조한다.

    - 예시 : 이 과정에서 발견된 문제는 무엇인가요?

③ 대상

- 확인 질문 : 개인의 생각, 감정, 의견을 명확하게 확인하는 데 사용된다. 확인 질문은 답변자의 마음속에 있는 것을 끌어내어 명확하게 함으로써, 그의 입장이나 태도를 확인하는 데 중점을 둔다.
  - 예시 : 이 프로젝트의 목표에 대해 어떻게 생각하고 있나요?
- 관찰 질문 : 행동, 현상, 패턴 등 객관적으로 관찰 가능한 사실을 대상으로 하며, 무엇이 어떻게 일어났는지에 대한 구체적인 정보를 수집하는 데 사용된다.
  - 예시 : 지난 달 동안 이 프로젝트에서 어떤 변화가 있었나요?

④ 질문의 목적

- 확인 질문 : 개인의 감정이나 생각을 확인하여 현재의 상황을 명확히 하고, 불확실성을 제거하기 위한 목적으로 사용된다. 이는 주로 의사결정 과정에서 각자의 입장을 명확히 하고, 의견을 정리하는 데 유용하다.
  - 예시 : 지금 당신의 우선순위는 무엇인가요?
- 관찰 질문 : 특정 상황에서 무엇이 발생했는지를 객관적으로 파악하고, 그것을 분석하거나 정리하기 위한 목적으로 사용된다. 이는 주로 문제의 근본 원인을 파악하거나, 해결책을 찾기 위해 사실관계를 명확히 하는 데 사용된다.
  - 예시 : 지난 미팅에서 주로 논의된 이슈는 무엇이었나요?

⑤ 정보의 성격

- 확인 질문 : 주관적인 정보를 기반으로 하여, 개인의 인식이나 생각을 명확하게 확인하는 데 사용된다. 이 질문은 '확인'이 핵심 목적이므로, 상대방의 입장, 의견, 감정 등을 이해하는 데 중점을 둔다.
  - 예시 : 현재 이 문제를 어떻게 보고 있나요?
- 관찰 질문 : 객관적인 정보에 중점을 두며, 외부에서 발생한 현상이나 행동을 구체적으로 분석하는 데 사용된다. 즉, 관찰한 사실을 기술하거나 설명하는 데 목적이 있다.
  - 예시 : 이 프로젝트에서 반복적으로 발생하는 문제는 무엇인가요?

3-3. 정리

① 유사점

- 확인 질문과 관찰 질문은 모두 정보를 명확히 하고 사실을 확인하는 데 사용되며, 현재 상황을 분석하고 파악하는 데 도움이 된다. 이를 통해 불확실한 요소를 줄이고 문제해결에 필요한 중요한 정보를 수집할 수 있다.

② 차이점

- 확인 질문은 주로 주관적 정보, 즉 개인의 생각, 감정, 의견을 명확히 하는 데 사용된다. 개인의 인식이나 입장을 확인하는 데 초점을 맞추며, 내면의 상태나 의견을 끌어내는 데 중점을 둔다.
- 관찰 질문은 객관적 정보, 즉 눈에 보이는 현상이나 행동을 분석하고 설명하는 데 사용된다. 이는 외부에서 관찰할 수 있는 사실을 수집하고, 그 현상을 통해 문제를 파악하는 데 목적이 있다.

이 두 질문은 상호보완적으로 사용될 수 있으며, 개인의 감정이나 생각을 확인하고, 동시에 객관적인 사실을 바탕으로 문제를 해결하는 데 중요한 역할을 한다.

4] 느낌 질문과 공감 질문

느낌 질문과 공감 질문은 둘 다 감정과 관련된 질문유형으로, 인간의 감정적 반응을 탐구하는 데 사용된다. 하지만 이 두 질문은 접근방식과 목적에서 차이가 있다. 아래에서 두 질문의 유사점과 차이점을 구체적으로 분석하겠다.

4-1. 유사점

① 감정에 초점

- 두 질문 모두 사람의 감정상태를 탐구하는 데 초점을 맞추고 있다. 느낌 질문은 개인의 감정을 표현하게 하고, 공감 질문은 다른 사람의 감정을 이해하는 데 중점을 둔다.
    - 느낌 질문 예시 : 이 프로젝트에서 가장 좌절감을 느낀 순간은 언제였나요?
    - 공감 질문 예시 : 이 문제에 대해 동료는 어떤 감정을 느꼈을까요?

② 감정적 이해

- 두 질문 모두 감정을 이해하고, 이를 문제해결이나 의사결정에 반영하는 데 사용된다. 이는 개인이나 타인의 감정이 어떻게 문제상황에 영향을 미치는지 인식하게 하는 데 중요한 역할을 한다.

    - 느낌 질문 예시 : 이 상황에서 당신은 어떤 감정을 느끼고 있나요?

    - 공감 질문 예시 : 상대방은 이 결정에 대해 어떤 감정을 느꼈을까요?

③ 관계 강화

- 두 질문 모두 인간관계를 이해하고, 개선하는 데 도움이 된다. 느낌 질문은 자신의 감정을 명확히 하는 데 도움을 주고, 공감 질문은 타인의 감정을 이해함으로써 더 나은 소통과 관계형성에 기여한다.

    - 느낌 질문 예시 : 현재 이 상황에서 어떤 감정을 가지고 계신가요?

    - 공감 질문 예시 : 그들은 이 상황에서 어떤 감정을 느꼈을까요?

4-2. 차이점

① 질문의 초점

- 느낌 질문 : 자신의 감정에 대한 질문으로, 개인의 감정상태를 인식하고 표현하도록 유도한다. 이는 현재 상황이나 특정 사건에서 개인이 느끼는 감정에 초점을 맞춘다.

    - 예시 : 이 문제에 대해 어떤 감정을 느끼고 있나요?

- 공감 질문 : 타인의 감정을 이해하고, 그들이 특정 상황에서 어떤 감정을 느꼈을지를 상상하게 한다. 공감 질문은 상대방의 입장에서 감정을 느끼고, 그들의 감정을 이해하는 데 목적이 있다.

    - 예시 : 이 결정을 듣고 상대방은 어떤 감정을 느꼈을까요?

② 정보의 출처

- 느낌 질문 : 개인의 내면적인 감정을 끌어내는 질문으로, 자신이 현재 느끼고 있는 감정을 인식하게 한다. 즉, 답변자가 자신의 감정을 스스로 파악하고 표현하게 돕는다.

    - 예시 : 지금 이 상황에서 가장 두려운 점은 무엇인가요?

- 공감 질문 : 다른 사람의 감정을 이해하려는 질문으로, 타인의 감정을 상상하거나 추측하게 한다. 이는 주로 타인이 어떤 감정을 느낄 것이라고 생각하는지를 묻는다.
  - 예시 : 이 변화에 대해 팀원들은 어떤 감정을 느꼈을까요?

③ 질문의 목적

- 느낌 질문 : 개인이 스스로의 감정을 인식하고 표현하게 하는 데 중점을 둔다. 이는 자신의 감정상태를 명확히 하고, 그 감정이 문제해결이나 의사결정에 어떤 영향을 미치는지를 탐구하는 데 사용된다.
  - 예시 : 이 프로젝트에서 가장 힘들었던 순간에 어떤 감정을 느꼈나요?
- 공감 질문 : 타인의 감정을 이해하고, 그들의 입장에서 생각하게 하는 데 목적이 있다. 이는 감정적인 소통과 관계개선을 위한 질문으로, 타인의 입장에서 상황을 바라보고 이해하는 능력을 키우는 데 사용된다.
  - 예시 : 당신의 상사는 이 결정에 대해 어떤 감정을 가질 것 같나요?

④ 대상

- 느낌 질문 : 질문의 대상은 자신이다. 개인의 감정을 분석하고, 그 감정을 기반으로 문제해결을 도와주는 역할을 한다.
  - 예시 : 현재 이 상황에서 어떤 감정을 느끼고 있나요?
- 공감 질문 : 질문의 대상은 타인이다. 상대방이 어떻게 느끼고 있을지, 그들의 감정을 상상하고 공감하는 것이 핵심이다. 이는 문제를 해결하거나 관계를 개선할 때 상대방의 감정을 이해하고 배려하기 위한 질문이다.
  - 예시 : 이 발표 후에 청중들은 어떤 감정을 가졌을까요?

⑤ 관계형성 방식

- 느낌 질문 : 주로 자기 인식과 자기 표현을 돕는 질문이다. 자신의 감정을 명확히 표현함으로써, 스스로를 더 잘 이해하고, 자신과의 관계를 형성하는 데 기여한다.
  - 예시 : 지금 당신의 기분은 어떤가요?
- 공감 질문 : 타인과의 관계를 형성하고, 그들의 감정을 이해함으로써 인간관계를 더 깊고 풍부하게 만드는 질문이다. 이는 타인과의 소통을 개선하고, 상대방을 이해하려는 노력을 통해 신

뢰와 유대감을 쌓는 데 기여한다.

- 예시 : 이 결정으로 인해 그들은 어떤 감정을 느꼈을까요?

4-3. 정리

① 유사점

- 두 질문 모두 감정에 초점을 맞추며, 감정적 인식을 높이고 관계를 개선하는 데 도움을 준다. 또한 두 질문 모두 인간의 감정을 탐구하여 소통을 증진시키는 역할을 한다.

② 차이점

- 느낌 질문은 주로 자신의 감정을 탐구하는 질문으로, 개인의 감정상태를 명확히 하고 표현하도록 돕는다.
- 공감 질문은 타인의 감정을 이해하는 질문으로, 다른 사람의 입장에서 그들의 감정을 상상하거나 추측하게 한다. 이를 통해 타인의 감정에 공감하고, 그들과의 관계를 개선하는 데 중점을 둔다.

이 두 질문유형은 서로 보완적으로 사용될 수 있으며, 자신의 감정을 이해하고 표현하는 동시에 타인의 감정을 이해하고 배려하는 데 중요한 역할을 한다.

5) 관계 질문과 관점 질문

관계 질문과 관점 질문은 둘 다 복잡한 문제나 상황을 다양한 요소로 분석하고, 그 안에서의 상호작용을 탐구하는 데 사용되는 질문유형이다. 하지만, 두 질문의 목적과 접근방식은 서로 다르다. 아래에서 두 질문유형의 유사점과 차이점을 구체적으로 설명하겠다.

5-1. 유사점

① 복합적 사고 촉진

- 두 질문 모두 상황을 단순하게 바라보지 않고, 여러 요소나 관점들을 고려하여 더 복합적이고 깊이 있는 사고를 촉진한다. 관계 질문은 여러 요소 간의 상호작용을 탐구하고, 관점 질문은 다양한 시각에서 문제를 바라본다.

- 관계 질문 예시 : 이 결정이 다른 부서에 어떤 영향을 미칠까요?

- 관점 질문 예시 : 고객의 입장에서 이 문제를 어떻게 볼 수 있을까요?

② 문제의 다각적 분석

- 두 질문 모두 단일한 시각에서 문제를 보는 것이 아니라, 다양한 요소나 관점에서 문제를 분석하고 해결책을 모색하도록 돕는다. 이를 통해 문제의 본질을 깊이 이해하고, 더 나은 해결책을 찾을 수 있게 한다.

  - 관계 질문 예시 : 팀 내에서 각 구성원 간의 역할은 어떻게 연결되어 있나요?

  - 관점 질문 예시 : 경영진의 입장에서 이 상황을 어떻게 평가할 수 있을까요?

③ 전체적인 이해 강화

- 두 질문 모두 상황을 더 넓고 종합적으로 이해할 수 있도록 도와준다. 관계 질문은 다양한 요소 간의 상호작용을 파악하게 하고, 관점 질문은 다양한 이해관계자의 시각에서 문제를 파악하게 한다.

  - 관계 질문 예시 : 이 프로젝트의 성공이 회사 전체에 어떤 영향을 미칠까요?

  - 관점 질문 예시 : 현장 직원들은 이 변화를 어떻게 받아들일까요?

5-2. 차이점

① 질문의 초점

- 관계 질문 : 여러 요소 간의 상호작용에 초점을 맞춘다. 이는 특정 요소나 사람, 상황이 다른 요소와 어떻게 연관되어 있는지, 그 상호작용이 문제해결이나 상황 변화에 어떤 영향을 미치는지 탐구하는 질문이다. 즉, 상황이나 시스템 내에서 요소들 간의 관계를 탐구하는 것이 핵심이다.

  - 예시 : 이 변화가 다른 부서나 팀에 어떤 영향을 줄까요?

- 관점 질문 : 다양한 시각에서 문제를 바라보는 데 초점을 둔다. 관점 질문은 특정한 상황을 여러 사람이나 집단의 입장에서 어떻게 볼 수 있을지를 탐구하게 한다. 이는 다양한 이해관계자의 입장을 고려하고, 그들의 시각에서 문제를 분석하게 한다.

- 예시 : 고객의 입장에서 이 제품의 가치를 어떻게 평가할 수 있을까요?

② 대상의 차이

- 관계 질문 : 주로 내부 요소들 간의 상호작용을 다룬다. 예를 들어, 조직 내의 다른 부서, 팀, 또는 특정 문제의 다양한 부분 간의 관계가 어떻게 연결되어 있고, 그 관계가 문제해결에 어떤 영향을 미치는지를 탐구하는 데 중점을 둔다.

  - 예시 : 이 결정이 팀원들의 사기와 협력에 어떤 영향을 미칠까요?

- 관점 질문 : 주로 다양한 사람이나 집단의 시각을 다룬다. 즉, 문제를 여러 이해관계자나 관련된 사람들의 입장에서 어떻게 볼 수 있을지를 탐구하는 데 중점을 둔다. 이를 통해 문제를 더 다각적이고 포괄적으로 바라볼 수 있게 된다.

  - 예시 : 투자자의 입장에서 이 프로젝트의 위험성을 어떻게 볼 수 있을까요?

③ 목적

- 관계 질문 : 특정 문제나 상황이 어떻게 연결되어 있는지를 이해하고, 그 상호작용이 문제해결이나 의사결정에 어떤 영향을 미칠지를 분석하는 데 목적이 있다. 관계 질문은 시스템적인 사고를 자극하고, 특정 요소들이 서로 어떻게 영향을 주고받는지를 파악하게 한다.

  - 예시 : 각 팀 간의 협력이 이 프로젝트의 성공에 어떻게 기여하고 있나요?

- 관점 질문 : 문제를 다양한 시각에서 분석하고, 이를 통해 더 넓은 시야를 갖게 하는 데 목적이 있다. 관점 질문은 특정 상황을 한 쪽 관점에서만 바라보지 않고, 다양한 입장이나 이해관계자를 고려하여 문제를 해결하는 방식을 자극한다.

  - 예시 : 고객 서비스 담당자는 이 변화에 대해 어떻게 생각할까요?

④ 질문방식

- 관계 질문 : 두 개 이상의 요소가 서로 어떻게 연결되고 영향을 주는지에 대한 상호작용을 탐구한다. 이는 조직 내에서 또는 특정 상황에서의 상호작용을 이해하려는 질문이다.

  - 예시 : 이 새로운 시스템 도입이 생산성과 비용절감에 어떻게 연결되나요?

- 관점 질문 : 다양한 시각을 제공하며, 특정 사람이나 그룹이 특정 문제나 상황을 어떻게 볼 수 있을지를 묻는다. 이는 다양한 사람의 입장에서 상황을 이해하고, 그들의 의견이나 반응을 예측하는 데 유용한 질문이다.

- 예시 : 경영진은 이 보고서의 내용을 어떻게 해석할까요?

⑤ 사고방식

- 관계 질문 : 시스템적 사고를 요구한다. 이는 문제의 여러 구성요소가 서로 어떻게 영향을 주고, 상호작용하는지를 분석하는 데 집중한다. 이를 통해 문제해결에 필요한 복합적인 연결고리를 파악할 수 있다.
  - 예시 : 마케팅 전략이 제품개발에 어떤 영향을 미칠 수 있을까요?
- 관점 질문 : 다각적 사고를 요구한다. 이는 문제를 다양한 시각에서 바라보고, 각기 다른 입장을 고려하여 보다 포괄적인 문제해결책을 도출하는 데 중점을 둔다.
  - 예시 : 고객의 시각에서 이 새로운 기능은 어떻게 느껴질까요?

5-3. 정리

① 유사점

- 관계 질문과 관점 질문은 모두 복잡한 문제를 분석하고, 다양한 요소나 시각을 고려하여 문제해결에 필요한 통찰을 제공한다.
- 두 질문 모두 문제의 본질을 더 깊이 이해하고, 문제를 다각도로 바라볼 수 있도록 돕는다.

② 차이점

- 관계 질문은 여러 요소나 사람 간의 상호작용에 초점을 맞추며, 이들이 어떻게 연결되고 영향을 주고받는지를 분석하는 질문이다. 주로 시스템적인 사고를 자극하며, 문제 내부의 복합적인 연결고리를 이해하는 데 중점을 둔다.
- 관점 질문은 다양한 사람이나 집단의 시각을 탐구하며, 그들이 어떻게 문제를 인식하고 느끼는지를 이해하는 질문이다. 주로 다각적인 시각에서 문제를 바라보고, 다양한 이해관계자의 입장에서 상황을 분석하는 데 중점을 둔다.

이 두 질문은 상호보완적으로 사용될 수 있으며, 문제해결이나 의사결정에서 관계의 복잡성을 이해하고, 다양한 시각을 고려한 통찰을 도출하는 데 유용하다.

6) 실천 질문과 판단 질문

실천 질문과 판단 질문은 둘 다 문제해결을 위한 행동과 결정을 이끌어내는 질문유형이지만, 그 접근방식과 목적에 차이가 있다. 아래에서 두 질문유형의 유사점과 차이점을 구체적으로 설명하겠다.

6-1. 유사점

① 의사결정과 행동에 초점

- 실천 질문과 판단 질문 모두 문제해결을 위한 구체적인 행동 또는 결정을 유도하는 데 중점을 둔다. 두 질문 모두 현재 상황에서 무엇을 해야 할지, 어떤 결정을 내릴 것인지에 대한 사고를 촉진한다.

  - 실천 질문 예시 : 이 문제를 해결하기 위해 지금 무엇을 할 수 있을까요?
  - 판단 질문 예시 : 이 상황에서 최선의 선택은 무엇일까요?

② 문제해결을 위한 결과 도출

- 두 질문 모두 문제를 단순히 분석하는 것에 그치지 않고, 실제로 행동을 취하거나 결정을 내리기 위한 방향으로 사고를 전개한다. 이를 통해 구체적인 결과를 도출하는 데 목적이 있다.

  - 실천 질문 예시 : 다음 단계로 어떤 조치를 취해야 할까요?
  - 판단 질문 예시 : 이 상황에서 선택할 수 있는 최선의 결정은 무엇일까요?

③ 실행력 촉진

- 실천 질문과 판단 질문 모두 의사결정을 통해 실행력을 강화한다. 실천 질문은 구체적인 행동을, 판단 질문은 그 행동을 위한 최적의 결정을 유도함으로써, 문제해결을 위한 실행을 돕는다.

  - 실천 질문 예시 : 이 아이디어를 실현하기 위해 어떤 첫 번째 단계를 밟을 수 있나요?
  - 판단 질문 예시 : 우리가 가용한 리소스 중에서 어떤 것을 먼저 선택해야 할까요?

6-2. 차이점

① 질문의 목적

- 실천 질문 : 실천 질문은 구체적인 행동을 유도한다. 즉, 문제해결을 위해 무엇을 실행할지에

대한 행동 계획을 세우는 것이 목적이다. 이 질문은 특정 과제나 상황에 대한 구체적인 행동 지침을 도출하기 위해 사용된다.

- 예시 : 다음으로 어떤 조치를 취할 수 있을까요?

- 판단 질문 : 판단 질문은 결정을 내리는 데 초점을 맞춘다. 여러 가지 선택지 중에서 가장 적합한 결정을 선택하는 것이 핵심이며, 이를 통해 현재 상황에서 최선의 선택을 찾는 데 목적이 있다.

- 예시 : 이 선택지 중에서 가장 적합한 결정은 무엇인가요?

② 대상의 차이

- 실천 질문 : 행동을 대상으로 하며, 구체적인 계획을 세우고 실행단계로 넘어가기 위해 필요한 행동을 묻는다. 이 질문은 '무엇을 할 것인가'에 대한 구체적인 행동 계획을 요구한다.

- 예시 : 이 프로젝트를 성공적으로 끝내기 위해 지금 무엇을 해야 하나요?

- 판단 질문 : 선택을 대상으로 하며, 어떤 결정을 내릴 것인지에 초점을 맞춘다. 이 질문은 여러 대안 중에서 최선의 선택을 고민하고, 그에 따른 의사결정을 돕는다.

- 예시 : 현재 이 상황에서 어떤 방향으로 가는 것이 가장 적절할까요?

③ 질문의 성격

- 실천 질문 : 구체적이고 실용적인 성격을 띤다. 실천 질문은 실행할 수 있는 구체적인 행동을 정의하고, 그 행동을 통해 결과를 도출하는 데 중점을 둔다.

- 예시 : 이 아이디어를 실현하기 위해 첫 번째로 어떤 행동을 취할까요?

- 판단 질문 : 분석적이고 결정적인 성격을 띤다. 판단 질문은 여러 가지 선택지나 가능성을 평가한 후, 그 중에서 최선의 선택을 도출하는 데 초점을 둔다.

- 예시 : 이제 어떤 전략을 선택하는 것이 가장 유리할까요?

④ 질문방식

- 실천 질문 : 구체적인 행동이나 계획을 묻는다. 이 실문은 문제가 해결되기 위한 구체적인 실행 방안을 정의하고, 바로 행동에 옮길 수 있는 방법을 찾는 데 중점을 둔다.

- 예시 : 이 문제를 해결하기 위해 어떤 조치를 취할 수 있나요?

- 판단 질문 : 선택의 과정과 의사결정을 묻는다. 판단 질문은 여러 가지 대안을 비교하고, 그 중 최선의 결정을 내리기 위한 사고를 자극한다.
  - 예시 : 여러 선택지 중에서 어떤 방향을 선택하는 것이 가장 적합할까요?

⑤ 목표설정 방식

- 실천 질문 : 실천 질문은 주로 목표를 실행하기 위한 구체적인 행동 계획을 묻는다. 즉, 문제해결을 위한 실행단계를 정의하고, 그에 따른 행동을 촉진한다.
  - 예시 : 이 문제를 해결하기 위해 첫 번째로 해야 할 일은 무엇인가요?
- 판단 질문 : 판단 질문은 여러 선택지 중에서 목표에 도달하는 가장 적합한 선택을 묻는다. 즉, 선택할 수 있는 다양한 옵션 중에서 최적의 결정을 내리기 위한 사고를 자극한다.
  - 예시 : 이 프로젝트에서 우리가 선택할 수 있는 최선의 방향은 무엇인가요?

6-3. 정리

① 유사점

- 실천 질문과 판단 질문 모두 문제해결을 위한 결정을 이끌어내고, 행동으로 이어지게 하는 데 중점을 둔다. 둘 다 의사결정의 과정에서 실행력을 강화하는 중요한 질문유형이다.
- 두 질문 모두 구체적인 결과를 도출하기 위해 사고를 촉진하며, 문제를 해결하는 데 필요한 방향을 제공한다.

② 차이점

- 실천 질문은 구체적인 행동을 요구하는 질문으로, 문제해결을 위한 실행계획을 세우고 실행에 옮기는 데 중점을 둔다. 실천 질문은 "무엇을 할 것인가?"에 대한 구체적인 행동 계획을 묻는다.
- 판단 질문은 선택을 요구하는 질문으로, 여러 가지 대안 중에서 최선의 결정을 내리도록 돕는다. 판단 질문은 "어떤 결정을 할 것인가?"를 묻고, 선택지 중에서 가장 적합한 방향을 찾는 데 목적이 있다.

이 두 질문은 상호보완적으로 사용될 수 있으며, 문제해결의 실행단계에서 실천 질문으로 구체적인 행동을 계획하고, 그 행동을 결정하기 위한 판단 질문을 통해 최적의 선택을 할 수 있다.

7) 논리 질문과 꼬꼬 질문

논리 질문과 꼬꼬 질문은 모두 문제해결과 사고의 깊이를 더하기 위해 사용되는 질문유형으로, 둘 다 논리적 사고와 분석을 촉진하는 데 중요한 역할을 한다. 하지만 이 두 질문유형의 목적과 접근방식은 다르다. 아래에서 유사점과 차이점을 구체적으로 분석하겠다.

7-1. 유사점

① 깊이 있는 사고 촉진

- 논리 질문과 꼬꼬 질문 모두 깊이 있는 사고를 유도하는 질문이다. 두 질문유형 모두 피상적인 답변에 그치지 않고, 문제를 더 세부적으로 분석하고 원인을 탐구하며 더 나은 해결책을 찾도록 돕는다.

    - 논리 질문 예시 : 이 결정에 대한 근거는 무엇인가요?

    - 꼬꼬 질문 예시 : 왜 그렇게 생각하셨나요? 그 근거는 무엇인가요?

② 문제해결을 위한 분석

- 두 질문 모두 문제해결을 위해 논리적 근거를 찾거나 문제의 근본 원인을 분석하는 데 사용된다. 이 질문들은 특정 상황이나 문제의 본질을 더 깊이 이해하게 하고, 단순한 사실을 넘어선 분석을 촉진한다.

    - 논리 질문 예시 : 이 해결책이 효과적일 수 있는 논리적 이유는 무엇인가요?

    - 꼬꼬 질문 예시 : 그 이유가 발생한 근본적인 원인은 무엇인가요?

③ 비판적 사고 자극

- 논리 질문과 꼬꼬 질문 모두 비판적 사고를 촉진하는 역할을 한다. 답변자의 사고 과정에서 더 논리적이거나 근본적인 사고를 하게 하며, 피상적인 답변에 그치지 않고 사고의 폭과 깊이를 확장시킨다.

    - 논리 질문 예시 : 이 주장이 타당성을 어떻게 검토할 수 있나요?

    - 꼬꼬 질문 예시 : 그렇다면, 왜 그것이 문제의 핵심인가요?

7-2. 차이점

① 질문의 목적

- 논리 질문 : 논리 질문은 주로 논리적 근거와 타당성을 탐구하는 데 목적이 있다. 이는 특정 주장이나 해결책이 논리적으로 타당한지, 그 주장의 근거가 무엇인지 묻는다. 즉, 결론에 도달하기 위한 논리적인 사고 과정을 검토하는 것이 주된 목적이다.

    - 예시 : 이 결론에 도달한 논리적 과정은 무엇인가요?

- 꼬꼬 질문 : 꼬꼬 질문은 한 질문에 대한 답에서 추가적인 질문을 계속 던져, 근본적인 원인이나 깊이 있는 분석을 이끌어내는 데 목적이 있다. 이 질문은 답을 기반으로 더 깊이 파고들어 그 밑에 숨어 있는 이유나 원인을 찾는다.

    - 예시 : 그렇다면, 그 결정은 왜 내려졌나요? 그 이유는 무엇인가요?

② 질문의 구조

- 논리 질문 : 논리 질문은 보통 특정 주장이나 해결책의 논리적 근거를 검토하거나, 그 논리적 흐름이 일관성을 가지고 있는지 확인하는 데 중점을 둔다. 질문은 논리적 체계나 그 과정이 어떻게 이루어졌는지를 파악하는 데 집중된다.

    - 예시 : 이 문제를 해결하기 위해 제안된 전략은 어떤 논리적 근거로 뒷받침되나요?

- 꼬꼬 질문 : 꼬꼬 질문은 답변에서 새로운 질문이 계속해서 파생되며, 끝없이 질문을 던져 근본적인 이유를 밝혀내려고 한다. 이 질문은 "왜?"라는 질문을 여러 번 던져 문제의 뿌리나 숨겨진 원인을 찾으려는 방식이다.

    - 예시 : 그렇다면, 그 결정의 원인이 된 것은 무엇인가요? 왜 그 문제가 발생했나요?

③ 질문방식

- 논리 질문 : 논리 질문은 타당성을 확인하고, 결론에 도달하는 과정을 명확히 분석하는 데 중점을 둔다. 논리의 흐름을 명확히 하고, 이 흐름이 합리적인지, 오류는 없는지를 검토하는 방식이다.

    - 예시 : 이 주장이 사실이라면, 그 근거가 되는 데이터를 어떻게 검증할 수 있을까요?

- 꼬꼬 질문 : 꼬꼬 질문은 지속적인 질문을 던지면서, 그 대답에 대한 추가질문을 던지는 방식이다. 즉, 하나의 질문이 끝나면 그 답을 바탕으로 다시 새로운 질문을 하여 점점 더 깊이 있는

답변을 유도한다.

- 예시 : 그렇다면 왜 그 결정이 내려졌나요? 그리고 그 결정이 나오게 된 이유는 무엇인가요?

④ 사고의 범위

- 논리 질문 : 논리 질문은 문제를 해결하기 위한 특정 논리적 체계나 타당성을 검토하는 데 집중한다. 이는 주장의 타당성, 증거의 신뢰성, 논리적 흐름의 일관성 등을 평가한다.
  - 예시 : 이 논리가 타당한 이유는 무엇인가요? 어떤 데이터를 근거로 하고 있나요?
- 꼬꼬 질문 : 꼬꼬 질문은 광범위한 분석과 깊이 있는 탐구를 유도한다. 이는 한 가지 질문에서 시작해 계속해서 질문을 던짐으로써 문제의 근본적인 원인이나 더 깊은 이유를 찾는 데 중점을 둔다.
  - 예시 : 그렇다면, 왜 그 방식이 효과적이라고 생각하셨나요? 그 근본적인 이유는 무엇인가요?

⑤ 응용방식

- 논리 질문 : 논리 질문은 주로 논리적 타당성을 검토하고, 문제해결 과정에서 합리적인 결론을 도출하기 위해 사용된다. 즉, 이 질문은 주장이 논리적으로 타당한지 검토하고, 그 주장에 대해 합리적 의사결정을 내리는 데 도움을 준다.
  - 예시 : 이 전략이 효과적이라고 주장하는 이유는 무엇인가요? 그 논리적 근거는 타당한가요?
- 꼬꼬 질문 : 꼬꼬 질문은 주로 근본적인 원인을 찾기 위한 도구로 사용된다. 표면적인 답변에 만족하지 않고, 계속해서 질문을 던져 문제의 뿌리를 파악하는 데 목적이 있다.
  - 예시 : 그 원인이 나타난 더 근본적인 이유는 무엇인가요? 그리고 왜 그런 결과가 나왔나요?

7-3. 정리

① 유사점

- 논리 질문과 꼬꼬 질문 모두 깊이 있는 사고와 분석을 촉진하며, 문제의 근본 원인을 찾아내고 해결책을 도출하는 데 중요한 역할을 한다.
- 두 질문 모두 피상적인 답변에 그치지 않고, 더 깊이 있는 분석과 논리적 사고를 유도한다.

② 차이점

- 논리 질문은 특정 논리적 체계와 타당성을 검토하는 질문으로, 주로 결론이 어떻게 도출되었는지, 그 논리가 일관성 있게 형성되었는지를 분석한다.
- 꼬꼬 질문은 하나의 질문에서 출발해 지속적으로 추가적인 질문을 던지면서, 문제의 근본 원인이나 더 깊이 있는 이유를 파고드는 질문이다. 이 질문은 끝없이 "왜?"를 묻는 방식으로 사고를 확장한다.

이들 두 질문유형은 상호보완적으로 사용될 수 있으며, 논리적인 검토와 깊이 있는 문제 분석을 통해 문제의 본질을 이해하고 해결책을 도출하는 데 유용하다.

19-4. 아이디어를 자극하고 성장시키는 9가지 질문

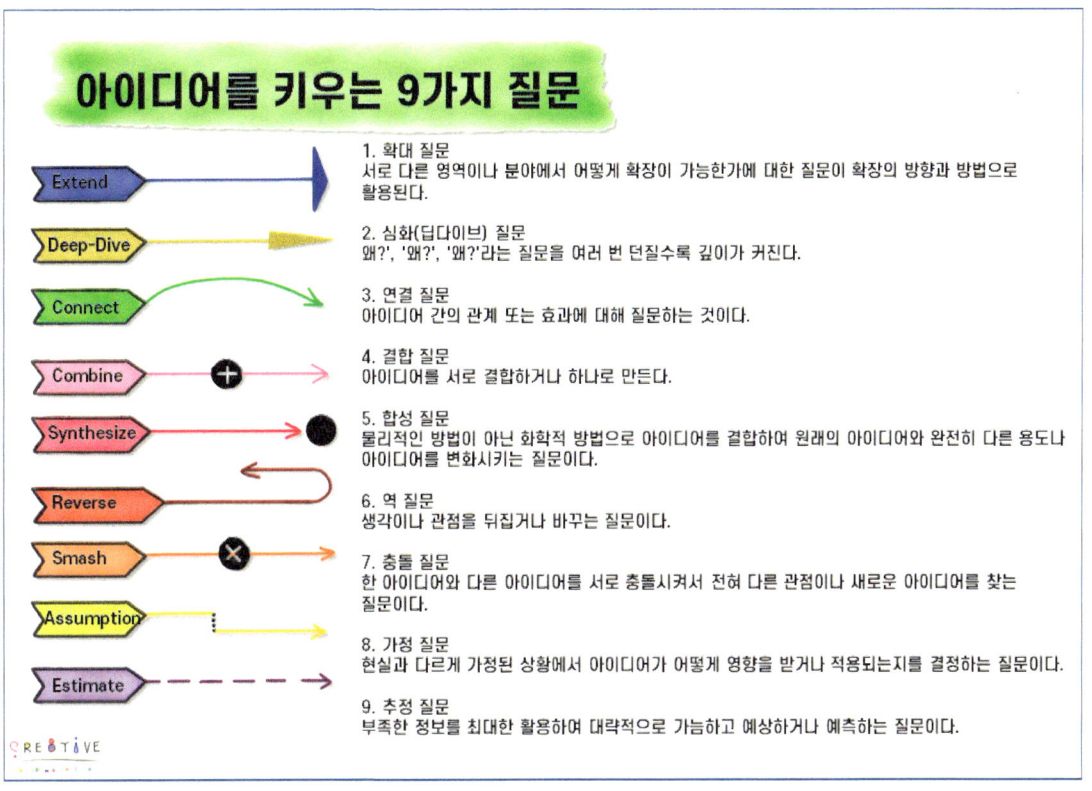

질문은 단순한 도구가 아니라, 아이디어를 발전시키는 핵심적인 촉매제다. 아이디어는 단순히 떠올

린 것만으로는 결코 성장하지 않으며, 외부 자극과 다른 아이디어와의 충돌이 반드시 필요하다. 충돌 없는 환경에서는 새로운 발상이 나오기 어렵고, 사고가 특정 방향으로만 제한되기 쉽다. 반대로 다양한 시각과 강한 질문이 부딪힐 때 더 크고 창의적인 아이디어가 탄생한다.

아이디어는 마치 땅에 심은 씨앗과 같아. 물과 햇빛, 자양분 없이 그냥 두면 메말라 죽듯이, 아이디어도 방 치하면 그저 사라질뿐이다. 그러나 질문을 통해 끊임없이 자극을 주면, 아이디어는 스스로 방향을 잡고 점 점 더 강력하게 성장한다. 질문은 아이디어에 생명력을 불어넣고, 그 발전방향을 정해주는 강력한 힘을 가진다.

또한, 질문은 사용하려는 목적과 상황에 따라 다르게 활용해야 한다. 같은 질문이라도 목적과 용도에 맞게 사용하지 않으면 효과가 떨어진다. 다양한 각도에서 질문을 던질 때 아이디어가 풍부해지고, 서로의 충돌 속에서 새로운 발상이 꽃핀다. 건설적인 충돌과 갈등은 새로운 아이디어를 만들어내는 필수 조건이다. 다음은 아이디어에 자극을 주고 발전시키기 위해 반드시 활용해야 할 9가지 질문법이다. 이 질문들은 각각 다른 용 도와 효과를 가지고 있으며, 올바르게 활용할 때 창의력을 극대화할 수 있다.

1) 확대 질문(Extend Question) : 아이디어의 범위 확장하기

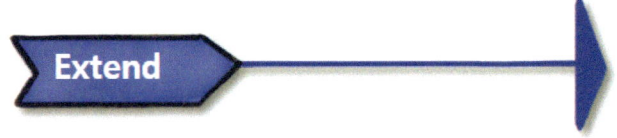

아이디어는 대부분 작고 단순하게 시작한다. 초기 아이디어의 효과는 작기 때문에 더 큰 규모로 확장하는 것이 중요하다. 확대 질문은 아이디어가 적용될 수 있는 새로운 영역과 가능성을 탐구하는 데 사용된다. 이 질문법을 통해, 아이디어를 특정한 분야에 국한시키지 않고 다양한 산업과 상황으로 확장할 수 있다.

1-1. 사용 예

- 이 아이디어를 다른 산업에 적용하면 어떤 가능성이 생길까?

- 국내 시장뿐 아니라 해외 시장에 도입하면 어떤 기회가 있을까?
- 이 아이디어를 더 큰 규모로 확장하면 어떤 변화를 만들어낼 수 있을까?

1-2. 효과

- 아이디어의 범위를 넓혀 더 큰 영향력과 기회를 창출한다.
- 새로운 시장과 산업으로 아이디어를 확장할 수 있는 가능성을 탐구한다.
- 장기적인 비전을 바탕으로 아이디어를 발전시킬 수 있다.

2] 딥다이브 질문(Deep-dive Question) : 아이디어의 깊이 탐구하기

아이디어가 폭넓게 확장되는 것만큼 깊이 있는 분석도 중요하다. 딥다이브 질문은 아이디어의 본질과 핵심을 파고들어 보다 심도 있는 통찰을 제공한다. 이 질문법은 'Why'(왜)를 여러 번 반복하여 아이디어의 근본적인 의미와 원인을 찾아내는 데 효과적이다.

2-1. 사용 예

- 왜 이 아이디어가 문제해결에 적합한가?
- 이 아이디어가 성공하기 위해 어떤 핵심요소가 필요한가?
- 왜 기존 방법보다 이 아이디어가 더 나은가?

2-2. 효과

- 문제의 근본 원인을 파악해 보다 정교한 해결책을 도출한다.
- 표면적인 아이디어를 넘어 깊이 있는 통찰을 제공한다.
- 아이디어의 취약점과 강점을 명확히 분석하여 보완한다.

3) 연결 질문(Connect Question) : 아이디어들 간의 관계형성

아이디어는 서로 독립적일 때 그 효과가 제한적이다. 여러 아이디어가 서로 연결되고 통합될 때 더 큰 가치를 만들어낼 수 있다. 연결 질문은 아이디어들 사이의 관계와 상호작용을 탐구해 협업과 시너지를 극대화하는 데 유용하다.

3-1. 사용 예

- 이 아이디어가 기존 아이디어와 어떻게 연결될 수 있을까?
- 이 두 아이디어가 합쳐지면 어떤 변화가 생길까?
- 어떤 분야의 아이디어와 연결하면 더 큰 가치를 창출할 수 있을까?

3-2. 효과

- 다양한 아이디어를 연결하여 시너지 효과를 극대화한다.
- 시스템적 사고를 통해 복잡한 문제를 해결할 수 있다.
- 협업과 융합을 통해 새로운 아이디어의 탄생을 유도한다.

4) 결합 질문(Combine Question) : 아이디어들을 합치기

결합 질문은 서로 다른 아이디어를 합쳐 새로운 결과물을 만들어내는 데 사용된다. 단순히 두 아이디어를 더하는 것이 아니라, 기술적·전략적 결합을 통해 혁신적인 성과를 도출한다. 결합된 아이디어는 각각의 강점을 극대화하면서 새로운 장점을 만들어낸다.

4-1. 사용 예

- 이 아이디어와 다른 아이디어를 결합하면 어떤 시너지가 생길까?
- 기술적 관점에서 두 아이디어를 합쳤을 때 어떤 새로운 결과가 나올까?
- 이 아이디어를 다른 부서의 아이디어와 결합하면 어떤 이점이 있을까?

4-2. 효과

- 창의적 융합을 통해 예상치 못한 해결책을 만들어낸다.
- 여러 자원과 아이디어를 결합해 혁신적인 성과를 이룬다.
- 기존 아이디어의 한계를 뛰어넘는 새로운 가치를 창출한다.

5) 합성 질문(Synthesize Question) : 아이디어를 화학적으로 융합하기

합성 질문은 아이디어를 물리적으로 결합하는 것에 그치지 않고, 전혀 다른 용도나 의미로 변환하는 데 사용된다. 기존 아이디어를 새로운 맥락이나 산업에 접목해 완전히 새로운 결과를 만들어낸다.

5-1. 사용 예

- 이 아이디어를 다른 팀의 기술과 접목하면 어떤 시너지가 생길까?
- 전혀 다른 산업에 이 아이디어를 적용하면 어떤 변화가 생길까?
- 이 아이디어를 새로운 용도로 변환하면 어떤 효과가 있을까?

5-2. 효과

- 독창적이고 혁신적인 아이디어를 만들어낸다.
- 다른 분야와의 융합을 통해 새로운 시장과 기회를 창출한다.
- 기존 아이디어를 발전시켜 다양한 산업으로 확장한다.

6) 역 질문(Reverse Question) : 사고의 틀을 깨는 질문

역 질문은 기존 사고방식을 뒤집어 문제를 새롭게 바라보게 만든다. 이는 '상자 밖의 사고(Out of the box thinking)'를 자극하며, 기존의 문제를 기회로 전환하는 데 유용하다.

6-1. 사용 예

- 이 문제를 반대로 접근하면 어떤 해결책이 나올까?
- 지금 아이디어와 정반대의 방법을 사용하면 어떤 결과가 나올까?
- 문제를 기회로 바꾸려면 어떻게 해야 할까?

6-2. 효과

- 사고의 틀을 깨고 새로운 해결책을 도출한다.
- 기존의 고정관념에서 벗어나 혁신적 발상을 유도한다.
- 문제를 새로운 관점에서 기회로 전환한다.

7) 충돌 질문(Smash Question) : 건설적인 충돌을 유도하는 질문

충돌이 클수록 창의력의 폭발도 커진다. 충돌 질문은 서로 다른 아이디어의 차이점과 공통점을 탐구해 새로운 해결책을 도출하는 데 효과적이다. 아이디어는 충돌과 갈등 속에서 더 크게 성장한다.

7-1. 사용 예

- 이 두 아이디어가 충돌할 때 어떤 결과가 나올까?
- 이 아이디어들은 어떤 점에서 다르고 어떤 점에서 같은가?
- 충돌 속에서 새로운 가능성을 찾으려면 어떻게 해야 할까?

7-2. 효과

- 다양한 아이디어의 조합을 통해 창의적 해결책을 도출한다.
- 갈등 속에서 더 나은 아이디어를 만들어낸다.
- 사고의 폭발적인 성장을 유도한다.

8) 가정 질문(Assumption Question) : 가능성 탐구와 가설 설정하기

가정 질문은 특정한 조건과 가설을 설정해 아이디어가 어떤 방식으로 작용할지 예측하고 탐구하는 질문법이다. 이 질문법은 고정된 사고방식을 깨고 새로운 관점과 가능성을 발견하는 데 유용하다. 가정된 상황 속에서 아이디어가 어떻게 반응하는지 상상함으로써 창의적 해결책을 모색할 수 있다. 가설적 사고는 기존의 틀에 얽매이지 않고 다양한 시나리오와 해결방안을 제시할 수 있게 한다.

8-1. 사용 예

- 만약 예산에 제한이 없다면 이 프로젝트는 어떻게 달라질까?
- 이 문제를 해결할 수 있는 기술이 이미 존재한다고 가정하면 어떤 변화가 있을까?
- 우리의 가정이 틀렸다면 어떤 결과가 나올까?

8-2. 효과

- 고정관념에서 벗어나 다양한 관점을 탐구할 수 있다.
- 가상의 시나리오와 가능성을 상상하며 아이디어의 한계를 확장한다.
- 새로운 조건을 설정해 기존 문제의 해결책을 재구성할 수 있다.
- 비현실적인 상황을 가정함으로써 현실적 대안을 도출할 수 있는 창의적 사고를 자극한다.

9) 추정 질문(Estimate Question) : 정보부족 상황에서 추론하기

추정이란 정확한 정보나 데이터가 부족하거나 없는 상태에서 추측하거나 어림셈을 하는 것이다. 부족한 정보만 가지고 그 것을 최대한 활용하여 해답을 찾는 방법이다.

9-1. 사용 예

- 정확한 데이터가 없을 때 어떤 근거로 결정을 내릴 수 있을까?
- 현재 가진 정보만으로 예상 가능한 최선의 결과는 무엇일까?
- 정보가 부족한 상황에서 어떤 가정을 통해 문제를 해결할 수 있을까?

9-2. 효과

- 불완전한 정보 속에서도 합리적인 결정을 내릴 수 있게 돕는다.
- 데이터가 부족한 상황에서 창의적인 추론과 문제해결 능력을 키운다.
- 제한된 정보로도 신속한 결정을 유도하며, 불확실한 상황에 대처할 수 있는 자신감을 준다.

10) 아이디어 발전을 위한 9가지 질문법의 통합적 활용

각각의 질문법은 독립적으로도 강력한 도구이지만, 상황과 목적에 맞게 조합하여 활용할 때 아이디어의 잠 재력을 극대화할 수 있다. 예를 들어, 초기 아이디어를 구체화하려면 딥다이브 질문과 확대 질문을 함께 사용해 아이디어의 깊이와 폭을 동시에 확장할 수 있다. 또한, 여러 아이디어를 발전시키는 과정에서는 연결 질문과 결합 질문을 통해 시너지를 극대화할 수 있다. 가정 질문과 역 질문을 활용하면 고정관념을 깨고 새로운 가능성을 찾는 데 효과적이다.

10-1. 질문법 조합의 예

- 아이디어 초기 구체화 : 딥다이브 질문+확대 질문
  - 왜 이 아이디어가 필요할까? → 이 아이디어를 더 큰 분야로 확장할 수 있을까?
- 협업과 통합 과정 : 연결 질문+결합 질문
  - 이 아이디어가 다른 부서와 어떻게 연결될 수 있을까? → 두 아이디어를 결합하면 어떤 이점이 있을까?
- 창의적 발상과 혁신 도출 : 가정 질문+역 질문
  - 이 문제를 해결할 수 있는 새로운 가설은 무엇일까? → 반대로 접근하면 어떤 가능성이 생길까?

11) 결론 : 질문이 창의적 사고의 원천이다

아이디어는 단순한 발상에서 출발하지만, 질문을 통해 성장하고 발전하며 창의적인 결과물로 이어진다. 다양 한 질문법을 상황과 목적에 맞게 유연하게 사용하면, 초기의 작은 아이디어가 예상치 못한 혁신적인 해결책으로 발전할 수 있다. 질문은 아이디어의 방향을 정해주고, 성장의 원동력을 제공하는 창의적 사고의 핵심도구다.

끊임없는 질문과 탐구를 통해 우리는 새로운 기회를 발견하고, 문제를 창의적으로 해결할 수 있는 능력을 키울 수 있다. 창의적인 아이디어는 충돌과 자극 속에서 탄생하며, 질문은 그 과정을 이끄는 가장 강력한 촉매제다.

19-5. 9가지 창의적 질문법을 활용한 사례 분석 및 정리

이 사례는 책 출간을 위한 아이디어 회의에서 나온 네 가지 의견을 바탕으로, 9가지 창의적 질문법을 활용하여 문제를 다각도로 분석하고, 해결방안을 도출하는 과정을 보여준다. 각 질문법이 의견에 맞춰 구체적으로 적용되는 방식은 효과적이지만, 일부 중복된 질문과 질문 간 경계가 모호한 부분이 있다. 아래는 내용을 명확히 다듬고 정리하여, 질문법의 역할을 보다 뚜렷하게 구분한 것이다.

네 명이 한 자리에 모여서 협업으로 책을 출간하는 아이디어 회의를 하고 있다. 그런데 모두가 이전에 책을 출간한 경험이 없는 사람들이다. 여기서 다음의 의견들이 나왔다.

- A : 출간을 위한 책의 주제를 먼저 정하는 것이 필요합니다.
- B : 우리 모두 출간 경험이 없으니 경험이 있는 사람을 함께 참여 시키는 게 좋겠다.
- C : 글쓰기에 대한 방법을 체계적으로 배운 후에 시작하면 좋겠다.
- D : 지금은 시기가 너무 이른 것 같은데, 일정을 뒤로 더 늦추었으면 합니다.

위와 같은 네 가지 의견이 나온 경우 9가지 질문들을 어떻게 만드는 지 아래에 설명했다.

1) 확대 질문(Extend Question) : 아이디어의 범위 확장

확대 질문은 기존 아이디어의 범위를 넓히고 새로운 요소를 추가하는 데 사용된다. 이 질문은 한 가지 제안 외에 무엇을 더 보완할 수 있을지 탐구하게 한다.

- A : 주제를 정하는 것 외에 무엇을 더 준비해야 할까?
- C : 좋은 책을 출간하려면 글쓰기 외에 우리에게 필요한 다른 준비는 무엇일까?

1-1. 효과

- 책의 주제뿐만 아니라 구성, 편집, 마케팅 등 추가 요소를 고려하게 한다.
- 글쓰기 이외의 출판 프로세스 전체에 대한 시야를 넓혀준다.

2) 딥다이브 질문(Deep-dive Question) : 아이디어의 깊이 탐구

딥다이브 질문은 아이디어의 근본적인 이유와 본질을 파고드는 데 사용된다. 이를 통해 표면적 주장이 아닌 깊이 있는 분석과 통찰을 도출한다.

- A : 왜 주제를 먼저 정하는 것이 필요할까?
- B : 왜 출간 경험이 없는 것이 문제가 된다고 생각할까?
- C : 글쓰기를 체계적으로 배우는 것이 왜 중요하다고 생각할까?
- D : 시기가 너무 이르다고 생각하는 근거는 무엇일까?

2-1. 효과

- 각 제안의 근거와 논리를 명확히 하고, 제안된 아이디어의 타당성을 검토할 수 있게 한다.
- 근본적인 문제를 인식하게 해, 아이디어의 방향을 조정할 수 있다.

3) 연결 질문(Connect Question) : 아이디어 간의 관계파악

연결 질문은 서로 다른 아이디어들이 어떻게 연결될 수 있는지 탐구한다. 이를 통해 아이디어 간의 상호작용과 시너지를 극대화할 수 있다.

- C+A : 주제를 먼저 정하는 것이 글쓰기 학습에 어떻게 도움이 될까?
- C+B : 글쓰기를 체계적으로 배우면 출간 경험 부족의 문제를 해결할 수 있을까?
- D+B : 시기가 너무 이른 것과 경험이 없는 문제를 동시에 해결할 다른 방법은 무엇일까?

3-1. 효과

- 아이디어 간의 시너지 효과를 발견하고, 협업의 가능성을 극대화할 수 있다.
- 여러 문제를 동시에 해결할 수 있는 복합적 방안을 도출한다.

4) 결합 질문(Combine Question) : 아이디어의 통합과 결합

결합 질문은 두 개 이상의 아이디어를 합쳐 새로운 이점을 창출하는 데 사용된다. 이는 각 아이디어의 강점을 조합해 더 나은 결과를 도출하게 한다.

- A+D : 주제를 정하고 동시에 집필을 시작하면 어떤 이점이 있을까?
- A+C : 주제를 정한 후 글쓰기도 배우면 무엇이 더 도움이 될까?
- B+C : 출간 경험자를 참여시켜 그에게서 글쓰기를 배우면 어떤 도움이 될까?

4-1. 효과

- 효율적인 협업과 실행을 가능하게 한다.
- 여러 아이디어를 결합하여 실용적이고 현실적인 해결책을 만든다.

5) 합성 질문(Synthesize Question) : 새로운 용도로의 전환

합성 질문은 기존 아이디어를 완전히 새로운 맥락이나 용도로 바꾸는 데 사용된다. 물리적 결합이 아닌, 의미와 목적의 변화를 통해 새로운 가치를 창출하는 것이 목표다.

- C+A : 글쓰기를 배워 책을 출간하지 말고, 다른 프로젝트에 활용할 수 있는 방법은 무엇일까?
- B+C : 출간 경험이 없는 사람들을 위한 글쓰기 안내서를 주제로 출간하면 어떨까?

5-1. 효과

- 아이디어의 활용 범위를 넓히고 창의적인 해법을 도출한다.
- 기존 아이디어를 다른 방향으로 확장해 새로운 기회를 찾는다.

6) 역 질문(Reverse Question) : 사고의 전환

역 질문은 기존의 가정을 반대로 뒤집어 문제를 새롭게 바라보도록 한다. 이를 통해 고정관념을 깨고 혁신적인 해결책을 모색할 수 있다.

- A : 왜 반드시 주제를 먼저 정해야 할까?.
- B : 출간 경험이 없는 것은 정말로 문제가 되는 걸까?
- D : 시기가 빠른 것이 오히려 기회가 될 가능성은 없을까?

6-1. 효과

- 새로운 관점과 사고의 전환을 통해 기존 문제를 다르게 해결할 수 있게 한다.
- 익숙한 문제를 창의적으로 재구성하게 한다.

7) 충돌 질문(Smash Question) : 건설적 충돌 유도

충돌 질문은 서로 다른 아이디어 간의 차이점과 공통점을 분석하여 건설적인 논의를 유도한다. 이 질문을 통해 갈등 속에서 새로운 해결책을 발견할 수 있다.

- A+C : 주제를 정하는 것과 글쓰기를 배우는 것은 어떤 관계가 있을까?
- B+D : 출간 경험이 없고 지금 시작하는 것이 서로 충돌되는 문제인가?

7-1. 효과

- 갈등과 충돌을 통해 아이디어를 발전시킬 수 있다.
- 서로 다른 의견의 접점을 찾아 창의적인 해결책을 도출한다.

8) 가정 질문(Assumption Question) : 가능성 탐구와 가설 설정

가정 질문은 특정 조건과 가설을 설정해 아이디어가 어떻게 작용할지를 탐구한다. 이는 새로운 가능성을 발견하고, 고정관념에서 벗어나도록 돕는다.

- A+C+D : 만약 주제를 정하지 않고 지금부터 글을 쓴다면 어떤 결과가 나올까?
- A+D : 주제는 정하되 일정 제약 없이 집필을 시작한다면 어떤 결과가 나올까?

8-1. 효과

- 새로운 시나리오를 탐구하며 다양한 가능성을 발견할 수 있다.
- 비현실적 상황을 상상하며 현실적 대안을 도출할 수 있다.

9) 추정 질문(Estimate Question) : 정보부족 상황에서의 추론

추정 질문은 불완전한 정보로 최선의 답을 추론하는 데 사용된다. 이 질문법은 데이터가 부족한 상황에서 대략적인 계획을 수립하게 돕는다.

9-1. 예

- 책의 출간 목표를 1년 후로 정하고, 한 사람당 50페이지를 집필하도록 한다면 일주일에 한 페이지씩 작성하는 것이 가능할까?
- 6개월 동안 글쓰기를 배우고, 남은 6개월 동안 집필을 진행하면 목표를 달성할 수 있을까?

9-2. 효과

- 제한된 정보로도 실행 가능한 계획을 수립할 수 있다.
- 불확실한 상황에서 실질적인 방향을 제시한다.

10) 결론 : 9가지 질문법을 활용한 아이디어의 성장과 협업

이 사례는 책 출간을 위한 협업회의에서 나온 의견들을 9가지 질문법으로 다각도로 분석하고, 발전시킨다. 각 질문법은 아이디어의 다양한 측면을 탐구하고 발전시켜, 최선의 해결책을 도출할 수 있도록 돕는다. 이처럼 창의적인 질문법을 유연하게 활용하면, 작은 아이디어라도 충돌과 협업을 통해 더 크고 창의적인 결과물로 발전할 수 있다.

결과적으로, 질문은 문제해결과 창의적 사고의 핵심도구이며, 이를 지속적으로 활용할 때 더 나은 협업과 성과를 만들어낼 수 있다.

4부

창의적 질문의
실제적용

4부 창의적 질문의 실제적용

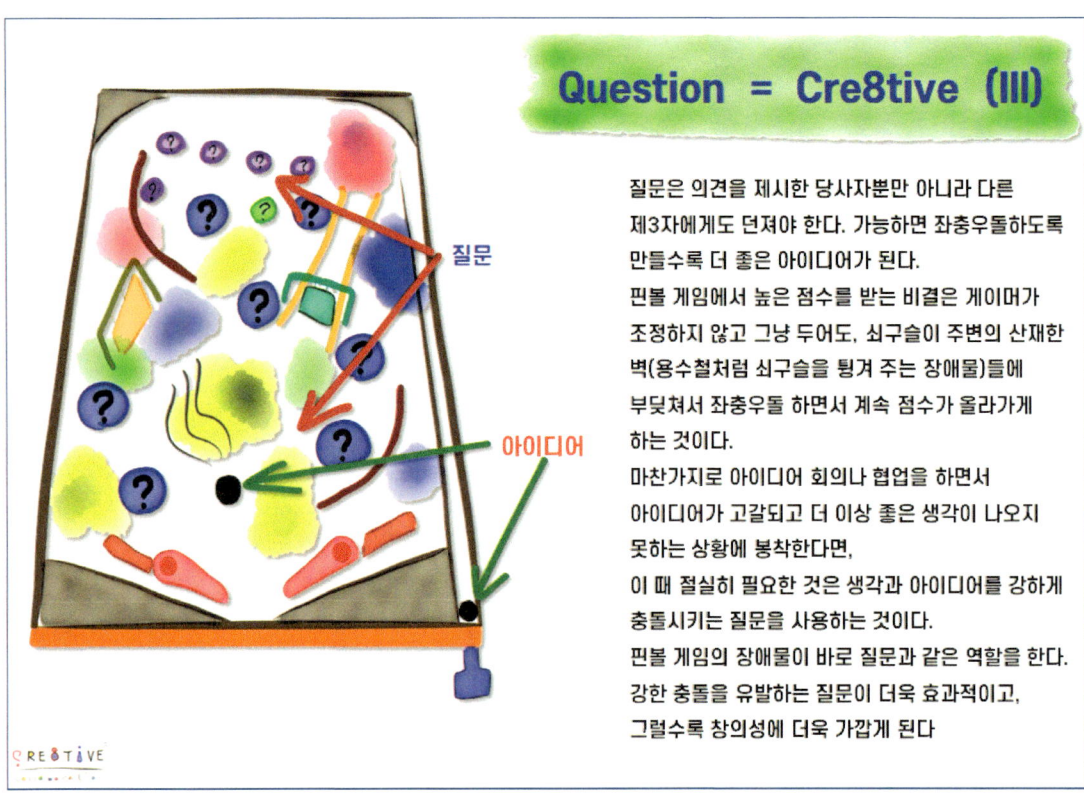

4부에서는 창의적 질문이 가정, 교육 그리고 기업 환경에서 어떻게 실질적인 변화를 이끌어낼 수 있는지를 다룬다. 질문은 단순한 정보탐색의 도구를 넘어 사고를 확장하고 협업과 혁신을 촉진하는 중요한 역할을 하며, 이를 통해 개인과 조직이 문제를 더 깊이 이해하고 새로운 해결책을 모색하도록 돕는다.

일상에서는 가정과 직장에서 창의적 질문이 고정관념을 깨고 새로운 시각과 해결책을 발견하는 데 큰 도움 이 된다. "왜?" 또는 "다른 방법은 없을까?"와 같은 질문을 생활 속에 습관화하면, 반복되는 상황에서도 창의적인 사고와 개선이 가능해진다.

교육현장에서는 질문이 사람들의 호기심과 탐구심을 자극하여 자기주도적 학습을 촉진한다. 교육자와 부모가 열린 질문을 통해 사람들이 단순히 정답을 찾는 데 그치지 않고 문제를 깊이 고민하며 다양한 가능성을 탐색하도록 유도하면, 비판적 사고와 창의적 문제해결 능력이 길러진다.

기업에서는 비즈니스 문제해결과 혁신의 중심에 질문이 있다. 리더와 팀원들이 "이 문제를 다른 방식으로 해결할 수는 없을까?"라는 질문을 던지며 다양한 관점과 아이디어를 모을 때, 더 나은 결정을 내릴 수 있다. 지속적인 성장을 위한 질문 프레임워크는 현재의 성과에 만족하지 않고 더 나은 해결책을 찾아내는 문화를 조성하며, 이를 통해 조직은 변화와 혁신을 이어가게 된다.

결국 창의적 질문은 일상, 교육 그리고 기업 등 다양한 영역에서 문제해결과 발전의 열쇠가 된다. 작은 질문들이 쌓여 큰 변화를 만들어내며, 질문을 습관화할 때 개인과 조직 모두 지속적인 성장과 혁신을 이루게 된다. 4부는 이처럼 질문이 새로운 시각을 열고 고정관념을 깨뜨리는 강력한 도구임을 강조하며, 이를 생활 속에 적용하는 구체적인 방법을 제시한다.

1장. 일상에서의 질문법 적용하기

1-1. 가정과 일터에서 질문을 통한 창의적 문제해결 방법

창의적 문제해결은 고정관념을 깨고 새로운 아이디어를 도출하는 과정에서 비롯된다. 이때 질문은 사고를 확장하고 다양한 관점에서 문제를 바라보게 만드는 가장 강력한 도구이다. 가정과 일터에서 창의적 질문을 적절히 활용하면 일상적인 문제부터 복잡한 과제까지 보다 혁신적으로 해결할 수 있으며, 이는 개인의 성장과 조직의 발전에도 큰 영향을 미친다. 본 글에서는 가정과 일터에서 창의적 질문을 통한 문제해결의 구체적 방법과 그 중요성에 대해 다룬다.

1) 질문이 창의적 문제해결의 열쇠가 되는 이유

질문은 기존 사고의 틀을 깨고, 고정관념을 재구성하는 데 효과적이다. 우리는 종종 익숙한 방식을 따르며 문제를 해결하려고 하지만, 이 과정에서 더 나은 해결책이 묻혀버리곤 한다. "왜?", "어떻게?", "다른 방법은 없을까?"와 같은 질문은 사고의 폭을 넓히고 새로운 가능성을 탐색하게 해준다. 가정과 직장에서 던지는 적절한 질문은 다양한 관점에서 문제를 바라보게 하고, 일상적 문제부터 복잡한 과제까지 보다 창의적이고 효율적으로 해결하도록 돕는다.

질문은 또한 감정과 논리를 동시에 자극해 가족 및 동료 간의 더 나은 협력을 이끌어낸다. 가정에서는 서로의 감정을 이해하고 관계를 개선하는 데, 일터에서는 팀의 창의성을 북돋워 더 나은 결정을 내리는 데 도움을 준다.

2) 가정에서의 창의적 문제해결과 질문의 활용

2-1. 일상적 문제의 해결과 가족 간 소통 증진

가정에서는 창의적 질문이 소통의 질을 높이고 갈등을 예방하는 데 중요한 역할을 한다. 예를 들어, 가족 구성원이 의견차이를 보일 때, "왜 그렇게 생각하니?", "다른 해결방법은 없을까?"와 같은 질문을 던지면 서로의 관점을 이해하고 합의점을 찾는 데 도움이 된다. 이는 단순한 문제해결을 넘어서 가족 간의 신뢰와 유대감을 강화하는 역할을 한다.

또한 자녀와의 대화에서 열린 질문을 사용하는 것은 매우 효과적이다. "오늘 어떤 일이 가장 재미있었니?" 같은 질문은 아이가 자신의 경험을 자연스럽게 표현하게 하고, 부모는 자녀의 생각을 깊이 이해할 수 있게 돕는다. 이러한 소통은 문제를 미리 발견하고 해결할 수 있는 기회를 제공하며, 자녀가 자신의 감정과 문제를 스스로 인식하고 해결하는 능력을 키우는 데도 도움이 된다.

2-2. 자녀 교육에서 창의성 개발

부모가 아이의 창의력을 키우기 위해 던질 수 있는 질문은 매우 중요하다. "이 문제를 다르게 해결할 방법은 없을까?"와 같은 질문은 아이가 다양한 해결책을 탐구하게 만들고, 비판적 사고와 문제해결 능력을 키워 준다. 또한 부모가 실패를 극복하는 질문을 던지는 것도 중요하다. 예를 들어, "이번 실수에서 무엇을 배웠을까?"와 같은 질문은 실패를 학습의 기회로 전환해 자녀가 도전에 긍정적인 태도를 갖게 한다.

이와 같은 질문은 자녀가 문제해결 과정을 주도적으로 탐구하게 하며, 자신감과 책임감을 키우는 데도 기여한다. 질문을 통해 아이들은 단순히 정답을 찾는 것이 아니라, 문제를 다양한 각도에서 바라보는 습관을 형성하게 된다.

2-3. 가족 문제와 갈등해결에서의 질문활용

가정에서 발생하는 갈등은 대부분 상대방의 관점을 이해하지 못하는 데서 비롯된다. 이때 공감 질문과 관계 회복을 위한 질문이 효과적이다. 예를 들어, "네가 이렇게 느끼는 이유는 무엇일까?" 또는 "어떻게 하면 우리가 더 나은 방향으로 나아갈 수 있을까?"와 같은 질문은 갈등을 해결하고 더 나은 관계를 형성하는 데 기여한다.

이러한 질문은 가족 구성원 간의 정서적 소통을 활성화하고, 서로의 감정을 깊이 이해하게 만든다. 또한, 가족 구성원들이 문제해결 과정에 능동적으로 참여하도록 유도하며, 함께 해결책을 모색하는 과정을 통해 신뢰와 협력을 강화하게 된다.

3] 일터에서의 창의적 문제해결과 질문의 활용

3-1. 팀의 창의성 증진과 협업촉진

일터에서는 창의적 질문이 팀원들의 다양한 아이디어와 의견을 이끌어내는 데 필수적이다. 리더가 던지는 "우리는 이 문제를 다른 방식으로 해결할 수 있을까?" 또는 "어떻게 하면 더 나은 결과를 얻을 수 있을까?"와 같은 질문은 팀원들이 고정관념에서 벗어나도록 도와준다. 이는 집단지성을 활용해 문제를 다각도로 분석하고, 더 나은 해결책을 모색하게 만든다.

질문은 단순한 정보수집을 넘어, 팀원 간의 소통과 협업을 촉진하는 도구로도 작용한다. 리더가 팀원들에게 질문을 던지면, 팀원들은 수동적인 태도를 벗어나 문제해결 과정에 적극적으로 참여하게 된다. 이는 책임감을 부여하며, 팀이 더 높은 수준의 성과를 내도록 독려한다.

3-2. 문제해결을 위한 리더십의 질문활용

리더는 조직 내 문제를 해결할 때 "왜 우리는 이 방식만 고집하는가?", "이 문제를 해결할 새로운 방법은 없을까?"와 같은 질문을 통해 기존의 사고방식을 넘어서야 한다. 이러한 질문은 조직의 관성을 깨고 새로운 시각을 제시하며, 팀원들이 창의적인 해결책을 탐구하도록 유도한다.

또한 리더가 실패를 인정하고 학습을 독려하는 질문을 던지는 것은 중요한 전략이다. "이 실패에서 어떤 교훈을 얻었는가?"와 같은 질문은 팀이 실패를 성장의 기회로 삼도록 하고, 문제해결 과정에서 두려움을 줄여준다. 이러한 리더십은 조직 내 심리적 안전감을 조성하고, 팀원들이 더 자유롭게 아이디어를 제시하도록 장려한다.

3-3. 지속적인 성장과 혁신을 위한 질문문화

질문은 조직이 지속적으로 성장하고 변화하는 데 핵심 역할을 한다. "우리는 무엇을 더 잘할 수 있을까?", "고객의 니즈를 더 잘 충족할 방법은 무엇일까?"와 같은 질문은 현재 성과에 안주하지 않고 개선을 추구하게 만든다. 이러한 질문 중심의 문화는 조직이 끊임없이 발전하고 경쟁력을 유지하는 데 기여한다. 기업 내에서는 질문을 통한 피드백이 중요한 역할을 한다. 리더는 팀원들에게 "이 방안이 잘 작동하지 않는 이유는 무엇인가?"와 같은 질문을 던져 솔직한 의견을 유도하고, 이를 바탕으로 개선 방안을 모색한다. 또한, 팀원들로부터 리더십에 대한 피드백을 받는 것도 중요한데, 이는 리더가 자신의 방식을 점검하고 발전시키는 기회를 제공한다.

4) 결론 : 가정과 일터에서 질문의 힘을 활용하는 법

가정과 일터에서 창의적 질문은 문제해결과 발전의 강력한 도구로 작용한다. 가정에서는 열린 질문과 공감 질문을 통해 소통을 강화하고, 자녀와의 대화에서 창의력과 문제해결 능력을 키울 수 있다. 갈등상황에서는 상대방의 감정을 이해하고 협력적인 해결책을 모색하는 데 질문이 큰 도움이 된다.

일터에서는 리더와 팀원이 질문을 통해 아이디어를 공유하고 협업하며, 더 나은 결정을 내리게 된다. 질문은 단순한 정보수집을 넘어 조직의 성장과 혁신을 이끄는 문화를 형성하며, 실패를 두려워하지 않는 환경을 만들어준다.

결국, 질문을 습관화하는 것이 창의적 문제해결의 첫걸음이다. 질문은 새로운 시각을 열어주고 고정관념을 깨뜨리며, 개인과 조직 모두가 지속적으로 성장하고 발전할 수 있도록 돕는다.

1-2. 창의적 질문을 일상 생활에 통합하는 방법

창의적 질문은 단순한 호기심의 표현을 넘어 사고를 확장하고 고정관념을 깨는 중요한 도구로 작용한다. 우리는 일상에서 반복적인 문제와 상황에 익숙해지며 자주 자동적인 반응을 보인다. 그러나 창의적 질문을 일상에 통합하면 새로운 시각으로 세상을 바라보게 되며, 개인의 성장과 문제해결 능력이 향상된다. 또한, 질문은 인간관계를 개선하고, 일상적인 도전과제를 더 창의적으로 해결하도록 도와준다. 이 글에서는 창의적 질문을 일상 생활에 자연스럽게 통합하는 구체적인 방법과 그 과정에서 기대할 수 있는 효과를 설명한다.

1] 창의적 질문의 중요성 : 왜 일상에 질문을 도입해야 하는가?

창의적 질문은 두뇌를 활성화하고 새로운 관점을 탐색하게 하는 도구이다. 사람들은 익숙한 방식으로 문제를 해결하는 경향이 있지만, 질문은 이를 넘어 더 나은 해결책을 찾고 발전을 도모하도록 유도한다. 일상 생활에서 질문은 다양한 역할을 한다.

- 문제해결 : 창의적 질문은 단순한 문제해결을 넘어서 새로운 해결방법을 탐구하도록 한다.
- 관계개선 : 질문은 타인의 생각과 감정을 이해하는 데 도움을 주며, 소통의 질을 높인다.
- 자기성장 : 자신에게 던지는 질문은 현재의 한계를 인식하고 더 나은 방향으로 나아가도록 한다.

이와 같이 질문은 호기심을 유지하고 성장과 혁신을 촉진하는 데 중요한 역할을 한다. 그러나 이를 일상에 자연스럽게 통합하기 위해서는 의식적인 연습이 필요하다.

2) 창의적 질문을 일상에 통합하는 구체적인 방법

2-1. 반복적 일상에 새로움을 부여하는 질문습관

일상 생활은 종종 반복적이기 때문에 새로운 가능성을 탐구하기 어렵다. "이 상황을 다르게 볼 수는 없을까?"와 같은 질문은 지루한 일상에 변화를 불어넣는다. 매일 아침이나 저녁에 자기 반성적 질문을 던지는 습관은 하루를 돌아보고 더 나은 내일을 설계하는 데 도움을 준다.

- 예시 : 오늘의 경험 중에서 가장 배운 점은 무엇인가?
- 실천방법 : 일기나 메모에 매일 스스로에게 던진 질문과 그 답을 기록한다.

이러한 자기 반성의 과정은 단순히 하루를 정리하는 것을 넘어 스스로의 성장을 촉진하는 중요한 연습이 된다.

2-2. 자녀와의 대화에 질문활용하기

부모와 자녀의 소통에서도 질문은 중요한 역할을 한다. 자녀에게 "오늘 무엇이 가장 재미있었니?", "이 문제를 어떻게 해결할 수 있을까?"와 같은 질문을 던지면 아이의 사고를 확장하고 문제를 다양한 각도에서 바라보도록 도와준다.

부모가 일방적으로 지시하기보다는 질문을 통해 자녀 스스로 답을 찾도록 유도하면 아이의 자기주도적 학습이 촉진된다. 또한, 실패했을 때 "이번 실수에서 무엇을 배웠니?"와 같은 질문은 실패를 긍정적인 학습경험으로 전환하는 데 도움이 된다.

2-3. 일상 대화에서 열린 질문 사용하기

일상 속 대화에서는 닫힌 질문(예/아니오로 답하는 질문)보다는 열린 질문을 활용하는 것이 바람직하다. 열린 질문은 상대방의 생각과 감정을 깊이 탐구할 수 있게 해주며, 대화를 풍부하게 만든다.

- 예시 : 이 상황을 어떻게 생각해?, 네가 원하는 이상적인 주말은 어떤 모습이니?
- 효과 : 상대방이 자신의 감정을 표현할 기회를 제공하며, 서로에 대한 이해를 높인다.

열린 질문은 또한 상대방이 자신의 아이디어를 자유롭게 표현하도록 돕기 때문에 가족 간의 소통과 유대감을 강화하는 데 유용하다.

2-4. 습관화된 일에서 벗어나기 위한 질문 던지기

우리는 종종 습관에 의해 무의식적으로 행동한다. 이를 벗어나기 위해서는 "왜 이렇게 해야만 할까?", "다른 방법은 없을까?"와 같은 질문이 필요하다. 이러한 질문은 무의식적인 습관을 깨고 더 나은 대안을 모색하게 한다.

예를 들어, 출퇴근 경로를 매일 똑같이 선택하는 대신 "다른 길을 가보면 어떤 경험을 할 수 있을까?"와 같은 질문을 던지는 것은 새로운 자극과 아이디어를 발견할 기회를 제공한다.

2-5. 문제상황에서 창의적 해결책을 찾는 질문하기

일상에서 우리는 크고 작은 문제에 직면하게 된다. 문제를 해결할 때 "이 문제를 해결할 다른 방법은 없을까?"와 같은 질문은 새로운 해결방안을 탐색하게 해준다. 특히 예상치 못한 어려움이 발생했을 때 "이 문제를 기회로 바꿀 수 있는 방법은 무엇일까?"라는 질문은 문제를 긍정적으로 재해석하는 데 도움이 된다.

3] 질문을 생활화하기 위한 구체적인 실천 전략

3-1. 질문 카드 활용하기

질문 카드는 창의적 질문을 생활에 통합하는 데 매우 유용한 도구다. 여러 가지 질문을 적어 놓은 카드를 무작위로 뽑아 그 질문에 대해 답해보는 연습을 하면, 습관적으로 새로운 시각에서 문제를 바라보는 능력이 길러진다.

- 예시 질문 : 아침에 질문 카드를 뽑아 그 질문에 대한 답을 하루 동안 고민한다. 예를 들어, "오늘 내가 할 수 있는 가장 작은 변화는 무엇일까?" 같은 질문은 일상 속에서 작은 행동의 변화를 유도할 수 있다.

3-2. 가족과의 질문 대화시간 마련하기

가족과 함께 저녁식사 시간이나 주말에 질문 대화시간을 정기적으로 마련하는 것도 좋은 방법이다.

- 예시 질문 : 이번 주에 가장 보람 있었던 일은 무엇이었니?
- 효과 : 가족 구성원 간의 유대감을 강화하고, 서로의 생각과 감정을 이해하는 데 도움을 준다. 이

러한 대화시간은 단순한 대화를 넘어서 문제를 함께 해결하고 목표를 설정하는 기회로 발전할 수 있다.

3-3. 자기 자신에게 질문하기 : 질문일기 쓰기

자기 자신에게 정기적으로 질문을 던지고 답을 기록하는 질문일기는 자기성찰과 성장에 매우 효과적이다. 매일 아침과 저녁에 스스로에게 질문을 던지는 습관을 들이면, 자신의 생각과 감정을 깊이 이해하고 더 나은 방향으로 발전할 수 있다.

- 예시 질문 : 오늘 내가 가장 감사했던 순간은 언제였는가? 이번 주에 개선하고 싶은 것은 무엇인가?
- 효과 : 이러한 질문은 감사와 반성의 습관을 형성하고, 자기발전을 촉진한다.

4] 창의적 질문을 생활에 통합할 때의 유의점

4-1. 강압적인 질문을 피하기

질문은 상대방의 생각을 탐구하고 소통을 촉진하는 도구여야 한다. 그러나 비난이나 강요의 느낌을 주는 질문은 역효과를 낳을 수 있다.

- 잘못된 예시 : 왜 이렇게 밖에 못했어?
- 개선된 예시 : 이 상황을 다르게 해결할 방법은 없을까?

긍정적인 질문은 문제해결에 초점을 맞추며, 상대방이 자신을 방어하지 않고 솔직하게 의견을 표현할 수 있게 한다.

4-2. 질문과 경청의 균형 맞추기

질문을 던진 후에는 상대방의 답변을 진심으로 경청하는 태도가 중요하다. 질문 자체만큼이나 경청은 소통의 질을 높이고 신뢰를 쌓는 중요한 과정이다. 상대방의 답변에 귀 기울이고 공감하는 태도를 보이면, 더 깊이 있는 대화가 가능해진다.

5] 결론 : 창의적 질문이 만드는 변화

창의적 질문은 일상을 보다 풍부하게 만들고, 새로운 기회와 가능성을 발견하게 하는 도구다. 작은 질문습관이 쌓이면 자신과 타인의 생각을 더 깊이 이해하고, 문제를 창의적으로 해결하는 능력이 길러진다. 질문을 생활에 통합함으로써 우리는 일상 속 지루함에서 벗어나 새로운 경험과 성장을 위한 문을 열게 된다.

결국, 창의적 질문을 통해 우리는 일상 속에서 끊임없이 발전하고 변화할 수 있으며, 문제를 해결하는 능력뿐만 아니라 인간관계와 자기성찰의 깊이도 더욱 풍부해진다.

2장. 교육현장에서의 질문법

2-1. 교육자와 부모를 위한 창의적 질문법

창의적 질문은 단순한 정보습득을 넘어 사고를 확장하고 새로운 가능성을 탐구하게 만드는 강력한 도구다. 교육과 양육의 현장에서 올바른 질문을 던지면 사람과 자녀가 스스로 탐구하고 배워가는 주체적 학습자로 성장하게 된다. "정답"이 정해진 교육이 아닌, 열린 질문을 통해 사고의 폭을 넓히고 문제해결 능력을 기르는 교육이 오늘날 점점 중요해지고 있다. 이 글에서는 교육자와 부모가 창의적 질문법을 어떻게 활용해 사람과 자녀의 성장과 발전을 도울 수 있는지에 대해 구체적으로 설명한다.

1] 창의적 질문의 역할 : 무엇이 다른가?

1-1. 창의적 질문의 특징과 효과

창의적 질문은 정해진 답이 없는 질문으로, 학습자와 자녀가 스스로 사고하도록 유도하는 질문이다. 이러한 질문은 호기심과 탐구 정신을 자극하며, 정형화된 사고에서 벗어나게 한다. "다른 방법은 없을까?", "왜 이런 현상이 일어났을까?" 같은 질문은 사람과 자녀가 자신만의 해결책을 찾도록 도와준다.

이러한 질문은 단순히 정보를 묻는 질문과 달리 사고의 깊이와 넓이를 동시에 확장하며, 학습자에게 더 큰 문제해결 능력과 창의적 사고 습관을 길러준다. 또한, 학습자와 자녀가 스스로 문제를 해결하도록 유도하므로 자기주도적 학습능력과 자신감을 키우는 데도 효과적이다.

1-2. 정답중심 교육에서 탐구중심 교육으로 전환하기

기존의 정답중심 교육은 사람이 주어진 문제를 해결하기 위해 정해진 방법과 해답을 찾는 데 집중하게 한다. 그러나 창의적 질문은 문제를 여러 각도에서 바라보게 하고 다양한 해결책을 모색하도록 만든다. 정답이 없는 열린 질문은 아이들에게 실패를 두려워하지 않고 도전할 수 있는 기회를 제공하며, 이를 통해 비판적 사고력과 창의성이 발전하게 된다.

예를 들어, 수학문제를 풀 때 "다른 방식으로 이 문제를 해결할 수 있을까?"라고 물으면, 아이들은 단순히 공식을 암기하는 것이 아니라 문제를 분석하고 스스로 해결책을 탐구하게 된다.

2) 교육자를 위한 창의적 질문법의 활용

2-1. 교실에서 열린 질문활용하기

교육현장에서 열린 질문은 사람들의 호기심을 자극하고 학습에 대한 동기를 부여하는 데 효과적이다. 교사는 "이 개념을 실제생활에 어떻게 적용할 수 있을까?", "다른 시대에는 이 문제를 어떻게 해결했을까?"와 같은 질문을 통해 사람들이 수업 내용을 현실과 연결하며 깊이 있게 이해하도록 도울 수 있다.

- 예시 질문 : 만약 네가 고대 그리스 시대에 살았다면 어떤 문제를 해결해보고 싶니?
- 효과 : 사람들이 역사적 사실을 단순히 암기하는 것을 넘어, 자신의 경험과 연결하여 창의적으로 사고할 수 있도록 돕는다.

2-2. 사람의 참여를 이끄는 질문형 수업 설계하기

창의적 질문을 교실에서 효과적으로 활용하기 위해서는 질문형 수업을 설계하는 것이 중요하다. 이는 교사가 일방적으로 지식을 전달하는 것이 아니라 질문을 통해 사람들의 참여를 유도하는 방식이다. 예를 들어, 토론 수업에서 "이 이슈에 대해 서로 다른 입장에서는 어떤 의견을 가질 수 있을까?"와 같은 질문을 던지면, 사람들은 다양한 관점에서 사고하며 문제를 깊이 이해하게 된다.

- 실천 팁 : 수업을 시작할 때 사람들에게 주제를 제시한 후, "이 주제에 대해 궁금한 점은 무엇인가요?"라고 질문해보자. 사람들이 스스로 질문을 던지며 탐구하는 과정을 통해 학습에 더 깊이 몰입할 수 있게 된다.

2-3. 사람이 실패를 긍정적으로 받아들이도록 돕는 질문

교육현장에서 사람들이 실패를 경험하는 것은 자연스러운 과정이다. 그러나 교사가 실패를 학습의 기회로 받아들일 수 있는 질문을 던지면 사람들은 실패를 두려워하지 않고 더 큰 도전에 나서게 된다. 예를 들어, "이 시도에서 무엇을 배웠나요?", "다음에 더 잘하기 위해 무엇을 바꿔볼 수 있을까요?"와 같은 질문은 실패를 긍정적으로 재해석하게 만든다.

이러한 질문은 사람들에게 실패가 끝이 아니라 발전의 과정임을 깨닫게 해주며, 끊임없는 도전을 장려하는 성장 마인드셋을 형성한다.

3) 부모를 위한 창의적 질문법의 활용

3-1. 자녀의 창의성을 키우는 질문 활용법

부모는 자녀의 창의적 사고를 키우기 위해 정해진 답을 알려주는 대신 질문을 통해 스스로 답을 찾게 하는 대화를 유도해야 한다. 예를 들어, 자녀가 문제를 제기할 때 "이 문제를 어떻게 해결해보고 싶니?"라고 질문하면 아이는 자신만의 해결책을 탐구하며 문제해결 능력을 기르게 된다.

또한, "네가 해결책을 찾는다면 어떤 선택을 할까?" 같은 질문은 아이가 스스로 의사결정을 내리는 연습을 하도록 돕는다. 이는 아이에게 자신감과 책임감을 심어주며, 주체적인 태도를 기르는 데 큰 도움이 된다.

3-2. 자녀와의 소통을 위한 열린 질문 사용하기

가정에서의 열린 질문은 자녀가 자신의 생각과 감정을 자유롭게 표현할 수 있는 환경을 조성한다. "오늘 학교에서 가장 기억에 남는 일은 무엇이니?", "지금 가장 걱정되는 것은 무엇이니?"와 같은 질문은 자녀가 자신의 경험을 이야기할 수 있게 하고, 부모는 자녀의 감정과 생각을 더 깊이 이해할 수 있게 된다.

이러한 질문은 부모와 자녀 간의 신뢰를 강화하며, 어려운 상황에서도 서로의 감정을 공유하고 문제를 해결할 수 있는 기회를 제공한다.

3-3. 자녀가 실패를 극복하도록 돕는 질문활용

자녀가 실패를 경험했을 때 부모는 "왜 그랬니?"와 같은 비난조의 질문보다는 "이번 경험에서 무엇을 배웠니?", "다음에는 어떻게 할 수 있을까?" 같은 성장 중심의 질문을 던지는 것이 중요하다. 이러한 질문은 자녀가 실패를 학습의 기회로 인식하고 성장할 수 있는 계기를 제공한다.

부모가 실패를 자연스러운 과정으로 받아들이고 이를 함께 논의하면, 아이는 실패를 두려워하지 않고 도전적인 태도를 가지게 된다.

4] 교육자와 부모가 함께 실천할 수 있는 창의적 질문법

4-1. 공동의 목표설정을 위한 질문

교육자와 부모가 협력하여 아이의 발전을 도모하기 위해서는 공동의 목표를 설정하는 질문이 필요하다. "이 아이의 강점을 어떻게 발전시킬 수 있을까요?", "어떤 환경이 아이의 창의성을 가장 잘 이끌어낼 수 있을까요?"와 같은 질문은 교육자와 부모가 같은 방향으로 아이를 지원하는 데 도움을 준다.

4-2. 일상에서 활용할 수 있는 질문습관 형성하기

교육자와 부모는 일상에서 자연스럽게 질문하는 습관을 형성해야 한다. 예를 들어, 주말에 가족이 함께 시간을 보낼 때 "이번 주에 가장 기억에 남는 순간은 언제였니?"와 같은 질문을 던지면 가족 간의 소통이 강화된다. 또한, 교실에서는 수업 시작 전 "어제 배운 것 중에서 가장 흥미로웠던 것은 무엇이었나요?"라고 질문해 사람들의 관심을 끌 수 있다.

5] 결론 : 창의적 질문이 만드는 변화

교육자와 부모가 창의적 질문을 활용하면 사람과 자녀가 스스로 탐구하고 성장하는 주체적 학습자로 발전할 수 있다. 질문은 단순한 정보전달을 넘어 사고를 확장하고 문제해결 능력을 기르는 중요한 도구가 된다. 또한, 부모와 교사가 던지는 열린 질문은 자녀와 사람의 자아 성찰과 자기주도적 성장을 촉진하며, 실패를 두려워하지 않는 태도를 키우는 데도 도움을 준다.

결국, 창의적 질문은 아이들의 잠재력을 이끌어내고 더 나은 미래를 만들어가는 핵심 열쇠가 된다. 교육자와 부모가 함께 질문을 생활화할 때, 사람과 자녀는 더 깊이 있는 사고와 창의적 문제해결 능력을 갖춘 인재로 성장하게 될 것이다.

2-2. 사람들의 창의력을 이끌어내는 질문 예와 활용법

현대 교육은 단순히 지식 전달에서 벗어나 사람들이 스스로 생각하고 문제를 해결하는 주체적 학습자로 성장하도록 돕는 것을 목표로 한다. 이 과정에서 창의적 질문은 핵심적인 역할을 한다. 열린 질문을 통해 사람들은 문제를 여러 각도에서 바라보게 되고, 고정된 사고방식에서 벗어나 새로운 아이디어와 해결책을 탐구하게 된다.

창의적 질문은 사람들의 호기심과 동기부여를 자극하며, 능동적 학습을 통해 문제해결 능력과 비판적 사고력을 키운다. 교사와 부모는 일상 대화와 수업에서 질문을 적절히 활용함으로써 사람들이 성장하고 발전할 수 있는 환경을 조성할 수 있다. 이 글에서는 사람들의 창의적 사고를 이끌어내는 다양한 질문 예와 활용법을 세부적으로 제시하고, 이를 교실과 가정에서 어떻게 실천할 수 있는지 구체적으로 설명한다.

1] 창의적 질문의 중요성 : 사고확장과 문제해결의 도구

1-1. 창의적 질문과 사고의 확장

창의적 질문은 사람들에게 단순히 정답을 찾도록 요구하지 않고, 문제의 본질을 탐구하도록 유도한다. 정형화된 답을 요구하는 교육에서는 사람들이 사고의 폭을 넓히기 어려우나, 열린 질문을 통해 다양한 해결책을 모색할 수 있게 된다. 예를 들어, "이 문제를 다른 방법으로 풀 수 있을까?", "다른 각도에서 바라보면 어떤 결과가 나올까?"와 같은 질문은 사고의 유연성을 키우고 창의적 접근을 가능하게 한다.

또한, 창의적 질문은 사람들에게 실패를 학습의 기회로 전환하도록 돕는다. 실패와 오류에 대해 열린 질문을 던지면 사람들은 두려움 없이 다양한 시도를 하며 성장 마인드셋을 갖게 된다. 이는 끊임없는 탐구와 도전을 장려하는 데 필수적이다.

1-2. 호기심과 동기부여의 자극

호기심은 학습의 중요한 동력이다. 사람들이 스스로 질문을 던지고 답을 탐구할 때 학습에 대한 동기가 자연스럽게 유발된다. 교사는 수업 중에 사람들이 흥미를 느낄 만한 주제를 선정한 후, "이 현상이 발생하는 이유는 무엇일까?"와 같은 질문을 통해 그들의 호기심을 자극할 수 있다. 이러한 질문은 단순한 정보습득이 아니라, 더 깊은 탐구와 사고를 유도하며 학습을 재미있고 의미 있는 경험으로 만든다.

- 예시 : 우리가 매일 사용하는 스마트폰이 없다면 어떤 일이 일어날까?
- 효과 : 사람들은 자신의 일상과 연결된 주제에 대해 스스로 사고하게 되며, 학습에 대한 흥미를 유지할 수 있다.

1-3. 정답중심 교육에서 탐구중심 교육으로의 전환

기존의 교육은 정해진 답을 찾는 데 중점을 두어, 사람들이 창의적으로 사고할 기회를 제한해왔다. 반면, 창의적 질문은 다양한 관점에서 문제를 바라보고 새로운 해결책을 찾는 과정에 초점을 맞춘다. 예를 들어, "만약 이 공식을 사용하지 않고도 문제를 풀 수 있을까?"라는 질문을 통해 사람들은 여러 가지 해결책을 탐구할 수 있다. 이는 비판적 사고와 문제해결 능력을 동시에 기르는 데 도움이 된다.

2] 사람들의 창의력을 이끌어내는 다양한 질문 예

2-1. '만약에' 질문(가정형 질문)

'만약에' 질문은 사람들의 상상력과 추론능력을 자극하는 데 매우 효과적이다. 현실과는 다른 상황을 가정함으로써 사람들이 새로운 가능성을 탐색하고 문제를 다각도로 분석할 수 있게 만든다.

- 예시
  - 만약 인류가 물 대신 다른 액체를 사용했다면 어떻게 될까?
  - 만약 네가 하루 동안 동물과 대화할 수 있다면 무엇을 물어보고 싶니?
- 활용법 : 가정 질문을 토론이나 글쓰기 시간에 활용해 사람들이 상상력을 발휘할 수 있는 기회를 제공한다.

이러한 질문은 현실과 가상의 경계를 넘나들며, 사람들의 창의적 사고를 확장하는 데 큰 도움을 준다.

2-2. '왜' 질문(탐구형 질문)

'왜' 질문은 사람들이 현상의 근본 원인을 탐구하도록 한다. 이는 단순한 사실을 넘어, 그 배경과 맥락을 이해하는 데 도움을 준다.

- 예시
  - 왜 바닷물은 짠맛이 날까?
  - 왜 사람들은 서로 다른 문화를 가지게 되었을까?
- 활용법 : 과학이나 역사 수업에서 현상의 원인을 분석할 때 활용한다. 사람들이 단순히 암기하는

것이 아니라 깊이 있는 이해를 할 수 있도록 돕는다.

2-3. '어떻게' 질문(실천형 질문)

'어떻게' 질문은 사람들이 문제를 해결할 수 있는 구체적인 방법을 탐구하게 한다. 이 질문은 사람들이 이론을 현실에 적용하며 실제적인 해결책을 구상하도록 유도한다.

- 예시
  - 어떻게 하면 학교 내에서 쓰레기를 줄일 수 있을까?
  - 우리가 교실 환경을 더 나아지게 만들기 위해 어떻게 할 수 있을까?
- 활용법 : 모둠 활동이나 프로젝트 수업에서 실질적인 아이디어를 도출할 때 사용한다. 이러한 질문은 사람들이 책임감을 가지고 문제해결에 참여하도록 한다.

2-4. '무엇을' 질문(선택과 판단 유도형 질문)

'무엇을' 질문은 사람들이 여러 가지 선택지 중 최선의 선택을 고민하도록 한다. 이는 사람들의 논리적 사고 력과 의사결정 능력을 기르는 데 효과적이다.

- 예시
  - 우리가 기후 변화를 막기 위해 가장 먼저 바꿔야 할 것은 무엇일까?
  - 팀 프로젝트를 성공적으로 마치기 위해 무엇을 준비해야 할까?
- 활용법 : 의사결정이 필요한 수업이나 활동에서 활용해, 사람들이 다양한 관점에서 선택의 장단점을 분석하게 한다.

3] 창의적 질문의 활용법 : 교실과 가정에서의 실천방법

3-1. 교실에서 질문형 수업 설계하기

교사는 질문을 중심으로 한 수업을 설계해 사람들이 능동적으로 참여하고 탐구할 수 있도록 해야 한다. 수업 초반에 흥미로운 질문을 던지고, 사람들이 스스로 그 답을 찾아가도록 유도하는 방식이 효과적이다.

- 예시 : 과학 수업에서 "어떻게 하면 에너지를 절약할 수 있을까?"라는 질문을 던지고, 사람들이 팀을 이루어 해결방안을 도출하게 한다.
- 효과 : 사람들은 단순히 지식을 암기하는 것을 넘어, 실제 문제를 해결할 수 있는 능력을 기르게 된다.

3-2. 가정에서 자녀와의 창의적 대화 이끌기

부모는 자녀와의 대화에서 열린 질문을 활용해 자녀의 창의적 사고와 문제해결 능력을 키워줄 수 있다. 자녀가 일상 속 문제에 부딪혔을 때 "이 문제를 해결하기 위해 네가 할 수 있는 일은 무엇일까?"와 같은 질문을 던지면 자녀는 스스로 해결책을 찾는 연습을 하게 된다.

- 실천 팁 : 매일 저녁 가족과 함께 하루를 돌아보며 "오늘 가장 도전적이었던 순간은 무엇이었니?" 같은 질문을 나눠보자.
- 효과 : 자녀는 자신의 경험을 반성하고, 문제를 해결할 수 있는 방법을 탐구하는 습관을 기르게 된다.

3-3. 모둠 활동과 프로젝트에서의 질문활용

모둠 활동이나 프로젝트에서는 사람들이 팀을 이루어 질문을 만들고 답을 찾는 과정을 경험할 수 있다. 교사는 "이 프로젝트의 핵심 문제는 무엇일까?"와 같은 질문을 던져, 사람들이 협력하며 문제를 정의하고 해결책을 탐구하도록 유도한다.

- 예시 : 환경 프로젝트에서 "학교에서 에너지를 절약할 수 있는 방법은 무엇일까?"라는 질문을 중심으로 아이디어를 모은다.
- 효과 : 사람들은 팀워크와 창의적 문제해결 능력을 동시에 발전시킬 수 있다.

4] 결론 : 창의적 질문이 사람의 미래를 열어가는 열쇠

창의적 질문은 사람들의 사고의 폭을 넓히고 문제해결 능력을 향상시키는 강력한 도구다. 교사와 부모가 일상 속에서 열린 질문을 지속적으로 활용하면, 사람들은 정답을 찾는 것을 넘어서 스스로 탐구하고 성장하는 주체적 학습자로 발전하게 된다.

질문은 사람들이 실패를 두려워하지 않고 끊임없이 도전할 수 있는 태도를 길러주며, 복잡한 문제를 창의적으로 해결할 수 있는 능력을 키워준다. 교실과 가정에서의 질문습관은 사람들의 미래를 열어가는 열쇠가 될 것이다.

3장. 기업과 혁신에서의 질문법

3-1. 비즈니스 문제해결에 질문법을 적용하는 방법

비즈니스 세계는 복잡하고 예측 불가능하며, 변화는 빠르게 일어난다. 기업들은 끊임없이 새로운 도전과 기회를 마주하지만, 기존의 접근법과 경험에 의존하는 방식만으로는 지속적인 성장을 이끌어내기 어렵다. 질문법은 이러한 문제를 해결하고 새로운 관점을 도출하는 데 중요한 역할을 한다. 잘 설계된 질문은 문제의 본질을 이해하도록 도와주고, 고정관념을 깨며 혁신과 협업을 촉진하는 촉매제가 된다.

본 글에서는 비즈니스 문제해결에 질문법을 어떻게 체계적으로 적용할 수 있는지에 대해 심층적으로 살펴보고, 다양한 유형의 질문과 실제 활용사례를 통해 구체적인 실천방안을 제시하고자 한다.

1] 비즈니스 문제해결에서 질문법의 필요성

1-1. 질문이 사고를 확장하고 새로운 시각을 제공함

문제해결의 첫걸음은 고정된 사고방식을 벗어나는 것이다. 비즈니스 환경에서 사람들은 자주 익숙한 방식에 의존하는 경향이 있다. "왜 이 방식을 고집하는가?", "이 문제를 다른 방식으로 해결할 수는 없는가?"와 같은 질문은 기존의 접근방식을 재검토하도록 만든다.

- 사례 : 한 대형 유통업체는 매출정체로 고민하고 있었다. 전통적인 가격할인 전략에 의존했지만 성과는 미미했다. "고객이 진정으로 원하는 가치는 무엇인가?"라는 질문을 던지자 단순한 가격인하가 아닌 고객경험 개선이 필요하다는 사실을 깨달았다. 이후 이 기업은 매장 내 경험을 개선하고 맞춤형 서비스를 제공해 매출성장을 이끌어냈다.

1-2. 팀워크와 협업을 촉진하는 도구로서의 질문

질문법은 팀원들 간의 의사소통과 협업을 촉진하는 강력한 도구다. "각자의 역할은 무엇인가?", "이 문제에 대해 다른 부서의 의견은 무엇인가?"와 같은 질문은 부서 간의 소통을 강화하고 집단지성을 활용하도록 만든다.

- 사례 : 한 스타트업은 부서 간 협업 문제로 인해 프로젝트가 지연되고 있었다. "정보를 더 빠르게

공유할 방법은 무엇인가?"라는 질문을 통해 협업 도구를 도입하고 커뮤니케이션 방식을 개선했다. 결과적으로 프로젝트가 원활하게 진행되었고, 팀워크가 강화되었다.

1-3. 문제를 명확하게 정의하는 힘

비즈니스 문제해결의 핵심은 문제를 명확하게 정의하는 것이다. 문제를 제대로 파악하지 못한 상태에서는 올바른 해결책을 찾기 어렵다. "진짜 문제는 무엇인가?", "이 문제가 발생한 근본 원인은 무엇인가?"와 같은 질문은 문제의 본질을 드러내도록 돕는다.

- 사례 : 한 제조업체는 반복되는 생산 오류를 해결하려고 했으나 실패를 거듭했다. 문제를 다시 정의하기 위해 "우리가 실제로 해결해야 하는 문제는 무엇인가?"라는 질문을 던진 후, 기계 고장이 아닌 작업 매뉴얼의 미흡함이 근본 원인임을 발견했다. 매뉴얼 개선 후 오류가 크게 줄었다.

2] 비즈니스 문제해결에 활용할 수 있는 질문법의 유형

2-1. 문제정의 질문 : 문제의 본질을 파악하기

문제를 정의하는 질문은 문제해결의 방향을 명확히 제시한다. 비즈니스 문제는 종종 여러 원인과 연관되어 있으며, 이를 잘게 쪼개어 분석해야 한다.

- 예시 질문
  - 문제가 발생한 근본 원인은 무엇인가?
  - 이 문제를 해결하지 않으면 어떤 결과가 발생할까?
  - 문제가 발생한 시점과 원인은 무엇인가?
- 활용법 : 문제정의 질문은 팀 회의나 브레인스토밍 세션에서 다양한 시각을 도출하는 데 유용하다. 이를 통해 문제를 다각도로 분석하고 해결 방향을 설정할 수 있다.

2-2. 원인분석 질문 : 5 Why 기법의 활용

5 Why 기법은 반복적인 "왜?" 질문을 통해 문제의 근본 원인을 찾아낸다. 이 기법은 겉으로 드러난 현상에 집중하기보다 깊이 있는 원인을 파악하는 데 효과적이다.

① 예

- 문제 : 매출 감소
  - 왜 매출이 감소했는가? → 고객이탈이 발생했다.
  - 왜 고객이 이탈했는가? → 서비스 품질이 떨어졌다.
  - 왜 서비스 품질이 떨어졌는가? → 직원 교육이 부족했다.
  - 왜 직원 교육이 부족했는가? → 교육 예산이 삭감되었다.
  - 왜 교육 예산이 삭감되었는가? → 재정 계획이 미흡했다.

2-3. 가정과 시나리오 질문 : 다양한 가능성 탐구

가정과 시나리오 질문은 미래를 예측하고 여러 상황에 대비할 수 있도록 돕는다. 이러한 질문은 불확실한 비즈니스 환경에서 전략적 사고를 촉진한다.

- 예시 질문
  - 경쟁사가 가격을 인하한다면 어떻게 대응할까?
  - 새로운 법규가 도입되면 우리 비즈니스는 어떤 영향을 받을까?
  - 이 계획이 실패한다면 어떤 대안을 마련할 수 있을까?

2-4. 창의적 사고를 촉진하는 질문

창의적 질문은 혁신과 새로운 아이디어를 도출하는 데 필수적이다. 기존의 방식에서 벗어나 새로운 해결방안을 모색하도록 유도한다.

- 예시 질문
  - 우리가 지금까지 생각하지 못한 해결책은 무엇일까?
  - 고객이 필요로 하지만 제공되지 않은 가치는 무엇일까?
  - 이 문제를 완전히 새로운 방식으로 해결할 수 있을까?

3] 질문을 통한 비즈니스 문제해결 프로세스 설계

3-1. 질문 중심의 브레인스토밍 세션 운영하기

질문을 중심으로 한 브레인스토밍 세션은 창의적 해결책을 도출하는 데 효과적이다. 팀원들이 열린 질문에 대해 자유롭게 아이디어를 제시하도록 유도하면 다양한 관점을 도출할 수 있다.

- 실천방법
  - 문제와 관련된 다양한 질문을 준비한다.
  - 팀원들에게 질문을 던지고 아이디어를 수집한다.
  - 아이디어를 시각화하여 정리한다.

3-2. 프로젝트 회고를 위한 질문활용

프로젝트가 종료된 후 회고 질문을 통해 성과를 평가하고 개선 방안을 도출할 수 있다.

- 예시 질문
  - 이번 프로젝트에서 가장 큰 성과는 무엇이었나?
  - 다음에는 무엇을 다르게 해야 할까?
  - 예상치 못한 문제가 발생했을 때 어떻게 대응했는가?

4] 질문법을 조직 문화에 정착시키기 위한 전략

4-1. 심리적 안전감 조성하기

질문법이 효과를 발휘하기 위해서는 심리적 안전감이 필수적이다. 팀원들이 자유롭게 의견을 제시할 수 있도록 리더는 열린 태도로 질문과 답변을 수용해야 한다.

4-2. 질문을 생활화하는 조직 문화 구축

질문을 일회성 도구로 사용하지 않고 조직 문화에 정착시키는 것이 중요하다. 이를 위해 회의나 피드백 세션에서 질문 중심의 대화를 이끌어가는 습관을 형성해야 한다.

5) 결론 : 질문법이 만드는 변화와 성장

질문법은 단순한 정보탐색 도구를 넘어, 혁신과 문제해결의 열쇠가 된다. 올바른 질문은 문제의 본질을 드러내고 창의적 해결책을 도출하는 데 필수적이다. 또한, 질문 중심의 조직 문화는 지속적인 성장과 발전을 이끌며, 기업의 경쟁력을 강화하는 데 중요한 역할을 한다.

궁극적으로, 질문법은 비즈니스의 불확실성과 변화에 유연하게 대응하고 조직의 창의성과 협업 능력을 극대화하는 강력한 도구다.

3-2. 기업 혁신을 위한 질문 프레임워크

기업의 성공과 지속적인 성장은 혁신을 기반으로 이루어진다. 그러나 혁신은 자연스럽게 일어나지 않으며, 조직은 새로운 기회와 도전을 발견하기 위해 올바른 질문을 던지는 프레임워크를 마련해야 한다. 질문은 문제의 본질을 파악하고, 새로운 아이디어를 탐구하며, 조직의 한계를 돌파하는 핵심 도구로 작용한다.

많은 기업들이 고정된 사고방식과 기존의 성과에 안주하며 혁신의 기회를 놓치는 경우가 많다. 이때 질문 기반 프레임워크는 문제를 깊이 탐구하고, 의미 있는 변화를 촉진하는 데 중요한 역할을 한다. 본 글에서는 기업이 혁신을 위한 질문 프레임워크를 어떻게 설계하고 적용할 수 있는지에 대해 구체적으로 탐구한다.

1) 기업 혁신을 위한 질문의 중요성

1-1. 고정관념을 깨고 새로운 기회를 발견하는 도구로서의 질문

혁신은 기존의 방식에서 벗어나 새로운 접근법을 찾는 과정에서 시작된다. 그러나 대부분의 조직은 익숙한 방식에 의존하는 경향이 강하다. 이때, "우리는 이 문제를 다른 방식으로 해결할 수 없을까?"와 같은 질문은 고정관념을 깨고 새로운 가능성을 탐색하게 만든다.

- 사례 : 넷플릭스는 DVD 대여 서비스를 운영하던 초기단계에서 "고객이 매장을 방문하지 않고 영화를 즐길 수 있는 방법은 무엇일까?"라는 질문을 던졌다. 이 질문은 결국 스트리밍 서비스라는 혁신적인 비즈니스 모델로 이어졌고, 넷플릭스는 전세계적인 성공을 거두었다.

질문은 기존의 한계를 넘어서 새로운 시장 기회를 발견하는 출발점이 된다.

1-2. 문제의 본질을 파악하고 혁신 방향을 제시하는 역할

질문은 조직이 문제의 본질을 파악하고 핵심 이슈에 집중하도록 돕는다. 혁신은 단순한 변화가 아니라, 명확한 문제 인식과 해결을 통해 이루어지는 진보다. 이때, "우리가 해결해야 할 가장 중요한 문제는 무엇인가?"와 같은 질문은 조직이 혁신의 방향성을 설정하는 데 중요한 역할을 한다.

1-3. 팀워크와 협업을 촉진하는 질문의 힘

혁신은 혼자 이루어지는 것이 아니라 다양한 관점을 결합해 이루어진다. 질문은 팀원들 간의 의견 교환과 협업을 촉진하며, 조직 전체가 혁신을 추구하는 데 필요한 공감대와 참여를 유도한다. 열린 질문은 팀원들이 다양한 아이디어를 제시하고 탐구할 수 있는 환경을 조성하는 데 유용하다.

2] 기업 혁신을 위한 질문 프레임워크의 설계

2-1. 문제정의와 목표설정을 위한 질문

혁신의 첫 단계는 해결해야 할 문제를 명확하게 정의하고 목표를 설정하는 것이다. 문제가 명확하지 않으면 조직의 혁신 방향이 흔들릴 수 있다. 이때 올바른 질문을 던지면 문제의 본질을 파악하고, 팀이 같은 목표를 향해 나아갈 수 있다.

- 예시 질문
    - 우리가 해결해야 할 가장 시급한 문제는 무엇인가?
    - 이 문제가 발생하는 근본 원인은 무엇일까?
    - 이 문제를 해결하면 어떤 변화를 기대할 수 있는가?
- 활용법 : 초기 회의에서 팀이 문제를 정의할 때 이러한 질문을 던지면, 조직의 자원과 역량을 효과적으로 집중할 수 있다.

2-2. 창의적 사고를 유도하는 질문 : 브레인스토밍과 아이디어 도출

혁신은 기존의 방식을 뛰어넘는 새로운 아이디어와 접근법에서 시작된다. 브레인스토밍 세션에서 창의적 질문을 활용하면, 팀원들이 다양한 아이디어를 자유롭게 제시할 수 있다.

- 예시 질문
  - 이 문제를 전혀 다른 방식으로 해결할 수 있는 방법은 없을까?
  - 다른 산업에서는 이와 비슷한 문제를 어떻게 해결했는가?
  - 현재의 프로세스를 완전히 제거하면 어떤 변화가 일어날까?
- 활용법 : 브레인스토밍 세션에서 이러한 질문을 던지면 팀원들은 자유롭게 사고하고 창의적인 해결책을 탐색할 수 있다.

2-3. 리스크 관리와 의사결정을 위한 질문

혁신에는 항상 위험과 불확실성이 따르기 마련이다. 따라서 조직은 다양한 시나리오와 리스크를 예측하고 준비해야 한다. 가정과 시나리오 기반 질문은 조직이 리스크를 최소화하고 최선의 결정을 내릴 수 있도록 돕는다.

- 예시 질문
  - 이 계획이 실패한다면 그 원인은 무엇일까?
  - 최악의 상황을 대비하기 위해 어떤 준비가 필요한가?
  - 이 혁신이 예상치 못한 부작용을 초래할 가능성은 없을까?
- 활용법 : 의사결정 회의에서 리스크 관련 질문을 던지면, 조직은 보다 신중하고 탄탄한 전략을 수립 할 수 있다.

2-4. 고객 중심의 혁신을 촉진하는 질문

혁신의 최종 목표는 고객의 문제를 해결하고 가치를 창출하는 것이다. 고객의 니즈를 파악하고 그에 맞는 솔루션을 개발하기 위해서는 고객 중심의 질문이 필요하다.

- 예시 질문
  - 고객이 아직 인식하지 못한 니즈는 무엇일까?
  - 고객 경험을 극대화하기 위해 무엇을 개선할 수 있을까?
  - 우리 제품이 고객에게 제공하는 가장 큰 가치는 무엇인가?

- 활용법 : 고객 인터뷰나 설문조사에서 이러한 질문을 활용하면, 고객 중심의 혁신 아이디어를 도출할 수 있다.

3) 질문 기반 혁신 프레임워크의 단계별 적용

3-1. 문제정의와 목표설정

첫 번째 단계에서는 문제의 본질을 파악하고 명확한 목표를 설정한다. 문제를 명확하게 정의해야 팀이 일관된 방향으로 나아갈 수 있다.

- 핵심 질문
  - 우리가 해결하려는 진짜 문제는 무엇인가?
  - 이 문제를 해결함으로써 어떤 목표를 달성하고자 하는가?
- 결과 : 문제의 본질이 명확히 파악되고, 팀의 목표가 구체화된다.

3-2. 아이디어 도출과 솔루션 개발

두 번째 단계에서는 창의적 질문을 통해 다양한 아이디어를 도출하고, 가능한 해결책을 탐구한다. 브레인스토밍 세션에서 질문법을 활용하면 팀원들이 자유롭게 사고하고 새로운 접근법을 모색할 수 있다.

- 핵심 질문
  - 이 문제를 완전히 새로운 방식으로 해결할 수는 없을까?
  - 다른 산업에서의 성공사례를 적용할 수 있을까?
- 결과 : 다양한 솔루션이 도출되고, 창의적인 아이디어가 구체화된다.

3-3. 리스크 평가와 의사결정

세 번째 단계에서는 리스크를 평가하고 최선의 결정을 내리는 과정이 포함된다. 다양한 시나리오를 탐구하고, 예상치 못한 문제에 대비하는 것이 중요하다.

- 핵심 질문
  - 이 계획의 잠재적인 리스크는 무엇인가?
  - 최악의 상황을 대비할 대안은 무엇인가?
- 결과 : 리스크를 최소화한 의사결정이 이루어진다.

3-4. 실행과 피드백

마지막 단계에서는 솔루션을 실행하고 결과를 평가한다. 이 과정에서 피드백을 바탕으로 지속적인 개선과 학습이 이루어진다.

- 핵심 질문
  - 이번 실행에서 얻은 가장 큰 교훈은 무엇인가?
  - 다음에는 무엇을 더 잘할 수 있을까?
- 결과 : 실행 과정을 통해 조직은 지속적으로 발전하고 성장한다.

4) 질문 중심의 혁신문화를 정착시키기 위한 전략

4-1. 심리적 안전감 조성하기

혁신을 위해서는 팀원들이 두려움 없이 질문할 수 있는 심리적 안전감이 필요하다. 리더는 비판 없이 열린 질문을 수용하는 문화를 조성해야 한다.

4-2. 정기적인 질문 세션 운영

질문이 조직 문화에 정착하려면 정기적인 질문 세션이 필요하다. 이를 통해 팀원들이 질문을 습관화하고, 문제해결과 혁신에 적극적으로 참여할 수 있다.

5) 결론 : 질문 프레임워크가 만드는 혁신과 성장

기업 혁신은 단순한 변화가 아닌, 새로운 가치를 창출하고 문제를 해결하는 과정이다. 질문은 혁신의 출발점이자, 문제를 명확히 정의하고 다양한 해결책을 탐구하는 핵심도구다. 기업이 질문 중심의 프레임워크를 도입하면, 조직 전체가 지속적인 성장과 발전을 이루는 데 필요한 창의적 에너지를 발휘할 수 있다.

궁극적으로 질문은 기업이 미래의 불확실성에 대비하고, 새로운 기회를 포착하는 데 필수적인 역할을 한다. 조직 내 모든 구성원이 질문을 생활화할 때, 기업은 끊임없이 혁신하고 진화할 수 있을 것이다.

3-3. 2A4 문제해결 방법론

2A4 문제해결 프레임워크는 필자가 개발한 간결하면서도 체계적인 문제해결 도구로, A4 용지 2장에 문제해결의 전 과정을 정리한 것이 특징이다. 이 프레임워크는 복잡한 문제를 단계적으로 접근해 근본적인 해결책을 도출하고, 실행 및 평가까지 체계적으로 지원하도록 설계되었다.

2A4는 간결한 형식 속에 문제정의, 원인분석, 해결책 도출, 실행과 평가라는 핵심적인 문제해결 절차를 담고 있으며, 각 단계에서 성찰 질문을 통해 사고를 확장하고 다양한 관점에서 문제를 탐구하도록 돕는다. 이 프레임워크는 효율성과 실행력을 중시하는 기업 환경에 특히 적합하며, 문제를 명확하게 정의하고 체계적으로 해결하기 위해 개발되었다.

1) 2A4 문제해결 프레임워크의 핵심구성

1-1. 문제정의와 목표설정

문제해결의 첫 단계는 문제의 본질을 명확히 정의하고, 해결 목표를 구체적으로 설정하는 것이다. 이 과정에서 팀원들이 문제를 명확히 이해하고, 모두가 같은 방향을 향해 협력할 수 있도록 돕는다.

- 핵심 질문
  - 우리가 해결해야 할 진짜 문제는 무엇인가?
  - 이 문제의 증상과 근본 원인은 무엇인가?
  - 목표를 SMART 방식으로 어떻게 구체화할 수 있을까?
- 활용 : 문제의 범위를 명확히 하여 불필요한 에너지 소모를 줄이고, 조직이 자원을 집중할 수 있도록 한다.

1-2. 원인분석 : 문제의 근본 원인 찾기

두 번째 단계에서는 문제의 표면적인 증상 뒤에 숨겨진 근본 원인(Root Cause)을 탐구한다. 5 Why 기법이나 인과관계도 등의 도구를 통해 문제의 본질에 접근한다.

- 핵심 질문

    - 이 문제가 발생한 근본 원인은 무엇인가?

    - 외부 요인과 내부 요인은 무엇인가?

    - 우리가 놓치고 있는 숨겨진 원인은 없는가?

- 활용 : 문제의 근본 원인을 정확히 찾아야 올바른 해결책을 도출할 수 있으며, 반복되는 문제를 방지할 수 있다.

1-3. 솔루션 도출과 평가 : 창의적 해결책 탐색

세 번째 단계에서는 다양한 해결책을 제시하고, 평가와 선택을 통해 최적의 솔루션을 도출한다. 브레인스토밍과 페이오프 매트릭스를 사용해 실행 가능성과 효과성을 고려한 결정을 내린다.

- 핵심 질문

    - 이 문제를 해결할 새로운 방법은 무엇인가?

    - 제시된 솔루션이 단기적·장기적으로 어떤 영향을 미칠까?

    - 어떤 해결책이 조직의 목표에 가장 부합하는가?

- 활용 : 팀 내 다양한 의견을 반영해 창의적이고 실행 가능한 솔루션을 선택한다.

1-4. 실행 및 성과평가 : 실행력 극대화와 피드백 수집

마지막 단계에서는 해결책을 실행하고, 성과를 평가하며 향후 개선점을 도출한다. 이 과정에서 실행계획을 구체화하고 책임자를 명확히 지정한다.

- 핵심 질문

    - 해결책을 어떻게 실행할 것인가?

    - 성과를 어떻게 측정하고 개선할 수 있을까?

- 다음에는 무엇을 더 잘할 수 있을까?
- 활용 : 실행 후 성과를 측정하고 피드백을 바탕으로 지속적인 개선과 학습을 유도한다.

1-5. 2A4 문제해결 프레임워크의 특징과 장점

- 간결함과 실용성 : A4 용지 2장 분량에 문제해결 프로세스 전체를 요약해 효율적인 도구로 활용할 수 있다.
- 성찰 질문 기반의 사고확장 : 각 단계에서 질문을 통해 문제를 심도 있게 탐구하고, 다양한 관점을 반영할 수 있다.
- 체계적이고 반복 가능한 프로세스 : 문제정의부터 실행까지의 단계가 명확히 구분되어 반복적인 문제해결에 적합하다.
- 협업과 실행력 강화 : 팀원들이 문제해결 과정에 능동적으로 참여하도록 유도하며, 실행계획을 명확히 수립해 실행력을 극대화한다.

1-6. 2A4 문제해결 프레임워크의 활용가치

2A4 문제해결 프레임워크는 간결한 형식과 체계적인 접근을 결합해 기업의 문제해결을 지원하는 강력한 도구다. 이 프레임워크는 명확한 문제정의, 근본 원인 탐구, 창의적 해결책 도출, 실행 및 평가를 한눈에 볼 수 있도록 정리되어 있어 기업이 효율적으로 문제를 해결하고 지속적인 개선을 추구할 수 있다.

조직 내 모든 구성원이 이 프레임워크를 활용해 협력하면, 팀워크를 강화하고 성과를 극대화할 수 있다. 또 한, A4 용지 2장으로 구성된 간결함은 실제 현장에서 빠르게 적용할 수 있는 큰 장점을 제공한다. 문제를 명확히 정의하고 체계적으로 해결하기 원하는 기업에 이상적인 도구가 될 것이다.

아래에 2A4 문제해결 프레임워크와 템플릿이 있다.

2A4 Problem Solving - 2A4 문제해결 ©

2A4 Problem Solving ©

(2A4 문제해결 ©)

Templates – Tools – Checklist

(템플릿 – 도구 – 체크리스트)

1. 2A4 Problem Solving Process ©
2. 2A4 Problem Solving Templates ©
3. 2A4 Problem Solving Tools ©
4. 2A4 Problem Solving Checklist ©
5. 2A4 Problem Solving Reporting ©
6. 2A4 Problem Solving Thinking ©

Copyright ©2016, 에스비컨설팅 All Rights Reserved   www.sbconsulting.co.kr

2A4 Problem Solving – 2A4 문제해결 ©

주제 (과제) :   작성자: 작성일:

목적(배경) Objectives

E   I

*** INEX View Approach (2중 관점 접근법) © : I Internal View & E External View

목표 / 기대결과 Goal & Expecting Results

E   I

Metric

증상 & 문제 Symptoms & Problems   N/C/R O/L T/F/?

E

I

*** New / Continue / Repeat   Overall / Local   True / False / ?

원인 Root Cause

E   I

2A4 Problem Solving – 2A4 문제해결 ©

솔루션 Solution
E **I**

액션플랜 Action Plan

Problem / Goal	What	How	When	Who	Support

Milestone (이정표)

실행 결과 Results
E **I**

향후 실행 Future Action
E **I**

*** INEX View Approach (2중 관점 접근법) ©   **I** Internal View &   **E** External View

2A4 문제해결 방법론은 체계적이고 구조화된 문제해결 프로세스로, 기업이 복잡한 문제를 효율적으로 파악하고 해결하도록 돕는 도구다. 문제정의부터 원인분석, 솔루션 도출, 실행 및 평가까지의 단계별 접근을 통해 기업은 더 나은 의사결정을 내리고 지속적인 개선과 혁신을 추구할 수 있다. 2A4 방법론의 핵심은 성찰 질문 중심의 구조로, 조직이 문제를 다각도로 분석하며 명확한 해결책을 도출하도록 유도하는 데 있다. 이 글에서는 2A4 방법론이 기업 문제해결에 어떤 유익과 차별성을 제공하는지 구체적으로 분석한다.

2] 2A4 방법론이 제공하는 주요 유익

2-1. 체계적인 문제해결 프로세스 제공

2A4 방법론은 문제해결 과정을 명확한 단계로 구조화한다. 이 체계적 접근은 기업이 문제해결의 방향성을 잃지 않고 각 단계를 명확하게 수행할 수 있도록 돕는다.

- 유익
  - 복잡한 문제를 분해하고 단계별로 해결하므로 실행 가능성이 높아진다.
  - 문제의 본질과 원인을 깊이 파악하므로 근본적인 해결책을 도출할 수 있다.
  - 실행 이후에도 성과를 점검하여 지속적인 개선의 기회를 발견한다.
- 적용사례 : 예를 들어, 한 제조업체가 반복적인 품질문제를 해결하기 위해 2A4 프레임워크를 적용하면, 문제정의 단계에서 구체적인 이슈를 파악하고, 원인분석을 통해 생산 프로세스의 병목을 발견해 해결할 수 있다.

2-2. 성찰 질문을 통한 사고의 확장과 깊이 강화

2A4 방법론의 각 단계에는 핵심 성찰 질문이 포함되어 있어 팀이 표면적인 해결책에 머물지 않고 근본적인 문제를 탐구하도록 유도한다. 이러한 질문들은 팀원들이 사고를 확장하고 다양한 관점에서 문제를 분석하게 한다.

- 유익
  - 질문을 통해 문제를 다각도로 분석하여 의미 있는 통찰을 얻는다.
  - 각 팀원이 적극적으로 참여하여 팀워크와 협업이 강화된다.

- 열린 질문을 통해 새로운 아이디어를 발견하고 창의적인 해결책을 도출한다.
- 적용사례 : 서비스 품질 개선 프로젝트에서 "우리가 놓치고 있는 고객의 숨겨진 불만은 무엇일까?"와 같은 질문을 던지면, 기존의 데이터에 드러나지 않은 고객 경험의 문제를 발견하고 개선할 수 있다.

2-3. 효율적인 팀워크와 협업촉진

2A4 프레임워크는 팀이 각 단계에서 함께 참여하여 문제를 해결하도록 설계되었다. 단계별 질문과 도구는 팀원들이 자유롭게 의견을 나누고 집단지성을 활용하도록 만든다.

- 유익
  - 팀원들이 문제를 명확하게 정의하고 동일한 목표를 공유하게 된다.
  - 서로 다른 부서의 관점을 통합하여 복잡한 문제를 효과적으로 해결할 수 있다.
  - 질문 중심의 협업을 통해 팀원들이 능동적으로 참여하게 된다.
- 적용사례 : 새로운 제품개발 팀에서 2A4 방법론을 사용하면, 마케팅, 디자인, 엔지니어링팀이 함께 각자의 관점을 반영한 솔루션을 도출할 수 있다.

2-4. 리스크 관리와 실행력 강화

2A4 프레임워크는 문제해결 과정에서 발생할 수 있는 리스크를 사전에 식별하고 이를 관리하는 데 유용하다. 또한 각 단계별로 실행계획을 명확하게 수립해 실행력을 극대화한다.

- 유익
  - 성찰 질문을 통해 예상치 못한 위험 요소를 미리 발견한다.
  - 실행계획을 명확히 하고 책임자를 지정해 일정 지연을 방지한다.
  - 성과평가를 통해 지속적인 개선과 성과 향상을 도모한다.
- 적용사례 : 신시장 진출 전략을 수립할 때 "경쟁사가 대응할 수 있는 리스크는 무엇인가?", "우리가 준비해야 할 대안은 무엇인가?"와 같은 질문을 통해 불확실성을 대비하고 실행계획을 구체화할 수 있다.

3) 2A4 프레임워크의 차별성 : 기존 문제해결 도구와의 비교

3-1. 단순한 분석 도구를 넘어 실행까지 연결

일반적인 문제해결 도구는 문제 분석과 해결방안 도출에 집중하는 경우가 많다. 그러나 2A4 프레임워크는 문제 분석에서 끝나지 않고, 실행계획과 성과평가까지 포함한 종합적인 문제해결 도구다.

- 차별점
  - 문제정의, 원인분석, 솔루션 도출, 실행 및 평가까지 모든 과정을 아우른다.
  - 실행단계에서 구체적인 성과 지표(KPI)를 설정해 성과를 명확하게 측정할 수 있다.
  - 성과평가를 통해 지속적인 개선과 학습 문화를 조성한다.
- 비교 : 일반적인 브레인스토밍과 달리 2A4 방법론은 문제해결의 구체적인 실행 방안과 개선 프로세스까지 포함한다. 이로 인해 실제 성과로 이어질 가능성이 높다.

3-2. 질문 기반 접근법을 통한 창의성 강화

2A4 방법론은 질문을 중심으로 한 문제해결 접근법을 채택하여, 팀원들이 고정된 사고방식에서 벗어나 창의적인 아이디어를 탐구할 수 있도록 돕는다.

- 차별점
  - 질문을 통해 새로운 관점을 발견하고, 기존의 해결책을 재고하도록 유도한다.
  - 팀 내 모든 구성원이 능동적으로 참여할 수 있는 환경을 조성한다.
  - 각 단계별로 적합한 성찰 질문을 제공해 사고의 깊이와 범위를 확장한다.
- 비교 : 기존의 문제해결 방식은 결과 중심이지만, 2A4는 과정에서 다양한 가능성을 탐구하도록 한다는 점에서 차별화된다.

3-3. 팀워크 강화와 협업문화 구축

2A4 프레임워크는 팀 기반 협업을 강화하는 데 중점을 두며, 모든 구성원이 문제해결 과정에 적극적으로 참여하도록 만든다.

- 차별점
  - 단계별 질문을 통해 부서 간의 의견차이를 조정하고 협업을 촉진한다.
  - 팀 내 다양한 관점을 통합해 더 나은 해결책을 도출한다.
  - 팀원들이 서로의 생각을 존중하며 심리적 안전감을 느끼도록 한다.
- 비교 : 전통적인 문제해결 방식은 종종 특정 부서나 전문가에게 의존하지만, 2A4는 팀 전체가 참여하는 협업 프로세스를 강조한다.

4) 2A4 프레임워크 활용을 위한 성공전략

4-1. 조직 전체에 질문문화를 정착시키기

2A4 방법론의 성과를 극대화하려면 조직 전체에 질문 중심의 문화를 정착시켜야 한다. 모든 구성원이 자유롭게 질문하고 답을 탐구하는 환경을 조성하면 혁신과 성과 향상이 촉진된다.

- 실천방안
  - 정기적인 회의에서 질문 중심의 의사소통을 장려한다.
  - 실패를 두려워하지 않고 새로운 시도를 독려하는 심리적 안전감을 조성한다.

4-2. 성과평가와 피드백을 통한 지속적 개선

2A4 프레임워크는 성과평가와 피드백을 통해 지속적인 개선과 성장을 도모한다. 문제해결 후에는 반드시 피드백을 수집하고 향후 전략에 반영해야 한다.

- 실천방안
  - 성과를 측정하고 개선점을 도출하기 위한 KPI를 명확하게 설정한다.
  - 정기적인 회고 세션을 통해 팀원들의 피드백을 반영해 프로세스를 개선한다.

5) 결론 : 2A4 프레임워크의 활용과 지속적인 성장

2A4 문제해결 프레임워크는 기업이 체계적이고 창의적인 방식으로 문제를 해결하도록 돕는 강력한 도구다. 각 단계에서 제공되는 성찰 질문과 협업 중심의 접근법은 조직의 문제해결 역량을 강화

하고, 지속적인 개선과 혁신을 촉진한다.

이 방법론은 기업이 단기적인 문제해결을 넘어 장기적인 성장을 도모하는 프레임워크로 자리잡을 수 있다. 모든 구성원이 질문을 생활화하고 협력하는 문화를 조성할 때, 기업은 더 큰 도전에 대응하고 지속적으로 발전할 수 있을 것이다.

3-4. 2A4 문제해결 프레임워크를 기업에서 활용하는 방법

2A4 문제해결 프레임워크는 기업이 복잡한 문제를 명확하게 정의하고, 체계적인 프로세스를 통해 솔루션을 도출하며, 실행을 점검할 수 있도록 설계된 도구다. 이 프레임워크는 단계별로 다양한 성찰 질문과 문제해결 도구를 포함해 팀의 사고를 정리하고, 각 문제에 적합한 해결책을 찾을 수 있도록 지원한다. 이를 통해 기업은 효율성을 높이고 창의적인 문제해결을 촉진할 수 있다. 본 글에서는 2A4 문제해결 프레임워크의 각 단계별 접근법과 기업에서 이를 활용하는 구체적인 방법을 다룬다.

1) 2A4 문제해결 프레임워크의 주요 단계

2A4 프레임워크는 다음과 같은 주요 단계로 구성된다. 각 단계에는 문제정의, 원인분석, 솔루션 도출, 실행과 성과평가가 포함되며, 각 단계에서 성찰을 돕는 핵심 질문과 도구들이 제공된다. 이 구조는 문제의 본질을 파악하고 실행 가능한 해결책을 수립하도록 도와준다.

1-1. 단계별 개요

- 문제정의와 목표설정 : 증상과 문제를 명확하게 정의하고, 해결해야 할 구체적인 목표를 설정한다.
- 원인분석 : 문제의 근본 원인을 파악해, 명확한 인과관계를 도출한다.
- 솔루션 도출과 평가 : 여러 아이디어를 수집하고, 가장 효과적인 해결책을 선택한다.
- 실행 및 성과평가 : 액션 플랜을 실행하고, 성과를 측정해 향후 개선점을 도출한다.

2] 2A4 문제해결 프레임워크의 단계별 활용법

2-1. 문제정의와 목표설정 : 무엇을 해결해야 하는가?

첫 번째 단계에서는 문제의 증상을 관찰하고 이를 명확하게 정의한다. 이 과정에서 문제와 목표가 혼동되지 않도록 주의해야 한다.

- 핵심 질문

  - 이 문제가 조직의 목표와 어떤 연관이 있는가?

  - 이 문제가 발생한 근본적인 원인은 무엇인가?

  - 이 문제를 해결하면 어떤 기대 결과를 얻을 수 있는가?

- 활용방법

  - 브레인스토밍(B/S) 또는 브레인라이팅(B/W) 기법을 활용해 증상을 나열하고 문제를 구조화한다.

  - 다양한 이해관계자의 의견을 반영해 문제의 정의가 명확한지 확인한다.

  - 문제를 명확히 정의한 후, SMART한 목표(구체적, 측정가능, 달성가능, 관련성, 기한설정)를 설정한다.

- 예시 : 고객 불만족 문제를 해결할 때 "불만족의 주요 원인이 무엇인가?"라는 질문을 던지고, 이를 내부 프로세스 개선으로 연결할 수 있다.

2-2. 원인분석 : 문제의 근본 원인은 무엇인가?

두 번째 단계에서는 문제의 근본 원인(Root Cause)을 파악하고, 원인과 결과의 인과관계를 분석한다. 5 Why 기법과 같은 도구를 활용하면 표면적인 문제가 아닌, 근본적인 원인을 찾을 수 있다.

- 핵심 질문

  - 왜 이 문제가 발생했는가?(5 Why 반복)

  - 내부 요인과 외부 요인을 모두 고려했는가?

  - 이 문제를 유발하는 숨겨진 원인이 있는가?

- 활용방법

  - MECE(Mutually Exclusive, Collectively Exhaustive) 원칙을 적용해 원인을 누락 없이 도출한다.

- 내부 및 외부 요인으로 문제를 분류해 INEX View 접근법(Internal & External View)을 사용한다.
- 팀 회의를 통해 도출된 원인을 카테고리화하여 가장 중요한 원인에 집중한다.
- 예시 : 고객이탈 문제가 발생했을 때 "왜 고객이 우리를 떠나는가?"라는 질문을 반복해 근본 원인을 찾고, 서비스 품질저하가 핵심원인임을 확인할 수 있다.

2-3. 솔루션 도출과 평가 : 어떤 해결책이 가장 효과적인가?

세 번째 단계에서는 다양한 아이디어를 수집하고, 최적의 해결책을 선택한다. 브레인스토밍과 브레인라이팅 도구를 활용해 팀원들이 아이디어를 자유롭게 제시할 수 있도록 한다.

- 핵심 질문
    - 이 문제를 해결할 수 있는 모든 가능성을 탐구했는가?
    - 이 아이디어가 조직 전체에 어떤 영향을 미칠 수 있는가?
    - 단기와 장기목표를 모두 충족하는 해결책은 무엇인가?
- 활용방법
    - Dot Voting 기법을 활용해 도출된 아이디어 중 가장 유망한 솔루션을 선택한다.
    - 페이오프 매트릭스를 사용해 아이디어의 실행 가능성과 효과를 평가 한다.
    - 솔루션이 실질적으로 조직에 기여할 수 있도록 핵심성과지표(KPI)와 연계한다.
- 예시 : 서비스 개선 아이디어를 여러 개 도출한 후, Dot Voting을 통해 가장 유망한 솔루션을 선택하고 액션 플랜을 수립할 수 있다.

2-4. 실행 및 성과평가 : 목표를 달성했는가?

마지막 단계에서는 설정한 액션 플랜을 실행하고, 성과를 측정한다. 이 과정에서 성과를 평가하고 피드백을 바탕으로 개선점을 도출하는 것이 중요하다.

- 핵심 질문
    ① 실행계획은 명확하게 수립되었는가?
    ② 목표 대비 성과는 어떻게 평가할 수 있는가?

③ 향후 개선해야 할 부분은 무엇인가?

- 활용방법

   ① What-How-When-Who Chart를 통해 각 실행단계의 책임자를 명확 히 한다.

   ② 마일스톤(Milestone)을 설정해 진행상황을 정기적으로 점검한다.

   ③ 실행 결과를 수치화하고, 성과를 측정해 향후 전략에 반영한다.

예시 : 새로운 서비스 도입 후, 초기 고객 반응을 수치화해 평가하고 개선점을 도출해 지속적으로 개선한다.

3) 2A4 프레임워크 활용 시 유의할 점

3-1. 심리적 안전감 조성

팀원들이 자유롭게 의견을 제시하고 문제를 논의하기 위해서는 심리적 안전감이 필수적이다. 리더는 비판 없이 열린 질문과 답변을 수용하는 문화를 조성해야 한다.

3-2. 지속적인 개선문화 정착

문제해결이 일회성 이벤트로 끝나지 않도록, 조직은 정기적으로 문제해결 프로세스를 반복하며 개선문화를 정착시켜야 한다. 정기적인 회고와 피드백 세션을 통해 지속적인 발전을 도모한다.

4) 결론 : 2A4 문제해결 프레임워크가 만드는 변화와 성장

2A4 문제해결 프레임워크는 문제정의부터 솔루션 도출, 실행과 평가까지의 체계적인 프로세스를 제공함으로써 기업의 문제해결 역량을 강화한다. 단계별로 제공되는 성찰 질문과 도구들은 팀이 문제를 깊이 이해 하고, 창의적인 해결책을 탐색하며 실행 가능성을 극대화할 수 있도록 돕는다.

기업은 이 프레임워크를 활용해 조직의 효율성과 혁신 역량을 강화할 수 있으며, 반복적인 문제해결 프로 세스를 통해 지속적인 성장을 도모할 수 있다. 또한, 각 단계별 성찰 질문은 팀원들의 사고를 정리하고 협업을 촉진하는 역할을 하며, 보다 나은 의사결정과 실행력을 확보할 수 있도록 한다.

결국, 2A4 문제해결 프레임워크는 기업이 복잡한 문제를 명확하게 정의하고, 창의적인 아이디어를 실행 가능하게 바꾸는 데 필수적인 도구로 자리잡을 것이다.

5부

질문을 통해
창의적 사고 훈련하기

5부 질문을 통해 창의적 사고 훈련하기

다양한 질문이 다양한 아이디어를 만든다

협업에서는 아이디어를 내놓는 것도 필요하지만, 이렇다 할 아이디어가 없는 사람이라도 그냥 자리만 지키지 말고, 다양한 질문을 던지는 역할을 해야 한다. 강한 충돌을 유발하는 질문은 누구나 생각할 수 있는 방향과 범위가 아니라, 아무도 생각하지 못한, 그래서 엉뚱해 보이고 말도 안 되는 질문이다.
"이런 질문을 해도 될까?"
"이렇게 물으면 사람들이 이상하게 보지 않을까?"
식으로 주저하게 되는 질문들이 오히려 더 효과적이다.
주저하지 말고 질문을 던지라.

1장. 질문연습 : 실제로 훈련해보는 방법

이 장에서는 창의적 사고를 기르는 구체적인 질문연습 방법을 다룬다. 질문은 단순한 정보수집을 넘어, 사고의 확장과 문제해결 능력을 향상시키는 강력한 도구다. 질문연습은 개인과 팀이 고정된 사고방식에서 벗어나 새로운 관점과 해결책을 탐구하도록 돕는 훈련이다.

1] 핵심내용

1-1. 질문습관의 형성

- 매일 스스로에게 질문을 던지고 답을 구하는 습관화의 중요성을 강조한다.
- "왜?", "어떻게?", "다른 방법은 없을까?"와 같은 질문을 통해 사고의 깊이를 키운다.

1-2. 구체적인 연습방법

- 100가지 질문 작성법 : 특정 주제에 대해 100 가지 질문을 떠올려 다양한 관점에서 사고를 훈련한다.
- 질문일기 쓰기 : 매일 떠오른 질문과 답을 기록하여 자기성찰과 사고의 발전을 유도한다.

1-3. 팀 기반 질문훈련

- 브레인스토밍과 브레인라이팅을 활용해 팀원들이 각자의 질문을 공유하고, 집단지성을 발휘하도록 한다.
- 질문 카드 활용 : 무작위 질문 카드를 뽑아 팀 내 토론 주제로 활용해 창의적 사고를 자극한다.

2] 의의와 목표

질문연습을 통해 개인과 팀은 사고의 유연성, 문제해결 능력, 창의적 아이디어 탐구 능력을 기를 수 있다. 이 장은 질문을 반복적으로 연습함으로써 질문 중심의 사고방식을 습관화하고, 일상과 비즈니스 환경에서 창의적 사고를 강화하는 방법을 제시한다.

1-1. 자신에게 던질 100 가지 질문 : 창의성을 훈련하는 연습문제

100가지 질문을 스스로에게 던지면 고정된 사고방식에서 벗어나 다양한 관점에서 문제를 탐구하고 창의적인 아이디어를 떠올리는 훈련을 할 수 있다. 이 연습은 사고를 확장하고 호기심을 자극하며, 일상과 비즈니 스에서 새로운 해결책을 찾는 데 유용하다.

아래는 주제별로 분류한 100가지 질문 예다. 이 질문들은 자기성찰, 문제해결, 창의적 사고 자극을 위해 구성되었다.

1) 자기성찰과 성장 (20가지)

1. 나는 진정으로 무엇을 원하고 있는가?

2. 나의 가장 큰 장점은 무엇일까?

3. 가장 큰 실패에서 무엇을 배웠는가?

4. 매일 더 나아지기 위해 무엇을 할 수 있을까?

5. 나를 가장 행복하게 하는 일은 무엇인가?

6. 어려움이 닥쳤을 때 내가 의지하는 가치는 무엇인가?

7. 지금 이 순간, 가장 감사해야 할 것은 무엇인가?

8. 내가 두려워하는 것은 무엇이고, 왜 그것을 피하는가?

9. 나는 어떤 환경에서 최고의 능력을 발휘하는가?

10. 과거의 선택 중 바꾸고 싶은 것은 무엇인가?

11. 나는 지금 어떤 새로운 기술을 배워야 할까?

12. 나의 성공을 방해하는 습관은 무엇인가?

13. 내가 진정으로 열정을 느끼는 일은 무엇인가?

14. 내 인생의 최종 목표는 무엇인가?

15. 나는 주변 사람들에게 어떤 영향을 미치고 있을까?

16. 나는 하루를 어떻게 시작하면 더 생산적일까?

17. 나는 얼마나 자주 나만의 생각을 표현하는가?

18. 앞으로 5년 안에 이루고 싶은 일은 무엇인가?

19. 어떤 순간에 가장 큰 성취감을 느꼈는가?

20. 나를 발전시키기 위해 오늘 할 수 있는 가장 작은 행동은 무엇인가?

2) 창의적 사고와 문제해결 (20가지)

21. 이 문제를 해결할 다른 방법은 없을까?

22. 기존의 방식에서 벗어나려면 어떻게 해야 할까?

23. 만약 내가 모든 자원을 가질 수 있다면 무엇을 시도할까?

24. 비슷한 문제를 해결한 다른 사람들은 어떻게 했을까?

25. 전혀 다른 관점에서 이 문제를 바라본다면 무엇이 보일까?

26. 이 문제를 해결하기 위해 어떤 규칙을 깰 수 있을까?

27. 만약 실패가 불가능하다면 무엇을 시도할까?

28. 이 문제를 작은 부분으로 나누면 해결책이 나올까?

29. 완벽한 솔루션이 아니라도 지금 할 수 있는 것은 무엇일까?

30. 만약 이 문제가 내 친구의 문제라면 어떻게 조언할까?

31. 이 문제에 대해 가장 놀라운 해결책은 무엇일까?

32. 다른 산업분야에서 이와 유사한 문제를 어떻게 해결할까?

33. 만약 이 문제를 10분 안에 해결해야 한다면 무엇을 할까?

34. 내가 지금까지 고려하지 못한 것은 무엇인가?

35. 이 문제를 기회로 바꾸려면 무엇을 할 수 있을까?

36. 반대로 접근해 보면 어떤 아이디어가 나올까?

37. 가장 단순한 해결책은 무엇일까?

38. 내가 직접 해결하지 않고도 문제를 해결할 방법은 무엇일까?

39. 이 문제를 해결하면 어떤 새로운 기회가 열릴까?

40. 만약 이 문제가 해결되지 않으면 어떤 일이 일어날까?

3) 상상과 호기심 자극 (20가지)

41. 만약 내가 하루 동안 어떤 능력이든 가질 수 있다면 무엇을 하고 싶을까?

42. 세상에 불가능한 것이 없다면 무엇을 이루고 싶을까?

43. 미래의 나에게 한 가지 조언을 해준다면 무엇일까?

44. 100년 후 세상은 어떤 모습일까?

45. 나의 일상을 더 즐겁게 만드는 방법은 무엇일까?

46. 새로운 취미를 하나 선택한다면 무엇을 해보고 싶은가?

47. 어린 시절의 나에게 지금 무엇을 말해주고 싶은가?

48. 기술의 발달로 10년 후 일하는 방식은 어떻게 달라질까?

49. 외계 생명체가 존재한다면 어떤 질문을 던지고 싶을까?

50. 내가 한 번도 가보지 않은 곳에서 하루를 보낸다면 무엇을 할까?

51. 음악, 미술, 과학 중 하나의 분야에서 천재가 된다면 무엇을 선택할까?

52. 세상에서 모든 사람이 한 가지 질문에 답해야 한다면 무엇을 물어볼까?

53. 매일의 일상에서 작은 모험을 한다면 무엇이 될까?

54. 만약 돈이나 시간이 문제가 되지 않는다면 어떤 프로젝트를 시작할까?

55. 내가 만든 제품이나 서비스가 세상에 긍정적인 변화를 줄 수 있다면 무엇일까?

56. 나만의 이상적인 세상을 설계한다면 어떤 모습일까?

57. 내 삶의 이야기를 영화로 만든다면 어떤 장면이 가장 인상 깊을까?

58. 꿈에서 만난 누군가와 대화할 수 있다면 무엇을 물어볼까?

59. 만약 모든 언어를 유창하게 구사할 수 있다면 가장 먼저 하고 싶은 일은 무엇일까?

60. 내가 아직 경험해보지 않은 것 중 가장 시도해보고 싶은 것은 무엇인가?

4] 인간관계와 소통개선 (20가지)

61. 내 주변 사람들은 나를 어떻게 평가할까?

62. 나는 사람들에게 어떤 인상을 주고 싶을까?

63. 나는 갈등상황에서 어떻게 대처하는가?

64. 다른 사람의 입장에서 이 상황을 보면 무엇이 다를까?

65. 내가 존경하는 사람에게 배울 수 있는 것은 무엇일까?

66. 다른 사람의 강점을 더 잘 발견하려면 어떻게 해야 할까?

67. 상대방의 말을 더 잘 경청하려면 무엇을 개선해야 할까?

68. 나는 얼마나 자주 솔직하게 감정을 표현하는가?

69. 내 주변 사람들과 더 깊이 연결되려면 무엇을 할 수 있을까?

70. 나의 말과 행동이 타인에게 어떤 영향을 미치는가?

71. 어려운 대화를 피하지 않으려면 무엇을 해야 할까?

72. 내가 잘못을 인정할 때의 장점은 무엇인가?

73. 협업에서 더 나은 결과를 얻으려면 무엇을 해야 할까?

74. 내 팀원들이 더 동기부여되도록 하려면 어떻게 도울 수 있을까?

75. 나의 리더십 스타일은 무엇이며, 어떻게 개선할 수 있을까?

76. 친구 또는 가족과 더 자주 소통하기 위해 무엇을 할 수 있을까?

77. 사람들이 나와 소통하기 더 편안하게 느끼게 하려면 어떻게 해야 할까?

78. 나에게 중요한 인간관계는 무엇이며, 어떻게 더 강화할 수 있을까?

79. 다른 사람과 신뢰를 쌓으려면 무엇을 해야 할까?

80. 나의 커뮤니케이션 스타일은 다른 사람들에게 어떻게 받아들여질까?

5) 목표설정과 성취 (20가지)

81. 올해 반드시 이루고 싶은 목표는 무엇인가?

82. 내가 가장 자랑스러워하는 성취는 무엇인가?

83. 장기적인 목표와 단기적인 목표는 어떻게 균형을 맞출 수 있을까?

84. 나의 목표가 현실적인지 어떻게 확인할 수 있을까?

85. 목표 달성을 방해하는 장애물은 무엇인가?

86. 나를 동기부여하는 가장 강력한 요소는 무엇인가?

87. 내가 목표를 달성하기 위해 매일 해야 할 일은 무엇인가?

88. 내가 만든 작은 성공습관은 무엇인가?

89. 실패했을 때 나는 어떻게 다시 시작하는가?

90. 목표를 이루었을 때 나에게 어떤 보상을 줄 수 있을까?

91. 내 목표가 나의 가치와 일치하는가?

92. 지금 하고 있는 일들이 나의 장기목표에 기여하고 있는가?

93. 나는 얼마나 자주 목표를 점검하고 수정하는가?

94. 목표를 이루기 위해 어떤 새로운 자원을 활용할 수 있을까?

95. 나의 성과를 평가하기 위한 구체적인 지표는 무엇인가?

96. 더 큰 성과를 위해 어떤 습관을 바꿀 필요가 있는가?

97. 어떤 목표를 먼저 달성해야 다음 단계로 나아갈 수 있을까?

98. 내가 목표를 이루기 위해 주변 사람들에게 어떤 도움을 구할 수 있을까?

99. 목표를 달성한 후의 나는 어떤 모습일까?

100. 매일 조금씩 성장하기 위해 오늘 할 수 있는 작은 일은 무엇인가?

이 100가지 질문연습은 자기성찰, 문제해결, 인간관계, 창의적 사고, 목표 달성 등 다양한 영역에서 사고를 확장하도록 돕는다. 이러한 질문들은 반복적으로 연습할수록 사고의 깊이를 더하고 창의적 해결능력을 향상시키며, 일상과 비즈니스에서 새로운 시각과 가능성을 발견할 수 있도록 해준다.

1-2. 100가지 질문을 효과적으로 활용하는 방법

100가지 질문연습은 창의적 사고와 자기성찰을 강화하는 데 탁월하지만, 이를 최대한 효과적으로 활용하기 위해서는 체계적인 접근과 습관화가 필요하다. 이 질문들을 무작위로 사용하기보다, 구체적인 목표와 상황에 맞게 적용하면 더 큰 성과를 얻을 수 있다. 아래에서는 100가지 질문의 효과적인 활용법과 실제적용 전략을 제시한다.

1] 질문활용의 기본 원칙

1-1. 목표설정

질문연습을 시작하기 전에 어떤 분야에서 성장하고 싶은지 명확하게 설정한다.

- 예시 : 자기성찰을 위한 질문을 활용해 내면의 변화를 탐구하거나, 창의적 문제해결을 위한 질문으로 새로운 아이디어를 개발한다.

1-2. 작은 습관으로 시작

매일 하루 1~3개의 질문에 답하는 습관을 형성한다. 질문의 양이 많다고 한꺼번에 해결하려 하지 말고, 꾸준히 답변을 축적한다.

1-3. 기록과 반성

질문과 그에 대한 답을 질문일기에 기록해 자신의 변화와 발전을 추적한다. 이를 통해 패턴과 통찰을 발견할 수 있다.

1-4. 열린 마음 유지

답을 찾는 과정에서 정답에 집착하지 말고 다양한 가능성을 탐구한다. 질문에 대한 답은 시간이 지나면서 달라질 수 있다.

2) 100가지 질문의 구체적인 활용방법

2-1. 주제별 질문일기 작성

- 방법 : 매일 아침이나 저녁에 특정 주제에 관한 질문을 선택하고 그에 대한 답을 일기에 작성한다.
- 예시 : 매일 자기성찰 질문(예시 : 오늘 나를 가장 성장하게 만든 경험은 무엇이었나?)을 기록하며 스스로의 발전을 추적한다.
- 효과 : 하루하루의 작은 반성을 통해 장기적인 성장과 변화를 도모할 수 있다.

2-2. 팀워크와 협업에서의 활용 : 질문 카드

- 방법 : 100가지 질문 중 일부를 카드 형태로 인쇄하여 팀원들이 무작위로 뽑아 답변하게 한다. 브레인스토밍이나 회의 전에 이 질문을 사용하면 창의적 아이디어와 다양한 관점을 도출할 수 있다.
- 예시 : 팀원이 무작위로 뽑은 질문에 답하며 회의를 시작한다.(예시 : 이 문제를 해결할 다른 방법은 없을까?)
- 효과 : 팀원들이 각자의 관점을 자유롭게 공유하도록 돕고, 새로운 아이디어를 촉발한다.

2-3. 100가지 질문을 주제별 챌린지로 활용하기

- 방법 : 매주 특정 주제를 정해 그와 관련된 질문을 집중적으로 탐구한다.
    - 첫 주 : 자기성찰 질문
    - 둘째 주 : 창의적 문제해결 질문
    - 셋째 주 : 인간관계와 소통개선 질문
- 효과 : 매주 주제를 집중탐구하며 다양한 영역에서 균형 있는 발전을 도모할 수 있다.

2-4. 브레인라이팅과 브레인스토밍에서의 활용

- 방법 : 브레인스토밍이나 브레인라이팅 세션에서 100가지 질문을 사용해 아이디어를 확장한다.
- 예시 : "만약 이 문제를 완전히 새로운 방식으로 접근한다면?"과 같은 질문을 활용해 팀원들이 틀에 얽매이지 않은 아이디어를 제시하도록 유도한다.
- 효과 : 다양한 질문을 통해 고정된 사고를 깨고 창의적 아이디어를 이끌어낸다.

2-5. 하루 한 가지 질문 챌린지

- 방법 : 하루에 하나의 질문을 선택해 답을 찾는 데 집중하고, 그날의 경험과 연결지어 반성한다.
- 예시 : "오늘의 작은 실수를 통해 무엇을 배웠는가?"라는 질문을 통해 하루를 돌아보는 습관을 만든다.
- 효과 : 꾸준한 질문연습이 일상의 반성 습관으로 자리잡으며 자기성장을 도모한다.

2-6. 문제해결 프로젝트에 적용하기

- 방법 : 프로젝트 초기에 100가지 질문 중 문제정의와 해결을 위한 질문을 선택해 프로젝트의 방향성을 정한다.
- 예시 : "이 문제를 해결하기 위해 우리가 고려하지 않은 것은 무엇인가?"와 같은 질문을 사용해 새로운 해결책을 탐색한다.
- 효과 : 프로젝트의 초기단계에서 다양한 아이디어를 모아 보다 창의적인 문제해결이 가능해진다.

2-7. 질문일지와 피드백을 통한 학습강화

- 방법 : 정기적으로 작성한 질문일지를 검토하며 패턴과 개선점을 발견하고, 그에 따른 새로운 목표를 설정한다.
- 예시 : 매달 질문일기를 검토하며 자신이 자주 묻는 질문과 그렇지 않은 질문을 분석해, 새로운 질문탐구 목표를 세운다.
- 효과 : 일지 기록과 피드백 과정을 통해 지속적인 자기발전과 문제해결 능력을 강화한다.

3) 100가지 질문활용 시 유의할 점

3-1. 정답에 집착하지 않기

각 질문에 대한 답이 꼭 완벽할 필요는 없다. 중요한 것은 질문을 통해 사고를 확장하는 과정이다.

3-2. 질문을 생활화하기

질문은 특정 시간에만 하는 것이 아니라 일상 속에서 자연스럽게 떠올릴 수 있도록 습관화해야 한다.

3-3. 반복적인 질문도 괜찮다

같은 질문을 반복하더라도 상황에 따라 새로운 답이 나올 수 있다. 같은 질문에 대해 다른 시점에서 답을 구해보는 것도 좋은 연습이다.

3-4. 팀원 간 신뢰 구축

질문을 팀 내에서 활용할 때는 심리적 안전감을 조성해 자유로운 의견 교환을 유도해야 한다.

3-5. 성과를 측정하고 피드백 반영

정기적으로 질문활용의 결과를 평가하고, 그에 따른 피드백을 반영해 개선한다.

4) 100가지 질문활용의 가치

100가지 질문을 꾸준히 활용하면 창의적 사고와 자기성찰 능력이 비약적으로 발전한다. 이 연습은 단순한 문제해결을 넘어, 새로운 기회를 발견하고 성장하는 데 도움을 준다. 또한 개인과 팀 모두가 질문을 통해 사고의 유연성을 기를 수 있으며, 일상과 업무에서 혁신적인 해결책을 찾는 데 기여한다.

질문은 곧 변화와 성장의 열쇠다. 일상에서 질문을 습관화하고 꾸준히 답을 구하다보면, 우리는 더 나은 선택과 결정을 할 수 있으며 새로운 가능성을 발견하게 된다.

1-3. 개인 및 팀으로 할 수 있는 창의적 질문연습 방법

창의적 질문연습은 개인과 팀이 문제를 다양한 관점에서 탐구하고 고정된 사고방식을 깨도록 돕는 강력한 도구다. 이 연습은 사고를 확장하고, 협업을 촉진하며, 새로운 해결책과 아이디어를 발견하는 데 기여한다. 개인 연습은 자기성찰과 창의력 향상에 중점을 두는 반면, 팀 연습은 집단지성 활용과 협업 강화에 초점을 맞춘다. 아래는 개인과 팀이 각각 실천할 수 있는 창의적 질문연습 방법을 정리한 내용이다.

1] 개인을 위한 창의적 질문연습 방법

1-1. 질문일기 쓰기

- 방법 : 매일 하루를 돌아보며 스스로에게 질문을 던지고, 그에 대한 답을 일기에 기록한다.
- 예시
    - 오늘 가장 도전적이었던 순간은 무엇이었는가?
    - 오늘의 실수를 통해 무엇을 배웠는가?
- 효과 : 반성적 사고를 강화하고 매일의 경험에서 교훈을 발견할 수 있다.

1-2. 하루 한 가지 질문에 집중하기

- 방법 : 매일 하나의 질문을 정해 그날의 경험과 연결해 탐구한다. 하루가 끝날 때 해당 질문에 대한 답을 정리한다.
- 예시 : 오늘 새로운 시도를 할 수 있었다면 무엇이었을까?
- 효과 : 하루의 경험과 질문을 연결해 일상의 창의적 통찰을 강화한다.

1-3. 100가지 질문 도전하기

- 방법 : 특정 주제나 목표와 관련된 100가지 질문을 작성하고, 이를 바탕으로 다양한 해결책과 아이디어를 탐구한다.
- 예시 : '우리 회사의 고객 만족도를 높이기 위한 100가지 질문'을 작성한다.

- 효과 : 다양한 관점에서 사고를 확장하고, 고정관념을 깨는 훈련이 된다.

1-4. 문제해결을 위한 성찰 질문활용

- 방법 : 개인이 직면한 문제를 구체화하고, 성찰 질문을 통해 다양한 가능성을 탐색한다.
- 예시
  - 이 문제를 해결하는 더 단순한 방법은 없을까?
  - 내가 지금까지 고려하지 않은 해결책은 무엇일까?
- 효과 : 문제에 대해 깊이 있는 사고를 유도하고 창의적인 해결방안을 모색하게 된다.

1-5. 시각적 질문 노트 작성하기

- 방법 : 스케치나 마인드맵 형태로 질문과 답을 시각화한다.
- 예시 : 마인드맵 중앙에 "어떻게 하면 일정을 더 효율적으로 관리할 수 있을까?"를 두고, 주변에 다양한 아이디어를 연결한다.
- 효과 : 비선형적 사고를 자극하며 복잡한 문제를 쉽게 이해할 수 있게 한다.

2) 팀을 위한 창의적 질문연습 방법

2-1. 질문 카드 게임

- 방법 : 100가지 질문 중 일부를 카드로 만들어 무작위로 뽑은 질문에 대해 팀원들이 답변하게 한다.
- 예시
  - 각 팀원이 뽑은 질문에 대해 돌아가며 답하거나, 팀이 함께 답을 도출한다.
  - 이 프로젝트를 완전히 새롭게 시작한다면 무엇을 바꿀 수 있을까?
- 효과 : 게임 요소를 통해 즐겁게 협업하며 창의적인 사고를 촉발할 수 있다.

2-2. 브레인스토밍 질문활용

- 방법 : 브레인스토밍 시작 전 창의적 질문을 던져 아이디어 도출을 유도한다. 모든 팀원이 아이디어 제한 없이 답을 제시할 수 있도록 한다.

- 예시 질문

  - 우리가 지금까지 시도하지 않은 해결책은 무엇인가?

  - 다른 산업에서는 이 문제를 어떻게 해결할까?

- 효과 : 팀원들이 고정된 사고에서 벗어나 자유롭게 아이디어를 제시하도록 돕는다.

2-3. 브레인라이팅 세션

- 방법 : 팀원이 각자 질문에 대한 아이디어를 조용히 적고 공유하는 방식이다. 한 사람씩 의견을 말하는 브레인스토밍과 달리 모두가 동시에 글로 작성하며 아이디어를 교환한다.

- 예시 : "어떻게 하면 이 프로젝트의 효율을 높일 수 있을까?"에 대해 각자 3분 안에 답을 작성한다.

- 효과 : 내성적인 팀원도 참여할 수 있으며, 짧은 시간에 다양한 아이디어를 얻을 수 있다.

2-4. 스캠퍼(SCAMPER) 기법과 질문 결합

- 방법 : SCAMPER 기법(Substitute, Combine, Adapt, Modify, Put to another use, Eliminate, Reverse)을 활용해 질문을 던지고, 기존 아이디어를 새롭게 변형한다.

- 예시 질문

  - 이 제품의 재료를 다른 것으로 대체하면 어떻게 될까?(Substitute)

  - 이 아이디어를 다른 분야에 적용할 수 있을까?(Put to another use)

- 효과 : 기존 아이디어를 다양한 방식으로 재구성해 창의적인 해결책을 발견할 수 있다.

2-5. 회고 미팅에서 질문활용

- 방법 : 프로젝트 종료 후 회고 미팅에서 팀이 성찰 질문을 활용해 배운 점과 개선점을 찾는다.

- 예시 질문
  - 이번 프로젝트에서 가장 잘된 점은 무엇이었는가?
  - 다음에 더 잘할 수 있는 부분은 무엇인가?
- 효과 : 팀이 실패와 성공에서 교훈을 얻고 지속적인 개선을 도모할 수 있다.

2-6. 팀 질문 챌린지
- 방법 : 팀 내에서 하루 혹은 한 주의 질문을 정하고, 모두가 그 질문에 대한 답을 탐구한다.
- 예시 : 이달의 목표를 더 효과적으로 달성하려면 무엇을 바꿔야 할까?
- 효과 : 팀원들이 같은 목표를 공유하며 협력할 수 있게 한다.

2-7. 질문 기반의 피드백 세션
- 방법 : 정기적인 피드백 세션에서 개발적인 질문을 활용해 팀원들이 서로 성장을 도울 수 있도록 한다.
- 예시 질문
  - 이번 작업에서 내가 개선할 수 있는 부분은 무엇이었나?
  - 다음 프로젝트에서 나의 역할을 어떻게 더 잘할 수 있을까?
- 효과 : 피드백 세션을 건설적인 대화의 장으로 만들어 팀워크를 강화한다.

3] 창의적 질문연습의 성공을 위한 팁

3-1. 심리적 안전감 조성
팀원들이 자유롭게 질문하고 아이디어를 제시할 수 있는 심리적 안전감을 조성한다.

3-2. 정기적인 연습
개인과 팀 모두 질문연습을 정기적으로 반복해 습관화한다.

3-3. 실패를 학습의 기회로 인식

잘못된 질문이나 답도 괜찮다는 분위기를 만들어 실패를 두려워하지 않도록 한다.

3-4. 질문을 기록하고 공유

개인과 팀이 도출한 질문과 답을 기록해 후속 아이디어와 개선점으로 활용 한다.

3-5. 성과평가와 피드백 반영

정기적으로 질문연습의 결과를 평가하고, 그에 따른 피드백을 반영해 발전시킨다.

4] 창의적 질문연습의 가치와 효과

개인과 팀이 꾸준히 창의적 질문연습을 하면 고정관념에서 벗어나 사고의 유연성을 기를 수 있다. 개인은 자기성찰과 문제해결 능력을 강화하고, 팀은 집단지성을 활용해 협업과 혁신을 촉진할 수 있다. 이러한 질문연습은 일상과 업무에서 새로운 기회를 발견하고 지속적인 개선과 성장을 도모하는 데 중요한 역할을 한다.

질문은 곧 변화와 발전의 출발점이다. 개인과 팀이 함께 질문을 습관화하면 더 나은 선택과 결정을 내릴 수 있으며, 문제해결과 창의성의 영역에서 새로운 가능성을 열어갈 수 있다.

1-4. 질문노트

맘스퀘스천 질문노트(Momsquestion Question Note)는 창의성과 문제해결 능력을 높이기 위해 질문을 중심으로 사고를 확장하는 도구다. 이 질문노트는 필자가 개발했으며, 자유로운 질문탐구와 협업, 스토리텔링을 강화하는 데 중점을 두고 있다.

노트는 다양한 질문을 통해 개인과 팀이 사고의 깊이를 확장하고 새로운 시각을 찾도록 유도한다. 특히 한국의 속담이나 철학적 문구와 관련된 질문들을 던짐으로써 일상과 문제해결을 연결하고, 창의적 해결책을 탐구하는 데 도움을 준다.

1] 차별성

1-1. 속담과 철학적 주제 활용

- 전통적인 속담을 바탕으로 한 질문은 일상적 지혜와 창의적 사고를 연결하며, 친숙한 문구 속에서 새로운 시각을 발견할 수 있도록 돕는다.
- 예를 들어, "세 살 버릇 여든까지 간다"라는 속담에 대한 질문을 통해 습관의 중요성과 변화 가능성을 탐구할 수 있다.

1-2. 질문 중심의 사고확장

- 단순한 답을 구하는 데 그치지 않고, 질문을 통해 사고를 확장하는 훈련에 집중한다.
- "존재란 무엇인가?", "생각하지 않으면 존재도 없는가?"와 같은 심화된 질문은 비판적 사고와 철학적 탐구를 자극한다.

1-3. 개인과 팀 모두를 위한 도구

- 개인적으로 사고의 깊이를 탐구할 수 있을 뿐만 아니라, 팀 활동으로도 사용 가능해 협업과 소통을 촉진한다.
- 팀원들이 각자 질문에 대해 의견을 교환하며 집단지성을 발휘할 수 있다.

1-4. 스토리텔링과 협업 강화

- 노트의 활용은 단순한 답변 작성에 그치지 않고, 스토리텔링을 통해 아이디어를 구체화하고 발전시킨다.
- 팀 활동에서 이야기 중심의 토론과 협업을 통해 문제해결에 다양한 시각을 더할 수 있다.

1-5. 심층적 성찰과 실용적 적용

- 질문노트는 개인이 자신의 경험과 내면을 성찰하게 도와주며, 이를 현실적인 문제해결에 적용할 수 있도록 유도한다.

- 예를 들어, 속담 "우물을 파도 한 우물만 파라"에 대한 질문을 통해 집중력과 목표설정의 중요성을 탐구할 수 있다.

맘스퀘스천 질문노트는 질문을 통해 사고를 확장하고 창의성을 강화하는 강력한 도구다. 이 노트의 차별성은 전통적인 지혜를 현대적인 문제해결과 연결하는 데 있으며, 개인과 팀 모두를 위한 유연한 활용이 가능하다는 점에서 큰 강점을 지닌다. 철학적 사고와 일상적 경험을 아우르는 질문들은 참여자들이 고정관념을 깨고, 새로운 해결책과 아이디어를 발견하도록 돕는다.

1-5. 맘스퀘스천 질문노트의 활용법

맘스퀘스천 질문노트는 개인과 팀이 질문을 통해 사고를 확장하고, 창의적 문제해결과 협업을 강화하기 위한 실용적인 도구다. 이 노트는 다양한 방식으로 사용되어 자기성찰, 아이디어 도출, 협업 촉진 등 여러 목적을 달성할 수 있다. 아래는 개인과 팀에서의 구체적인 활용법과 성공적인 적용을 위한 팁을 정리한 내용 이다.

1] 개인을 위한 활용법

1-1. 일일 질문일기 작성

- 방법 : 매일 노트에서 질문 하나를 선택해 해당 질문에 대한 답을 기록하며 하루를 성찰한다.
- 예시
  - 오늘 무엇이 나를 가장 성장하게 만들었는가?
  - 오늘의 실수를 통해 무엇을 배울 수 있었는가?
- 효과 : 일상에서 의미 있는 통찰을 발견하고 자기성찰을 통해 지속적인 성장을 도모할 수 있다.

1-2. 목표설정과 문제해결에 활용

- 방법 : 노트의 질문 중 문제해결이나 목표설정과 관련된 질문을 선택해 해결책을 도출한다.

- 예시
  - 이 문제를 해결하기 위해 무엇을 가장 먼저 해야 할까?
  - 이 목표를 달성하기 위해 버려야 할 습관은 무엇인가?
- 효과 : 문제를 구체적으로 정의하고 목표에 초점을 맞춰 실행 가능한 계획을 세울 수 있다.

1-3. 창의력 훈련을 위한 도구로 활용

- 방법 : 주제나 목표를 정해 100가지 질문을 작성한 뒤, 다양한 각도에서 답을 탐구한다.
- 예시 : 우리 서비스가 고객에게 어떤 새로운 가치를 제공할 수 있을까?
- 효과 : 한 주제에 대해 다양한 관점에서 사고함으로써 창의적 아이디어를 도출하고, 고정관념을 깨는 훈련이 된다.

1-4. 스토리텔링 연습에 활용

- 방법 : 노트의 질문을 바탕으로 자신의 경험이나 상상력을 동원해 이야기를 작성한다.
- 예시 : 내 인생의 중요한 전환점은 언제였고, 그때 나는 무엇을 배웠는가?
- 효과 : 스토리텔링을 통해 자기 이해와 창의적 표현 능력을 강화할 수 있다.

2] 팀을 위한 활용법

2-1. 회의나 브레인스토밍에서 질문 카드 활용

- 방법 : 질문을 카드 형태로 만들어 팀원들이 무작위로 뽑아 답을 논의하거나 아이디어를 도출한다.
- 예시
  - 우리가 시도하지 않은 방법은 무엇이 있을까?
  - 다른 업계에서는 이 문제를 어떻게 해결했을까?
- 효과 : 팀원들의 다양한 관점과 아이디어를 유도하며, 고정된 사고방식에서 벗어날 수 있다.

2-2. 협업촉진을 위한 질문 세션

- 방법 : 팀원들이 돌아가며 노트의 질문에 대한 답을 공유하며 문제해결을 논의한다.
- 예시 : 이 문제를 해결할 때 부서 간 협력을 어떻게 강화할 수 있을까?
- 효과 : 질문을 통해 팀 간 협업과 소통을 강화하고, 공동의 목표에 대한 이해를 높일 수 있다.

2-3. 피드백과 회고 미팅에서 활용

- 방법 : 프로젝트나 업무 종료 후 회고 미팅에서 질문을 사용해 피드백을 주고받는다.
- 예시

  - 이번 프로젝트에서 가장 잘한 점은 무엇이었나?

  - 다음에 더 잘할 수 있는 부분은 무엇인가?
- 효과 : 피드백을 건설적으로 주고받아 팀의 발전과 성장을 도모할 수 있다.

2-4. 팀 빌딩과 친밀감 형성에 활용

- 방법 : 가벼운 질문을 사용해 팀원들 간의 서로를 이해하는 시간을 갖는다.
- 예시 : 최근에 가장 행복했던 순간은 무엇이었나요?
- 효과 : 팀원들 간 신뢰와 친밀감을 형성해 협업을 촉진할 수 있다.

2-5. 프로젝트 초기에 질문으로 문제 정의하기

- 방법 : 프로젝트의 초기단계에서 문제정의를 위한 질문을 통해 목표와 방향성을 설정한다.
- 예시

  - 이 프로젝트의 핵심목표는 무엇인가?

  - 이 문제를 해결하지 않으면 어떤 결과가 발생할까?
- 효과 : 프로젝트 초기에 명확한 목표와 방향을 설정해 불필요한 시행착오를 줄일 수 있다.

3] 맘스퀘스천 질문노트를 활용한 성과 극대화 전략

3-1. 질문을 생활화하기

질문을 일상에서 자주 활용해 자기성찰과 사고확장을 습관화한다.

3-2. 정기적인 질문 세션 운영

팀 차원에서 정기적으로 질문 세션을 운영해 협업과 아이디어 도출을 촉진한다.

3-3. 질문일지 작성과 피드백 반영

질문과 답을 기록해 패턴과 인사이트를 발견하고, 이를 바탕으로 지속적으로 개선한다.

3-4. 심리적 안전감 조성

팀원들이 자유롭게 질문하고 답할 수 있는 환경을 조성해 창의적인 아이디어가 나올 수 있도록 한다.

3-5. 성과측정 및 개선

질문을 활용한 결과를 정기적으로 평가하고, 피드백을 반영해 문제해결과 성과 향상을 도모한다.

4] 결론 : 맘스퀘스천 질문노트의 활용가치

맘스퀘스천 질문노트는 질문을 통해 사고를 확장하고 협업을 강화하는 강력한 도구다. 개인은 자기성찰과 창의력을 키울 수 있으며, 팀은 집단지성을 활용해 문제를 해결하고 혁신을 도모할 수 있다. 이 노트를 일상과 업무에 적극적으로 활용하면, 개인과 팀 모두 더 나은 성과와 지속적인 성장을 경험할 수 있다.

질문은 사고를 자극하고, 새로운 가능성을 여는 열쇠다. 맘스퀘스천 질문노트를 통해 개인과 팀이 함께 더 나은 미래를 만들어 갈 수 있을 것이다.

2장. 창의적 질문을 통해 장기 기억을 강화하기

2-1. 질문이 기억력과 학습에 미치는 효과

질문은 단순한 정보수집 도구를 넘어, 기억력과 학습 효율을 극대화하는 강력한 방법이다. 뇌과학과 교육심리 연구에 따르면, 창의적 질문은 장기 기억형성, 이해 심화, 학습 동기부여에 중요한 역할을 한다. 이 섹션에서는 질문이 기억력과 학습 과정에 미치는 구체적인 효과를 정리한다.

1] 질문이 기억형성을 돕는 원리

1-1. 뇌의 활성화와 정보처리 강화

- 질문은 두뇌의 다양한 영역을 자극해 정보를 더 깊이 처리하도록 만든다. 특히 전두엽(논리적 사고)과 해마(장기 기억형성)가 활성화되어 기억이 강화된다.
- 질문을 던지는 과정에서 사람은 단순히 정보를 수동적으로 수용하지 않고, 능동적으로 탐구하게 된다. 이는 학습한 정보가 더 깊게 각인되고 장기 기억으로 저장될 확률을 높인다.
  - 예시 : "이 개념을 일상에서 어떻게 적용할 수 있을까?" 같은 질문은 단순 암기보다 이해와 응용을 촉진한다.

1-2. 회상 연습을 통한 기억강화

- 질문을 통해 학습자는 기억 속의 정보를 능동적으로 회상하게 된다. 회상 과정은 장기 기억 강화에 필수적이며, 정보를 재구조화해 더 쉽게 기억하도록 돕는다.
  - 예시 : 학습 후 "이전에 배운 개념과 어떻게 연결될까?"와 같은 질문을 스스로에게 던지면 기억 간의 연관성이 높아진다.
- 연구에 따르면, 회상 중심 학습은 단순히 책을 반복해서 읽는 것보다 더 오랫동안 정보를 기억하게 만든다.

2) 질문이 학습동기와 이해를 높이는 방법

2-1. 호기심을 자극해 학습동기 강화

- 창의적 질문은 호기심을 자극해 학습자의 내적 동기를 끌어올린다. "왜?", "어떻게?", "무엇이 다를까?"와 같은 질문은 학습자가 정보를 단순히 암기하는 것을 넘어, 흥미와 탐구심을 갖게 한다.
  - 예시 : "지구의 중력이 사라지면 어떤 일이 일어날까?" 같은 질문은 사람들이 자연스럽게 과학적 개념을 탐구하도록 유도한다.

2-2. 정보의 맥락화와 이해 촉진

- 질문을 통해 정보에 맥락을 부여하면, 학습자는 새로운 지식을 자신의 경험이나 기존 지식과 연결할 수 있다. 이는 단순한 암기보다 더 깊은 이해를 가능하게 하며, 기억에 오래 남도록 돕는다.
  - 예시 : "이 역사가 오늘날 사회에 어떤 영향을 미쳤을까?"와 같은 질문은 학습자가 과거와 현재의 연결성을 인식하게 해 기억에 오래 남도록 한다.

3) 질문이 기억강화를 위한 반복과 응용을 촉진하는 방법

3-1. 반복적 질문을 통한 강화 학습

- 반복적으로 같은 주제에 대해 질문을 던지고 답을 찾아가는 과정은 장기 기억형성을 촉진한다. 주기적으로 회상할수록 학습한 정보가 기억 속에 더 단단히 자리잡는다.
  - 예시 : "이 개념을 다른 방식으로 설명할 수 있을까?"라는 질문을 반복하면, 개념을 여러 관점에서 이해하며 기억이 강화된다.

3-2. 실생활에 적용하는 질문을 통해 응용 능력 강화

- 실제 상황에 적용하는 질문은 배운 내용을 기억하는 데 큰 도움이 된다. 학습자는 새로운 지식을 일상에 적용함으로써 더 깊이 이해하고 오래 기억할 수 있다.
  - 예시 : "이 수학 공식을 쇼핑할 때 어떻게 활용할 수 있을까?"라는 질문은 학습된 개념을 실제 상황과 연결해 실용적 기억을 만든다.

4) 질문이 문제해결 능력과 창의적 사고를 높이는 방법

4-1. 문제해결 과정에서의 기억강화

- 문제해결 중심의 질문은 학습자가 기존 지식을 능동적으로 회상하고 적용하도록 돕는다. 이는 문제해결 능력을 높일 뿐 아니라, 관련된 정보의 장기 기억형성에도 기여한다.
  - 예시 : "이 문제를 해결하기 위해 어떤 정보를 사용해야 할까?" 같은 질문을 통해, 학습자는 자신이 배운 내용을 반복해서 사용하게 된다.

4-2. 창의적 사고를 통한 기억의 유연성 확대

- 창의적 질문은 학습자가 여러 가지 대안을 고려하도록 유도해 기억의 유연성을 높인다. 이는 새로운 정보와 기존 지식 간의 연관성을 강화해 다양한 상황에서 기억을 재구성할 수 있도록 돕는다.
  - 예시 : "다른 방법으로 이 문제를 설명할 수 있을까?"라는 질문은 기억을 단순히 저장된 정보가 아닌 활용 가능한 지식으로 만든다.

5) 결론 : 질문의 기억력과 학습효과

질문은 기억력 강화와 학습의 질을 높이는 강력한 도구다. 질문을 통해 학습자는 정보를 능동적으로 탐구하고 회상하며, 기억 속에 깊이 각인시킬 수 있다. 또한, 창의적 질문은 호기심을 자극해 학습동기를 높이고, 지식을 맥락화해 이해와 응용 능력을 강화한다.

이와 같은 질문 중심 학습은 단순 암기와 달리, 오랫동안 기억에 남고 다양한 상황에 활용할 수 있는 지식을 만든다. 개인과 팀이 창의적 질문을 습관화하면, 학습효과를 극대화할 뿐 아니라 지속적인 성장과 문제해결 능력도 향상할 수 있다.

2-2. 학습과 문제해결에서 질문의 역할

질문은 학습과 문제해결의 중심 도구로, 단순한 정보탐색을 넘어 깊이 있는 사고, 지식의 내재화, 창의적 해결책 탐구에 중요한 역할을 한다. 올바른 질문은 학습자가 기존 지식과 새로운 개념을 연결하고, 문제 상황에서 다양한 해결방법을 발견하도록 유도한다. 이 글에서는 질문이 학습과 문제해결 과정에서 수행하는 주요 역할을 정리한다.

1] 학습에서 질문의 역할

1-1. 이해 심화와 장기 기억 강화

- 질문을 통해 정보를 깊이 탐구하면 학습자는 단순 암기에서 벗어나 더 깊은 이해를 하게 된다.
- 질문은 해마(기억형성에 관여하는 뇌 영역)를 자극해 장기 기억을 강화한다.
  - 예시 : "이 개념을 일상에서 어떻게 활용할 수 있을까?"와 같은 질문은 학습된 내용을 실생활에 적용하며 이해를 심화한다.

1-2. 기존 지식과 새로운 개념의 연결

- 질문은 새로운 정보와 기존 지식을 연결해 학습내용을 더 잘 이해하고 기억하게 한다.
  - 예시 : "이 개념이 우리가 이전에 배운 것과 어떻게 연결되는가?"라는 질문은 정보 간의 연관성을 강화한다.

1-3. 학습동기와 호기심 유발

- 열린 질문은 호기심을 자극해 학습자가 자발적으로 탐구하도록 만든다.
  - 예시 : "왜 이런 현상이 발생할까?"와 같은 질문은 학습자에게 탐구의 재미를 느끼게 한다.
- 질문 중심 학습은 내적 동기를 높여 학습에 대한 흥미를 유지하도록 돕는다.

1-4. 반성적 사고와 자기주도학습 촉진

- 자기성찰형 질문은 학습자가 자신의 사고와 학습 과정을 점검하도록 도와준다.
  - 예시 : "오늘 내가 가장 많이 배운 것은 무엇인가?"라는 질문은 학습자의 메타인지(자기인식능력)를 강화해 지속적인 발전을 도모한다.

2) 문제해결에서 질문의 역할

2-1. 문제정의와 본질 파악

- 문제를 해결하려면 먼저 문제의 본질을 명확히 정의하는 것이 중요하다. 이때 질문은 표면적 증상이 아닌 근본 원인을 탐구하는 데 유용하다.
  - 예시 : 이 문제가 발생한 진짜 원인은 무엇인가?, 이 문제를 해결하지 않으면 어떤 일이 일어날까?
- 문제정의가 명확할수록 효과적인 해결책을 도출할 수 있다.

2-2. 창의적 사고와 다양한 해결책 도출

- 창의적 질문은 고정된 사고방식에서 벗어나 다양한 아이디어를 탐구하도록 한다.
- 예시 : "이 문제를 완전히 다른 방식으로 해결할 수는 없을까?"와 같은 질문은 새로운 해결책을 도출할 수 있게 한다.
- SCAMPER와 같은 기법을 활용해 다양한 해결 방향을 탐색할 수도 있다.
  - 이 부분을 제거하면 문제가 해결될까?(Eliminate)

2-3. 협업과 팀워크 촉진

- 팀에서 질문을 활용하면 각 구성원의 다양한 관점을 모아 집단지성을 발휘할 수 있다.
  - 예시 : 다른 부서는 이 문제를 어떻게 바라볼까?
- 열린 질문은 팀 내 소통과 협업을 촉진해 더 나은 해결책을 도출하도록 한다.

2-4. 리스크 관리와 실행력 강화

- 질문은 문제해결 과정의 리스크를 예측하고 사전에 대비하는 데도 유용하다.
  - 예시 : 이 해결책이 실패할 경우 어떤 대안을 마련할 수 있을까?
- 질문을 통해 실행계획과 책임자를 명확히 하면 문제해결 과정의 실행력이 강화된다.
  - 예시 : 이 문제해결의 다음 단계는 무엇인가?

3) 질문을 활용한 학습 및 문제해결의 효과 극대화 전략

3-1. 정기적인 질문습관 형성

학습과 업무 중 정기적으로 질문을 던지고 답하는 습관을 들인다.

- 예시 : 하루의 끝에 "오늘 해결한 문제 중 가장 인상 깊었던 것은?"과 같은 질문에 답하기

3-2. 개방형 질문활용

"왜?", "어떻게?", "무엇을?"과 같은 개방형 질문은 문제를 깊이 탐구하도록 유도한다.

3-3. 질문일지 작성

질문과 답을 기록해 자신의 발전 과정을 추적하고 개선점을 발견한다.

3-4. 팀 회의에서 질문 중심 대화

팀 회의에서 질문을 중심으로 토론을 이끌어 다양한 해결책을 도출한다.

3-5. 질문을 통한 피드백과 회고

프로젝트가 끝난 후 회고 미팅에서 질문을 통해 피드백을 수집하고 개선점을 찾는다.

4) 결론 : 학습과 문제해결의 핵심도구로서의 질문

질문은 지식 습득과 문제해결의 핵심도구다. 학습 과정에서 질문은 이해를 심화하고 장기 기억을 강화하며, 호기심과 내적 동기를 자극해 자기주도학습을 촉진한다. 또한, 문제해결 과정에서 질문은 문제를 명확히 정의하고 창의적인 해결책을 탐색하며, 협업과 실행력을 강화한다.

개인과 팀이 질문을 습관화하면 보다 나은 의사결정과 지속적인 성과 개선을 이룰 수 있다. 질문은 변화와 성장을 이끄는 열쇠이며, 학습과 문제해결을 위한 강력한 도구로서의 역할을 지속적으로 발휘할 것이다.

3장. 질문을 통한 지속적 성장

3-1. 창의적 질문으로 개인과 조직의 성장을 도모하는 방법

창의적 질문은 개인과 조직이 지속적으로 발전하고, 고정된 사고방식에서 벗어나 새로운 기회를 탐색할 수 있도록 돕는 중요한 도구다. 질문은 단순히 정보를 찾는 행위를 넘어, 자기성찰, 문제해결, 협업 강화, 미래 대비를 가능하게 하며, 장기적인 성과와 성장을 도모하는 강력한 매개체가 된다. 이 글에서는 개인과 조직이 각각 창의적 질문을 활용해 성장을 추구하는 구체적인 방법과 사례를 확장해 설명한다.

1] 개인의 성장을 도모하는 창의적 질문 활용법

1-1. 자기성찰을 통한 내적 성장

질문을 통한 자기성찰은 자신의 강점과 약점을 파악하고, 현재의 상태를 점검하며 개선의 방향을 찾는 데 필수적이다. 이러한 성찰형 질문은 자아 인식을 높이고, 개인의 목표와 일상 생활에서의 선택이 일관성을 갖도록 돕는다.

- 예시 질문

- 나는 지금 무엇을 잘하고 있으며, 어떤 부분이 부족한가?

- 어떤 습관이 나의 성공을 방해하고 있는가?

- 과거의 선택 중 되돌리고 싶은 것은 무엇이며, 그 이유는 무엇인가?

- 효과 : 질문을 통해 자신을 돌아보는 습관은 개인이 자기 인식을 강화하고, 매일 조금씩 성장하는 계기가 된다.
- 사례 : 하루를 마치며 "오늘 내가 성장한 순간은 언제였는가?"라는 질문에 답하는 습관을 들인 사람들은, 작은 성취를 반복적으로 인식하며 자신감과 동기부여를 높일 수 있다.

1-2. 목표설정과 행동 계획수립

목표를 명확히 세우고 달성하기 위해서는 창의적 질문을 통해 구체적인 실행계획을 수립하는 것이 중요하다. 단순한 목표보다 도전적이고 의미 있는 목표를 설정하려면, 적절한 질문을 던지는 것이 필수적이다.

- 예시 질문

  - 내가 이루고자 하는 최종 목표는 무엇인가?

  - 이 목표를 달성하기 위해 오늘 당장 할 수 있는 일은 무엇인가?

  - 어떤 작은 습관이 큰 변화를 가져올 수 있을까?

- 효과 : 명확한 목표와 세부 계획을 질문으로 설정하면, 방향성을 잃지 않고 꾸준히 실천할 수 있다.
- 사례 : 마라톤 준비를 하는 사람이 "한 달 후 나는 어떤 기록을 목표로 할 것인가?"와 같은 질문을 지속적으로 던지면 목표를 점검하고, 계획을 세밀하게 조정할 수 있다.

1-3. 실패를 성장의 기회로 전환하기

실패를 학습의 기회로 삼기 위해서는 실패의 경험을 분석하고 반성하는 질문이 필요하다. 질문을 통해 실패의 원인과 대안을 탐색하면 재도전을 위한 동기를 얻을 수 있다.

- 예시 질문

  - 이번 실패를 통해 내가 얻은 교훈은 무엇인가?

  - 이와 같은 상황에서 다시 시도한다면 무엇을 다르게 할 수 있을까?

  - 어떤 자원이 부족했기 때문에 실패했는가?

- 효과 : 실패를 긍정적으로 바라보게 함으로써 좌절 대신 학습과 성장의 기회를 만든다.
- 사례 : 한 기업가는 초기 창업 실패 후, "무엇이 잘못되었는가?"라는 질문을 반복하며 실패의 원인을 분석했고, 이를 바탕으로 두 번째 시도에서 성공적인 비즈니스를 운영할 수 있었다.

1-4. 창의성 개발을 위한 질문 습관화

매일 새로운 질문을 던지면 창의적 사고를 자극하고, 일상적인 문제 속에서도 새로운 해결책을 발견하게 된다. 작은 질문이라도 반복적으로 탐구하는 습관은 창의성을 강화하는 데 효과적이다.

- 예시 질문

  - 내가 매일 반복하는 일 중 더 효율적으로 바꿀 수 있는 것은 무엇일까?

  - 평범한 사물에 새로운 쓰임새를 부여한다면 무엇이 있을까?

- 효과 : 매일 작은 질문을 던지는 습관은 새로운 아이디어와 해결책을 끊임없이 탐구하게 만든다.
- 사례 : 스티브 잡스는 "내가 오늘이 인생의 마지막 날이라면 무엇을 할 것인가?"라는 질문을 매일 던지며, 창의적이고 도전적인 삶을 유지했다.

2) 조직의 성장을 도모하는 창의적 질문 활용법

2-1. 문제정의와 혁신 촉진 질문

조직이 직면한 문제를 정확히 정의하기 위해서는 문제의 본질에 다가가는 질문이 필요하다. 이는 단순히 해결책을 찾는 것이 아니라, 근본적인 원인을 파악하고 새로운 혁신의 기회를 발견하는 과정이다.

- 예시 질문

  - 우리가 해결해야 할 가장 시급한 문제는 무엇인가?

  - 고객이 실제로 원하는 가치는 무엇인가?

- 효과 : 문제를 명확히 정의함으로써 조직은 자원을 효율적으로 집중하고, 혁신적인 해결책을 도출할 수 있다.
- 사례 : 넷플릭스는 "고객이 DVD를 대여하는 새로운 방법은 무엇일까?"라는 질문에서 시작해 스트리밍 서비스 혁신으로 이어졌다.

2-2. 목표와 비전 점검을 위한 질문

조직의 목표와 비전을 정기적으로 점검하는 것은 장기적인 성장을 위한 필수 요소다. 이러한 질문은 조직이 현재 방향이 올바른지 점검하고, 필요 시 전략을 조정하는 데 유용하다.

- 예시 질문

  - 현재의 목표가 우리의 장기적 비전과 일치하는가?

- 우리가 현재 집중해야 할 가장 중요한 것은 무엇인가?
- 효과 : 비전과 목표 간의 일관성을 유지하며 조직의 방향을 명확하게 조정할 수 있다.

2-3. 협업과 소통 강화를 위한 질문

조직 내 소통과 협업을 강화하기 위해서는 부서 간 관점을 이해하는 질문이 필요하다. 이러한 질문은 팀 간의 의사소통을 원활히 하고 갈등을 줄이는 역할을 한다.

- 예시 질문
  - 다른 부서가 이 문제를 어떻게 바라볼까?
  - 더 나은 협업을 위해 무엇을 개선할 수 있을까?
- 효과 : 질문을 통해 다양한 부서의 관점과 이해관계를 통합해 협업의 효율성을 높인다.

2-4. 피드백과 회고를 위한 질문

정기적인 피드백과 회고는 조직이 성과를 평가하고 지속적인 개선을 도모하는 데 필수적이다. 회고형 질문은 팀이 성공과 실패 모두에서 교훈을 얻도록 돕는다.

- 예시 질문
  - 이번 프로젝트에서 가장 잘한 점은 무엇이었나?
  - 다음 프로젝트에서 개선할 부분은 무엇인가?
- 효과 : 지속적인 학습과 개선문화를 정착시켜 조직의 성과를 향상시킨다.

2-5. 미래 대비와 변화 촉진 질문

조직의 지속적인 성장을 위해서는 미래 지향적 질문을 통해 변화에 대비하고, 새로운 기회를 모색하는 것이 중요하다.

- 예시 질문
  - 5년 후 우리 산업은 어떤 모습일까?

- 우리가 미래를 대비해 지금부터 준비해야 할 것은 무엇인가?
• 효과 : 조직이 변화와 불확실성에 유연하게 대응하며, 성장과 혁신을 이어갈 수 있도록 한다.

3) 창의적 질문을 통한 지속적 성장의 핵심전략

① 질문 습관화 : 개인과 조직 모두 일상에서 질문을 습관화해 사고의 유연성을 유지한다.

② 정기적 피드백과 점검 : 정기적으로 성과와 목표를 질문을 통해 점검하며 개선한다.

③ 심리적 안전감 조성 : 질문에 대한 자유로운 토론과 답변이 가능한 심리적 안전감을 조성한다.

④ 미래 지향적 사고 강화 : 변화와 혁신을 촉진하는 질문을 통해 미래를 대비한다.

⑤ 실패를 학습기회로 활용 : 실패 경험을 분석하는 질문을 통해 지속적인 성장과 발전을 도모한다.

4) 결론 : 창의적 질문이 만드는 성장과 변화

창의적 질문은 개인과 조직이 현재의 한계를 극복하고 지속적으로 성장할 수 있도록 돕는다. 질문은 자기성찰과 목표설정, 협업과 혁신 촉진, 미래 대비에 있어 핵심적인 도구로 작용한다.

질문을 생활화하면 개인과 조직 모두 변화와 불확실성에 유연하게 대응하며, 지속적인 성과와 성장을 이룰 수 있다. 창의적 질문은 새로운 가능성을 여는 열쇠이며, 미래를 향한 성장과 발전의 기반이 된다.

3-2. 질문을 생활화하는 습관 만들기

질문을 생활화하는 습관은 지속적인 성찰과 성장을 이끄는 강력한 도구다. 질문은 단순한 정보탐색을 넘어서, 사고의 유연성을 강화하고 창의성을 자극하며 변화와 혁신을 촉진한다. 개인과 조직이 질문 중심의 사고방식을 습관화하면, 문제를 새로운 시각으로 해결하고, 장기적인 성과를 도출할 수 있다. 이 글에서는 질문을 생활화하는 구체적인 방법과 성공전략을 확장하여 정리한다.

1] 질문을 생활화하는 습관의 중요성

질문을 생활화하면 일상의 경험과 문제를 단순한 현상으로 받아들이지 않고 탐구하고 개선하는 기회를 얻게 된다. 또한, 사고를 확장하는 질문습관은 자기성찰, 창의적 문제해결, 협업 강화 등 다양한 영역에서 강력한 효과를 발휘한다.

1-1. 사고의 유연성 향상

- 반복적인 질문은 사고의 고정 패턴을 깨고, 다양한 가능성을 탐구하도록 만든다.
  - 예시 : "이 문제를 해결하는 다른 방법은 무엇일까?"라는 질문은 새로운 해결책을 발견하게 돕는다.
- 결과적으로 복잡한 문제에도 유연하게 대처하는 능력을 기르게 된다.

1-2. 자기성찰과 지속적 성장 촉진

- 매일 자신에게 질문을 던지면 자기 인식과 반성 능력이 강화된다.
  - "오늘의 선택이 나의 장기적 목표에 기여했는가?"라는 질문은 일상에서의 선택을 더 의미 있게 조정하게 만든다.
- 이러한 성찰 과정이 반복되면, 작은 개선이 쌓여 장기적인 성장으로 이어진다.

1-3. 창의성 강화와 문제해결 능력 향상

- 질문을 습관화하면, 문제상황에서도 고정된 해결책에 얽매이지 않고 새로운 아이디어를 모색하게 된다.
  - 예시 : "다른 산업에서는 이 문제를 어떻게 해결할까?"와 같은 질문은 창의적인 문제해결을 가능하게 한다.

1-4. 호기심 자극과 학습 동기부여

- 질문은 학습자에게 호기심을 자극해 학습의 동기부여를 높인다.

- "이 현상의 근본적인 원인은 무엇일까?"와 같은 질문은 지식 탐구의 즐거움을 경험하게 한다.
- 이는 일상적 학습뿐 아니라 자기주도적 성장을 촉진하는 데 기여한다.

2) 질문을 생활화하는 구체적인 방법과 전략

2-1. 매일 한 가지 질문에 답하기

- 하루에 하나의 질문을 정해 아침이나 저녁 시간에 답변하는 습관을 만든다.
  - 예시 : 오늘 내가 개선할 수 있는 한 가지는 무엇인가?
- 이 질문에 대한 답을 일지에 기록하며 매일 조금씩 성찰과 성장을 이룰 수 있다.
- 효과 : 작은 성찰이 쌓여 자기 이해와 개선을 도모하고, 성취감과 만족감을 높인다.

2-2. 질문 노트 작성과 정기적 검토

- 일상 속에서 떠오른 질문과 답을 질문 노트에 기록한다.
  - 주제별로 분류하여 질문을 정리하고, 주기적으로 노트를 검토하며 사고 패턴을 분석한다.
- 활용법 : 매주 새로운 질문주제를 정해 각각의 목표에 맞는 질문을 기록하고, 발전 과정을 추적한다.
  - 예시 : 이번 주에 더 나은 시간 관리를 위해 무엇을 개선할 수 있을까?
- 효과 : 질문과 답을 기록하는 습관은 사고를 구조화하고, 패턴과 인사이트를 발견하는 데 유용하다.

2-3. '왜?' 질문을 생활화하기

- '왜?'라는 질문을 반복하면 문제의 근본 원인을 발견하는 데 효과적이다.
  - 예시 : 왜 우리는 이 방식에만 의존하는가?
- 5 Why 기법처럼 문제의 원인을 깊이 탐구하는 방법으로 활용할 수 있다.
- 효과 : '왜?' 질문을 습관화하면 문제의 근본 원인을 탐구하고, 더 나은 해결책을 찾을 수 있다.

2-4. 열린 질문 사용하기

- 열린 질문은 다양한 가능성을 탐구할 수 있도록 돕는다.

    - 예시 : 이 문제를 해결하기 위해 지금까지 시도하지 않은 것은 무엇일까?

- 팀 회의나 개인 브레인스토밍에서 열린 질문을 활용해 사고를 확장한다.
- 효과 : 열린 질문은 고정된 사고에서 벗어나 창의적인 해결책과 아이디어를 이끌어낸다.

2-5. 팀과 함께 질문 습관화하기

- 질문 중심의 회의나 브레인스토밍 세션을 운영해 팀 전체가 질문을 생활화하도록 유도한다.

    - 예시 : 매주 팀 회의에서 "이번 주에 해결해야 할 가장 중요한 문제는 무엇인가?"와 같은 질문을 던진다.

    - 질문 카드를 사용해 무작위로 질문을 뽑아 토론을 시작할 수도 있다.

- 효과 : 질문 중심의 회의는 협업과 소통을 촉진하며, 집단지성을 활용한 해결책을 도출하는 데 기여한다.

2-6. 실패에 대한 질문으로 성장 도모

- 실패 후에는 실패를 분석하는 질문을 통해 교훈을 도출한다.

    - 예시 : 이 실패를 통해 얻은 가장 큰 교훈은 무엇인가?

    - 다음에는 무엇을 다르게 할 수 있을까?

- 효과 : 실패에 대한 질문은 좌절을 방지하고, 실패 경험을 성장과 발전의 계기로 만든다.

2-7. 미래 대비를 위한 질문

- 미래에 대한 질문은 변화에 대비하고 전략적 사고를 강화하는 데 유용하다.

    - 예시 : 5년 후 우리 산업은 어떻게 변할까?

    - 미래의 도전을 극복하기 위해 지금 무엇을 준비해야 할까?

- 효과 : 미래 지향적인 질문은 조직과 개인이 불확실성에 유연하게 대응하고 기회를 발견하도록 한다.

3) 질문 습관화를 위한 성공전략

3-1. 작은 질문에서 시작하기

- 처음부터 복잡한 질문을 던지기보다 작고 쉬운 질문에서 시작한다.
    - 예시 : 오늘 가장 즐거웠던 순간은 무엇인가?
- 작은 질문이 쌓이면 점차 더 깊은 질문으로 발전할 수 있다.

3-2. 피드백과 결과 분석

- 질문의 결과와 효과를 정기적으로 분석하고, 피드백을 반영해 질문의 질을 높인다.
    - 예시 : 질문 노트를 검토하며 자주 등장하는 패턴을 파악하고, 새로운 질문 방향을 설정한다.

3-3. 심리적 안전감 조성

- 팀 내에서 자유롭게 질문하고 답할 수 있는 심리적 안전감을 조성한다.
    - 비판 없는 토론 환경을 만들어 누구나 질문할 수 있도록 한다.

3-4. 질문 습관화 도구 활용

- 질문 카드를 제작하거나 질문 앱을 활용해 일상에 질문을 쉽게 통합한다.
    - 매일 아침 하루의 질문을 알림으로 받아보고 답변하는 습관을 만든다.

4) 질문 습관화의 실제 사례와 효과

4-1. 개인의 사례

한 작가는 매일 아침 "오늘 어떤 이야기를 쓰고 싶은가?"라는 질문에 답하며 일일 창작습관을 형성했다. 이 질문 덕분에 그는 매일 새로운 아이디어를 떠올리며 책을 출간할 수 있었다.

4-2. 조직의 사례

한 스타트업은 모든 회의 시작 전 "이 회의의 목적은 무엇인가?"라는 질문을 던졌다. 그 결과, 회의가 더 효율적이고 명확하게 진행되었으며, 팀 내 소통과 협업이 크게 개선되었다.

5) 결론 : 질문을 생활화하면 얻는 변화와 성장

질문을 생활화하는 습관은 개인과 조직 모두에게 지속적인 성장과 발전을 가능하게 한다. 작은 질문에서 시작해 깊이 있는 질문으로 발전하면, 일상의 문제도 새로운 시각으로 바라볼 수 있게 된다.

질문은 사고를 자극하고 성찰을 이끌며, 변화와 성장을 촉진하는 강력한 도구다. 질문 중심의 사고방식을 생활화하면, 매일 조금씩 더 나아지며 새로운 가능성을 발견할 수 있다.

6부

실시간 양방향 대화형 독서와 학습 솔루션,
AiBooktutor©

6부 실시간 양방향 대화형 독서와 학습 솔루션, AiBooktutor©

1장. AiBooktutor©의 핵심기능과 작동원리

AI와 독서의 융합을 통한 학습혁신

AiBooktutor©는 AI 기술과 독서의 결합을 통해 학습자의 독해력, 분석력 그리고 자기주도학습 능력을 단계적으로 발전시키기 위해 설계된 혁신적인 디지털 학습 플랫폼이다. 단순히 텍스트를 읽는 행위를 넘어, 이 플랫폼은 학습자가 텍스트를 깊이 이해하고, 이를 바탕으로 자신만의 질문을 생성하며, AI와의 실시간 상호작용을 통해 학습 범위를 확장할 수 있도록 돕는다.

AiBooktutor©는 GROWTHS 7단계 모델에 기반하여 학습자의 개별 학습 목표와 수준에 맞춘 학습 콘텐츠와 실시간 피드백을 제공한다. 이 모델은 학습자가 기초 학습에서 심화학습으로 점진적으로 나아가며, 창의적 사고와 문제해결 능력을 키울 수 있도록 지원한다. 이 장에서는 AiBooktutor©의 핵심기능과 작동원리를 상세히 설명한다. 이 방식은 저작권과 특허 출원되어 법적으로 보장받고 있으며, 독점적인 권리를 갖고 있다.

1) AiBooktutor©의 주요목적과 설계원리

AiBooktutor©는 독자와 학습자가 단순히 텍스트를 소비하는 데 그치지 않고, 이를 통해 새로운 통찰을 얻고 지식을 응용하며, 창의적인 문제해결 능력을 개발할 수 있는 학습경험을 제공하는 데 초점을 맞춘다.

1-1. 텍스트와 상호작용을 통한 심화학습

가장 기본적으로, AiBooktutor©는 독자가 텍스트를 읽고 이를 이해하며, 자신만의 질문을 생성하도록 유도한다. 학습자가 생성한 질문은 AI와의 상호작용을 통해 더욱 심화되고 구체화된다. 이 과정에서 AI는 학습자가 놓친 개념이나 추가로 이해해야 할 주제를 제안하며, 학습자가 어려움을 겪는 부분에 대해 맞춤형 피드백을 제공한다.
- 예시 : 한 독자가 '창의적 질문법'에 대한 텍스트를 읽고 "노벨상 수상자들은 왜 창의적 질문을 강조했을까?"라는 질문을 생성한다. AI는 이 질문에 대한 답변을 제공하며, 추가적으로 "어떤 환경에서 이러한 질문법이 가장 효과적인지 생각해보세요"라는 후속질문을 제안한다.

1-2. 개인화된 학습경험 제공

AiBooktutor©는 학습자의 수준과 목표에 따라 맞춤형 학습 콘텐츠를 생성하고, 실시간 피드백을 제공함으로써 학습자가 자신의 속도와 능력에 맞게 학습할 수 있도록 설계되었다.
- 예시 : 텍스트를 읽고 특정 질문유형(예시 : 논리적 질문)에 약점을 보인 학습자에게, AI는 해당 주제를 보완할 수 있는 추가 자료와 연습문제를 제공한다. 학습자는 이러한 자료를 통해 약점을 보완하고, 자신의 학습 수준을 점진적으로 향상시킬 수 있다.

2) AiBooktutor©의 네 가지 주요 기능

AiBooktutor©의 주요 기능은 학습자의 독서와 학습 과정을 지원하고, 심화학습을 가능하게 하는 네 가지로 구분된다.

2-1. 핵심개념 요약 및 사례 제공

AiBooktutor©는 독자가 책의 주요 내용을 빠르게 파악할 수 있도록 핵심개념 요약과 관련 사례를 제공한다. 이 기능은 학습자가 텍스트의 본질을 명확히 이해하도록 돕고, 중요한 개념이나 아이디어를 효율적으로 정리할 수 있도록 설계되었다.
- 특징
  - 학습자가 텍스트의 주요 개념과 요점을 빠르게 이해
  - 텍스트와 관련된 실제 사례를 제공하여 개념의 실질적인 적용 방식을 설명
- 예시 : 학습자가 노벨상 수상자들의 질문법을 배우고자 할 경우, AI는 각 수상자가 사용한 창의적 질문의 특징과 사례를 간결하게 요약하여 제공한다. 이를 통해 학습자는 각 질문법의 핵심과 응용 가능성을 빠르게 파악할 수 있다.

2-2. 질문-응답 상호작용 기능

AiBooktutor©는 학습자가 텍스트와 관련된 질문을 생성하고, AI와 실시간으로 대화하며 심화학습을 진행할 수 있는 질문-응답 상호작용 기능을 제공한다. 이 기능은 단순히 AI가 질문에 대한 답변만 제공하는 것을 넘어, 학습자가 질문을 개선하고 구체화할 수 있도록 유도한다.

- 특징
  - AI와의 대화를 통해 학습자가 질문을 심화
  - 추가질문과 관련 자료를 제공하여 학습 확장
- 예시 : 학습자가 "노벨상 수상자들은 왜 창의적 질문을 강조했을까?"라는 질문을 입력하면, AI는 이에 대해 심도 있는 답변을 제공하고, 추가적으로 "어떤 상황에서 이러한 질문이 가장 효과적일까?"와 같은 후속질문을 제안한다.

2-3. 학습 수준 진단 및 피드백 시스템

AI는 학습자의 학습 수준을 진단하고, 부족한 부분을 보완할 수 있는 진단 및 피드백 시스템을 제공한다. 이 기능은 학습자가 자신의 강점과 약점을 명확히 이해하도록 돕고, 학습 진도를 시각적으로 확인할 수 있도록 구성되어 있다.

- 특징
  - 학습자의 강점과 약점을 분석하여 시각적으로 표시
  - 부족한 부분에 대해 추가 학습 자료와 연습문제 제공
- 예시 : 학습자가 창의적 질문 생성에서 약점을 보인다면, AI는 해당 영역을 보완하기 위한 자료와 연습문제를 추천한다. 학습자는 이러한 피드백을 바탕으로 약점을 보완하며 학습 수준을 향상시킬 수 있다.

2-4. 창의적 사고와 문제해결 능력 강화

AiBooktutor©는 학습자가 창의적 사고를 훈련하고 문제해결 능력을 강화할 수 있도록 실습 모듈과 퀴즈를 제공한다. AI는 학습자가 입력한 답변을 분석하여 학습 수준을 초급, 중급, 고급으로 분류하고, 이에 따라 맞춤형 학습경로를 제안한다.

- 특징
  - 창의적 사고를 자극하는 실습 문제와 퀴즈 제공
  - 학습자의 수준에 맞춘 맞춤형 학습경로 설계
- 예시 : 학습자가 "창의적 질문이 비즈니스 문제해결에 어떻게 도움이 될까?"라는 질문을 생성하면, AI는 구체적인 사례를 통해 질문의 적용 가능성을 설명하고, 학습자가 실제 상황에 이를 적용할 수 있는 아이디어를 제안한다.

3] AiBooktutor©의 창의적 학습 지원 사례

AiBooktutor©는 단순히 지식을 습득하는 데 그치지 않고, 학습자가 스스로 사고하고 탐구하며 창의적인 질문을 생성할 수 있도록 돕는다.

3-1. 창의적 질문을 통한 학습 심화

학습자는 텍스트를 읽고 자신만의 질문을 생성하며, AI와의 대화를 통해 학습을 심화한다. 이 과정에서 학습자는 단순히 텍스트의 내용을 이해하는 것을 넘어, 이를 바탕으로 새로운 통찰을 얻고 지식을 응용할 수 있다.

- 사례 : 한 독자가 "노벨상 수상자들의 질문법이 현대 사회문제해결에 어떻게 적용될 수 있을까?"라는 질문을 생성한다. AI는 이에 대한 답변을 제공하며, 독자가 새로운 관점에서 문제를 탐구할 수 있도록 유도한다.

3-2. 문제해결 능력 강화

AiBooktutor©는 학습자가 텍스트에서 얻은 지식을 실제 문제해결에 적용할 수 있도록 돕는다. 학습자는 AI와의 대화를 통해 다양한 문제해결 방법을 탐구하고, 이를 통해 실질적인 응용력을 기를 수 있다.

- 사례 : 학습자가 "창의적 질문법을 조직 혁신에 적용하려면 어떻게 해야 할까?"라는 질문을 입력하면, AI는 구체적인 사례와 함께 적용 가능한 전략을 제안한다.

4) 학습의 미래를 열어가는 AiBooktutor©

AiBooktutor©는 학습자와 AI 간의 협력을 통해 독서와 학습의 새로운 패러다임을 제시한다. 학습자는 텍스트를 깊이 이해하고, 이를 바탕으로 자신의 사고를 확장하며, 창의적 문제해결 능력을 개발할 수 있다. 이러한 경험은 학습자의 자기주도학습 능력을 강화하고, 학습자가 자신의 학습 목표를 효과적으로 달성할 수 있도록 돕는다.

AiBooktutor©는 단순한 학습 도구를 넘어, 학습자와 AI가 협력하여 창의적이고 효과적인 학습을 실현하는 혁신적인 플랫폼으로 자리매김한다.

「노벨상 수상자들의 질문법, 15 창의 질문」을 출간하면서 여기서 설명하는 AiBooktutor에 세계 최초로 적용하여 개발했고, 이것을 이 책을 읽은 독자들에게 출간 이벤트를 기념하여 무료로 제공한다.

모바일로 QR코드를 촬영하면 연결된다.

AiBooktutor©는 국내에 머물지 않고 세계로 진출하기 위한 목적으로 개발했다. 영어를 사용하는 국가, 일본어, 중국어, 스페인어 등 출판한 책의 독자가 있을만 한 모든 나라의 언어로 개발하여 서비스할 수 있다.

아래 이미지는 영어로 개발한 사례이다.

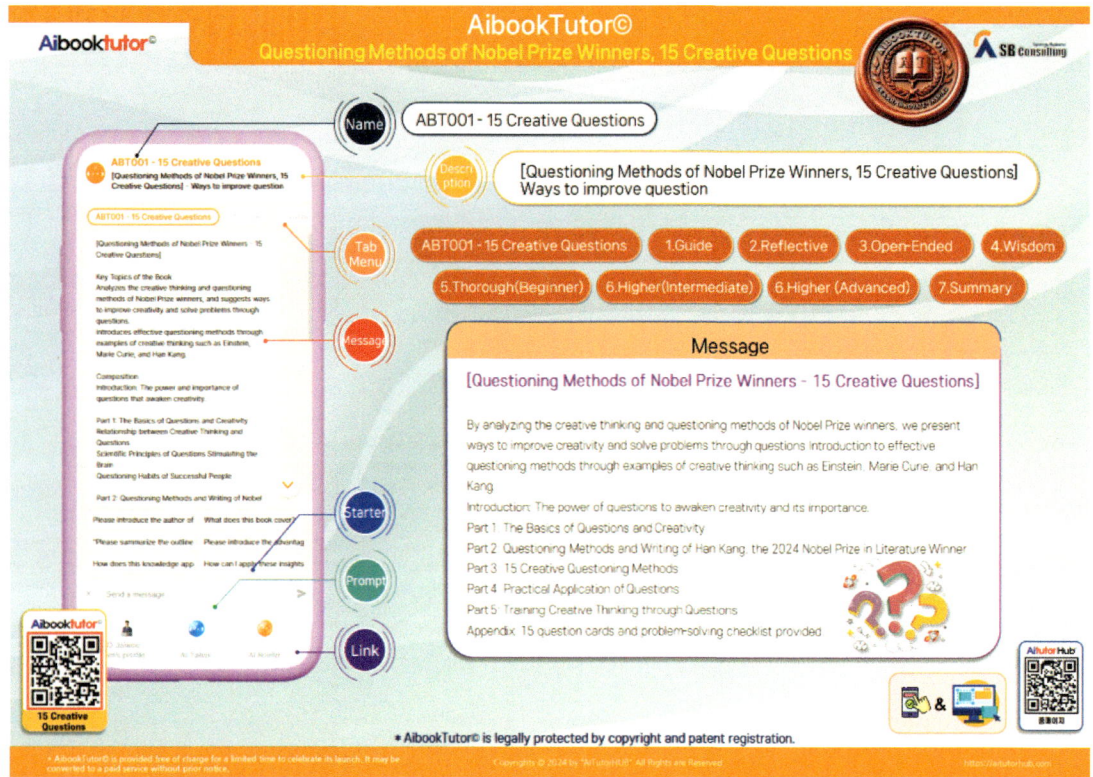

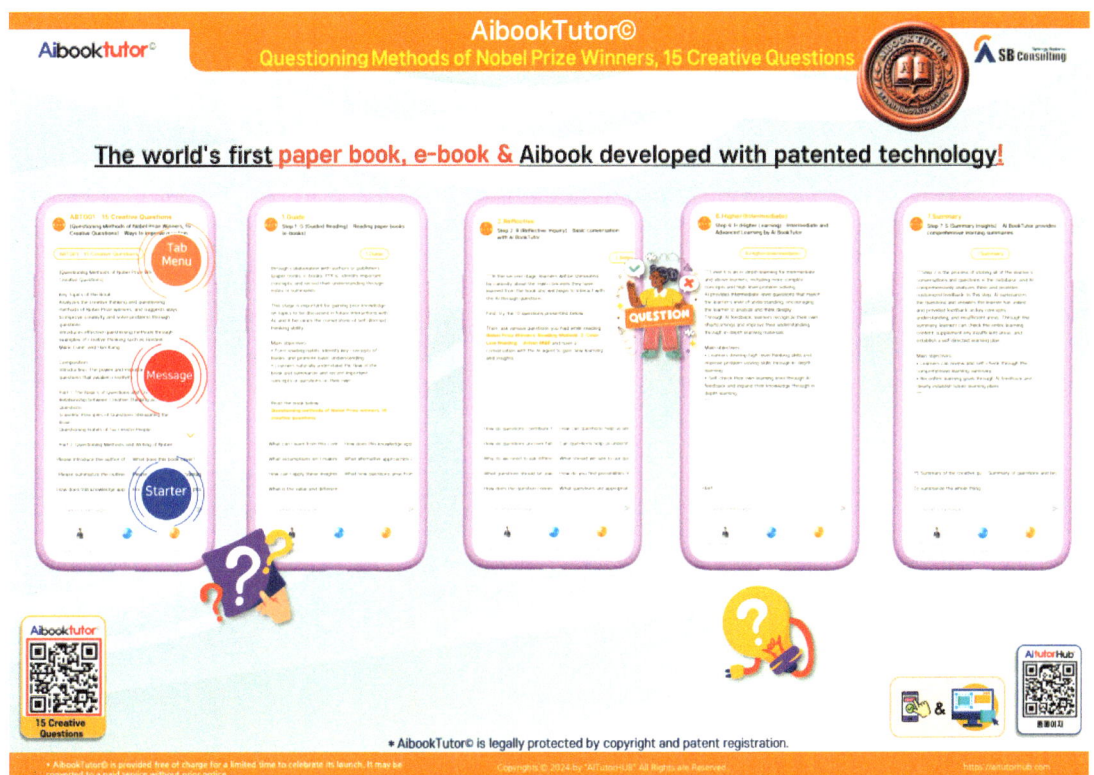

이 책도 국내에서 먼저 출간하고, 이어서 아마존 미국과 일본에 이펍(e-pub)으로 동시 출간할 예정이다. 일본어판을 출시하면서 AiBooktutor©-Japan을 개발하여 동시에 제공할 것이다.

이 책을 구매한 독자들에게만 무료이므로 비밀번호를 입력해야 한다.
비밀번호는 이 책 마지막에 봉인되어 제공된다.

이 책의 AiBooktutor© 한국어 정식 버전은 종이책이나 전자책을 구매한 독자들에게 비밀번호를 공개하여 사용하도록 할 예정이지만, AiBooktutor©를 경험하고자 하는 예비 독자를 위하여 체험판 버전을 공개한다. 체험판은 비밀번호 없이 링크 주소만 알면 사용가능하다. 체험판은 책 전체를 학습시키지 않고, 일부만 학습시킨 것이므로 체험판 사용자들의 질문이나 요청에 제한적인 답변을 제공함을 미리 알린다.

2장. GROWTHS 7단계 모델과 AI와의 협력 사례 AI와 GROWTHS 모델ⓒ의 융합

GROWTHS 모델ⓒ은 학습자가 독서와 학습 과정에서 개인의 수준, 속도, 학습 스타일에 맞춘 단계적 접근방식을 통해 지속적으로 성장할 수 있도록 돕는 체계적 프레임워크이다. 이 모델은 Guided Reading에서 시작하여 Summary Insights에 이르기까지 각 단계를 통해 학습자가 지식을 이해하고 내면화하며, 창의적 사고와 문제해결 능력을 키울 수 있도록 설계되었다. 특히 AiBooktutorⓒ는 GROWTHS 모델ⓒ을 중심으로 학습자와 AI 간의 실시간 상호작용을 통해 학습 목표를 실현한다.

AI는 학습자의 질문에 응답하고, 피드백을 제공하며, 학습 수준에 맞는 자료를 추천함으로써 학습자가 스스로 사고하고 탐구하며, 개인화된 학습경험을 누릴 수 있도록 지원한다. 이 장에서는 GROWTHS 모델ⓒ의 각 단계와 AI와의 협력 사례를 심층적으로 탐구하며, 이를 통해 학습자가 지식을 습득하고 성장해가는 과정을 설명한다.

1단계 : Guided Reading(G)-기초 독서

1) 핵심목표와 AI의 역할

Guided Reading 단계는 학습 여정의 출발점이다. 이 단계에서는 학습자가 특정 주제에 대한 기초 지식을 습득하고, 주요 개념을 이해하는 데 집중한다. AiBooktutorⓒ는 이 과정을 지원하기 위해 핵심내용 요약, 용어 해설, 배경 정보 제공, 추천 자료 제시 등 다양한 기능을 제공한다.

1-1. 핵심내용 요약 제공

AI는 학습자가 텍스트를 보다 쉽게 이해할 수 있도록 주요 개념과 아이디어를 자동으로 요약한다. 예를 들어, '창의적 질문법'을 다룬 텍스트에서는 창의적 질문의 정의, 중요성, 실제 사례를 요약하여 제공한다.

- 사례 : 학습자가 "창의적 질문이란 무엇인가?"라는 기본 질문을 이해하기 위해 텍스트를 읽기 시작한다. AI는 이 질문의 답변과 함께 관련된 사례를 간단히 요약하여 학습자가 주요 개념을 빠르

게 파악할 수 있도록 돕는다.

1-2. 용어 해설 및 배경 정보 제공

AI는 텍스트 내의 어려운 용어나 개념에 대해 간단하고 명확한 해설을 제공한다.

- 사례 : 학습자가 '질문형 사고'라는 개념을 이해하지 못할 경우, AI는 이 용어의 정의와 실제 응용 사례를 설명하며, 이를 통해 학습자가 보다 깊이 있는 이해를 할 수 있도록 돕는다.

1-3. 추가 자료 추천

AI는 학습자의 관심사와 학습 목표에 따라 추가 읽기 자료를 추천한다.

- 사례 : 창의적 질문법에 대한 기본 내용을 학습한 후, AI는 관련 논문, 동영상 강의, 또는 블로그 글을 추천하여 학습자가 내용을 심화할 수 있도록 돕는다.

2단계 : Reflective Inquiry(R) - AI와 기본 대화

1) 핵심목표와 AI의 역할

Reflective Inquiry 단계는 학습자가 Guided Reading 단계에서 얻은 지식을 바탕으로 질문을 생성하고, AI와의 간단한 대화를 통해 자신의 이해도를 점검하는 단계이다. 이 단계는 학습자가 단순히 지식을 수동적으로 받아들이는 것을 넘어, 질문을 통해 스스로 사고하고 탐구하는 과정을 유도한다.

1-1. 기본 질문-답변 대화

AI는 학습자가 생성한 질문에 대해 명확하고 구체적인 답변을 제공한다.

- 사례 : 학습자기 "창의적 질문의 핵심은 무엇인가?"라고 물으면, AI는 "창의직 질문은 문제를 다양한 관점에서 탐구하고, 기존의 가정을 넘어서도록 돕는 질문입니다"라는 답변을 제공한다.

1-2. 반추적 사고 유도

AI는 학습자의 답변에 대해 후속질문을 제안하여 사고를 확장한다.

- 사례 : 학습자가 "창의적 질문은 어디에 가장 효과적인가요?"라는 질문에 대해 답변한 후, AI는 "이 질문은 어떤 상황에서 가장 잘 적용될 수 있을까요?"라는 후속질문을 던진다.

1-3. 즉각적인 피드백 제공

AI는 학습자의 답변이 부정확하거나 모호할 경우, 즉각적인 피드백을 제공한다.

- 사례 : 학습자가 창의적 질문의 예를 들 때 일반적인 답변을 제공하면, AI는 이를 구체화하도록 제안하며, 적절한 사례를 함께 제시한다.

3단계 : Open-Ended Exploration(O)-심화 대화(질문을 입력하세요) & 독서 토론

1) 핵심목표와 AI의 역할

Open-Ended Exploration 단계는 학습자가 AI와의 심화 대화를 통해 텍스트의 개념을 더 깊이 탐구하고 확장하는 과정이다. 이 단계는 학습자가 개방형 질문을 통해 창의적 사고를 발전시킬 수 있도록 설계되었다.

1-1. 개방형 질문 생성 유도

AI는 학습자가 "왜?" 또는 "어떻게?"와 같은 개방형 질문을 생성하도록 유도한다.

- 사례 : 학습자가 "창의적 질문이 비즈니스 문제해결에 어떻게 기여할 수 있을까?"라는 질문을 던지면, AI는 관련 사례와 이론적 배경을 바탕으로 답변한다.

1-2. 다양한 관점 제공

AI는 특정 주제에 대해 학습자가 다양한 관점을 탐구할 수 있도록 돕는다.

- 사례 : AI는 창의적 질문이 과학, 예술, 비즈니스 등 다양한 분야에서 어떻게 다르게 활용되는지 설명한다.

1-3. 심화학습 자료 추천

AI는 학습자가 질문을 통해 더욱 깊이 있는 학습을 진행할 수 있도록 자료를 추천한다.

- 사례 : 학습자가 창의적 질문법의 실질적 적용에 대해 탐구할 때, AI는 관련 연구 논문과 실제 사례를 추천한다.

1-4. 심화 대화 단계에 독서 토론 진행

이 단계는 학습자의 비판적 사고와 창의적 탐구를 촉진하는 데 목적이 있으므로, 독서 토론은 다양한 관점을 교환하고 깊이 있는 학습을 도모하는 활동으로 구성됩니다.

독서 토론의 목적은 다음 3가지입니다.

① 학습 주제에 대한 심층적 이해와 비판적 사고 능력 향상

② 다양한 관점을 수용하며 문제를 다각도로 탐구

③ 학습자 간 협력과 커뮤니케이션 기술 강화

4단계 : Wisdom Assessment(W)-학습 수준 진단

1) 핵심목표와 AI의 역할

Wisdom Assessment 단계에서는 학습자가 학습한 내용을 평가하고, 자신의 수준을 진단하며, 부족한 부분을 보완할 수 있도록 한다. AI는 이 단계에서 학습자의 강점과 약점을 시각적으로 분석하고, 이를 바탕으로 맞춤형 학습경로를 제안한다.

1-1. 학습 수준 평가 퀴즈나 문제 제공

AI는 학습자가 학습한 내용을 바탕으로 퀴즈나 문제를 제공한다.

- 사례 : 학습자가 창의적 질문법에 대한 퀴즈나 문제 풀이를 완료한 후, AI는 정답률과 오답을 분석하여 학습 수준을 진단한다.

1-2. 강점과 약점 분석

AI는 학습자의 답변 데이터를 분석하여 강점과 약점을 시각적으로 표현한다.

- 사례 : AI는 학습자가 '기억 질문'에 강점이 있고, '상상 질문'에 약점이 있음을 발견하고, 이를 보완하기 위한 자료를 추천한다.

1-3. 맞춤형 학습경로 제안

AI는 학습자의 수준에 따라 추가 학습 자료와 경로를 제안한다.

- 사례 : 학습자가 상상 질문에 약점을 보였을 경우, AI는 상상 질문 관련 사례와 연습문제를 추천한다.

5단계 : Thorough Fundamentals(T)-기초 학습

1] 핵심목표와 AI의 역할

Thorough Fundamentals 단계는 학습자가 부족한 기초 지식을 보완하고 학습내용을 체계적으로 다지는 데 초점을 맞춘다. 이 단계는 학습자가 이전 단계에서 식별된 약점을 해결하고, 학습내용을 탄탄히 이해할 수 있도록 설계되었다.

1-1. 기초 학습 자료 제공

AI는 학습자가 부족한 개념에 대해 기초부터 학습할 수 있도록 자료를 제공한다.

- 사례 : 학습자가 '상상 질문'의 개념에 약점을 보였을 경우, AI는 관련 기초 자료와 쉬운 예를 추천하여 학습자가 이해할 수 있도록 돕는다.

1-2. 반복학습 유도

AI는 학습자가 개념을 완전히 습득할 때까지 반복적으로 연습문제를 제공한다.

- 사례 : AI는 학습자에게 다양한 상황에서 '기억 질문'과 '논리 질문'을 생성하도록 요구하며, 각각의 질문이 적합한지에 대한 피드백을 제공한다.

1-3. 기초 질문훈련

AI는 학습자가 텍스트를 읽은 후 기초 질문을 생성하고 이를 논의하도록 유도한다.

- 사례 : AI는 "이 문장에서 기억해야 할 주요 아이디어는 무엇인가?"와 같은 질문을 제안하며, 학습자가 답변한 내용을 평가한다.

6단계 : Higher Learning(H)-중급 및 고급 학습

1) 핵심목표와 AI의 역할

Higher Learning 단계는 학습자가 중급 및 고급 수준의 내용을 탐구하며, 창의적 질문을 실제 문제 상황에 적용하도록 돕는다. 이 단계는 학습자가 단순한 지식 습득을 넘어 실질적인 문제해결 능력을 키울 수 있도록 설계되었다.

1-1. 고급사례 제공

AI는 창의적 질문이 실제로 적용된 고급사례를 제공하여 학습자가 내용을 심화할 수 있도록 돕는다.

- 사례 : AI는 스티브 잡스가 "고객이 원하는 것이 아닌, 필요로 하는 것을 제공하라"는 질문을 통해 아이폰을 개발한 사례를 학습자에게 소개한다.

1-2. 문제해결 시뮬레이션

AI는 학습자와 함께 가상의 문제를 해결하며, 학습자가 창의적 질문을 실제 상황에 적용하도록 유도한다.

- 사례 : AI는 학습자에게 "환경문제를 해결하기 위한 창의적 질문을 생성하고, 그 질문에 따라 가능한 해결책을 탐구하라"고 요청한다.

1-3. 창의적 사고 훈련

AI는 학습자가 고급 질문을 생성하고 이를 개선할 수 있도록 실시간 피드백을 제공한다.

- 사례 : 학습자가 "회사의 생산성을 높이는 창의적 질문을 어떻게 설계할 수 있을까?"라는 질문을 생성하면, AI는 질문의 구조와 초점을 개선할 수 있는 방법을 제안한다.

7단계 : S(Summary Insights) - AI Book의 종합적 학습 요약 제공. 종합 진단 퀴즈 풀이. 독후감 분석 및 피드백 제공

1) 핵심목표와 AI의 역할

Summary Insights 단계는 학습자가 GROWTHS 모델©의 모든 단계를 완료한 후, 학습내용을 요약하고 통합하며 다음 학습 목표를 설정하는 과정이다. 이 단계는 학습자의 성과를 시각적으로 보여주고, 학습 여정을 마무리하며 미래 학습 계획을 세우는 데 중점을 둔다.

1-1. 학습 요약 보고서 생성

AI는 학습자가 생성한 질문, 답변, 퀴즈 결과를 요약한 보고서를 생성한다.

- 사례 : AI는 '창의적 질문법'에 대한 학습내용을 요약한 PDF 보고서를 생성하여 학습자가 성과를 한눈에 확인할 수 있도록 한다.

1-2. 학습 목표 달성 여부 확인

AI는 학습자가 설정한 목표가 달성되었는지 평가하고, 이를 바탕으로 다음 목표를 제안한다.

- 사례 : 학습자가 창의적 질문법의 기초를 학습하는 것이 목표였을 경우, AI는 "심화학습 단계로 넘어갈 준비가 되었습니다"라는 메시지를 제공한다.

1-3. 전체 학습 피드백 제공

AI는 학습 과정 전체에 대한 피드백을 제공하며, 학습자의 강점과 약점을 기반으로 다음 단계 학습 계획을 제안한다.

- 사례 : AI는 학습자에게 "기억 질문과 논리 질문은 잘 이해했으나, 상상 질문에서 개선이 필요합니다"라는 피드백을 제공하며, 추가 자료를 추천한다.

1-4. 종합 진단 퀴즈 풀이

책 전체에 대한 이해도를 진단하는 4지선다형 퀴즈 한 개씩, 총 10개를 제시하고, 답을 분석하고 피드백을 제공합니다.

1-5. 독후감 분석 및 피드백 제공

사용자가 작성한 독후감을 입력하면 분석하고 피드백(독후감 수준을 상, 중, 하로 평가)을 제공합니다.

GROWTH5 모델©의 실제 적용사례

사례 1 : 비즈니스 문제해결을 위한 GROWTH5 모델© 적용

한 스타트업 창업자가 AiBooktutor©를 사용하여 비즈니스 문제를 해결하고자 한다고 가정하자. 이 창업자는 초기단계에서 "고객의 핵심 니즈는 무엇인가?"라는 질문을 던지며, Guided Reading 단계를 통해 고객 행동 데이터를 읽고 분석한다. 이후 Reflective Inquiry 단계에서 AI와 대화하며 고객의 주요 문제를 파악하고, Open-Ended Exploration 단계에서 "어떻게 하면 고객이 인식하지 못한 문제를 해결할 수 있을까?"라는 창의적 질문을 생성한다. Higher Learning 단계에서는 AI와 함께 가상의 비즈니스 시뮬레이션을 통해 문제해결 방안을 탐구하며, Summary Insights 단계에서 전체 학습내용을 요약하고 다음 비즈니스 전략을 설계한다.

사례 2 : 교육현장에서 GROWTH5 모델© 활용

한 교사가 AiBooktutor©를 사용하여 사람들에게 창의적 질문법을 가르친다. 사람들은 Guided

Reading 단계에서 텍스트를 읽고 주요 개념을 학습한 후, Reflective Inquiry 단계에서 AI와 상호작용하며 텍스트의 내용을 이해한다. Open-Ended Exploration 단계에서는 "왜 이 개념이 중요한가?"와 같은 질문을 생성하며, Higher Learning 단계에서는 실제 사례를 분석하고 이를 창의적 질문으로 확장한다. Summary Insights 단계에서는 학습 결과를 요약하고, 사람들이 자신만의 창의적 질문을 생성하도록 유도한다.

GROWTHS 모델©과 AI의 협력 효과

GROWTHS 모델©은 학습자가 각 단계를 통해 지식을 체계적으로 습득하고, 창의적 사고를 발전시키며, 문제해결 능력을 강화할 수 있도록 돕는다. AI는 학습자의 학습 여정을 개인화하고, 실시간 피드백과 맞춤형 자료를 제공하며, 학습자가 설정한 목표를 효과적으로 달성할 수 있도록 지원한다. 이 과정은 학습자의 자기주도학습 능력을 강화하며, GROWTHS 모델©과 AI의 협력은 미래 학습의 새로운 패러다임을 열어가는 데 중요한 역할을 한다.

AiBooktutor©는 이러한 GROWTHS 모델©을 통해 학습자와 AI가 협력하여 창의적이고 효과적인 학습을 실현하는 플랫폼으로 자리매김한다.

3장. 독서와 교육에서 AiBooktutor©를 활용한 학습력 향상 방법

AiBooktutor©가 제시하는 학습혁신

AiBooktutor©는 독서와 학습의 새로운 패러다임을 제시하는 AI 기반 학습 플랫폼이다. 단순히 텍스트를 읽고 정보를 습득하는 것을 넘어, 학습자가 스스로 사고하고 탐구하며 창의적 문제해결 능력을 키울 수 있도록 돕는다. 특히, 이 플랫폼은 독서의 기본적인 이해에서부터 심화학습, 창의적 질문 생성 그리고 문제해결까지 학습의 모든 단계를 체계적으로 지원한다. AiBooktutor는 학습자가 개인화된 학습경험을 통해 자신의 잠재력을 최대한 발휘하도록 돕는 데 중점을 둔다.

이 장에서는 AiBooktutor©가 독서와 교육현장에서 어떻게 활용될 수 있는지를 다양한 사례와 함께 심층적으로 설명한다. 학습자가 독서를 통해 지식을 얻고 이를 응용하며, 창의적 질문을 통해 학습을 확장하는 설명한다.

1) AiBooktutor©의 독서 학습력 향상 기능

1-1. 핵심내용 요약을 통한 이해력 향상

AiBooktutor©는 텍스트의 핵심내용을 요약하여 학습자가 중요한 정보를 빠르게 이해할 수 있도록 돕는다. 이 기능은 학습자가 방대한 텍스트를 효율적으로 다룰 수 있도록 설계되었다.

- 기능 : 학습자가 텍스트를 읽으면, AI는 주요 개념과 핵심내용을 자동으로 요약해 제공한다.
- 사례 : 한 사람이 '창의적 질문법'에 대해 학습할 때, AI는 창의적 질문의 정의, 주요 특징 그리고 실제 사례를 요약하여 제시한다. 이 과정에서 학습자는 텍스트의 핵심을 빠르게 파악할 수 있다.
- 효과 : 학습자는 중요한 정보를 빠르게 습득하고, 시간을 절약하면서도 학습내용을 효과적으로 이해할 수 있다.

1-2. 용어 해설과 배경 정보 제공

AiBooktutor©는 학습자가 모르는 단어나 개념을 만나면 즉각적인 해설과 배경 정보를 제공한다. 이 기능은 학습자가 텍스트를 읽는 동안 막힘없이 학습을 지속할 수 있도록 돕는다.

- 기능 : AI는 학습자가 선택한 단어나 구절의 의미를 명확히 설명하고, 관련 배경 정보를 추가로 제공한다.

- 사례 : 한 사람이 '질문형 사고'라는 개념을 이해하지 못할 경우, AI는 이 용어의 정의와 관련 사례를 제시하며, 해당 개념이 적용된 실질적인 상황을 설명한다.
- 효과 : 학습자는 텍스트를 보다 깊이 이해할 수 있으며, 새로운 개념에 대한 이해도를 확장할 수 있다.

1-3. 독서 목표설정과 추적

AiBooktutor©는 학습자가 독서 목표를 설정하고, 이를 달성하기 위한 진행상황을 추적하도록 돕는다. 이 기능은 학습자가 장기적인 학습 계획을 세우고 이를 실현할 수 있도록 지원한다.

- 기능 : AI는 학습자가 설정한 목표를 기반으로 진행상황을 추적하고, 달성 여부를 기록한다.
- 사례 : 한 사람이 '매일 10쪽 읽기'라는 목표를 설정하면, AI는 매일 독서량을 추적하고 학습자가 목표를 달성할 수 있도록 독려 메시지를 보낸다.
- 효과 : 학습자는 지속적으로 동기를 유지하며, 독서 습관을 형성할 수 있다.

2] 창의적 질문 생성과 문제해결 능력 개발

2-1. 질문 생성 훈련

질문은 학습의 핵심도구이다. AiBooktutor©는 학습자가 텍스트를 읽고 이를 바탕으로 창의적 질문을 생성하도록 돕는다. 이 과정은 학습자가 텍스트를 단순히 수동적으로 이해하는 것을 넘어, 지식을 응용하고 확장하는 데 초점을 둔다.

- 기능 : AI는 학습자가 읽은 내용을 바탕으로 "왜?", "어떻게?"와 같은 개방형 질문을 생성하도록 유도한다.
- 사례 : 사람이 창의적 질문법의 특징을 학습한 후, AI는 "이 질문법을 다른 분야에 어떻게 적용할 수 있을까요?"와 같은 질문을 제안한다.
- 효과 : 학습자는 질문을 통해 사고의 폭을 넓히고, 창의적인 문제해결 능력을 개발할 수 있다.

2-2. 질문 평가와 피드백 제공

AiBooktutor©는 학습자가 생성한 질문의 품질을 평가하고, 이를 개선하기 위한 피드백을 제공한다. 이 과정은 학습자가 더 나은 질문을 생성할 수 있도록 돕는다.

- 기능 : AI는 학습자가 생성한 질문을 분석하여, 질문이 구체적이고 창의적인지 평가하고 개선 사항을 제안한다.
- 사례 : 한 사람이 "창의적 질문은 왜 중요한가요?"라는 질문을 생성했을 때, AI는 "이 질문을 더 구체화하여, 특정 상황에 적용될 수 있도록 바꿔보세요"라고 제안한다.
- 효과 : 학습자는 질문의 질을 높이고, 이를 바탕으로 학습을 심화할 수 있다.

2-3. 문제해결 시뮬레이션

AiBooktutor©는 학습자가 생성한 질문을 실제 문제해결에 적용할 수 있도록 가상의 시뮬레이션을 제공한다. 이 과정은 학습자가 현실적인 문제를 창의적으로 해결할 수 있도록 돕는다.

- 기능 : AI는 학습자에게 가상의 시나리오를 제공하고, 학습자가 이를 해결하기 위한 질문과 해결책을 제안하도록 유도한다.
- 사례 : AI는 "환경문제를 해결하기 위한 창의적 질문을 생성하고, 이를 바탕으로 해결책을 제안해보세요"라는 시나리오를 제시한다.
- 효과 : 학습자는 현실적인 문제해결 능력을 키우고, 창의적 사고를 강화할 수 있다.

3] 교육현장에서의 활용

3-1. 사람 맞춤형 학습경로 제공

AiBooktutor©는 사람 개개인의 학습 수준과 목표에 맞는 맞춤형 학습경로를 제공한다. 이 기능은 사람이 자신의 수준에 맞는 학습을 통해 지속적으로 발전할 수 있도록 돕는다.

- 기능 : AI는 사람의 학습 데이터를 분석하여, 사람이 강점을 보이는 영역과 약점을 보완할 수 있는 학습경로를 설계한다.
- 사례 : 한 사람이 논리적 질문에는 강점을 보이지만, 상상 질문에서는 약점을 보이는 경우, AI는 상상력을 키우기 위한 연습문제와 자료를 추천한다.
- 효과 : 사람은 자신의 학습 수준에 맞는 교육을 받을 수 있으며, 약점을 보완하여 전반적인 학습 능력을 향상시킬 수 있다.

3-2. 교사를 위한 데이터 기반 피드백

AiBooktutor©는 교사에게 사람의 학습 진행상황과 성과를 시각적으로 제공하여, 수업 방향을 조정할 수 있도록 돕는다.

- 기능 : AI는 사람들의 질문, 답변, 학습 수준 데이터를 분석하여 교사에게 제공한다.
- 사례 : 교사는 AiBooktutor©를 통해 한 학급의 사람들이 창의적 질문법에 대해 얼마나 이해했는지를 확인하고, 부족한 부분에 초점을 맞춰 수업을 설계한다.
- 효과 : 교사는 보다 효율적으로 사람들을 지도할 수 있으며, 사람들의 학습 격차를 줄일 수 있다.

3-3. 협동 학습 지원

AiBooktutor©는 사람들이 협력하여 학습할 수 있는 환경을 제공한다. 이 기능은 사람들이 함께 학습하면서 창의적인 아이디어를 공유하고 발전시킬 수 있도록 돕는다.

- 기능 : AI는 사람들이 그룹별로 창의적 질문을 생성하고, 이를 토론하며, 최종 답변을 정리하도록 지원한다.
- 사례 : 한 그룹의 사람들이 '미래에너지 문제를 해결하기 위한 질문과 해결책'이라는 주제를 AI와 함께 탐구하며, 결과를 발표 자료로 정리한다.
- 효과 : 사람들은 협력과 소통 능력을 키우고, 학습 과정에서 서로의 아이디어를 발전시킬 수 있다.

4) AiBooktutor©와 학습의 미래

AiBooktutor©는 독서와 교육현장에서 학습자의 독해력, 분석력, 창의적 문제해결 능력을 혁신적으로 향상시키는 도구이다. 이 플랫폼은 개인화된 학습경로, 창의적 질문 생성, 실시간 피드백 제공 등 다양한 기능을 통해 학습자가 자신의 잠재력을 최대한 발휘할 수 있도록 돕는다.

교육현장에서 AiBooktutor©는 사람들에게는 맞춤형 학습을, 교사들에게는 데이터 기반 지도를 제공하며, 학습 격차를 줄이고 전반적인 학습 수준을 높이는 데 기여한다. 이처럼 AiBooktutor©는 독서와 교육의 미래를 선도하며, 더 많은 학습자가 자신의 목표를 달성할 수 있도록 돕는다.

4장. AiBooktutor©의 활용 가이드 : 일상에서부터 조직까지

AiBooktutor© 개발의 배경과 글로벌 확장성

AiBooktutor©는 독서와 학습의 새로운 가능성을 열어주는 세계 최초의 AI 기반 학습 플랫폼으로, 저자가 출간한 책의 내용을 PDF 파일로 변환하여 미리 AI에 학습시킨 후, 독자들이 저자와 실시간으로 대화하는 경험을 제공한다. 이 플랫폼은 단순히 독서를 마친 후 책을 책장에 꽂아두는 기존 독서 습관의 한계를 극복하고, 독서경험을 심화시키는 데 초점을 맞추고 있다.

AiBooktutor©의 목적은 독자가 책을 읽고 이를 단순히 정보습득으로 끝내는 것이 아니라, 독서 후 AI와의 양방향 대화를 통해 저자가 의도한 내용을 깊이 이해하고, 자신만의 통찰을 얻으며, 학습을 확장할 기회를 제공하는 것이다. 특히, AiBooktutor©는 출간된 도서를 PDF로 변환해 AI가 미리 학습하도록 설계되었으며, 이를 기반으로 독자들은 책과 관련된 질문을 던지고, 저자의 입장을 대변하는 AI와 실시간으로 대화할 수 있다.

AiBooktutor©는 이러한 혁신적 접근을 통해 이미 특허 출원을 완료했으며, 법적 보호를 기반으로 국내와 해외 시장에서 동시에 서비스를 제공하고 있다. 이 장에서는 AiBooktutor©의 구체적인 활용방법과 글로벌 학습환경에서 이 플랫폼이 가진 잠재력을 심층적으로 설명한다.

1] 독자 경험의 혁신 : AiBooktutor©와의 심화 독서

1-1. 독자와 저자 간의 실시간 대화경험

AiBooktutor©는 독자와 저자를 연결하는 다리 역할을 한다. 독자는 책을 읽고 나서 자신이 이해한 내용을 바탕으로 질문을 던질 수 있으며, AI는 저자의 입장에서 응답하며 심화학습을 돕는다. 이러한 경험은 독자들에게 단순히 책을 읽는 것을 넘어 저자와의 대화를 통해 새로운 통찰을 얻을 기회를 제공한다.

- 활용방법
  - 독자가 책의 특정 내용을 읽고 질문을 프롬프트 창에 입력한다.
  - AI는 저자가 의도한 관점에서 질문에 답변하고, 독자가 놓친 내용을 보완하거나 새로운 질문을 제안한다.

- 독자는 AI와의 대화를 통해 책의 내용을 다각도로 탐구하며 심화학습을 진행한다.
- 사례 : 한 독자가 '창의적 질문법'에 대해 "이 방법이 현대 비즈니스 문제해결에 어떻게 적용될 수 있을까요?"라고 묻자, AiBooktutor©는 저자의 입장에서 이 질문에 답변하며, "다양한 팀 구성원들의 관점을 탐구하기 위해 질문형 회의를 도입할 수 있습니다"와 같은 구체적인 아이디어를 제안한다.

1-2. 독서 후 심화학습과 확장 학습 제공

독자들은 AiBooktutor©를 통해 책을 읽은 후에도 독서를 기반으로 새로운 배움을 이어나갈 수 있다. 이 플랫폼은 독자들이 책의 내용을 더욱 깊이 이해하고, 다양한 맥락에서 적용할 수 있도록 지원한다.

- 활용방법
  - 책의 특정 장이나 개념에 대해 질문을 입력하고, AI와의 대화를 통해 이를 다양한 관점에서 탐구한다.
  - AI는 책의 내용을 바탕으로 독자에게 추가적인 사례와 맥락을 제시하여 학습을 확장한다.
- 사례 : 한 독자가 "이 책에서 논의된 창의적 질문법을 교육현장에서 어떻게 활용할 수 있을까요?"라고 묻자, AI는 "사람들에게 주도적으로 질문을 생성하게 하여 창의적 사고를 유도할 수 있습니다"와 같은 구체적인 제안을 한다.

1-3. 독자의 사고를 자극하는 질문 기반 대화

AiBooktutor©는 독자들이 책을 읽으면서 질문을 통해 사고를 확장하도록 설계되었다. 독자들은 단순한 정보를 습득하는 데 그치지 않고, 질문을 통해 지식을 응용하고 창의적 통찰을 얻을 수 있다.

- 활용방법
  - 독자가 궁금한 점을 질문하면, AI는 질문에 답변하면서 독자가 생각하지 못한 새로운 관점을 제안한다.
  - AI는 질문을 구체화하고 발전시키기 위한 추가질문을 던진다.
- 사례 : 독자가 "이 책의 질문법을 제3세계 경제 개발 문제에 적용할 수 있을까요?"라는 질문을 던

지면, AI는 "질문법을 통해 해당 지역의 주요 문제를 파악하고, 문제를 해결하기 위한 자원을 어떻게 활용할 수 있을지 탐구할 수 있습니다"라는 답변과 함께 구체적인 사례를 제공한다.

2) 교육현장에서의 활용

2-1. 사람들에게 창의적 사고를 자극하는 학습 도구

AiBooktutor©는 교육현장에서 사람들에게 단순한 독해 능력을 넘어 창의적 사고를 기를 수 있는 기회를 제공한다. AI와의 대화를 통해 사람들은 텍스트의 내용을 다각도로 분석하고, 이를 바탕으로 창의적인 질문을 생성하며, 문제해결 능력을 향상시킬 수 있다.

- 활용방법
    - 교사가 특정 도서를 AiBooktutor©에 학습시킨 후, 사람들이 질문을 통해 책의 내용을 심화학습하도록 유도한다.
    - AI는 사람들의 질문에 답변하며, 추가적인 사고를 자극하는 질문을 제안한다.
- 사례 : 한 사람이 "이 책에서 제시한 질문법을 수학문제 해결에 어떻게 활용할 수 있을까요?"라고 묻자, AI는 "문제의 구조를 다양한 방식으로 분석하기 위한 질문을 만들어볼 수 있습니다"라는 답변과 함께 적용방법을 제안한다.

2-2. 사람 맞춤형 학습경로 제공

AiBooktutor©는 사람 개개인의 학습 수준과 관심사에 맞춰 맞춤형 학습경험을 제공한다. AI는 사람들이 특정 주제에서 강점을 발휘하거나, 부족한 부분을 보완할 수 있도록 학습경로를 설계한다.

- 활용방법
    - AI가 사람의 질문 데이터를 분석하여 강점과 약점을 파악하고, 맞춤형 학습 자료를 제안한다.
    - 사람들은 AI와의 대화를 통해 부족한 개념을 보완하고, 학습을 심화한다.
- 사례 : 한 사람이 "상상 질문"에 약점을 보이는 경우, AI는 추가 학습 자료를 추천하며, "상상력을 자극할 수 있는 다른 예를 생각해보세요"라고 유도한다.

3) 글로벌 조직 학습에서의 활용

3-1. 다국적 조직에서의 심화학습과 협업 강화

AiBooktutor©는 다국적 조직에서 중요한 도서를 기반으로 심화학습을 진행하고, 글로벌 팀 간 협업을 촉진할 수 있는 도구로 활용될 수 있다.

- 활용방법
    - 조직은 AiBooktutor©에 학습시킨 도서를 직원들에게 제공하고, 직원들이 질문과 대화를 통해 도서 내용을 업무에 적용할 수 있도록 돕는다.
    - AI는 직원들의 질문에 답변하고, 조직의 문제해결을 위한 새로운 아이디어를 제안한다.
- 사례 : 한 글로벌 IT 조직이 '디지털 혁신 전략'에 대한 도서를 학습한 후, 직원들이 "이 전략을 우리 조직의 운영 모델에 적용할 수 있을까요?"라는 질문을 던지며, AI와 함께 실행 가능한 계획을 탐구한다.

3-2. 조직 학습 콘텐츠의 지속적 활용

AiBooktutor©는 조직이 학습한 도서를 단발적인 학습에서 그치지 않고, 지속적으로 활용할 수 있는 기회를 제공한다.

- 활용방법
    - AI는 조직이 학습한 도서의 내용을 기반으로 반복학습과 심화 대화를 지원한다.
    - 직원들은 특정 프로젝트나 문제해결을 위해 도서 내용을 다시 활용할 수 있다.
- 사례 : 한 제조업체가 「스마트 팩토리 전략」 도서를 학습한 후, AI와 함께 생산성 향상을 위한 추가적인 전략을 도출한다.

4) 글로벌 확장과 특허 보호

4-1. 특허 기반의 신뢰성과 경쟁 우위 확보

AiBooktutor©는 독창적인 기술 설계를 바탕으로 특허 출원을 완료했으며, 법적 보호를 통해 플랫폼의 신뢰성과 경쟁 우위를 확보하고 있다.

- 특허의 의미
    - 플랫폼의 독창적 설계와 AI 학습구조를 보호하며, 독자와 조직이 안정적으로 서비스를 이용할 수 있도록 보장한다.
    - 글로벌 시장에서도 유사 솔루션과의 차별성을 강조하며, 기술적 우위를 유지한다.
- 효과 : 독자와 조직은 법적으로 보호 받는 안정적인 플랫폼을 기반으로 심화학습과 대화를 진행할 수 있다.

4-2. 글로벌 서비스와 다국어 지원

AiBooktutor©는 국내뿐만 아니라 해외에서도 서비스를 제공하며, 다양한 언어와 문화를 고려한 글로벌 학습환경을 구축하고 있다.

- 글로벌 접근성
    - 영어, 일본어 등 다국어 지원을 통해 전세계 독자들에게 저자와의 대화경험을 제공한다.
    - 다양한 국가에서 출간된 도서를 AI에 학습시켜, 글로벌 독자들의 요구에 부응한다.
- 사례 : 한 해외 독자가 '창의적 질문법'에 대해 영어로 질문하자, AI는 저자의 입장에서 응답하며 구체적인 적용방법을 제안한다.

5) AiBooktutor의 미래 비전과 글로벌 영향력

AiBooktutor©는 독자와 조직 모두에게 독서와 학습의 새로운 표준을 제시한다. 독자는 책과 대화를 나누며 새로운 통찰을 얻고, 조직은 학습과 협업을 강화하며 생산성을 높일 수 있다. 특허 기반의 법적 보호와 글로벌 확장을 통해 AiBooktutor©는 전세계 독자와 조직에게 신뢰할 수 있는 플랫폼으로 자리잡았다.

앞으로 AiBooktutor©는 다국어 지원 강화, 글로벌 출판사와의 협력을 통해 더 많은 독서 콘텐츠를 제공하며, 전세계 학습자들이 독서경험을 확장하고 지식을 응용할 수 있는 기반을 마련할 것이다.

5장. 미래의 독서와 학습을 맞춤식으로 지원하는 AI와 인간의 협력

맞춤형 학습의 혁신과 AI의 역할

미래의 독서와 학습은 획일적인 접근에서 벗어나, 개인의 목표와 필요에 맞춘 맞춤형 방식으로 진화하고 있다. 이러한 변화에서 AI는 개인화된 학습경험을 제공하고 학습 과정에서 인간의 사고와 창의성을 보조하는 핵심 역할을 맡고 있다. 특히, AiBooktutor©와 같은 플랫폼은 독서와 학습의 전 과정을 심화시키고, 독자와 학습자가 정보를 단순히 소비하는 데 그치지 않고 이를 응용하고 발전시키는 방향으로 독려한다.

AiBooktutor©는 AI와 인간 간의 협력을 통해 학습효과를 극대화하며, 독서와 학습의 패러다임을 근본적으로 변화시키고 있다. 본 장에서는 AI와 인간의 협력이 어떻게 미래의 독서와 학습을 개인화하고 심화하며, 창의적 문제해결 능력을 개발하는 데 기여할 수 있는지를 다양한 관점에서 심층적으로 탐구한다.

1] AI와 인간의 협력 : 학습환경의 변화

1-1. 인간과 AI의 상호보완적 역할

미래의 학습환경에서는 AI와 인간이 각자의 강점을 살려 상호보완적으로 협력하게 된다. AI는 학습자 데이터를 분석하고, 맞춤형 학습경로를 설계하며, 실시간 피드백을 제공하는 데 강점을 보인다. 인간은 이를 바탕으로 비판적 사고와 창의적 문제해결 능력을 발휘하여 학습 과정을 주도한다.

- AI의 주요 역할
  - 대규모 데이터 분석을 통한 개인화된 학습설계
  - 반복학습과 평가를 통한 학습효과 강화
  - 학습자가 놓친 개념이나 잘못 이해한 내용 보완
- 인간의 주요 역할
  - AI가 제공하는 자료와 피드백을 바탕으로 학습목표 설정
  - 복합적이고 비정형적인 문제 해결

- 창의적 통찰 도출과 응용
- 사례 : 한 독자가 AiBooktutor©를 통해 '창의적 질문법'을 학습하며, AI가 제공한 관련 사례를 분석하고, 이를 자신이 진행 중인 비즈니스 프로젝트에 적용하기 위한 전략을 설계한다.

1-2. 맞춤형 학습의 필요성

전통적인 학습 방식은 획일적인 커리큘럼과 평가 방법에 의존했으나, 이는 개인별 학습 속도와 관심사를 충분히 반영하지 못했다. AI 기반 학습 플랫폼은 이러한 한계를 극복하며, 학습자마다 다른 학습 요구를 충족시킬 수 있는 개인화된 경험을 제공한다.

- AI 기반 맞춤형 학습의 특징
  - 학습자의 수준과 목표를 반영한 맞춤형 자료와 경로 설계
  - 실시간 피드백과 학습 진도 추적을 통한 학습 최적화
  - 학습자가 가장 효과적으로 학습할 수 있는 방식을 설계
- 사례 : AiBooktutor©는 독자가 '창의적 질문법'의 비즈니스 적용에 관심이 있다고 입력했을 때, 이를 기반으로 관련된 추가 자료와 심화된 질문을 추천하여 학습을 확장하도록 돕는다.

2] AI 기반 맞춤형 학습 플랫폼의 설계

2-1. GROWTHS 모델© : 학습경험의 핵심

AiBooktutor©는 GROWTHS 7단계 모델을 기반으로 학습자들에게 체계적이고 개인화된 학습경험을 제공한다. 각 단계는 독서와 학습 과정을 심화시키고 학습자가 창의적이고 비판적인 사고를 개발할 수 있도록 설계되었다.

- GROWTHS 7단계 구성
  - Guided Reading(G) : AI가 책의 주요 내용을 요약하고 학습자가 텍스트를 이해하도록 돕는다.
  - Reflective Inquiry(R) : 학습자가 질문을 생성하고, AI와의 대화를 통해 학습을 확장한다.
  - Open-Ended Exploration(O) : 학습자가 개방형 질문을 통해 텍스트를 다양한 관점에서 탐구한다.

- Wisdom Assessment(W) : 학습 수준을 진단하고, 학습자가 부족한 부분을 보완하도록 피드백을 제공한다.
- Thorough Fundamentals(T) : 기초개념을 강화하고, 반복학습을 통해 학습내용을 내재화한다.
- Higher Learning(H) : 고급 수준의 질문과 학습내용을 통해 심화학습을 진행한다.
- Summary Insights(S) : 학습 결과를 요약하고, 다음 학습 목표를 설정한다.

• 사례 : 한 기업에서 AiBooktutor©를 사용해 「디지털 혁신 전략」 도서를 학습하며, GROWTHS 모델©을 통해 팀원들이 각자의 수준에 맞게 도서 내용을 학습하고 업무에 적용할 방안을 논의한다.

2-2. 실시간 피드백과 대화형 학습

AiBooktutor©는 학습자가 입력한 질문과 응답을 실시간으로 분석하고, 학습자가 더 나은 통찰을 얻을 수 있도록 피드백을 제공한다. 대화형 학습은 학습자가 정보를 단순히 소비하는 것을 넘어, 학습 과정에 적극적으로 참여하도록 유도한다.

• 특징
 - 질문 생성 훈련과 피드백 제공
 - 학습자가 모호하게 이해한 부분을 명확히 보완
 - 창의적 사고를 자극하는 후속질문제안

• 사례 : 한 독자가 "이 책에서 논의된 전략을 우리 조직에 적용하려면 무엇이 필요할까요?"라고 묻자, AI는 조직 구조와 현재 상황을 고려한 맞춤형 답변을 제공하며, 추가로 참고할 수 있는 자료를 추천한다.

3] AI와 인간 협력의 실제 사례

3-1. 교육현장에서 AI와 인간의 협력

AI는 교육 환경에서 학습자의 개별 요구를 반영하고, 교사와 사람 간의 협력을 촉진하는 역할을 한다. 이를 통해 교육 과정은 더욱 개인화되고, 학습자는 자신의 속도와 방식에 맞춰 학습할 수 있다.

- 활용방법
  - AI가 사람들의 질문 데이터를 분석하여 학습 수준과 관심사를 진단
  - 교사는 AI가 제공한 데이터를 바탕으로 사람 맞춤형 학습 전략을 설계
  - 사람은 AI와의 대화를 통해 교사가 설명하지 않은 부분까지 탐구
- 사례 : 한 교사가 AiBooktutor©를 사용해 '기후 변화와 사회적 영향'이라는 주제를 가르치며, 사람들이 AI와 창의적 질문을 생성하고 팀 프로젝트를 진행하도록 유도한다.

3-2. 조직 학습에서 AI와 인간의 협력

AI는 조직 학습환경에서 직원들이 필요로 하는 지식을 학습하고, 이를 실제 상황에 적용할 수 있도록 돕는다. 또한, 팀원 간 협력을 통해 더 나은 성과를 도출할 수 있는 환경을 조성한다.

- 활용방법
  - AiBooktutor©를 통해 중요한 도서를 학습하고, 팀별로 AI와의 대화를 통해 문제해결 방안을 모색
  - AI가 제공한 자료와 피드백을 바탕으로 조직의 전략을 설계
- 사례 : 한 IT 조직이 '빅데이터 분석' 도서를 학습하며, AI와 함께 데이터를 활용한 새로운 비즈니스 전략을 설계한다.

4] AI와 인간 협력의 미래 : 맞춤형 학습의 발전

4-1. 지속 가능한 학습환경 구축

AI와 인간의 협력은 학습자가 단발적인 학습에 그치지 않고, 지속적으로 학습내용을 응용하며 발전할 수 있는 환경을 조성한다. AI는 학습자에게 개인화된 경로를 제안하고, 새로운 학습 목표를 설정하는 데 도움을 준다.

- 특징
  - 학습 과정에서 축적된 데이터를 기반으로 맞춤형 학습경로 설계
  - 학습 목표 달성을 지원하며, 학습자가 새로운 목표를 설정하도록 유도

- 사례 : 한 독자가 '환경문제 해결'을 주제로 AiBooktutor©를 활용해 학습을 시작한 후, AI가 관련된 새로운 도서와 자료를 추천하며 학습을 확장하도록 돕는다.

4-2. 글로벌 학습환경 조성

AI는 다양한 언어와 문화를 고려하여 전세계 학습자들에게 맞춤형 학습경험을 제공한다. 글로벌 학습환경에서 AI는 다국적 협력과 지식 공유를 촉진하는 역할을 한다.

- 특징
    - 다국어 지원을 통해 다양한 언어권 학습자에게 접근성 제공
    - 글로벌 학습 커뮤니티를 형성하여 학습자 간의 협력 강화
- 사례 : 한 다국적 팀이 AiBooktutor©를 사용해 「문화적 다양성과 조직 혁신」 도서를 학습하며, 각국의 관점을 반영한 전략을 설계한다.

AI와 인간 협력이 열어갈 학습의 미래

AI와 인간의 협력은 미래의 독서와 학습환경을 근본적으로 변화시키고 있다. AI는 학습자가 목표에 맞는 경로를 설계하고, 실시간 피드백과 맞춤형 자료를 제공하며, 인간은 이를 바탕으로 창의적 통찰과 문제해결 능력을 발휘한다.

AiBooktutor©는 이러한 협력의 선두에 서서, 개인화된 학습경험과 글로벌 학습환경을 조성하며, 독서와 학습의 새로운 가능성을 제시한다. AI와 인간의 협력은 앞으로도 학습을 더욱 심화하고 확장하며, 혁신적인 방향으로 나아갈 것이다.

AiBooktutor©-노벨상 수상자들의 질문법, 15 창의 질문활용사례는 다음과 같다.

모바일 화면 하단에는 아래와 같은 스타터(사용자가 쉽게 사용할 수 있도록 개발자가 미리 입력한 질문이나 요청사항)들이 있다.

이 책의 저자를 소개해 주세요   이 책은 무엇을 다루고 있나요?

"개요와 핵심메세지를 정리해 주세요   이 책의 장점과 차별성을 소개해 주

스타터 중의 하나를 선택하여 실행했다.

이 책은 무엇을 다루고 있나요?
AM 11:32

그러자 아래와 같은 답변이 나왔다.

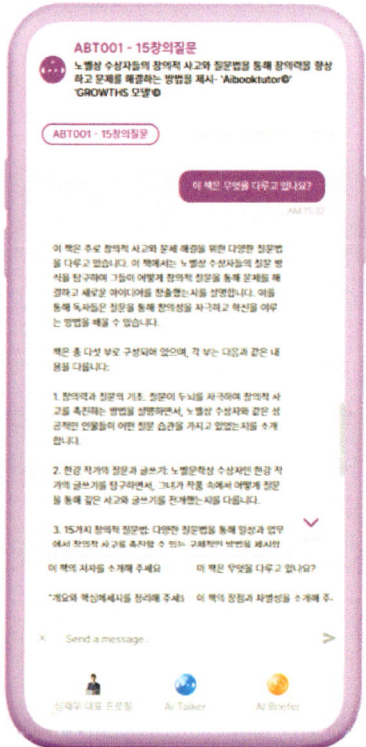

이 책의 저자를 소개해 주세요
PM 12:22

실행하면 아래와 같은 답변이 나온다.

저자를 소개하고 홍보하는 효과가 급상승하고, 독자들은 마치 저자와 직접 대화하는듯한 생각과 감정을 갖게된다.

> 이 책의 저자를 소개해 주세요
> PM 12:22

이 책의 저자는 심재우입니다. 심재우 대표는 30년 이상의 교육과 컨설팅 경험을 통해 다양한 분야에서 창의적 문제 해결, 글로벌 세일즈, 조직 혁신 및 디지털 전환을 위한 포괄적인 솔루션을 제공하는 전문가로 알려져 있습니다.

교육 및 컨설팅 분야에서 심재우는 질문의 힘을 연구하며, 사람들이 질문을 학습하고 훈련할 수 있는 교육 프로그램을 개발하였고, 다양한 질문 모델과 기법을 창안하여 개인과 조직이 질문을 통한 성장과 문제 해결을 이룰 수 있도록 돕고 있습니다.

그는 특히 질문 학습 AI 튜터와 같은 프로그램을 통해 학습사들이 스스로 질문을 생성하고 AI와의 상호작용을 통해 학습을 심화할 수 있는 독창적인 학습 방법을 개발했습니다. 이를 통해 학습사의 창의적인 사고를 자극하고 자기주도 학습 능력을 강화하는 데 중점을 두고 있습니다.

심재우의 교육 접근 방식은 고객의 요구와 목표에 맞춘 맞춤형 솔루션을 제공하며, AI 기술과 디지털 학습을 결합한 새로운 학습 플랫폼 개발을 통해 학습과 비즈니스 혁신의 패러다임을 변화시키는 데 많은 기여를 하고 있습니다.

AiBooktutor©은 AI 기술이 기반이므로 언어의 장벽이 사라졌다. 그래서 영어 버전으로 만드는 것도 쉽다.

아래는 영어 버전에서 사용한 활용사례이다.

모바일 화면에서 스타터 중의 하나를 선택하여 실행했다.

> What can I learn from this content today?
> AM 11:41

그러자 아래와 같은 답변이 나왔다.

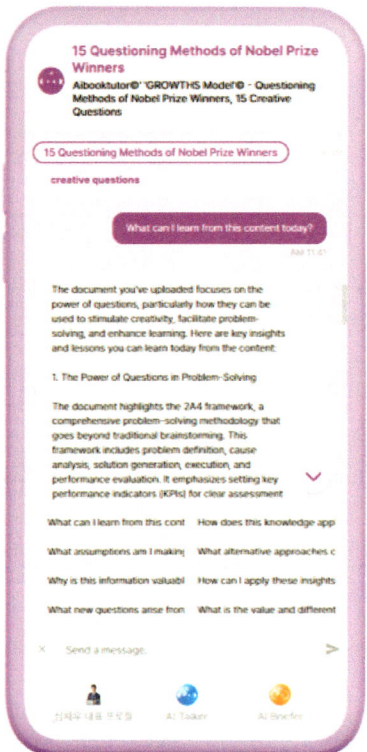

일본어 버전도 가능하다.

> 今日このコンテンツから何を学べるでしょうか?

AM 11:46

あなたがアップロードした文書は、質問の力に焦点を当てており、その創造性を刺激し、問題解決を容易にし、学習を向上させる方法を説明しています。以下に今日学べる主要なポイントと洞察を示します。

問題解決における質問の力

この文書では、2A4フレームワークという包括的な問題解決の方法論が紹介されています。これは従来のブレインストーミングを超えたもので、問題の定義、原因分析、解決策の生成、実行、パフォーマンス評価を含みます。明確な評価基準としてのキー・パフォーマンス・インディケータ（KPI）を設定し、フィードバックを通じての継続的な改善を促しています。

현재 아래처럼 7종의 책에 대한 AiBooktutor© AI에이전트가 개발됐다.

서점에 구매한 종이책이나 온라인서점에서 구매한 전자책을 읽은 후, 해당되는 AI에이전트를 활용하면 독서나 학습효과는 기존 방식보다 수십 배는 증가하는 효과를 얻을 수 있다.

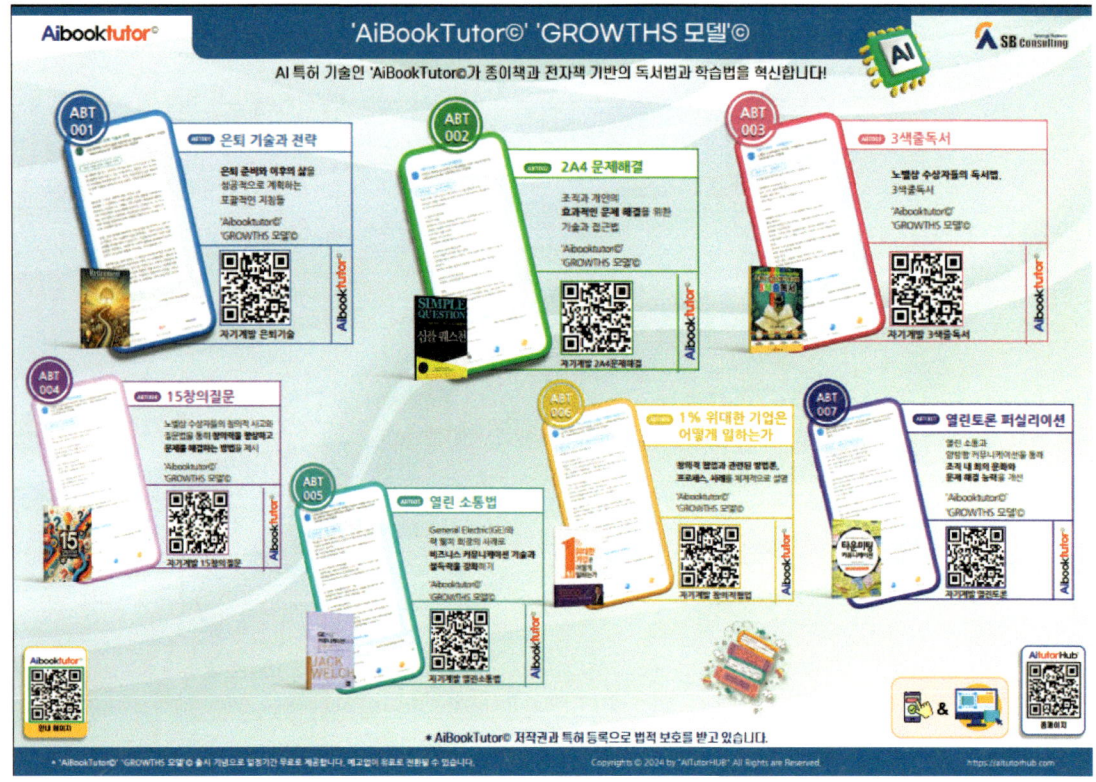

기존에 출간한 저자나 출판사 모두 새로운 수입원을 가질 수 있고, 국내에만 머물렀던 도서판매를 아마존 미국, 일본 등 언어 장벽 없이 PDF북으로 출간하고 동시에 해당 도서용 AiBooktutor©를 출시하면, 도서판매량이 늘고 AiBooktutor© 사용료도 유료화하여 추가 수입이 가능해진다.

6장. AiBooktutor©', 'GROWTHS 모델©'을 적용할 저자와 출판사 초대

AiBooktutor©' 'GROWTHS 모델©'을 적용할 저자와 출판사를 초대한다.

저자(현재 판매 중이거나 출판계약 기간이 지났거나, 새로운 집필하여 출간계약이 안된 책)나 출판사의 책을 AiBooktutor©' 'GROWTHS 모델©'에 적용하여 수많은 독자들에게 새로운 독서와 학습 경험을 제공할 수 있다.

종이책이나 전자책을 읽은 독자나 교과서나 학습지를 공부하는 사람들에게 AiBooktutor©' 'GROWTHS 모델©'로 개발된 AI에이전트를 제공하여 이들의 독서와 학습을 도울 수 있다. AiBooktutor©' 'GROWTHS 모델©'에 적용하여 책과 독서의 활용도를 높이려는 저자나 출판사를 초대한다.

문의는 심재우 대표(010-2397-5734, jaiwshim@gmail.com)에게 하면 된다.

부록

질문을 통한 문제해결 체크리스트

이 문제해결 체크리스트는 개인과 팀이 효율적으로 문제를 정의하고 해결책을 도출할 수 있도록 돕는 도구다. 각 단계에서 핵심적인 질문을 던짐으로써 문제를 명확히 이해하고 실행 가능한 해결책을 탐색하 도록 유도한다. 이 체크리스트는 문제정의부터 실행과 평가까지 단계별로 구성되어 있으며, 복잡한 문제를 체계적으로 접근하는 데 유용하다.

1. 문제정의 단계 : 문제의 본질을 파악하기

문제를 해결하려면 본질을 명확하게 정의하는 것이 중요하다. 이 단계에서는 표면적 증상이 아닌 근본 원인을 찾기 위한 질문이 필요하다.

- 핵심 질문
  - 우리가 해결해야 할 정확한 문제는 무엇인가?
  - 이 문제가 발생하게 된 배경은 무엇인가?
  - 이 문제의 증상과 근본 원인은 무엇인가?
- 목표 : 문제의 범위를 명확히 하여 불필요한 에너지 낭비를 방지하고, 올바른 해결책을 모색한다.

2. 이해관계자 파악 : 누구에게 영향을 미치는가?

문제의 해결 과정에서 관련된 이해관계자들의 관점과 필요를 고려하는 것이 중요하다.

- 핵심 질문
  - 이 문제로 인해 영향을 받는 사람은 누구인가?
  - 각 이해관계자가 원하는 것은 무엇인가?
  - 이해관계자들과 소통할 방법은 무엇인가?
- 목표 : 문제해결 과정에서 이해관계자의 협력과 지지를 확보하고, 갈등을 줄인다.

3. 원인분석 : 문제의 근본 원인 찾기

문제의 표면적인 증상이 아닌 근본 원인(Root Cause)을 찾아야 한다. 다양한 분석 도구와 질문을 통해 문제를 심층적으로 탐구한다.

- 핵심 질문

  - 이 문제가 반복되는 이유는 무엇인가?

  - 어떤 내부·외부 요인이 이 문제를 발생시키고 있는가?

  - 이 문제가 처음 발생한 시점과 원인은 무엇이었나?

- 목표 : 근본 원인을 파악해 반복적인 문제 발생을 방지한다.

4. 해결책 탐색 : 다양한 해결방안 도출하기

이 단계에서는 창의적이고 실행 가능한 해결책을 탐색한다. 여러 관점에서 문제를 바라보고, 기존의 틀을 벗어난 아이디어를 모색해야 한다.

- 핵심 질문

  - 이 문제를 해결할 새로운 방법은 무엇인가?

  - 우리가 시도하지 않은 해결책은 무엇이 있는가?

  - 다른 업계에서는 유사한 문제를 어떻게 해결했는가?

- 목표 : 다양한 대안을 검토하여 가장 적절한 해결책을 선택한다.

5. 실행계획 수립 : 해결책을 구체화하기

선택한 해결책을 실행 가능하게 구체화해야 한다. 이 과정에서는 세부적인 실행계획과 일정, 책임자를 명확히 한다.

- 핵심 질문

  - 이 해결책을 실행하려면 어떤 자원이 필요한가?

- 실행 과정에서 발생할 수 있는 위험은 무엇인가?

- 누가 어떤 역할과 책임을 맡을 것인가?

- 목표 : 명확한 실행계획을 통해 문제해결을 실천에 옮긴다.

6. 리스크 관리 : 잠재적 위험 대비하기

해결책을 실행하는 과정에서 발생할 수 있는 리스크를 사전에 파악하고 대비해야 한다.

- 핵심 질문

  - 이 해결책이 실패할 경우 어떤 대안이 있는가?

  - 문제를 악화시킬 가능성이 있는 요소는 무엇인가?

  - 위험을 줄이기 위해 어떤 조치를 취할 수 있을까?

- 목표 : 리스크를 최소화하여 실행 과정에서의 장애물을 줄인다.

7. 성과측정 및 피드백 : 해결책의 효과 평가하기

해결책의 효과를 측정하고 평가하는 단계다. 결과를 분석하고 피드백을 반영해 지속적인 개선을 도모한다.

- 핵심 질문

  - 이 해결책이 예상한 결과를 가져왔는가?

  - 성과를 측정하기 위해 어떤 지표를 사용할 것인가?

  - 다음에 더 잘할 수 있는 부분은 무엇인가?

- 목표 : 성과를 점검하고, 추가적인 개선 방안을 모색한다.

8. 회고 및 학습 : 교훈을 도출하고 개선하기

문제해결 과정에서 성공과 실패에서 교훈을 얻는 회고를 통해 다음 단계로의 발전을 도모한다.

- 핵심 질문
  - 이번 과정에서 가장 잘한 점은 무엇인가?
  - 어떤 부분을 개선해야 할까?
  - 다음에는 무엇을 다르게 시도할 수 있을까?
- 목표 : 학습과 성찰을 통해 지속적인 성장을 도모한다.

9. 문제해결 체크리스트 요약

- 문제정의 : 정확한 문제와 근본 원인을 파악하기
- 이해관계자 파악 : 문제해결에 영향을 미치는 사람과의 소통 계획 세우기
- 원인분석 : 문제의 근본 원인에 집중하기
- 해결책 탐색 : 다양한 대안을 모색해 최적의 해결책 선택하기
- 실행계획 수립 : 명확한 일정과 책임자 지정하기
- 리스크 관리 : 잠재적 위험을 식별하고 대비책 마련하기
- 성과측정 및 피드백 : 해결책의 효과를 점검하고 개선하기
- 회고 및 학습 : 성공과 실패에서 교훈을 얻어 성장하기

10. 결론 : 문제해결 체크리스트의 활용가치

이 문제해결 체크리스트는 개인과 조직이 복잡한 문제를 체계적으로 정의하고 해결할 수 있도록 돕는다. 각 단계별 질문을 통해 사고를 확장하고, 근본적인 해결책과 실행력을 강화할 수 있다. 체크리스트를 활용하면 문제해결의 효율성을 높이고, 지속적인 성장과 개선을 도모할 수 있을 것이다.

노벨상 수상자들의 질문법
15 창의 질문

초 판 인 쇄	2025년 1월 15일
초 판 발 행	2025년 1월 22일
저　　　자	심재우
발 행 인	김갑용
발 행 처	진한엠앤비
주　　　소	03745 서울특별시 서대문구 독립문로14길 66, 205호(냉천동 260)
전　　　화	02)364-8491(대)
팩　　　스	02)319-3537
홈 페 이 지	www.jinhanbook.co.kr
등 록 번 호	제25100-2016-000019호(등록일자 : 1993년 5월 25일)
	©2025 Jinhan M&B INC, Printed in Korea
편집디자인	알래스카인디고(주)
인쇄·제작	알래스카인디고(주)
I S B N	979-11-290-5763-1(93370)
정　　　가	35,000원

※ 이 책에 담긴 내용의 무단전재 및 복제행위를 금합니다.
※ 잘못 만들어진 책자는 구입처에서 교환해드립니다.